## Innere Unterteilung und Panzerdicken
## (ohne Maßstab)

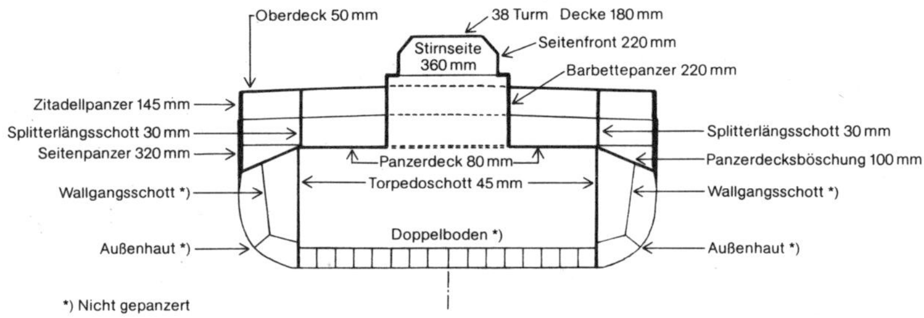


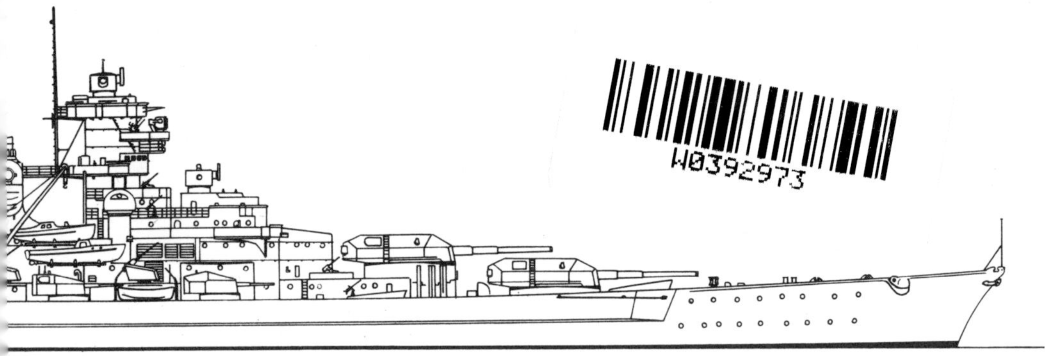

W0392973

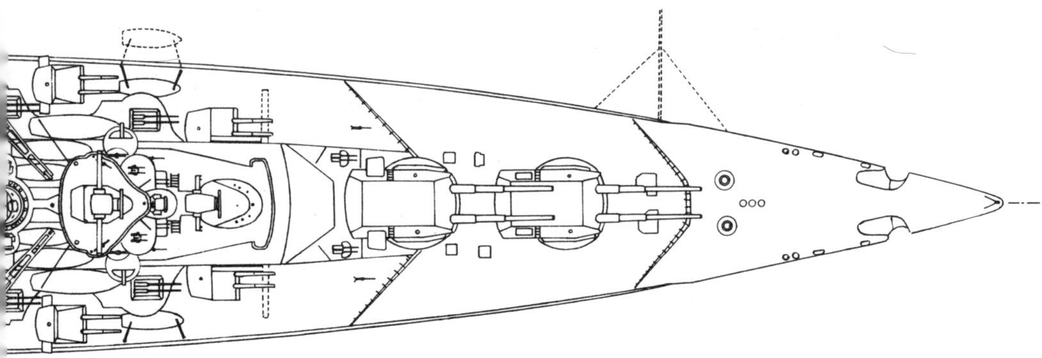

Schlachtschiff Bismarck 1940/41

Burkard Freiherr von Müllenheim-Rechberg

# Schlachtschiff Bismarck 1940/41

## Der Bericht eines Überlebenden

Ullstein

3. neu durchgesehene und ergänzte Auflage

© 1980 by Ullstein GmbH, Berlin · Frankfurt/M · Wien
Alle Rechte vorbehalten
Satz: SVA, Ludwigsburg
Druck und Einband: May & Co., Darmstadt
Printed in Germany 1981
ISBN 3 550 07925 7

# Inhalt

Dem Gedenken
an meine
auf Schlachtschiff *Bismarck*
gefallenen Kameraden
und
im Respekt
für die auf britischer Seite
anläßlich der »Rheinübung«
Gebliebenen

# Einleitung

Einen Erlebnisbericht fast vierzig Jahre nach dem Ereignis vorzulegen, ist zumindest ungewöhnlich. Im Grunde aber ist dieser Entschluß nur eine Rückkehr zu dem Gedanken, der mich blitzartig ergriff, als ich noch auf dem Oberdeck des nach dem Endkampf am 27. Mai 1941 sinkenden *Bismarck* stand: Wird jemals jemand, selbst wenn er persönlich Zeuge war, das in diesen Minuten endende, von einem einzigen Standort an Bord des riesigen Schiffes aus gar nicht mehr zu überblickende Geschehen erfassen, seine schier unzähligen Einzelheiten zu einem Gesamtbericht zusammenfügen können? Und wenn, wer und wann? Der Gedanke verflog damals so rasch, wie er gekommen war – vor dem ungewissen eigenen Schicksal und der Kulisse des andauernden Krieges schien er absurd, aber latent blieb er weiter am Leben.

Der sich ab Juni 1941 einstellenden Versuchung, die unendliche freie Zeit eines Kriegsgefangenen in britischen und kanadischen Offizierslagern etwa zu Aufzeichnungen über die Unternehmung des Schiffes aus frischer Erinnerung zu nutzen, hatte ich begreiflicherweise zu widerstehen. Schließlich fehlte einem Kriegsgefangenen jeglicher Verwahrungsschutz für Papiere vertraulichen, wenn nicht gar geheimen Charakters. Da blieb nichts anderes übrig, als allgemein das Gedächtnis möglichst intakt zu halten und zu hoffen, schwindende Erinnerungen später einmal mit Hilfe der Archive wenigstens teilweise wieder zu beleben.

Ein auf Anregung eines unserer früheren Flottenchefs, des Admirals a. D. Walter Gladisch, geschriebener Brief des bekannten Militärschriftstellers Professor Dr. Kurt Hesse erreichte mich im Mai 1949. Mit den Worten »Ich halte Ihr Erlebnis für ein so einmaliges und den Stoff für einen so starken« legte Dr. Hesse mir eine Veröffentlichung nahe und traf sich darin voll mit meiner über die Jahre grundsätzlich bewahrten Absicht, einmal aus der Sicht eines Überlebenden über Schlachtschiff *Bismarck* zu berichten. Aber einerseits wäre jede öffentliche Behandlung eines militärgeschichtlichen Themas im damals noch weitgehend kriegszerstörten Deutschland unmöglich gewesen, und zum anderen war es auch für mich persönlich noch zu früh. Ich stand mitten im juristischen Staatsexamen an der Johann-Wolfgang-Goethe-Universität. Und in diesen nicht ganz einfachen unmittelbaren Nachkriegsjahren hatte ich, nunmehr schon um die Lebensmitte, nicht nur mein Studium, sondern auch jeglichen eigenen Unterhalt durch Halbtags-, später volle Tagesarbeit selbst zu finanzieren. Dazu trat die drängende und zeitraubende Suche nach einem neuen Lebensberuf. Diese Notwendigkeiten hatten absoluten Vorrang.

An dieser Stelle sei mir eine Danksagung gestattet, für die ich eine bessere öffentliche Gelegenheit kaum noch finden werde. Nach meiner Repatriierung aus Kanada hatte ich in den Wintermonaten 1946/47 fast alle westdeutschen Universitäten bereist, um jeweils meine Zulassung zum Abschluß eines während der Kriegsgefangenschaft absolvierten sechssemestrigen Jurastudiums zu erreichen. Die Antworten waren überall negativ, und zwar auf der Stelle. Gegen mich sprachen meine berufliche Vergangenheit als Offizier sowie die Umstände, daß ich, früher in Schlesien beheimatet, niemals am Universitätsort oder dessen näherer Umgebung gewohnt hatte, und daß ich während der vergangenen zwölf Jahre nicht nachweislich politisch verfolgt worden war. Aber da war eine Ausnahme: die Johann-Wolfgang-Goethe-Universität! Dort wollte man nur meine Staatsangehörigkeit, mein Alter und meine Vorbildung wissen. Seien die Antworten hierauf befriedigend, würde ich zu einer Aufnahmeprüfung eingeladen werden. Bestünde ich diese, dürfe ich immatrikulieren. Und so geschah es dann auch. Noch heute empfinde ich Dank gegenüber dieser Universität und dem Lande Hessen für ihre damalige, so loyal auf die vielen Flüchtlinge im westlichen Nachkriegsdeutschland zugeschnittene Grundeinstellung.

Und noch viele weitere Jahre mußten vergehen. Dienstjahre als Botschafter oder Generalkonsul der Bundesrepublik in Übersee, während derer vor allem Ausländer mir immer wieder sagten: »Sie *müssen* einmal über Schlachtschiff *Bismarck* schreiben!«. Aber erst nach meiner Pensionierung im Jahr 1975 und auch erst nach der in den sechziger Jahren erfolgten Rückgabe der amtlichen Akten der Kriegsmarine aus britischer Hand an das Bundesarchiv boten sich Zeit und die sonstigen Voraussetzungen für eine verantwortliche Behandlung des Themas. Nicht zuletzt leiteten mich dabei die früheren Impulse der inzwischen leider verstorbenen Herren, Admiral a. D. Gladisch und Professor Dr. Hesse.

Inzwischen sind im In- und Ausland die Unternehmung und der Untergang des Schlachtschiffes *Bismarck* in einer Vielzahl von Darstellungen behandelt worden. Sie unterscheiden sich verständlicherweise in den Einzelheiten ihrer Schilderungen, aber ihnen allen ist gemeinsam, muß es auch sein, daß sie die Gründe für die wichtigsten taktischen Entscheidungen des deutschen Flottenchefs, Admiral Günther Lütjens, während der atlantischen Operation des Schiffes nicht angeben können. Hier wirkt sich der am 27. Mai 1941 eingetretene Verlust des Führungsdokuments des Admirals, des Kriegstagebuches der Flotte, voll aus. Und, um es schon vorweg zu sagen, auch ich werde diese Gründe nicht authentisch mitteilen, sie letztlich nicht erhellen können. Doch meine ich, als damaliger Teilnehmer einen Beitrag zur Geschichte des Schlachtschiffes *Bismarck* und der »Rheinübung« leisten zu können, der sich eben durch das besondere eigene Erlebnis von der bisherigen Literatur unterscheidet und insofern Neues bringt.

Das Buch ist dem Gedenken an unsere im Mai 1941 fast vollzählig gefallene junge Besatzung und allen denen gewidmet, die damals ihren Tod an Bord gefunden haben. Was ihnen abverlangt wurde, sie alle haben es bis zur Opferung des eigenen Lebens geleistet. In ganz besonderer Weise widme ich meinen Bericht dem Gedenken an die überragende Persönlichkeit des Kommandanten, Kapitän zur See Ernst Lindemann. Als Kommandant eines Flaggschiffes stand er naturgemäß, auch aus der historischen Sicht, im Schatten des ranghöheren Seebefehlshabers, konnte er seine Führungseigenschaften nicht in dem gleichen Maß zur Geltung bringen, wie es ihm als Kommandant eines selbständig operierenden Schiffes möglich gewesen wäre.

Dank sage ich den Herren, die mir durch die Überlassung von Rechten und sonstige freundliche Unterstützung bei meiner Arbeit geholfen haben: Herrn Professor Dr. Jürgen Rohwer und Vice Admiral B. B. Schofield für die Genehmigung, die von ihnen geschaffenen Wegeskizzen zur »Rheinübung« zu benutzen; Herrn Fregattenkapitän a. D. Paul Schmalenbach (während der »Rheinübung« II. Artillerieoffizier auf *Prinz Eugen*) für die zur Verfügung gestellten Fotografien vom Island-Gefecht; Herrn Kapitänleutnant a. D. Herbert Wohlfarth (im Mai 1941 Kommandant von *U 556*) für die Erlaubnis zur Verwendung der »Patenschaftsurkunde« *U 556-Bismarck* und Herrn Rolf Schindler, Freiburg, für die Zeichnung der Wegeskizzen zur »Rheinübung«.

Ich danke auch den Persönlichkeiten und Institutionen, die mir mit Rat und Tat beigestanden haben: Captain (ret), U.S. Navy, Robert L. Bridges, Castle Creek, N.Y.; Herrn Joachim Fensch, Weingarten; Mr. Daniel G. Harris, Ottawa (im Mai 1941 Gehilfe des Marineattachés an der britischen Gesandtschaft in Stockholm); Herrn Franz Hahn vom Wehrgeschichtlichen Ausbildungszentrum der Marineschule Mürwik; Herrn Dr. Mathias Haupt vom Bundesarchiv Koblenz; Herrn Bodo Herzog, Oberhausen; Herrn Hans H. Hildebrand, Hamburg; Herrn

Konteradmiral a. D. Günther Horstmann, Basel; Imperial War Museum, Department of Photographs, London; Mr. Esmond Knight, London (im Mai 1941 als Lieutenant der Royal Naval Volunteer Reserve an Bord der *Prince of Wales*); Herrn Oberarchivrat Dr. Hansjoseph Maierhöfer vom Bundesarchiv – Militärarchiv – Freiburg; Mr. Philip Mathias, Toronto; Mrs. Mary Z. Pain, London; Fregattenkapitän Dr. Werner Rahn, Mürwik; Herrn Dr. Hans Ulrich Sareyko, Auswärtiges Amt, Bonn; Herrn Kapitän zur See a. D. Hans-Henning von Schultz, Ramsau (während der »Rheinübung« Bordnachrichtenoffizier auf *Prinz Eugen*); Herrn Torsten Spiller von der Deutschen Dienststelle (WASt), Berlin; Mr. Tom Wharam, Cardiff.

Herrsching am Ammersee, im November 1979

Burkard Freiherr v. Müllenheim-Rechberg

# Auftakt in Hamburg

*Seeschlacht zwischen Engländern und Franzosen, Churchill beschießt die französische Flotte* verkündeten mit riesigen Schlagzeilen die Tageszeitungen an den Hamburger Kiosken. In so sensationeller Aufmachung erfuhr die deutsche Öffentlichkeit zu Anfang Juli 1940 von dem blutigen Überfall eines britischen Flottenverbandes auf französische Kriegsschiffe im algerischen Oran. Er war Teil einer umfassenden Operation gewesen, mit der die britische Regierung einen etwaigen Zugriff Deutschlands auf die damals außerhalb Frankreichs liegende, der Regierung Pétain unterstehende Kriegsflotte hatte verhindern wollen. Am Morgen des 3. Juli war ein aus zwei Schlachtschiffen, einem Schlachtkreuzer, einem Flugzeugträger, zwei Kreuzern und elf Zerstörern bestehender britischer Verband vor der algerischen Küste erschienen. Sein Befehlshaber hatte den französischen Admiral zunächst ultimativ zur widerstandslosen Übergabe seiner Schiffe aufgefordert. Aber die Frist war verstrichen, und am späten Nachmittag hatten die Briten das Feuer eröffnet. Dreizehnhundert französische Seeleute waren gefallen und drei französische Schlachtschiffe zerstört oder beschädigt worden. Nur das Schlachtschiff *Strasbourg* und fünf Zerstörer waren nach Toulon entkommen.

Es war ein einzigartiger Handstreich gewesen, und bei dem Lesen der Nachricht hatte ich sofort an die Wegnahme der dänischen Flotte durch die britische in Kopenhagen mitten im Frieden des Jahres 1807 denken müssen. Aber als ein modernes Ereignis und noch dazu ein solches zwischen zwei bisher verbündeten Staaten berührte mich der Überfall dann doch sehr stark, und ich registrierte für mich die Namen des Verbandsbefehlshabers und einiger daran beteiligter Schiffe: Vice Admiral Sir James Somerville, Schlachtkreuzer *Hood* und Flugzeugträger *Ark Royal.* Noch ahnte ich nichts von der schicksalhaften Rolle, die dieser Admiral und diese Schiffe binnen weniger als Jahresfrist auch für das Schlachtschiff *Bismarck* spielen sollten, auf das ich kurz zuvor als dreißigjähriger Kapitänleutnant versetzt worden war.

# Vorbereitungen zur Kriegsverwendung

## Schlachtschiff *Bismarck* und sein Kommandant, Kapitän zur See Ernst Lindemann. Erste Eindrücke

Schlachtschiff *Bismarck* ging damals seiner Vollendung auf der Hamburger Bauwerft von »Blohm & Voß« und seiner Übernahme durch die Kriegsmarine noch entgegen. Als ich *Bismarck* im Juni 1940 erstmalig sah, erblickte ich also keineswegs schon das vom Ballast der Werft befreite Schiff, sondern einen noch am Ausrüstungskai festgemachten, von Montagewerkzeugen, Schweißgeräten und vielen Kabeln überzogenen, staubigen Stahlgiganten, der von einem Heer von Arbeitern in größter Betriebsamkeit fertiggestellt wurde, während der bereits an Bord kommandierte Teil der Besatzung sich mit dem Schiff vertraut und Ausbildungsdienst machte, so gut es unter diesen Umständen eben gehen mochte. Aber unter solcher Verhüllung traten dennoch schon die Eigenheiten, traditionelle und neuartige, des künftigen Schlachtschiffes hervor. Da war sie wieder, die in so eleganter Schönheit von der Spitze des Turmmastes nach vorn und achtern zu parabolisch geschwungene Schiffssilhouette – ein Charakteristikum damaligen deutschen Kriegsschiffbaues, das bei dem Gegner auf höhere Entfernung gelegentlich zu Verwechslungen unserer Schiffstypen und während unserer atlantischen Unternehmung am 24. Mai 1941 bei dem britischen Schlachtkreuzer *Hood* gar dazu führen sollte, den uns begleitenden Schweren Kreuzer *Prinz Eugen* statt *Bismarck* zu beschießen. Auch sonst war mir von einer früheren Kommandierung auf dem Schlachtschiff *Scharnhorst* her vieles sofort vertraut, nur war hier alles größer und wuchtiger, die Schiffsdimensionen, besonders die enorme Breite, die hohen Aufbauten, die erstmals auf einem Schiff der damaligen Kriegsmarine aufgestellten Geschütztürme schwersten Kalibers von 38 cm, die hohe Anzahl der Geschütze bei der Mittelartillerie und der Flak, die gewaltigen Panzerstärken an Schiffskörper, den Geschütztürmen und am Vorderen Kommando- und Artillerieleitstand. Erstmalig in der Kriegsmarine hatte *Bismarck* ein quer zur Schiffslängsachse montiertes, nach beiden Seiten hin zu bedienendes Flugzeugkatapult, neuartig war je ein vorderer, splittergeschützter Kugelflaleitstand auf der Steuerbord- und Backbordseite des Turmmastes. Dieses riesige, so stark bestückte und schwer gepanzerte Schiff, dachte ich sofort, sollte wirklich allen bevorstehenden Anforderungen gewachsen sein, einen gleichwertigen Gegner dürfte es nicht so rasch finden, ein langes Leben mußte ihm ganz offensichtlich beschieden sein. Immerhin, bei der numerischen Überlegenheit der britischen Kriegsflotte würde ein Gefechtsausgang natürlich ganz von der jeweiligen Konstellation bei Begegnungen abhängen. Doch schien all das noch in weiter Ferne zu liegen, damals zu Beginn meiner Dienstzeit auf *Bismarck*, und noch ganz außerhalb meiner Gedanken lag die Vorstellung, daß wir einmal einen Torpedotreffer ausgerechnet in die zwangsläufig ungeschützten Ruder erhalten sollten. Zu diesem Schiff hatte ich, wie konnte es anders sein, von vornherein nur das allergrößte Vertrauen.

Als mich im Mai 1940 der Versetzungsbefehl auf Schlachtschiff *Bismarck* erreichte, lagen elf Jahre Marinedienstzeit hinter mir. Im Jahr 1910 als Abkömmling eines ursprünglich aus Baden stammenden, später teilweise nach dem Osten gewanderten Geschlechtes in Spandau geboren, war ich in Wahrung einer auf den Offiziersberuf ausgerichteten Familientradition – mein Vater ist als Major und Kommandeur des Jägerbataillons 5 im April 1916 in den Argonnen, mein einziger, jüngerer Bruder ist als Hauptmann der Luftwaffe und Staffelkapitän im Richthofen-Geschwader am 2. September 1939 während des Feldzuges in Polen gefallen – im April 1929, unmittelbar nach meinem an einem Gymnasium mit Auszeichnung bestandenen Abitur, in die damals fünfzehntausend Mann starke Reichsmarine eingetreten. Die Crew 1929, der ich damit angehörte, hatte nach einer strengen Auswahl aus mehreren tausend Bewerbern insgesamt etwa achtzig Köpfe gezählt. Eine einjährige Kadettenausbildungsreise auf einem Leichten Kreuzer im Jahr 1930 nach Afrika, Westindien und den Vereinigten Staaten hatte uns junge Offiziersanwärter erstmals richtig an das Leben auf einem Kriegsschiff gewöhnt, sie hatte gleichzeitig einen Teil der Sehnsucht nach der weiten, großen Welt befriedigt, die bei dieser Berufswahl natürlich eine Rolle gespielt hatte. Als Fähnriche hatten wir die Marineschule und die üblichen Waffenkurse durchlaufen, bis wir gegen Ende 1932 wiederum, erstmalig als junge Vorgesetzte, auf verschiedene Schiffe der Reichsmarine verteilt wurden. Im Herbst 1933 war ich gleich den anderen Crewkameraden Leutnant zur See geworden, hatte dann als Zugoffizier einer seemännischen Division und Entfernungsmeßoffizier auf den Leichten Kreuzern *Königsberg* und *Karlsruhe* Dienst getan. Nach der Beförderung zum Oberleutnant zur See 1935 hatte sich ein Jahr als Gruppenoffizier auf der Marineschule Mürwik zur Ausbildung von Fähnrichen angeschlossen, im Frühjahr 1936 hatte ich einen Lehrgang zur Ausbildung als Artillerieleiter gegen Seeziele an der Schiffsartillerieschule in Kiel absolviert und derart meine Spezialisierung auf die Artilleriewaffe begonnen. Zwei Jahre auf unseren damals ganz modernen Zerstörern waren gefolgt, zunächst als Adjutant des Chefs der 1. Zerstörerdivision, danach als Divisions- und Artillerieoffizier, und im Herbst 1938 war ich als Kapitänleutnant und Gehilfe des Deutschen Marineattachés an unsere Botschaft in London versetzt worden. Der Ausbruch des Zweiten Weltkrieges hatte dieser Kommandierung ein rasches Ende gesetzt und mich dann im Oktober 1939 für zwei Monate als Vierten Artillerieoffizier auf das Schlachtschiff *Scharnhorst* geführt. Im November 1939 hatte ich auf diesem Schiff den Vorstoß in die Faroer-Shetland Passage erlebt, den der damalige Flottenchef Admiral Wilhelm Marschall von Bord seines Flaggschiffes *Gneisenau* aus geleitet und der in der Vernichtung des britischen Hilfskreuzers *Rawalpindi* kulminiert hatte. Danach hatte die *Scharnhorst* für längere Zeit zur Überholung in die Werft gehen müssen, und für mich war das Kommando als Erster Offizier auf dem Zerstörer *Erich Giese* gefolgt. Als solcher hatte ich im Winter 1939/40 an Minenoperationen vor der britischen Ostküste und schließlich im Rahmen der Norwegen-Operation im April 1940 an der Besetzung Narviks teilgenommen. Dieses Unternehmen hatte mit dem Verlust aller dort eingesetzten zehn Zerstörer, in der Tat der Hälfte des damaligen deutschen Bestandes an Zerstörern, geendet. Eine neue Kommandierung war fällig geworden, und aufgrund meiner Waffenausbildung war ich dann also als Vierter Artillerieoffizier, zur Verwendung als Artillerieleiter im Achteren Stand, auf das neu in Dienst zu stellende Schlachtschiff *Bismarck* versetzt worden.

Vor meinem Dienstantritt auf *Bismarck* verbrachte ich noch einen kurzen Urlaub. In der Muße eines unter den Kriegsverhältnissen nur schwach besuchten oberbayerischen Kurorts wanderten damals, wie unter einem inneren Zwang, meine Gedanken von selbst immer wieder zu meiner um nur ein Jahr zurückliegenden, so bewegenden Dienstzeit in London zurück. Wie verhängnisvoll hatten sich doch seither die deutsch-britischen Beziehungen entwickelt, so total entgegengesetzt allen meinen damaligen Hoffnungen und Wünschen. Schon früh in meinem Leben, eigentlich schon zur Schulzeit, hatte ich ein besonderes Interesse für Großbritannien, seine Menschen, Sprache, Geschichte und politischen Einrichtungen gewonnen. Sogar meine eigene Familiengeschichte hatte mich hierbei geleitet. Im 18. Jahrhundert war Sir Georg Browne, aus dem Hause Neale O'Connor, Sohn des Sir John, Grafen von Altamont, und Abkömmling einer früher einmal in Irland eingewanderten, später auch in England verbreiteten, ursprünglich anglo-normannischen Familie, in französische Dienste, dann in den preußischen Militärdienst getreten, wo er den Siebenjährigen Krieg mitgemacht hatte. Nach diesem Krieg war er als Geheimer Rat Rechtssenior und Kämmerer in Niederschlesien geworden, seine Tochter Franziska hatte einen meiner direkten Vorfahren geheiratet. Spätere Besuche in England hatten mein Interesse an diesem Land belebt und vertieft. Unvergeßlich werden mir die Einladung in das Haus englischer Freunde in Colchester im Sommer 1936, unsere dortigen langen Gespräche über die brennende Notwendigkeit bleiben, künftig den Frieden zwischen unseren Völkern zu wahren.

Als das Oberkommando der Kriegsmarine im Herbst 1938 erstmalig den wichtigsten der damals bereits in das Ausland entsandten Marineattachés Gehilfen beigegeben hatte und dabei die Wahl für einen dieser doch nur wenigen Posten, und dann auch noch für das wichtige London, auf mich gefallen war, hatte ich diese Ernennung also nicht nur als eine hohe Ehre und Auszeichnung, sondern auch zutiefst als die Erfüllung eines inneren Wunsches empfunden und sie mit größter Freude aufgenommen.

Leider war dann, gleich von Beginn an, diese von mir persönlich sehr genossene Londoner Zeit von den sich immer weiter verschlechternden deutsch-britischen Beziehungen nur allzu sehr verdüstert worden. Eine Reihe außenpolitischer, wie Paukenschläge ultimativ gesetzter Ereignisse hatte dazu beigetragen. Schweren Herzens erinnerte ich mich.

Schon zur Zeit meines Dienstantrittes in London im November 1938 hatte die britische Öffentlichkeit es weitgehend registriert, daß der der Prager Regierung mit britischer und französischer Zustimmung aufgezwungenen, im Münchner Abkommen vom 29. September 1938 besiegelten Abtretung der deutschbesiedelten Randgebiete Böhmens an das Reich die erhoffte außenpolitische Entspannung nicht gefolgt war. Zu dieser Stimmungslage hatten innerhalb von zwei Monaten nach »München« von Hitler in Saarbrücken, Weimar und München gehaltene aggressive Reden nochmals beigetragen. In Großbritannien griff Ernüchterung um sich, der Eindruck verstärkte sich, eine bloße Beschwichtigungspolitik betrieben zu haben, die die Zukunft Europas unheilvoll belasten müsse.

In diese Atmosphäre hinein wirkte als ein weiteres negatives Element der in der Welt Aufsehen erregende, am 9. November 1938 von deutscher staatlicher Seite schlagartige ausgelöste Angriff gegen jüdisches Leben und Eigentum im Reichsgebiet. Ich selbst hatte am Vorabend meiner Abreise aus Berlin nach London das plötzliche Auftauchen organisierter, mit Stoß- und Brechstangen bewaffneter Schlägertrupps auf dem Kurfürstendamm miterlebt, hatte die Zerstörung und Plünderung jüdischer Geschäfte, die Synagoge in der Fasanenstraße in Flammen, hatte aus nächster Nähe mitten hinein in die Fratze nackter Gewalt und brutaler Unterdrückung, der durchsichtigen Vorboten kommender, noch schlimmerer Dinge gesehen. Eine bedrückte Menschenmenge hatte sich schweigend oder flüsternd durch dieses Schauspiel bewegt, immer wieder vorangetrieben von den Kommandos unsichtbarer Sprecher: »Weitergehen!«, »Nicht stehen bleiben!«, »Nicht fotografieren!« Es war ein beklemmender Anblick. Am frühen Morgen des 11. November erreichte ich London in einem gepflegten Salonwagen der britischen Eisenbahn. Ich las *The Times*. Ihr Leitartikel *Ein schwarzer Tag für Deutschland* verurteilte die Gewaltakte in Deutschland rückhaltlos. Meine eigene Ansicht deckte sich vollkommen mit derjenigen des Blattes, jeden einzelnen Satz des Artikels konnte ich unterschreiben. Dieser

Hintergrund zu dem Antritt meiner ersten Mission im Ausland bedrückte mich zutiefst, und in der Folgezeit war ich dankbar dafür, daß meine britischen Gesprächspartner so taktvoll waren, mich nicht auf die anständige deutsche Patrioten beschämenden Vorgänge im Reich anzusprechen.

Ein weiterer deutscher Schritt von auch politischem Gewicht kam im Dezember 1938. Materiell lag er auf dem Gebiet des deutschen Marinebauprogramms, das damals dem im Juni 1935 abgeschlossenen deutsch-britischen Flottenabkommen folgte. Darin hatte Deutschland sich verpflichtet, seine Flottenstärke nicht über 35 Prozent der britischen Flottenstärke hinaus zu erhöhen. Dieser Prozentsatz galt nicht nur für die Gesamtstärken der Flotten, sondern auch für die einzelnen Schiffskategorien. Bei den Unterseebooten war Deutschland das Recht auf Parität mit der britischen Unterseebootsstärke zugestanden worden, doch hatte die Reichsregierung sich bereit erklärt, insoweit nicht über 45 Prozent hinauszugehen. Falls eine Überschreitung dieses Satzes wirklich einmal notwendig erschiene, so solle dies freundschaftlich erörtert werden. Das Abkommen war seinerzeit in Deutschland mit Befriedigung aufgenommen worden, hatte es doch über die bisherigen Grenzen des Versailler Vertrages hinaus den Bau einer größeren und in sich ausgewogenen Flotte ermöglicht.

Nunmehr, im Dezember 1938, bezog sich die Reichsregierung der britischen Regierung gegenüber auf die Klausel im Abkommen, nach der Deutschland von seinem Anspruch, über die 45 Prozent der Unterseebootstärke hinauszugehen, Gebrauch machen werde, wenn »eine Lage entsteht«, die dies nach deutscher Ansicht »notwenig macht«. Eine solche Lage, ließ Berlin jetzt London wissen, sei nunmehr »eingetreten«. Die Reichsregierung beabsichtige daher, 100 Prozent der britischen Unterseebootstonnage auszubauen. Gleichzeitig teilte sie ihre Absicht mit, zwei bereits im Bau befindliche Kreuzer schwerer zu bewaffnen, als bisher vorgesehen.

Formal waren die deutschen Forderungen vollkommen in Ordnung. Aber waren sie auch zu einem geschickt gewählten, politisch optimalen Zeitpunkt vorgebracht worden? Schließlich war es auch den Briten kaum verborgen geblieben, daß das Reich bei seiner damaligen Werftkapazität die Forderung nach Erhöhung der Unterseebootstonnage nicht vor Ablauf mehrerer Jahre würde verwirklichen können. Warum also nicht in Geduld den taktisch richtigen Moment abwarten? So aber ließen sich durchaus aggressive Tendenzen in das deutsche Verhalten hineinlesen, auch wenn sie gar nicht gegeben waren. Und in dem durch das Münchner Abkommen ohnehin gereizten politischen Klima Großbritanniens wirkten sich die ausgerechnet zu dieser Zeit geltend gemachten deutschen Forderungen nicht eben politisch vorteilhaft für das Reich aus. So manches damalige Gespräch in London zeigte es an.

Die nächste politische Krise folgte im Frühjahr 1939. Sie war schwer. Mitte März erzwang Hitler von der Prager Regierung den Abschluß eines Protektoratsvertrages für Böhmen und Mähren. Unter Bruch des Münchner Abkommens ließ er diese Gebiete jetzt besetzen und dem Reich eingliedern. Die Tschechoslowakei als solche verschwand von der Landkarte. Dieser Akt erschütterte die außenpolitische Szene in Europa wie ein Erdbeben. Die britische Regierung und Öffentlichkeit waren auf das Äußerste betroffen, die Politik der Beschwichtigung gegenüber Deutschland schien endgültig gescheitert. Weite Kreise in Großbritannien mieden nunmehr jeden Kontakt mit den offiziellen Vertretern des Reiches. In der Deutschen Botschaft rang man um eine Sprachregelung, wie die Ereignisse dem Gastland gegenüber zu interpretieren seien. Ich begriff, daß eine entscheidende politische Wendemarke erreicht worden war.

Ende März hatte ich an einer gesellschaftlichen Gedenkveranstaltung auf *H.M.S. Calliope* teilzunehmen. Dieses bejahrte Segelschiff diente damals der Tyne Division der Royal Naval Volunteer Reserve zur Ausbildung. Sein Heimathafen war Newcastle. Zu feiern war die fünfzigjährige Erinnerung an einen gefährlichen Wirbelsturm, dem das Schiff im Jahr 1889 in Samoa glücklich entkommen war. Von diesem Sturm waren seinerzeit auch ein deutsches und ein Segelschiff der Vereinigten Staaten in Mitleidenschaft gezogen worden. Einladungen zu der Gedenkveranstaltung waren also an die Marineattachés beider Länder ergangen. Auch der amerikanische Attaché ließ sich durch seinen Gehilfen vertreten, und zusammen mit diesem, dem damaligen Lieutenant USN Robert Lord Campbell, reiste ich nach Newcastle. Unterwegs überlegte ich, ob und inwieweit die Stimmung im Land nach den Vorgängen in der Tschechoslowakei wohl negativ auf den Verlauf der Veranstaltung auf *H.M.S. Calliope* abfärben würde. Ich hätte da aber ganz unbesorgt sein können. Erleben sollte ich einen angenehmen, kameradschaftlichen Abend, der allerdings unter dem Eindruck des deutschen Einmarsches in das neue Protektorat in einer etwas gedämpften Atmosphäre verlief. Der britische Gastgeber sprach in seiner Begrüßungsrede von den *troublous times*, ohne Einzelheiten zu benennen. Im übrigen sorgte die Regie des Abends dafür, daß weitere Ansprachen nicht gehalten wurden. »Schade«, meinte Campbell hinterher zu mir, »ich hatte mir einige Sätze zurechtgelegt und wäre diese eigentlich ganz gern losgeworden.« Ein leises Bedauern klang bei ihm an, das ich für meinen Teil nicht gerade verspürte.

Nur einen Monat nach den Prager Ereignissen kamen weitere alarmierende außenpolitische Signale aus Berlin. In seiner Reichstagsrede vom 28. April 1939 kündigte Hitler zwei zwischenstaatliche Verträge, den deutsch-polnischen Nichtangriffspakt des Jahres 1934 und das deutsch-britische Flottenabkommen von 1935. Die Kündigung des Flottenabkommens wirkte in Großbritannien wie der mögliche Auftakt zu einem nunmehr ungehemmten deutschen Flottenbau, diejenige des Vertrages mit Polen erschien als der denkbare Beginn eines weiteren gefährlichen politischen Abenteuers. Hitler hatte für Europa entscheidende neue Weichen gestellt. Ob sein Fortschreiten auf dem Wege höchsten außenpolitischen Risikos die Wahrung des Friedens ermöglichte oder den Krieg bedeutete, darüber gingen die Ansichten der Beobachter in London jetzt mehr und mehr auseinander.

In jenen Tagen des Grübelns über diese Frage trat mir eine unvergeßliche Begegnung wieder lebhaft vor Augen, die mir nicht lange zuvor in London beschert worden war. Innerhalb der britischen Admiralität war für die Verbindung zu den in London akkreditierten ausländischen Marineattachés der Director of Naval Intelligence, der damalige Konteradmiral Troup, ein etwas wortkarger Schotte, zuständig. In dieser Zuständigkeit wurde er von dem weltmännischen, gesellschaftlich sehr gewandten damaligen Commander Casper S.B. Swinley unterstützt, der die tägliche Verbindungsarbeit leistete. Bei einer gelegentlichen dienstlichen Zusammenkunft bald nach meinem Dienstantritt in London sagte mir Troup: »Baron, demnächst einmal werden Sie und ich den Cutaway anziehen, den Zylinder aufsetzen, ein Taxi besteigen und Lady Jellicoe besuchen.« Ich antwortete: »Admiral, es wird mir eine hohe Ehre sein.« Wer Lady Jellicoe war, das brauchte man damals einem deutschen Marineoffizier nicht erst zu erklären. Heute, nach so vielen Jahren, sollte ich erläutern, daß sie die Witwe des im Jahr 1935 verstorbenen Großadmirals Lord Jellicoe war. Der Lord hatte während der Skagerrakschlacht im Mai 1916 die britische Hochseeflotte befehligt und später an der Spitze der Admiralität gestanden. Sowohl in seinem eigenen Land als auch in den Marinekreisen Deutschlands hatte er sich eines hohen persönlichen Ansehens erfreut. Der ersten Ankündigung Troups, Lady Jellicoe zu besuchen, folgte aber gar nicht so rasch die Tat. Fast hätte ich seine Äußerung schon vergessen. Da sagte mir Troup bei einer erneuten Begegnung: »Baron, bald werden Sie und ich den Cutaway anziehen, den Zylinder aufsetzen und in einem Taxi zu Lady Jellicoe fahren.« Ich sagte: »Admiral, ich freue mich schon sehr darauf.« Aber wiederum schien erst einmal nichts zu geschehen. Und wiederum wollte ich die Sache schon vergessen. Dann aber rief Troup mich an: »Seien Sie morgen nachmittag in der bezeichneten Kleidung vor meinem Haus. Von hier aus fahren wir dann zu Lady Jellicoe.« Und so geschah es. In ihrer geschmackvoll eingerichteten Londoner Etagenwohnung empfing uns Lady Jellicoe. Viele Erinnerungsgegenstände an die lange und ehrenvolle Marinedienstzeit ihres Mannes schmückten das Empfangszimmer, allen voran das berühmte Silbermodell des früheren Jellicoeschen Flaggschiffes *Iron Duke*. »Ich freue mich, daß Admiral Troup so liebenswürdig war, Sie zu mir zu führen«, sagte Lady Jellicoe zu mir, »und ich begrüße Sie herzlich.« Dann unterhielten wir uns über die beiderseitigen Marinen, Ereignisse des Weltkrieges zur See, die hoffnungsvollen Ansätze für eine deutsch-britische Annäherung um die verflossene Jahrhundertwende, deren Scheitern und den späteren unglücklichen Verlauf der Dinge. Wir trennten uns mit dem gegenseitigen Wunsch, der Friede zwischen unseren beiden Ländern möge künftig erhalten bleiben – und es war mehr als eine Redensart. Noch lange mußte ich an diesen Besuch zurückdenken. Warum hatte Lady Jellicoe mich sehen wollen? Ihrem Mann hatte im britischen Interesse seit dem Ende des Weltkrieges der politische Ausgleich mit Deutschland sehr am Herzen gelegen. Für ihn hatte er noch bis zuletzt nach seinen Kräften gewirkt. Und in diesem Geist hatte Lady Jellicoe die Unterhaltung mit mir geführt.

Im Täglichen hatte sich mein Dienst als Gehilfe des Deutschen Marineattachés ganz überwiegend im Büro vollzogen. Der Verkehr mit der britischen Marine beschränkte sich auf die Verbindung zur Admiralität, britische Schiffe wurden nicht besucht. Ich wertete die Tages- und Monatspresse, Fachzeitschriften und Literatur in bezug auf Marineangelegenheiten aus und pflegte meine Kontakte zu einer Reihe ausländischer Marineattachégehilfen. Meinen eigenen Chef unterstützte ich in seiner Berichtstätigkeit, wobei damals auch die Beobachtung der Folgen der Blockadeerklärung Francos für das republikanische Küstengebiet während des spanischen Bürgerkrieges eine Rolle spielte. Ein sehr wichtiger Punkt im deutsch-britischen Verhältnis war damals natürlich die Erfüllung des 1935er Flottenabkommens. Die hiermit verbundenen Angelegenheiten wurden zwar nicht primär im Büro des Deutschen Marineattachés in London bearbeitet. Aber der entsprechende Schriftwechsel kam zu unserer Kenntnis. Da teilten sich beide Regierungen gegenseitig die wichtigsten Daten über die Kriegsschiffe mit, die sie im Bau oder vollendet hatten.

Neue britische Schiffsnamen waren damals aufgetaucht: Schlachtschiffe *King George V* und *Prince of Wales*, Flugzeugträger *Ark Royal* und *Victorious*. Ein Bericht unseres Konsulats in Glasgow vom Sommer 1939 besagte, daß die zweiundzwanzig Schiffswerften am Clyde bis in den Winter hinein, einige bis über zwei Jahre hinaus, mit Kriegsschiffneubauten voll beschäftigt seien. Den Stapellauf der *Prince of Wales* in Birkenhead am 3. Mai 1939 hatte die Agentur des Deutschen Nachrichtenbüros in London gemeldet: »In Birkenhead lief heute vormittag das Schlachtschiff *Prince of Wales* vom Stapel, das von der Schwester des Königs getauft wurde. Das Schlachtschiff zählt zu den schnellsten und stärksten der britischen Flotte. Es hat eine Wasserverdrängung von 35 000 Tonnen und eine Bestückung von zehn 14-Zoll-Geschützen in drei Türmen und sechzehn 5¼-Zoll-Geschützen in acht Türmen. Dazu kommen noch zahlreiche leichtere Geschütze. Wie es heißt, soll die Geschwindigkeit größer sein als die des Schlachtschiffes *Nelson*, das 23 Knoten läuft. Die *Prince of Wales* ist das zweite Schiff seiner Klasse, das bisher vom Stapel gelaufen ist. Das erste war *King George V*, das in Gegenwart des Königs im Februar vom Stapel lief. Drei weitere Schiffe der gleichen Klasse werden folgen.«

Ja, damals – und so kamen meine Erinnerungen für den Moment zu einem Ende – waren das alles nur »Schiffe auf dem Papier« gewesen. Jetzt aber würden sie wirkliche Gestalt annehmen, mit Sicherheit würde *Bismarck* dem einen oder anderen von ihnen auf See begegnen. Doch über dem Wann und Wo lag zur Stunde noch der Schleier der Zukunft.

Nach dem rasch verflogenen Urlaub traf ich Anfang Juni bei »Hamburger Wetter«, an einem Regentag, in der Hansestadt ein. Ich bezog zunächst ein Hotel und erwartete den kommenden Tag, an dem ich mich bei dem Kommandanten des Schlachtschiffes *Bismarck*, Kapitän zur See Ernst Lindemann, zum Dienstantritt zu melden haben würde. Lindemanns Ruf als Seeoffizier war ausgezeichnet, er galt als ein hervorragender Artillerist, aber auch als ein strenger Vorgesetzter, und so sah ich meiner ersten persönlichen Begegnung mit ihm in nicht geringer Spannung entgegen.

Doch werfen wir zuvor einen Blick auf Lindemanns Werdegang bei der Marine. Im Jahr 1894 in Altenkirchen/Westerwald geboren, war Lindemann am 1. April 1913 in die Kaiserlich Deutsche Marine eingetreten. Da er körperlich nicht sehr kräftig war, hatte man ihn zunächst nur »probeweise« eingestellt. Jedoch hatte er mit der ihm schon früh eigenen Zähigkeit und Energie die Strapazen eines auf dem Großen Kreuzer *Hertha* unter einem besonders strengen Ersten Seekadettenoffizier abgeleisteten Kadettenjahres ebenso gut gemeistert und überstanden wie seine kräftigeren Kameraden. »Sein Eifer und seine Dienstauffassung waren vorbildlich, ich kann mich nicht erinnern, daß er jemals nachteilig aufgefallen wäre oder den Unwillen unseres Kadettenoffiziers erregt hätte«, schrieb mir einer seiner Crewkameraden, der ihn damals als Seekadett täglich an seiner Seite erlebt hatte. Wenn man bedenkt, wie leicht Kadetten sich jederzeit schon durch bloße Geringfügigkeiten den Tadel ihrer Vorgesetzten zuzuziehen pflegten, so kann man schon hieraus auf eine außerordentliche Konzentration und Willenskraft Lindemanns schließen. »Dabei war er bestimmt kein Streber im negativen Sinne, er war immer ein selbstloser, hilfsbereiter und beliebter Mensch«, schrieb mir der genannte Crewkamerad weiter, der Lindemann im übrigen eine strenge und kompromißlose Auffassung der Standes- und Berufspflichten eines Seeoffiziers nachsagte. Allerdings auch einen gesunden beruflichen Ehrgeiz! Als er in späteren Jahren dem inzwischen zum erfolgreichen und anerkannten Artilleristen herangewachsenen Lindemann gegenüber einmal bemerkte, er, Lindemann, würde doch sicherlich dereinst Inspekteur der Marineartillerie werden, erwiderte dieser: »Ich hoffe doch, mindestens einmal Chef des Ersten Schlachtschiffgeschwaders zu werden!« Aber ein solches Geschwader sollte es zu seinen Lebzeiten gar nicht mehr geben!

Im April 1914 war Lindemann als Fähnrich zur See auf die Marineschule Mürwik gekommen. Bei Ausbruch des Weltkrieges mußte dieser Dienstabschnitt aber abgebrochen werden, und der sonst übliche Ausbildungsabschluß, die Seeoffizierhauptprüfung, entfiel. Wie seine Crewkameraden erhielt Lindemann ein Bordkommando und wurde 1915 zum Leutnant zur See befördert. In der Rangliste von 1918 erschien er als fünfter von rund zweihundertundzehn Crewkameraden, später in der Reichs- und Kriegsmarine rangierte er als zweiter in seiner Crew.

Die folgenden Jahre sahen Lindemann überwiegend auf schweren Schiffen, in Stäben und an der Schiffsartillerieschule in Kiel. Er hatte sich frühzeitig und voll auf die Schiffsartillerie spezialisiert. 1920 bekleidete er als Oberleutnant zur See eine Stellung in der Flottenabteilung bei der Marineleitung in Berlin, ein Kommando auf dem Linienschiff *Hannover* folgte. 1925 wurde er als Kapitänleutnant Admiralstabsoffizier bei der Marinestation der Ostsee in Kiel, danach Zweiter Artillerieoffizier auf dem Linienschiff *Elsaß* und, später, auf *Schleswig-Holstein*. »Ich konnte auch weiterhin feststellen, daß Lindemann immer mit gleichem Fleiß und gleicher Gewissenhaftigkeit seinen Dienst tat«, hören wir den genannten Crewkameraden weiter, »zum Beispiel nahm er sich als Zweiter Artillerieoffizier auf der *Elsaß* Akten zum Arbeiten mit nach Hause, während doch im allgemeinen diese Stellung auf einem Linienschiff als verhältnismäßig ruhiger Posten galt!« Es folgten Kommandos als Lehrer an der Schiffsartillerieschule in Kiel und, nach der Beförderung zum Korvettenkapitän im Jahr 1932, als Erster Artillerieoffizier auf dem Panzerschiff *Admiral Scheer*. Es war bei einer Gelegenheit in diesen Jahren – mehr als zwanzig Jahre einer sehr erfolgreichen Dienstzeit lagen nun schon hinter ihm –, daß Lindemann in einem Gespräch im Kameradenkreis äußerte, »daß er eigentlich immer noch ›auf Probe‹ diene, da ihm eine endgültige Übernahme in die Marine niemals eröffnet worden sei«! 1936 finden wir ihn als Fregattenkapitän in der Operationsabteilung der Marineleitung und 1938, nunmehr Kapitän zur See, als Chef der Marineausbildungsabteilung im Oberkommando der Kriegsmarine. Danach wurde er Kommandeur der Schiffsartillerieschule. Dieser Posten war ein Höhepunkt seiner langen und erfolgreichen Laufbahn als Artillerist. Und ganz zweifellos prädestinierten ihn diese Spezialisierung und seine sonstigen dienstlichen und persönlichen Eigenschaften zum Kommandanten eines Trägers schwerster Artillerie, des damals neuesten und größten deutschen Schlachtschiffes: *Bismarck*. Die Ernennung dazu hatte ihn im Frühjahr 1940 erreicht.

Am Morgen nach meiner Ankunft in Hamburg erwartete mich Lindemann zur Dienstantrittsmeldung in seiner Kommandantenkajüte an Bord. Ich erschien, wie in solchen Fällen üblich, im sogenannten »Kleinen Dienstanzug«, also im blauen Jackett mit Ärmelstreifen. Lindemann, mittelgroß, vollschlank, mit scharf geschnittenem Gesicht, alles in allem schon auf den ersten Moment eine sehr eindrucksvolle Erscheinung, stand, entsprechend gekleidet, vor seinem Schreibtisch und sah mich aus seinen blauen Augen aufmerksam an, als er jetzt meine Worte hörte: »Kapitänleutnant von Müllenheim meldet sich gehorsamst zur Dienstleistung an Bord kommandiert.« »Ich danke Ihnen für Ihre Meldung und heiße Sie an Bord willkommen«, erwiderte er freundlich lächelnd und gab mir die Hand. »Ich sehe es als mein Ziel an«, sagte Lindemann nun, »dieses schöne und starke Schiff so rasch als möglich kriegsbereit zu machen und erwarte hierzu Ihre volle Mitarbeit. Mit Ihrer abgeschlossenen Ausbildung als Artillerieleiter für Schwere Kaliber wird hier an Bord, wie Sie ja wissen, der Achtere Artillerieleitstand Ihre Gefechtsstation sein. Doch wird diese Aufgabe Sie in der Anfangszeit, noch vor der Indienststellung des Schiffes und auch vorerst noch danach, nicht voll auslasten. Ich habe daher entschieden, daß Sie, Sie waren ja früher schon einmal Adjutant, haben auch die interessante Zeit in London hinter sich, mein persönlicher Adjutant sein werden.«

Von der Aussicht, in der Nähe des Kommandanten zu arbeiten, war ich angenehm überrascht. Lindemann fuhr fort: »Hierfür wird allerdings der Vormittag eines jeden Tages ausreichen, nachmittags stehen Sie bereits ab sofort dem Ersten Artillerieoffizier nach dessen näheren Weisungen zur Verfügung. Diese Regelung soll solange gelten, bis die Aufrechterhaltung der Kriegsbereitschaft des Schiffes Ihre ganztägige Mitarbeit in der Artillerie erfordert. Als Adjutant werden Sie grundsätzlich das Protokoll bearbeiten, allgemein den Schriftverkehr überwachen und im übrigen meine Befehle von Fall zu Fall erhalten.« »Noch eines«, fügte Lindemann nach einer kurzen Pause hinzu, »ich werde es künftig lieber hören, wenn man an Bord von ›dem‹ anstatt ›der *Bismarck*‹ spricht. Ein so großes und starkes Schiff kann nur ein ›Er‹ und keine ›Sie‹ sein.« Innerlich nahm ich mir sofort vor, diesen seinen Wunsch zu respektieren und habe das in der Folgezeit trotz gelegentlicher Versprecher auch getan. Aus Respekt für den ersten und einzigen Kommandanten »des *Bismarck*« soll diese Regel nun auch für dieses Buch gelten.

Dann gab Lindemann mir erneut die Hand, wünschte mir alles Gute für mein neues Kommando, und meine Vorstellung war beendet. Als ich die Tür der Kajüte hinter mir schloß, erfüllte mich die Gewißheit, einer sehr eindrucksvollen Persönlichkeit begegnet zu sein, die ihre neuen Aufgaben mit einer außerordentlich wachen Intelligenz und Konzentration angehen würde. Eine knappe und klare Ausdrucksweise zeichnete Lindemann aus. Freude empfand ich über meine Auswahl als Adjutant. War die Stellung eines Adjutanten ohnehin schon herausgehoben, so würde sie mich in diesem besonderen Fall auch noch in den engeren Arbeitsbereich um einen offensichtlich vorbildlichen Kommandanten führen.

## Indienststellung, Ausbildung und Erprobungen

24. August 1940: Tag der Indienststellung des Schlachtschiffes *Bismarck*! Vom Ostufer der Elbe jagte bei bedecktem Himmel ein steifer Wind Schaumstreifen über den Strom, blies vom Heck her kühl über das mit der Backbordseite am Ausrüstungskai der Bauwerft »Blom & Voß« festgemachte Schiff. Wenn nun schon die erhoffte Sonne nicht schien, so würde doch bei dieser Windrichtung wenigstens kein Regen die kommende Feierstunde stören, sagte ich mir, und das war ja auch schon ein Trost. Divisionsweise stand die Besatzung, »Anzug Blau, Dienstmütze«, die Offiziere und Portepee-Unteroffiziere mit angelegtem Dolch, die Offiziere dazu mit silberner Schärpe, drei bis vier Glieder tief, zu beiden Seiten an Oberdeck, von der Schanze bis hin zur Back. Die Divisionsoffiziere richteten ihre Männer nach der Decksnaht aus, meldeten dem Ersten Offizier, Fregattenkapitän Hans Oels, ihre Divisionen angetreten. Die Offiziere des Schiffsstabes standen in einem Glied etwas achterlich des ausgebrachten Steuerbord Fallreeps, diesem gegenüber die Ehrenwache unter Gewehr, mit Trommler und Hornist. Auf der Schanze hielt sich die Flottenkapelle bereit. Weiter vorn, unter den Rohren des hintersten schweren Geschützturmes, waren Vertreter von »Blohm & Voß« versammelt, eine zivile Note in diesem sonst so militärischen Bild.

Dann kam das schnittige weiße Motorboot mit Kriegsflagge und Kommandantenwimpel in Sicht. »Besatzung stillgestanden, Front nach Steuerbord«, kommandierte der Erste Offizier, und der Hornist blies das entsprechende Signal. Alle blickten in gespannter Erwartung, als das Boot nun langsamer wurde, am Fallreep anlegte. Die Ehrenwache präsentierte das Gewehr, der übliche Seitepfiff ertönte. Der Kommandant kam an Bord. Oels meldete »Besatzung zur Indienststellungsfeier angetreten«. Von ihm und mir als Adjutanten gefolgt, schritt Lindemann die Front ab, betrat danach ein Podest auf der Schanze zu seiner Ansprache. Die Ehrenwache war mittlerweile nach achtern gerückt. Die Besatzung stand jetzt, bis zu elf Reihen nebeneinander, mit der Front zu ihrem Kommandanten und zum Heckflaggenstock. An diesem hielten zwei Signalmaate die Flaggleine gestrafft, die Kriegsflagge klar zum Heißen.

»Soldaten des Schlachtschiffes *Bismarck!*«, sprach Lindemann nun, »der ersehnte Tag der Indienststellung unseres schönen, großen Schiffes ist gekommen.« Er appellierte an die Besatzung, jeden einzelnen, das Seine zu tun, um *Bismarck* in kürzester Zeit zu einem wirksamen Kriegsinstrument zu machen, richtete Worte der Anerkennung an die Vertreter von »Blohm & Voß« dafür, daß die Belegschaft der Werft in pausenloser Arbeit ihr Werk sogar noch vor dem ursprünglich vorgesehenen Fertigstellungstermin abgeschlossen habe. Er sprach von der gegenwärtigen geschichtlichen Stunde, die es erfordere, die Schicksalsfragen der Nation militärisch zu lösen, zitierte den Fürsten Otto von

Bismarck aus einer seiner Reichstagsreden: »Mit Reden und Schützenfesten und Liedern macht die Politik sich nicht, sie macht sich nur durch Blut und Eisen.« Er drückte seine Gewißheit über gute Erfolge des Schiffes bei der Erfüllung seiner kommenden Kriegsaufgaben aus. Dann folgte sein Kommando: »Heiß Flagge und Wimpel!«, zu dem Klang der Nationalhymne und bei »Gewehr über« der Ehrenwache stiegen am Heckflaggenstock die Flagge und am Großmast der Kommandantenwimpel empor, beide wehten im steifen Wind sofort kräftig aus, und die Kriegsmarine hatte ihren neuesten Zuwachs in Gestalt des Schlachtschiffes *Bismarck* erhalten.

Werfen wir jetzt einen Blick auf seine Daten und Ausstattung.

Der am 1. Juli 1936 auf Stapel gelegte und am 14. Februar 1939 vom Stapel gelaufene *Bismarck* hatte eine Konstruktionswasserverdrängung von 45 950 metrischen Tonnen (1 Tonne = 1000 kg) und bei maximaler Zuladung von Speise- und Trinkwasser, Heiz- und Schmieröl sowie Flugzeugen eine Verdrängung von 50 955,7 metrischen Tonnen. Einer späteren Berechnung zufolge verdrängte *Bismarck* bei vollster Ausrüstung und entsprechend erhöhtem Tiefgang sogar 53 546 metrische Tonnen.[1] Seine Länge über alles betrug 251 Meter, seine Breite 36 Meter, der Tiefgang 9,33 Meter, bei größter Wasserverdrängung 10,20 Meter.

Besonders interessant hierbei ist die gegenüber den damals sonst üblichen schiffbaulichen Konstruktionsmerkmalen relativ hohe Breite im Verhältnis zur Länge, im Grunde widersprach diese neuartige Relation dem stets präsenten Wunsch nach höherer Geschwindigkeit, also mehr Länge im Verhältnis zur Breite. Im Ergebnis sollte sich die hohe Breite *Bismarcks* aber insoweit nicht sonderlich nachteilig auswirken; was jedoch hauptsächlich zählte, war ihr Vorteil: Die »Überbreite« des Schiffes erbrachte eine verbesserte Standfestigkeit, eine durch sie verringerte Neigung zum Schlingern erhöhte den Wert des Schiffes als Geschützplattform im Seegang. Auch konnte mit Rücksicht auf die flachen Fahrwässer in der Nordsee der Tiefgang des Schiffes geringer gehalten werden. Weiterhin ergab sich dadurch die Möglichkeit einer besseren Raumausnutzung und Panzeranordnung. Der Abstand zwischen der gepanzerten Außenhaut und dem inneren Torpedolängsschott konnte größer gewählt werden, der Schutz des Schiffes gegen Unterwasserdetonationen stieg entsprechend. Die Doppeltürme der Mittelartillerie und die schweren Flakgeschütze ließen sich der Breite nach noch zwangloser auf dem Ober- und dem Aufbaudeck anordnen.

Der Schiffskörper war ein zu über neunzig Prozent geschweißter Stahlbau. Der Doppelboden erstreckte sich über etwa achtzig Prozent der Schiffslänge, war also zwecks eines vollkommneren Schutzes gegen Unterwassertreffer besonders ausgedehnt. Das Oberdeck lief vom Heck bis zum Bug durch. Darunter lagen das Batteriedeck, das Panzerdeck, das Obere und Mittlere Plattformdeck. Ein Unteres Plattformdeck verlief fast überall parallel zur Stauung, die ihrerseits den Doppelboden nach oben begrenzte. Der Länge nach war das Schiff in insgesamt zweiundzwanzig von achtern nach vorn laufend durchnumerierte Abteilungen unterteilt.

Der Panzerschutz war mit dem relativ höchsten Prozentsatz am Gesamtgewicht des Schiffes beteiligt, nämlich vierzig Prozent. Qualitativ und quantitativ war er entsprechend der jeweiligen Bedeutung der im einzelnen zu schützenden Gefechtswerte verteilt. Das Oberdeck war durch einen der Länge nach fast ganz durchlaufenden Panzer verstärkt. Mit 50 mm Dicke war dieser Panzer zwar relativ schwach, bot aber immerhin Splitterschutz und konnte einkommende Geschosse soweit abbremsen, daß sie noch vor dem Auftreffen auf dem darunter gelegenen und die lebenswichtigen materiellen Gefechtswerte schützenden Panzerdeck detonierten. Dieses Panzerdeck verlief mit seinen seitlichen Böschungen in einer Stärke von 80 bis 120 mm der Länge nach zwischen zwei 110 und 220 mm dicken Panzerquerschotten, die jeweils vom vorderen und achteren Ende des Oberdeckspanzers bis zum Oberen Plattformdeck herunterreichten. Von dort ab lief das Panzerdeck horizontal nach vorn und achtern weiter, wobei es ganz achtern allerdings noch einmal in schiefer Ebene anstieg, um die Ruderanlage zu schützen. Die Außenhaut des Schiffes war vom Vorderen bis zum Achteren Panzerquerschott, das heißt über eine Länge von 170 Meter, mit einem Seitenpanzer versehen, der der Höhe nach von etwa drei Meter über bis zwei Meter unter der Wasserlinie besonders wichtige Einrichtungen wie die Turbinen, Dampfkessel und Munitionskammern gegen seitliche Treffer schützen sollte. In diesem Bereich war der Seitenpanzer als sogenannter Gürtelpanzer in wechselnder Stärke bis hinauf zu 320 mm ausgeführt. Weiter nach oben zu war er zum Schutz der Decks über dem Panzerdeck als sogenannter Zitadellpanzer zwischen 120 und 145 mm stark.

Der zweigeschossige Vordere Kommandostand, der im Gefecht der Schiffsführung und dessen höher gelegener, hinterer Teil als Vorderer Artillerieleitstand diente, trug die folgende Panzerung: Seitenwand 350 mm, Decke 220 mm, Boden 60 mm. Für den als Reserve vorgesehenen Achteren Gefechtskommandostand waren die entsprechenden Werte: Seite 150 mm, Decke 50 mm, Boden 30 mm. Von jedem Gefechtskommandostand führte ein gepanzerter Schacht hinunter in die dazugehörige, unter Panzerdeck gelegene Rechenzentrale. Der 27 Meter hoch über der Wasserlinie im Vormars gelagerte Hauptartillerieleitstand war mit Rücksicht auf die Stabilität des Schiffes nur leicht gepanzert: Seite 60 mm, Decke und Boden je 20 mm. Der Hauptleitstand ruhte auf einem Stützzylinder, dessen Seitenwand mit 60 mm gepanzert war.

Da *Bismarck* als Waffenträger fast ausschließlich eine Artillerieplattform war, kam dem Panzerschutz der Geschütze eine ganz überragende Bedeutung zu. Die schweren Türme waren wie folgt gepanzert: Stirnwände 360 mm, Rückwände 320 mm, Seitenwände 150 bis 220 mm, Decken 150 bis 180 mm,

Barbetten über Oberdeck 340 mm, unter Oberdeck 220 mm. Die entsprechenden Ziffern für die Mittelartillerie lauteten: Stirnwände 100, Rück- und Seitenwände 40, Decken 20 bis 35, Barbetten 100 mm. Wir sehen, daß hinsichtlich des Panzerschutzes die Mittelartillerie – wie es damals üblich und aus Gewichtsgründen auch schlecht anders möglich war – unter ihrem eigenen Kaliber zu leiden hatte. Die danach bemessenen Panzerstärken konnten diese Türme gegen schwerste Treffer kaum ausreichend schützen.

Im übrigen waren alle außerhalb des regulären Panzerschutzes verlaufenden wichtigen Verbindungskabel oder -rohre splittersicher verlegt.

Die Anordnung der Aufbauten ähnelte sehr derjenigen auf den deutschen Schweren Kreuzern, wie beispielsweise *Prinz Eugen*. Der vordere Brückenaufbau war vier Decks hoch, der achtere drei. Der als Turmmast ausgeführte Gefechtsmast stand auf dem vorderen Brückenaufbau. Oben auf ihm befanden sich der offene Hauptflaleitstand und der Hauptartillerieleitstand für die Seezielbatterien.

Die Antriebsanlage, mit neun Prozent am Gesamtgewicht des Schiffes beteiligt, bestand aus drei Turbinensätzen, die von zwölf Höchstdruckkesseln mit Dampf gespeist wurden. Ursprünglich hatte man die Anlage für eine Höchstgeschwindigkeit von 29 Knoten ausgelegt, wobei auf jede der drei Schraubenwellen vierzigtausend elektrisch übertragene Pferdestärken hätten wirken sollen. Dann jedoch war die Kraftübertragung auf mechanische Getriebe umgestellt, und die Turbinenfundamente waren verstärkt worden. Diese Umstellung hatte eine Gesamtleistung von über einhundertundfünfzigtausend Pferdestärken für eine Höchstgeschwindigkeit von 30,1 Knoten erbracht. Später sollte es sich sogar als möglich erweisen, die Höchstgeschwindigkeit noch einmal zu steigern. Auf diese Weise war *Bismarck* zu einem der schnellsten bis dahin gebauten Schlachtschiffe geworden.

Der Brennstoffvorrat betrug maximal 8700 Tonnen Heizöl. Bei einer Marschfahrt von 17 Knoten ermöglichte er einen Fahrbereich von 8900 sm, bei 16 Knoten sogar 9280 sm. Diese Strecke war beträchtlich und wies schon von vornherein auf die Absicht des deutschen Marineoberkommandos hin, *Bismarck* einmal in der ozeanischen Kriegführung zu verwenden. Für ein Turbinenschiff der damaligen Zeit war der Fahrbereich sogar sehr hoch. Dennoch blieb er um eintausend Seemeilen hinter demjenigen der vorangegangenen Turbinenschiffsklasse *Scharnhorst* zurück, und man kann darüber spekulieren, ob diese vergleichsweise mindere Seeausdauer zu dem späteren unglücklichen Ende des *Bismarck* beigetragen hat.

Eine elektrisch betriebene Ruderanlage steuerte zwei parallel angebrachte Balanceruder von je 24 qm Fläche.

Der hohe Energiebedarf der Schiffsartillerie erforderte eine dementsprechende Gesamtstromerzeugung an Bord. Dafür standen fünf Elektrizitätswerke zur

Verfügung. Zwei Dieselgeneratoren erzeugten je 500 Kilowatt, dazu traten noch sechs Turbogeneratoren. Insgesamt lieferte die elektrische Anlage etwa 7900 Kilowatt bei 220 Volt.

Die Artillerie, insgesamt mit siebzehn Prozent am Gewicht des Schiffes beteiligt, gliederte sich in die Schwere, die Mittelartillerie und die Flugzeugabwehrwaffen (Fla-Waffen).

Die Schwere Artillerie bestand aus vier Doppeltürmen des Kalibers 38 cm, von denen zwei, »Anton« und »Bruno«, auf dem Vorschiff, und die anderen zwei, »Caesar« und »Dora«, auf dem Achterschiff aufgestellt waren. Ihre höchste Schußweite betrug 362 Hektometer. Der gesamte Munitionsvorrat für dieses Kaliber belief sich auf 840 Schuß, maximal 960, also pro Rohr 105 bis 120 Schuß. Zu jedem Schuß gehörten außer der Granate eine Vor- und eine Hauptkartusche. Wegen ihres beträchtlichen Gewichtes konnten die Granaten nur über einen mechanischen Aufzug von den Munitionskammern im Mittleren Plattformdeck auf die Geschützplattformen in den Türmen befördert werden.

Die Mittelartillerie bestand aus zwölf 15-cm-Geschützen in sechs auf beide Schiffsseiten gleichmäßig verteilten Doppeltürmen. Ihre höchste Schußweite betrug 230 Hektometer. Der Munitionsvorrat belief sich hier auf insgesamt 1800 Schuß oder 150 pro Rohr.

Die Fla-Waffen setzten sich aus der Schweren, der Mittleren und der Leichten Flak zusammen. Als Schwere Flak führte *Bismarck* sechzehn 10,5-cm-Schnellfeuergeschütze in Doppellafetten, mit einer Höchstschußweite von 180 Hektometer. Der Munitionsvorrat bestand aus 6270 Schuß oder 420 pro Rohr. Sechzehn 3,7-cm-Geschütze in Doppellafetten bildeten die Mittlere Flak, die über insgesamt 32 000 Schuß oder 2000 pro Rohr verfügte. Die insgesamt zwanzig 2-cm-Geschütze der Leichten Flak waren in zwölf Einzel- und zwei Vierlingslafetten aufgestellt. Hier betrug der Munitionsvorrat 40 000 Schuß oder 2000 pro Rohr.

Zum Schutz gegen magnetgezündete Minen und Torpedos war *Bismarck* mit einem sogenannten Mineneigenschutz (MES) ausgerüstet. Dieser bestand aus einer auf der Außenhaut unterhalb der Wasserlinie um das Schiff herumlaufenden, gedeckt verlegten Reihe von Kabeln. Die Anlage sollte die Stärke des vom Schiff erzeugten Magnetfeldes derart mindern, daß die magnetischen Zündungen feindlicher Minen und Torpedos nicht mehr ansprachen.

Für die Zwecke der Aufklärung, Artilleriebeobachtung und Verbindung bei auseinandergezogener eigener Kampfgruppe führte *Bismarck* vier einmotorige Tiefdecker des Typs Arado 196 mit Doppelschwimmern, die gleichzeitig als leichte Kampfflugzeuge dienten. Zwei Maschinen waren in einem Schuppen unter dem Großmast untergebracht, die anderen zwei in je einem Bereitschaftsschuppen zu beiden Seiten des Schornsteins. Zu starten waren diese Maschinen von einer zwischen dem Schornstein und dem Großmast befindlichen Schleuderanlage. Diese verlief als Doppelkatapult quer über das Deck, die Flugzeuge konnten also sowohl nach Steuerbord als auch nach Backbord hin geschleudert werden.

Zur Schiffsausrüstung gehörte weiterhin eine Reihe sogenannter Beiboote. Es waren dies drei Admirals- und Kommandantenboote, vier Verkehrsboote, eine Motorbarkasse, zwei Motorpinassen, zwei Kutter, zwei Dingis und zwei Jollen. Dazu zu rechnen war noch eine Anzahl von Flößen.

Die Besatzung zählte 103 Offiziere einschließlich der Schiffsärzte, Fähnriche usw. und 1962 Unteroffiziere und Mannschaften. Für die Atlantikunternehmung erhöhte sich durch das Hinzutreten des Flottenstabes, der Prisenkommandos und Marinekriegsberichter die Gesamtzahl der Eingeschifften auf über 2200. Am 27. Mai 1941 sollten auf *Bismarck* 2106 Menschen ihren Tod finden.

Organisatorisch war die Besatzung in zwölf Divisionen aufgeteilt, die sich in ihrer Zahlenstärke zwischen 180 und 220 Mann bewegten. Die Divisionen 1 bis 4 wurden aus seemännischem Personal gebildet, dessen Gefechtsstationen im Bereich der Schweren und Mittelartillerie lagen. Dementsprechend waren die Divisions- und Zugoffiziere dieser Divisionen die Turmkommandeure bei der Schweren und Mittelartillerie. Die Divisionen 5 und 6, ebenfalls aus seemännischem Personal gebildet, besetzten alle Fla-Waffen. Ihre Divisionsoffiziere waren die entsprechenden Fla-Abschnittsleiter. Die 7. Division bestand aus den sogenannten Funktionären, also fachlich spezialisierten Soldaten wie beispielsweise Zimmermeistern, Kommandoschreibern, Köchen, Schustern usw. Die 8. Division setzte sich aus den Artilleriemechanikern zusammen, ihr Divisionsoffizier war der Artillerietechnische Offizier des Schiffes. In der 9. Division war das Signal-, Funk- und Steuermannspersonal vereinigt, ihr Divisionsoffizier war der Bordnachrichtenoffizier. Die Divisionen 10 bis 12 umfaßten das technische Personal im Bereich der Antriebsanlage, ihre Divisionsoffiziere waren der Turbineningenieur, der Kesselingenieur und der Zweite Leckwehroffizier.

Im Bereich der seemännischen Divisionen 1 bis 6 war eine Unterteilung in eine Steuerbord- und eine Backbordwache üblich. Die 1., 3. und 5. Division bildete die Steuerbord-, die 2., 4. und 6. Division die Backbordwache. Auf dem Kriegsmarsch hatten die Divisionen 1 bis 6, verstärkt durch etwa die Hälfte der Divisionen 7 und 8, die Hälfte aller Gefechtsstationen schachbrettartig zu besetzen. Kam dann »Klarschiff zum Gefecht«, so hatte die jeweilige Freiwache die unbesetzten Stationen aufzufüllen. Im technischen Bereich fuhr die Wachdivision das Schiff. Die Vorwache hatte die Gefechtsreparaturgruppen zu stellen, die Freiwache zur Abwehr von Feuer, Wassereinbrüchen, Gas und sonstigen Schäden bereit zu sein.

Zur Zeit meines eigenen Dienstantrittes war die Besatzung keineswegs schon vollzählig an Bord kommandiert, sie sollte erst nach und nach eintreffen. Seit Mitte April hatten sich technische Offiziere, Unteroffiziere und Mannschaften in einer Kopfstärke von 65 an Bord befunden, im Juni war entsprechendes Artilleriepersonal, 60 Köpfe stark, hinzugekommen. Diese Männer machten die sogenannte Baubelehrung durch, sie sollten sich von Grund auf mit den Einrichtungen des Schiffes vertraut machen. Als sie *Bismarck* zum ersten Mal sahen, seine schweren Geschützrohre, die starken Panzerplatten, dachte gar manch einer: »Na, hier kann mir nichts mehr passieren, das ist ja eine schwimmende Lebensversicherung!« Die Unteroffiziere vergruben sich in die Maschinenanlagen, die Waffen, Rohrleitungen, Ventile, fertigten Zeichnungen an, bereiteten Themen zur Unterrichtung der Mannschaften vor. Wegen der noch anhaltenden Bauarbeiten im Schiff lebte die Besatzung allerdings vorerst noch nicht an Bord, sondern überwiegend auf zwei dem Schiffskommando zur Verfügung stehenden Wohnschiffen, der *Oceana* und dem *General Artigas*.

Die Ausbildung begann: Schiffs-, Maschinen- und Waffenkunde. Jeder Maat und seine Männer erhielten eine feste Station an Bord. Um sich zurechtzufinden, zogen die Männer in kleinen Gruppen durch das Schiff, krochen in Lasten und Hellegats, kletterten auf die Brücken und den Gefechtsmast, lernten Doppelboden, Stauung, Bunker, Zellen und Werkstätten kennen. Unterricht über den allgemeinen Dienst an Bord und die einzelnen Zuständigkeiten wurden erteilt. Schiffs- und Maschinenkunde wurden gelehrt, die Leckregeln studiert. Die Vorbereitungen des Schiffes auf das Gefecht wurden den Männern auf der Grundlage der Klarschiffvorschrift beigebracht. Das sogenannte Rollenexerzieren hatte frühzeitig begonnen. Man war ja schon im Krieg, also zunächst die Flieger- und Feueralarmrollen. Dann Leck- und Klarschiffrolle. Immer wieder, immer rascher, immer mehr auf Tempo!

Weiteres Personal kam an Bord, Signal- und Funkgasten, Sanitäter, Köche, Stewards. Es war eine sehr junge Besatzung, ihr Durchschnittsalter lag bei etwa 21 Jahren, die wenigsten hatten bereits an Kriegshandlungen teilgenommen. Für manch einen war *Bismarck* überhaupt das erste Bordkommando. Für sie alle galt nun der tägliche Dienstplan: 06.00 Uhr Wecken, 06.30 Uhr Frühstück, 07.15 Uhr Decke fegen, Staub putzen, 08.00 Uhr Musterung an oder unter Deck, danach Ausbildungsdienst oder gruppenweise praktische Arbeiten wie Konservierung des Schiffes oder das Stauen der vielen in dieser Zeit an Bord zu nehmenden Vorräte. Von 11.30 bis 13.30 Uhr war Mittagspause, danach bis 17.00 Uhr Dienst ähnlich dem Vormittag, anschließend Abendbrot. Um 18.30 Uhr wurden noch einmal die Decke gesäubert, dann folgte »Ausscheiden mit Dienst«. Gegen 22.00 Uhr kam das »Klar bei Hängematten«.

Material und Ausrüstung für kommende Seetage wurden übernommen: Flaggen, Signalkladden, Doppelgläser, Seekarten, Wachkleidung, Verschlüsselungsunterlagen, Schreibmaschinen, Medikamente, Verpflegung, Getränke – alles, was eine auf sich selbst gestellte Schiffsgemeinschaft von über zweitausend Mann so braucht.

Lindemann lebte in dieser Zeit ausschließlich für das, was er mir bei meinem Dienstantritt als sein oberstes Ziel bezeichnet hatte: die raschest mögliche Herstellung der personellen und materiellen Kriegsbereitschaft seines Schiffes. Er ließ sich regelmäßig von den verantwortlichen Offizieren über die Fortschritte in der Ausbildung der Besatzung und bei der Ausrüstung der einzelnen Abschnitte berichten. Doch ging er auch sehr häufig selbst durch das Schiff, überzeugte sich persönlich an Ort und Stelle, wohnte dem Ausbildungsdienst bei, kontrollierte den Fortgang von Einbauten, stellte präzise Fragen, gab Befehle, lobte und tadelte. Sein Engagement galt sowohl dem praktischen Dienst als auch dem Schriftverkehr, und hier insbesondere der Berichterstattung über Fragen der ihm so vertrauten Schiffsartillerie. Noch heute sehe ich seine klaren, steilen Schriftzüge vor mir, in denen er notwendige Forderungen und Wünsche in geschliffener Argumentation vortrug, Entwürfe anderer Verfasser aus dem großen Schatz seiner Verwaltungserfahrung sachverständig ergänzte, Anträgen, deren Erfüllung die Kriegsbereitschaft des Schiffes beschleunigen mußten, eine größere Durchschlagskraft verlieh.

Ich selbst empfing Lindemanns Befehle in der Regel bei meiner morgendlichen Meldung in der Kajüte. Bald nach meinem Dienstantritt erteilte er mir den Auftrag, ein Programm protokollarischer Antrittsbesuche bei Hamburger zivilen und militärischen Persönlichkeiten vorzubereiten, zu denen ich ihn zu begleiten haben würde. Diese Besuche führten uns dann zum Senat der Freien und Hansestadt in das ehrwürdige Hamburger Rathaus, zum Admiral der Kriegsmarinedienststelle Hamburg, einzelnen Militärbefehlshabern und sonstigen für das Schiff wichtigen Dienststellen. Hamburg wurde im August/September 1940 schon von recht häufigen, aber nicht zu schwerwiegenden britischen nächtlichen Flugzeugangriffen heimgesucht. *Bismarck* beteiligte sich von seinem Werftliegeplatz aus hierbei je nach Lage an der Flakabwehr, und so galt einer unserer Besuche dem Befehlshaber der Luftverteidigung Hamburgs, dem Generalmajor Theodor Spiess in seinem geräumigen Dienstsitz an der Außenalster. Wenn auch bei diesen Begegnungen eine kriegsbedingte Geheimhaltung die jeweiligen Gesprächsthemen etwas einengte, so bekamen wir doch einen Einblick in die Stimmung Hamburger Kreise: damals, nach dem Frankreichfeldzug, wie anders war es zu erwarten, Optimismus und Siegeszuversicht rundum. Vom »Blohm & Voß«-Gelände aus waren die Besuche regelmäßig mit Bootsfahrten über die Elbe verbunden. Bei der ersten solchen Fahrt fragte Lindemann mich recht unvermittelt: »Wissen Sie eigentlich, wie groß der *Bismarck* ist?« Er fragte dies, weil die wahre Größe des offiziell als 35 000-Tonnen-Schiff geltenden *Bismarck* damals erst noch sehr wenigen Eingeweihten bekannt war. »Nun, 35 000 Tonnen zuzüglich Brennstoff und Wasser, dachte ich?«, war meine Antwort. »53 000 Tonnen bei vollster Ausrüstung«, sagte Lindemann jetzt nicht ohne Stolz und als er mich davon beeindruckt sah, »Sie sind hierüber aber zu stengster Geheimhaltung verpflichtet!« Die sagte ich ihm natürlich zu und habe dann auch entsprechende Verschwiegenheit bis zum Ende des Krieges gewahrt.

Ganz allgemein erlebte ich Lindemann als einen überaus kompetenten Seeoffizier und Artilleristen, einen Mann, der den Wahlspruch des Fürsten Otto von Bismarck *patriae inserviendo consumor* nicht nur gelegentlich im Munde führte, sondern vor allem danach lebte. Er schien immer im Dienst zu sein. Wenn von ihm in der Offiziersmesse gesprochen wurde, so stets mit allen Zeichen hohen Respekts und unterschwellig anklingenden Zweifeln, es einem derart in seinen Pflichten aufgehenden, fast asketisch anmutenden beruflichen Vorbild an Hingabe und Leistung jemals gleichtun zu können.

Bei alledem hatte Lindemann ein großes Herz, das – wenngleich hin und wieder der Mannschaft rascher erkennbar als den Offizieren – in einem strahlenden Lächeln hervorbrechen konnte und viel zu seinem Ansehen und seiner Beliebtheit bei der Besatzung beitrug. Der Maschinengefreite Hermann Budich sagte später: »Ich absolvierte auf *Bismarck* ein Jahr Baubelehrung und war damals Aufklarer[2] des Rollenoffiziers[3], Korvettenkapitän Max Rollmann, der eine Kammer auf der *General Artigas* bewohnte. Hier begegnete ich vielen Offizieren häufig und lernte Kapitän zur See Lindemann schon zu Beginn kennen und schätzen. Wenn man in der Enge dieses Wohnschiffes einmal mit einem Offizier zusammenstieß, so war zu neunzig Prozent ein Anpfiff fällig. Der Alte (Lindemann), wenn er auf das Wohnschiff kam, strahlte eine erhabene, nicht überhebliche, vornehme Ruhe aus. Irgendwie nahm er jeder Aufregung im voraus die Spitze. Kurz, als kleiner Matrose faßte man sofort Vertrauen zu diesem Mann, trotz seiner Kolbenringe (Ärmelstreifen).«

Im September war für *Bismarck* die Zeit gekommen, die Hansestadt zum ersten Mal zu verlassen. Probefahrten und Gefechtsausbildung in der östlichen Ostsee waren zu absolvieren. Am 14. September drehte der bisher mit dem Heck auf die Elbe zu liegende *Bismarck* auf Auslaufkurs, und einen Tag später glitten wir in den Strom, elbabwärts, durch regen Schiffs- und Barkassenverkehr hindurch, vorbei an der vertrauten Landschaft Blankeneses, der Unterelbe zu. Wie oft war ich nicht in Friedenszeiten hier auf Kriegsschiffen entlanggefahren, an Ufern voll freundlich winkender Menschen. Doch jetzt war Krieg, das Auslaufen *Bismarcks* Außenstehenden vorher nicht bekannt, die Ufer leer. Am frühen Abend erreichten wir Brunsbüttel Reede und ankerten dort, um am kommenden Morgen in den Nord-Ostsee-Kanal einzutreten. Auf das erste Ankermanöver des Schiffes war ich natürlich recht gespannt. Dumpf grollend rauschte die schwere Kette dem Anker hinterher. Sie erzeugte eigentlich kein weittragendes Geräusch, so schien es, zu hören wohl nur auf dem Vorschiff und der Navigationsbrücke. Der Schiffskörper blieb vollkommen ruhig, und für die Männer weiter achtern an Bord muß das Ankermanöver, anders als zum

Beispiel auf einem Kreuzer, fast schon wie ein Vorgang »in einem anderen Stadtteil« gewesen sein. Nach Einbruch der Dunkelheit ertönte Fliegeralarm, die »Briten« waren wieder einmal gekommen. Im Lichtkegel eines Landscheinwerfers beteiligte *Bismarck* sich an der Flakabwehr. Ergebnisse waren aber nicht zu beobachten.

Am 16. September gingen wir in den Kanal, und für die Durchfahrt wurde zunächst einmal der sogenannte »Verschärfte Verschlußzustand« hergestellt. Um ihn zu definieren, sei kurz der schärfste Verschlußzustand an Bord, der »Klarschiff zum Gefecht«-Verschlußzustand skizziert. Bei diesem waren die »Schotten dicht«, das heißt sämtliche Schotten, Zu- und Abluftklappen waren dicht verschlossen, so daß *Bismarck* nunmehr in achtzehn wasserdichte Abteilungen und eine Vielzahl hermetisch voneinander abgeschlossene Zellen, Bunker und Räume unterteilt war. Dieser Verschlußzustand behinderte den Verkehr innerhalb des Schiffes natürlich in einem sehr starken Maß. Beim »Verschärften Verschlußzustand« waren Verkehrsgänge frei, die Zu- und Abluftklappen geöffnet. Es war üblich, daß er für die Fälle riskanter Navigation befohlen wurde. Zwischen ihm und dem Klarschiffverschlußzustand lag dann noch der »Kriegsmarschverschlußzustand«, der auf Kriegsmärschen in Operationsgebieten mit erhöhtem Feindrisiko angewendet wurde.

Zwei Tage nahm die Kanalfahrt in Anspruch, und am Abend des 17. September machten wir im Kieler Scheerhafen fest. Für das junge, noch bordungewohnte Maschinenpersonal mit der Hand an den Hebeln für einhundertfünfzigtausend Pferdestärken war es eine große Leistung gewesen, sogleich auf der Jungfernfahrt einen Riesen von 36 Meter Breite durch den schmalen Nord-Ostsee-Kanal zu bringen. Der geringste Bedienungsfehler hätte für Schiff und Kanal nicht auszudenkende Folgen haben können. Und so sprach Lindemann am Ende der Fahrt den Männern an Kessel und Turbinen eine wohlverdiente öffentliche Anerkennung über die Schiffslautsprecher aus.

Eine Woche lang wurde nun die Schiffsartillerieanlage abgestimmt. Dann gingen wir noch für einige Tage an eine Hafenboje und liefen am 28. September im Geleit des Sperrbrechers 13 bis nach Arkona (Rügen) und von dort aus ohne besonderen Geleitschutz weiter nach Gotenhafen.

Es sei hier bemerkt, daß Sperrbrecher in der Kriegsmarine weithin gebräuchlich waren, im Unterschied zu anderen Marinen. Ein Sperrbrecher war lediglich ein zum Minenräumen umgebautes Handelsschiff. Er sollte diejenigen Minen räumen, die von den regulären Minenräumbooten der Kriegsmarine möglicherweise verfehlt worden waren. Ein Schutz durch Sperrbrecher wurde den größeren deutschen Kriegsschiffen in Gewässern mit hohem Minenrisiko beigegeben. Das zu schützende Schiff folgte dem Sperrbrecher im Kielwasser.

Von dem Stützpunkt Gotenhafen aus erprobten wir dann in der Danziger Bucht reichlich zwei Monate lang das Schiff und seine Einrichtungen. Der

Mineneigenschutz wurde überprüft, es folgten Meilen- und Fahrbereichsmeßfahrten, hochgesteigerte Fahrten, Untersuchungen der Manövrierfähigkeit, und am 23. Oktober war die Maschine zum ersten Mal seeklar für Höchstfahrt.

All diese Proben wurden von *Bismarck* sehr gut bestanden. Er zeigte sich als ein Schiff von hoher Kursbeständigkeit mit nur flachen Schlinger- und Stampfbewegungen, auch im Seegang. Auf Ruderlegen sprach *Bismarck* fast sofort an und krängte in den Drehungen nur mäßig. Auch über den Achtersteven drehte das Schiff sehr gut, selbst bei geringer Geschwindigkeit, so daß die Schiffsführung sogar in engen Gewässern ohne Schlepperhilfe würde auskommen können.

Nicht vergessen wurde das Steuern mit den drei Schrauben allein für den angenommenen Fall eines totalen Ruderausfalles. Hierbei wurden die beiden Ruder in Mittschiffsstellung festgehalten. Es zeigte sich aber, daß *Bismarck* dann nur sehr schlecht auf Kurs zu halten war. Der Grund hierfür lag in der Konvergenz der Schraubenwellen. Diese hatte zur Folge, daß die Hebelwirkung der Schraubenschubkraft um den Drehpunkt des Schiffes herum zu gering war. *Bismarck* drehte nach dem Angehen der Maschinen alsbald in den Wind, steuerte unsicher und war auch mit »Äußerste Kraft«-Manövern nicht zu korrigieren. Damals stellte sich allerdings wohl kaum jemand an Bord vor, welch schicksalhafte Bedeutung diese Eigenschaft des Schiffes einmal erlangen sollte.

Und schließlich wurde mit Blick auf den möglichen Ausfall aller maschinellen Ruderantriebe auch der Betrieb des Handruders geübt. In einem solchen Fall hatten die Besatzungen der beiden achteren 15er Türme die Handruderräume im Oberen Plattformdeck der Abteilung II zu besetzen und die Handruder zu bedienen. Dafür waren insgesamt zweiunddreißig Mann erforderlich. Mit Handruder konnte natürlich nicht die volle Geschwindigkeit gefahren werden. Die Fahrtdrücke auf die Ruderblätter wären dann zu stark gewesen, um sie noch zu bewegen. Zwanzig Knoten waren hier die Grenze.

Das größte Interesse an Bord wurde immer wieder dann hervorgerufen, wenn Fahrten mit Höchstgeschwindigkeit bevorstanden. Dann stürmte der Gigant mit der Vollzahl seiner Pferdestärken los, lag doch dabei ganz ruhig und mit nur mäßiger Bugwelle in der See und schien, vom Oberdeck her empfunden, auch kaum Vibrationen auszulösen. Wo und wie stark solche auftraten, hing natürlich ganz vom jeweiligen Standort auf dem Schiff ab, und es gab schon Fahrtstufen, wo die Männer in ihren Wohndecks das Geschirr auf den Tischen festhalten mußten, damit es nicht zu Boden gerüttelt wurde. Diese Erschütterungen traten aber nicht bei der Höchstfahrt, sondern bei einigen darunter liegenden, sogenannten kritischen Geschwindigkeiten auf, das sind jene, bei denen sich die Vibrationsimpulse von Schiffsteilen gegenseitig steigern. Auf unseren Kreuzern der *Königsberg*-Klasse hatte ich früher die Erfahrung gemacht, daß solche Vibrationen auch die Waffenleitoptiken so stark schütteln konnten, daß ein Schießen feuerleittechnisch ausgeschlossen wurde. Als Ausweg hatte man dann die Fahrtstufe geändert, so daß die störenden Erscheinungen wieder verschwanden. Doch habe ich auf *Bismarck* niemals derlei erlebt.

Das Laufen der gesteigerten und Höchstfahrten setzte sich bis in den November hinein fort. An einem dieser Tage wurde dann eine Spitzengeschwindigkeit von 30,8 Knoten gemessen. 30,8 Knoten: eine Leistung, die oberhalb der Konstruktionshöchstgeschwindigkeit lag! Das war nun ein Ergebnis, das nicht nur als solches Freude und Stolz an Bord hervorrief, sondern das auch auf kommenden Unternehmungen im Atlantik seinen taktischen Wert haben mochte. Und so wurde das ohnehin grenzenlose Vertrauen der Besatzung in ihr Schiff auf diese Weise noch einmal verstärkt.

An einem dieser von Meilenfahrten erfüllten Tage hatten wir noch ein besonderes, kleines Erlebnis. Wir waren im Begriff, in Gotenhafen einzulaufen, die See war recht unruhig, auf *Bismarck* war eine plötzliche leichte Ruderstörung eingetreten, die in gestopptem Zustand behoben wurde. Unversehens waren wir in die Nähe eines tief im Wasser liegenden und schwer in der See arbeitenden Fischkutters geraten. So tief, daß der offensichtlich üppige Fang teilweise schon wieder über Bord in die See zurück gespült wurde. Da rief der Kutter über Megaphon an *Bismarck* »Können Sie uns Lee geben[4], unser letzter Fang war sehr gut, wir konnten ihn aber nicht mehr ordentlich verstauen«. Kurz und bündig befahl Lindemann seinem Wachhabenden Offizier: »Lee geben«, und sicher geleiteten wir den Kutter bis in die ruhigeren Gewässer auf der Gotenhafener Reede. Und am nächsten Tag stand auf *Bismarck* Fisch auf dem Speisezettel!

Parallel zu den Meilenfahrten wurde eine intensive, gedrängte Ausbildung betrieben, die zum Ziel hatte, das Schiff mit Sicherheit auf See bewegen zu können. Die junge Besatzung lernte ihre neue Welt erst jetzt so richtig kennen, erwarb sich dabei gleichzeitig ihre »Seebeine«. Also Rollendienst und immer wieder Rollendienst oder »Rollenschwoof«, wie ihn die Männer nannten. Da gab es also wieder »Macht die Schotten dicht« zur Herstellung des »Klarschiff zum Gefecht«-Verschlußzustandes. Oder »Feuer im Schiff«. An dem betreffenden Ort war dann der Brandherd abzuschnüren, waren Schläuche zum Löschen bereit zu halten. Oder, neu jetzt, »Boje über Bord«. Hierbei markierte eine außenbords geworfene Rettungsboje den über Bord gefallenen Mann. Nun galt es, schnellstens Rettungskutter zu Wasser zu bringen, die Boje zu bergen und danach die Kutter wieder an Bord zu nehmen. Und so weiter. Jeder Mann mußte bei diesen Rollen auf der Stelle wissen, wohin er gehörte, seine Handgriffe nachtwandlerisch beherrschen. Oft nahm der Rollendienst seinen Ausgang von der Schanze, wenn dort der wachfreie Teil der Besatzung, etwa sechzehnhundert Mann, angetreten war. Kam dann über die Alarmglocken das jeweilige Rollensignal, wie zum Beispiel tü-tü-tü-tü-tü (Macht die Schotten dicht), so stürmten diese sechzehnhundert Männer auf die ihnen jeweils vorbezeichneten Niedergänge los, um an ihre Posten zu gelangen. Da hieß es Tempo, Tempo, damit nicht der eine mit seinen Seemannsstiefeln auf den Kopf oder die Finger des Vordermanns trat. Zwei Tritte nach unten, Handgriff anfassen, durchschwingen, nach rechts wegspringen, immer schneller, Tempo, Tempo. So oft und so lange wurde geübt, bis die Schiffsführung nach fünf Minuten aus jedem Raum Meldung über die Ausführung der Rolle hatte.

Ja, wenn man da von dem Ehrgeiz besessen war, bei all den verstopften Niedergängen als erster auf seiner Station zu sein, dann mußte man sich auch schon einmal seinen Anmarschweg selbständig aussuchen! Wie beispielsweise Hermann Budich und seine zwei Kameraden vom Hilfsgefechtsstand für die elektrische Anlage. In ihrem Stand im Unteren Plattformdeck der Abteilung IX, das sei hier eingefügt, zeigten Stöpselbretter und Meßgeräte den jeweiligen Zustand der Stromversorgung und Energieverteilung im Schiff an. Von dort aus konnte für eine bestmögliche Belastung der Stromerzeuger und die günstigste Aufnahmeverteilung für die Verbrauchergruppen gesorgt werden. Also, die drei konnten im Gewühl an Oberdeck wieder einmal nicht so recht vorankommen, überall stauten sich die Vordermänner. Doch da entdeckten sie plötzlich irgendwo weiter achtern einen zufälligerweise weniger benutzten Niedergang, sausten auf ihn zu, machten ihre gewohnten zwei Tritte nach unten, packten kurz den Handgriff an der Innenkante des Einstiegluks, lösten sich wieder zum freien Sprung, landeten auf dem Boden des Batteriedecks, in ihrer vollen Ausrüstung, mit schwerem Werkzeug am Gürtel. Unten ging es atemlos weiter, und als erste waren sie dann auf ihrer Station, meldeten diese »klar«. Aber, hatte Budich während seines Sprungs nicht irgend etwas gestreift, etwas Weiches, was mochte es nur gewesen sein? Auffälligerweise fehlte bei anschließender Rollenbesprechung ihr Divisionsoffizier, der Kapitänleutnant (Ing.) Werner Schock, und ihn sollten sie erst nach der Besprechung unter besonderen Umständen wiedersehen. Da hieß es nämlich für die drei: »Sofort zum Divisionsoffizier!« Und der erwartete sie in seiner Kammer, wo ihm ein Sanitätsgast ein blaugeschwollenes Auge kühlte. »Meine Herren«, lautete die wenig versprechende Anrede, »daß Ihr schnell seid, weiß ich, daß Ihr Euch in Eurer Arbeitskluft so ähnlich seid, ist mein Pech, sonst hätte ich Euch schon eher gestellt. Aber, daß Ihr mir mit Eurem eisernen Werkzeug in die Schnauze springt, ist dann doch zuviel des Guten, paßt besser auf! Raus!!« Und dabei hatten sie doch vor dem Sprung noch »Warschau«[5] gerufen, nicht damit ihr Divisionsoffizier stehen blieb, sondern aus der Fallinie trat!

Eine ganz zentrale Bedeutung kam bei diesem Rollendienst dem Ersten Offizier zu. Fregattenkapitän Oels, der im Bedarfsfall den Kommandanten in jeder Hinsicht vertreten mußte, hatte bei »Klarschiff zum Gefecht« und dem entsprechenden Rollendienst seine Station in der »Kommandozentrale« im Oberen Plattformdeck der Abteilung XIV. Diese war als Reserveschiffsführungsstand ausgerüstet. Primär war Oels aber für die Abwehr aller dem Schiff durch Feuer, Gas und Wassereinbruch drohenden Gefahren, die Erhaltung der Schwimmfähigkeit und der Schwimmlage verantwortlich. Daher befand sich in der Kommandozentrale auch die Leckwehrzentrale, die zunächst einmal direkt dem Leckwehroffizier unterstand. Sie beherbergte den sogenannten Schiffssicherungsstand, wo Pläne der Lenz-, Flut-, Feuerlösch- und Lüftungsanlagen alle Möglichkeiten aufzeigten, die genannten Gefahren zu bekämpfen. Hier unten war sozusagen das Herz des Schiffes, wo lebenswichtige Informationen einliefen und ebenso wichtige Entscheidungen getroffen wurden.

Mitte Oktober hielt Lindemann eine Seeklarbesichtigung ab. Er ließ die wichtigsten Rollen durchexerzieren, ging einzelne Manöverstationen ab, überprüfte die Handgriffe der Männer kritisch, stellte Fragen. Was er erlebte, befriedigte ihn. »Soldaten vom Schlachtschiff *Bismarck*«, sagte er in der Abschlußbesprechung, »ich konnte mich heute davon überzeugen, daß Sie gute Fortschritte gemacht haben. Dank der Tätigkeit Ihrer Ausbilder und Ihres Eifers ist unser *Bismarck* auf gutem Wege, einsatzbereit zu werden.« Bei Licht besehen, hatte die Besatzung so eine Art von Schnellkursus durchzumachen. Denn gegenüber den vollen zwei Jahren, die ein Kriegsschiff in der Regel in Friedenszeiten von der Indienststellung bis zur Herstellung der Gefechtsbereitschaft beanspruchte, konnte das Schiffskommando *Bismarck* wegen bevorstehender drängender Kriegsaufgaben mit nur knapp neun Monaten für diesen Zweck rechnen.

Für mich selbst endete in diesem Zeitabschnitt meine Kommandierung als Adjutant Lindemanns. Den äußeren Anstoß zu dem ja von Beginn an einkalkulierten Wechsel sollte meine Abordnung zu einem dreiwöchigen Sonderschießlehrgang bei der Kieler Schiffsartillerieschule im November 1940 geben. Ende August 1939 hatte der an dieser Schule abgehaltene Artillerieleiterlehrgang für schwere Kaliber, an dem ich teilgenommen hatte, wegen der damals drohenden Kriegsgefahr vorzeitig abgebrochen werden müssen. Das deshalb nicht mehr ausgeführte Lehrgangsprogramm sollte zwecks eines ordentlichen Abschlusses der Ausbildung jetzt nachgeholt werden. Lindemann bemerkte anläßlich eines zu Anfang November von ihm aus sonstigen Gründen anberaumten »Alle Mann achteraus«, daß ich aufgrund meiner »kostbaren« Fachausbildung ab sofort nur noch in der Schiffsartillerie Dienst tun solle. An meine Stelle als Adjutant trat der Signaloffizier des Schiffes, Leutnant zur See Wolfgang Reiner. Nur sehr ungern schied ich aus der Nähe Lindemanns, aber ich sah die Unvermeidlichkeit dieser Veränderung ein. Mit dem Herannahen atlantischer Unternehmungen kam es ja jetzt ausschließlich auf die Herstellung der Kriegsbereitschaft des Schiffes an. Und da mußte schon jeder möglichst voll nach seiner Waffenvorbildung verwendet werden.

Die zweite Novemberhälfte brachte für *Bismarck* forgesetzte Erprobungen von Schiff und Maschine. Neu hinzu trat jetzt jedoch das Artillerieschießen. Das Anschießen der Geschütze und Abkommschießen der Seezielartillerie standen auf dem Programm.

Unter Anschießen verstand man das Prüfen der fabrikneuen Geschütze auf Haltbarkeit, einwandfreies Arbeiten der Mechanismen, ballistische Leistungen und Treffgenauigkeit, aber auch die Prüfung der Haltbarkeit der Schiffsteile gegen die auftretenden Drücke. Die Abkommschießen dienten der Ausbildung der Geschützführer »im Abkommen«, daß heißt im Abfeuern bei bester Zielhaltung. Zur Übung und zum Erkennen der Güte des Abkommens reichte es vollkommen aus, diese Schießen auf nahe Entfernungen mit 8,8- oder 5-cm-Abkommkanonen auszuführen, die in die Kaliberrohre der Schweren und Mittelartillerie eingesetzt wurden. Wegen der mit dem Abkommkaliber verbundenen kleineren Geschoßgewichte und Pulverladungen war das Abkommschießen gleichzeitig eine kostengünstige Form der Geschützführerausbildung. Diese Schießen dienten gleichzeitig der Praxis der Artillerieoffiziere in der Feuerleitung.

Kaliberschießen! Unvergeßlich der Tag, an dem *Bismarck* zum ersten Mal eine Vollsalve der Schweren Artillerie abfeuerte. Wie weit, wie hart würde sich das Schiff durch den gewaltigen Rückstoß der Geschütze überlegen, wie rasch wieder zur Ruhe kommen? Unten in den Turbinenräumen vergingen bange Sekunden der Erwartung, fuhr man doch mit 56 Atmosphären Dampfdruck. Ein einziger Riß in der Hauptdampfleitung, etwa ausgelöst durch den harten Stoß beim Feuern, hätte wahrscheinlich den Tod der Raumbesatzungen zur Folge gehabt. Rums! – und dann schien das Schiff einen riesigen Satz nach der Seite zu machen, einige lose Gegenstände flogen umher, einige Glühbirnen gingen entzwei, aber das war auch schon alles, und die Prüfung war gut überstanden. Ganz anders oben an Deck und in den Leitständen! Von dort aus erlebt, schien die dumpfe Salve das Schiff kaum zu einer Eigenbewegung gebracht zu haben. Natürlich, der Abschuß hatte das Schiff schon erheblich erschüttert. Dessen ruhig bleibende Lage im Wasser aber wies *Bismarck* als eine ideale Geschützplattform aus.

Nachdem das Schiff derart auf Herz und Nieren geprüft war, mußte es für notwendige, sogenannte Restarbeiten noch einmal zu »Blohm & Voß« nach Hamburg zurückkehren. Es standen abschließende Ausbauarbeiten im Schiff heran, die bis zum September nicht mehr hatten geleistet werden können. Am 5. Dezember trat *Bismarck* den Rückmarsch aus der östlichen Ostsee an und lief ab Rügen im Geleit des Sperrbrechers 6 nach Kiel. Von dort aus nahm die Fahrt durch den Nord-Ostsee-Kanal weitere zwei Tage in Anspruch, und am 9. Dezember machten wir wieder in Hamburg fest.

Über Weihnachten gab es Urlaub. Für die meisten waren diese Tage die letzte Gelegenheit für ein Zusammensein mit ihren Lieben. Wer nicht verreiste, konnte noch einmal gesellige Stunden im gastlichen Hamburg verbringen. Ich selbst genoß zwei Wochen herrlichen Skilaufens in den bayerischen Bergen.

Am 24. Januar waren die Restarbeiten beendet. Aber unmittelbar danach zur Fortsetzung der Erprobungen und Gefechtsausbildung in der Ostsee wieder auslaufen, wie zunächst vorgesehen, das konnten wir auf einmal nicht. Der Nord-Ostsee-Kanal war durch das Wrack eines dort untergegangenen Erzdampfers versperrt, und die Bergungsarbeiten zogen sich wegen der starken Eisdecke in diesem so besonders strengen Winter in die Länge. Ein Ausweichen nach Norden um Skagen herum wurde höheren Ortes abgelehnt.

Daher wurde bis zu dem vorerst auf den 5. Februar vertagten Auslaufen wiederum Ausbildungs- und Gefechtsdienst im Hamburger Hafen betrieben, fleißig exerziert. Dann aber mußte die Abfahrt erneut verschoben werden, da der Nord-Ostsee-Kanal immer noch nicht passierbar war. Zudem waren in der grimmigen Winterkälte einige Druckmesser- und Impulsleitungen im Bereich der Kesselraumlüfter eingefroren und zerstört, das Schiff daher nicht fahrbereit. Dieser Defekt war erst am 16. Februar behoben. Nach wie vor war aber der Nord-Ostsee-Kanal versperrt, und zu guter Letzt mußte der 6. März als Auslauftermin bestimmt werden. Ende Februar klagte Lindemann im Kriegstagebuch: »Das Schiff ist seit dem 24. Januar in Hamburg nur noch ›festgehalten‹. Fünf Wochen Ausbildungszeit in See sind verloren!«

Am 6. März warfen wir dann also die Leinen bei »Blohm & Voß« wieder los und glitten erneut in die Elbe, stromabwärts. Achteraus versanken langsam die vertrauten Turmsilhouetten Hamburgs, ich empfand, daß es dieses Mal ein längerer Abschied von der schönen Hansestadt sein würde. Ein Stück des Weges gab uns der Admiral der Kriegsmarinedienststelle Hamburg mit seinem Schiff das Ehrengeleit. Vereinzelt winkten Passanten vom Elbufer her. Mittags ankerten wir auf Brunsbüttel Reede. Drei Jagdmaschinen flogen dann dort Luftsicherung für uns. Als Vorsorge gegen mögliche Torpedoangriffe aus der Luft waren in unserer Nähe ein Eisbrecher und zwei Sperrbrecher auf der Reede verankert. Am Tag darauf traten wir in den Nord-Ostsee-Kanal ein und erreichten Kiel am 8. März, um in den folgenden Tagen im Scheerhafen noch einmal unsere Artillerieanlage abzustimmen. Danach wurden noch Artilleriemunition, zwei der vier sollmäßigen Flugzeuge, Proviant, Brennstoff und Wasser übernommen.

Es folgte der Marsch nach Osten, wobei uns wegen des anhaltenden starken Eises in der westlichen Ostsee das alte Linienschiff *Schlesien* Eisbrecherdienste leistete. Hinter ihm lief Sperrbrecher 36, gefolgt von *Bismarck*. Und am Nachmittag des 17. März ankerten wir wiederum vor Gotenhafen, das nun bis zum Auslaufen zur ersten Kriegsoperation unser Hauptliegehafen werden sollte.

Die folgenden Tage brachten viel Bewegung in das Schiff. Erneut wurden Fahrbereichsmeß – und Höchstfahrten gelaufen. Die Unterwasserhorchanlage wurde durchgeprüft. Diese Anlage hatte die Aufgabe, Unterwasserziele nach

Richtung, Entfernung, Art und Verhalten zu orten. Sie sendete horizontal einen Ton aus, dessen Echo aufgefangen wurde. Die Zeit bis zum Eintreffen des Echos gab die Entfernung, die Richtung der höchsten Echolautstärke diejenige des Zieles an. Bei guter Ausbildung konnte der Horcher sogar die Art des aufgenommenen Geräusches erkennen. Unvergessen bleibt die Horchmeldung unseres späteren Kampfgruppengefährten, des Schweren Kreuzers *Prinz Eugen*, am Morgen des 24. Mai 1941, vor dem Islandgefecht: »In 280° Schiffspeilung Geräusche von zwei schnellaufenden Turbinenschiffen.« Es sollten der Schlachtkreuzer *Hood* und das Schlachtschiff *Prinz of Wales* gewesen sein!

Vor allem war jetzt die Zeit für eine intensive Erprobung der Schiffsartillerieanlagen gekommen. Schießen zur Übung der Artillerieleiter, des Feuerleitpersonals und der Geschützbedienungen wechselten ab mit Vorhaben des Artillerieversuchskommandos für Schiffe. Diese Dienststelle pflegte auf Schiffsneubauten eigene Erprobungsprogramme durchzuführen, die der laufenden artilleristischen Weiterentwicklung der jeweiligen Schiffstypen dienten.

Hier mögen nun einige Worte über das Seezielfeuerleitsystem auf *Bismarck* und das damals auf deutschen Überwasserschiffen praktizierte Artillerieschießen am Tage willkommen sein. Sowohl die Schwere als auch die Mittelartillerie konnte von jedem der drei Feuerleitstände aus geleitet werden, die sich auf dem Vormars, im Vorderen und Achteren Stand befanden. Der Hauptartillerieleitstand im Vormars und der Vordere Leitstand waren mit je drei Zielgebern, der Achtere Leitstand mit zwei Zielgebern ausgestattet. Diese Vielzahl sollte es ermöglichen, die Schwere und die Mittelartillerie jederzeit unabhängig voneinander zu leiten.

Der Zielgeber war das vom Artillerieoffizier zur Messung der Zielseiten- und höhenrichtung benutzte Gerät. Ein Unteroffizier richtete ihn der Seite, ein anderer der Höhe nach. Die Optik für den Artillerieoffizier besaß einen Vergrößerungswechsel zur Wahl der besten Beobachtungsmöglichkeit. Im Grunde war der Zielgeber ein Hochleistungsteleskop, das im Unterschied zum Brauch bei vielen anderen Kriegsmarinen nicht in einer Drehhaube, sondern einem festen Artillerieleitstand montiert war, wobei nur das Objektiv die Decke des Leitstandes knapp überragte. Oberhalb der Leitstände befand sich zwar auch je eine Drehhaube, die aber nur der Aufnahme eines optischen Entfernungsmeßgerätes mit einer Basislänge von sieben oder zehn Meter diente. Die von den Zielgebern gemessenen Seiten- und Höhenrichtwerte, sowie die von den Entfernungsmeßgeräten festgestellten Zielentfernungen wurden in den unten im Schiff befindlichen Feuerleitzentralen, den sogenannten Rechenstellen, aufgenommen und für die Feuerleitung laufend verwertet.

Außer den optischen Entfernungsmeßgeräten verfügte *Bismarck* auch noch über drei Funkmeßortungsgeräte – heute meist Radargeräte genannt – zur Funkortung des Gegners. Diese Geräte konnten den Standort eines fremden

Objekts durch dessen gleichzeitige Einpeilung und Entfernungsmessung mittels ausgesendeter und reflektierter elektrischer Wellen bestimmen. Die von ihnen gelieferten Entfernungswerte waren sehr genau, ungenau war allerdings die Seiten- und Höhenpeilung ihrer Ziele. Sie bestanden jeweils aus einer Richtantenne in den Abmessungen zwei mal vier Meter, einem Sende- und einem Empfangsgerät. Montiert waren sie an den Drehhauben auf dem Vormars, dem Vorderen und Achteren Gefechtskommandostand. Ihre Reichweite bis etwa 250 Hektometer lag zwar noch unter der Sichtgrenze. Doch boten sie den Vorteil, den Gegner auch bei Dunkelheit und im Nebel zu erfassen, ihre ausgezeichneten Entfernungsmeßleistungen bei der Abwehr der britischen Zerstörerangriffe in der Nacht vom 26. auf den 27. Mai 1941 werden mir immer in Erinnerung bleiben. Ein Negativum war allerdings ihre hohe Empfindlichkeit gegenüber Erschütterungen, die sie oft schon nach den ersten Geschützsalven ausfallen ließ – wie wir es auf *Bismarck* am 23. Mai 1941 bei der Bekämpfung des britischen Kreuzers *Norfolk* erleben sollten. Weiterhin war nachteilig, daß den Schiffen der Kriegsmarine noch kein ausreichend geschultes Personal zur Bedienung dieser damals noch brandneuen und mit einem Übermaß von Geheimhaltung umgebenen Funkmeßortungsgeräte zur Verfügung gestellt werden konnte. Im Bedarfsfall hing der Erfolg von Reparaturen damals noch mehr oder weniger von der persönlichen Erfahrung einzelner Funkmeister oder Funkgasten ab.

Das damalige Schießen war – im Unterschied zu dem heutigen meist reinen Geräteschießen – weitgehend eine Aufgabe des Artillerieoffiziers selbst. Dessen Persönlichkeit wirkte sich bis in den letzten Winkel der im Schiff weitverzeigten Artillerieanlage aus, die Wahl seiner Worte, der Tonfall seiner Stimme konnten die Stimmung der Artilleriemannschaften entscheidend beeinflussen. Die Kommandos des Artillerieoffiziers vor einem Gefecht beruhten unter anderem auf den Sonderheiten der jeweiligen Anlage und dienten dazu, die Batterie in kürzester Zeit feuerbereit zu machen. Der Artillerieoffizier kündigte zunächst die Gefechtsseite und die Schußrichtung an, beschrieb das Ziel, befahl den Haltepunkt, das Richt- und Abfeuerverfahren und bezeichnete den Leitenden Stand und den Leitenden Offizier. Praktisch vollzog er das in einem nur aus Stichworten bestehenden Schaltbefehl, wie beispielsweise: »Schwere, Gefechtsschaltung oben«, und das hieß dann: Schaltung Vormars über Vordere Artillerierechenstelle auf die Schwere Artillerie. Je nach der Art des Gegners befahl er die Geschoßart, wie zum Beispiel »Panzersprenggranaten«, danach »Geschütze laden und sichern«. Dann pflegten die ersten Entfernungsmessungen einzugehen, Kurs und Geschwindigkeit des Gegners wurden geschätzt, und diese Schätzwerte bildeten die Grundlage der Seiten- und Längenvorhaltbildung, die solange galt, bis sich im Verlauf des Schießens genauere Werte ergaben. In jedem Stand befand sich ein »Sicher-Fertig-Schuß-Anzeiger«, dessen dreifarbige Leuchten das Fertigsein der Batterie, das Abfeuern und etwaige Störungen an den Geschützen vermeldeten. Je nach Schaltbefehl wurden die Geschütze vom Leitenden Stand aus oder über die Rechenstelle abgefeuert. Bei Abfeuerung vom Leitenden Stand aus drückte der Höhenrichtunteroffizier einen Kontakt am Richthandrad des Zielgebers oder blies in seinen Mundkontakt. Bei Abfeuerung aus der Rechenstelle wurde dort der letzte elektrische Kontakt geschlossen. Möglich war auch ein Schießen mit der sogenannten Höhenfernsteuerung und dem Seitenvorzündewerk. Hierbei wurden die Türme der Seite nach in eine »Lauerstellung« gelegt, danach auf das Kommando »Durch« von der betreffenden Richtmaschine bewegt und unter Berücksichtigung des errechneten Seitenvorhalts, des sogenannten Vorzündewinkels, abgefeuert.

Eingangs hatte der Artillerieoffizier darüber zu befinden, ob er das Schießen mit einer Teil- oder einer Vollsalve eröffnen würde. Die dementsprechend von ihm bestimmten Türme hatten auf das Kommando »Zentral« hin zu entsichern. Zum folgenden »Einschießen« konnte er sich darauf beschränken, nur eine einzige Eröffnungssalve zu schießen, deren Aufschlag abzuwarten und für das weitere Schießen auszuwerten. Unter »Einschießen« verstand man die Salven, mit denen der Artillerieoffizier das Ziel sowohl nach der Seiten- wie nach der Längenlage beobachtungsfähig durch die Aufschläge im Wasser oder im Ziel erfaßte. Bei »warmen« Rohren und beim Vorliegen verläßlicher Gegnerwerte zog er es üblicherweise jedoch vor, umgehend eine sogenannte »Gabel« zu schießen, also drei Salven geschlossen zu kommandieren, bei denen die obere und untere Schußentfernung um den gleichen Betrag, üblicherweise vier Hektometer, von der mittleren »Standentfernung« abwichen. Die »Gabel« fiel also beispielsweise mit den Ständen: 180-176-172 Hektometer. Wenn diese drei Salven so rasch nacheinander abgefeuert wurden, daß sie über einen Teil der Flugstrecke noch gleichzeitig in der Luft waren, sprach man von einem »Schnelleinschießen«, von der »Gabel« als einer »Gabelgruppe« – und in der Tat war das Schnelleinschießen zum bevorzugten Verfahren in der Kriegsmarine herangewachsen.

Auf *Bismarck* war es üblich, Vier-Hektometer-Gabelgruppen in Teilsalven zu schießen. Es schoß also beispielsweise zunächst die vordere Turmgruppe (Türme »Anton« und »Bruno«), danach die achtere (»Caesar« und »Dora«) und so fort. Bei jeder Teilsalve wurden also vier Geschosse abgefeuert, eine zu verläßlicher Beobachtung gut geeignete Anzahl. Angestrebt wurde es natürlich, und mit Hilfe unserer sehr leistungsfähigen optischen Entfernungsmeßgeräte meist auch erreicht, das Ziel bereits mit der ersten Gabelgruppe zu erfassen, von deren Lage dann die weiteren Korrekturen des Artillerieoffiziers abhingen.

Die rechtzeitige Konzentration auf die bevorstehenden Geschoßaufschläge wurden dem Artillerieoffizier von der Rechenstelle durch die Meldung »Achtung Aufschlag« erleichtert. Das entsprechende Signal war kurz vor dem Ablauf der in ein Rechengerät eingesteuerten Geschoßflugzeiten im Leitertelefon als Summerton zu hören. Seine Beobachtungen rief der Artillerieoffizier alsdann, wenn er der Seite nach am Ziel lag, als »Weit«, »Kurz« oder »Deckend« aus. »Deckend« bedeutete, daß die aus ein und derselben Salve stammenden Aufschläge zugleich weit und kurz lagen – und es waren natürlich solch deckend fallende Salven, die die besten Trefferaussichten erbrachten. Hatte der Artillerieoffizier das Ziel im Rahmen einer Vier-Hektometer-Spanne erfaßt oder bereits beim Einschießen deckend gelegen, so trat er mit dem Kommando »Gut schnell« in das sogenannte Wirkungsschießen ein, im ersteren Fall mit einer Standkorrektur in die Mitte dieser Spanne hinein, im letzteren Fall in der Regel ohne weitere Längenverbesserung. Ab dann konnte er nach eigenem Ermessen auch Vollsalven, also alle acht 38-cm-Geschütze zugleich im schnellstmöglichen Salventakt schießen lassen. Doch mochte er es im gegebenen Fall durchaus vorziehen, auch das Wirkungsschießen mit Teilsalven vorn und achtern durchzuführen.

Im Gefecht kam es natürlich darauf an, daß der Leitende Artillerieoffizier seine Batterie möglichst lange in der Hand behielt. Der Grund hierfür lag einfach darin, daß das mit Hilfe der Rechenstellen zentral geleitete Schießen jedem turmweisen Schießen unter der örtlichen Leitung der Turmkommandeure in der Wirkung weit überlegen war. Fiel der Leitende Stand im Gefecht durch Treffer oder wegen Sichtbehinderung einmal aus, so war es der nächste Schritt, die zentrale Leitung einem der beiden anderen Stände zu übertragen. Erst wenn Reserveleitstände nicht mehr zur Verfügung standen, ging die Feuerleitung auf die Turmkommandeure über.

Das Üben von Gefechtsausfällen spielte damals im Leben eines jeden Kriegsschiffes eine große Rolle, und so wurde in diesen Monaten auf *Bismarck* unter anderem auch der Übergang der Feuerleitung von einem Stand auf den anderen und auf die Geschütztürme geprobt.

Und für die Besatzung in Verbindung mit alledem: Drill und nochmals Drill! Gefechtsdienst am Tage, Gefechtsdienst in der Nacht! Aber die Männer klagten nicht. Sie waren mit Schwung bei der Sache und wünschten sich den Aufbruch zur ersten Seekriegsoperation mehr und mehr herbei.

In dieser Zeit trat eine von Lindemann nicht eben erwartete Wende ein. Am 19. März erhielt er über den Kommandanten des Schwesterschiffes *Tirpitz* Kenntnis von neuen Weisungen der Seekriegsleitung in Berlin, denen zufolge *Bismarck* ganz plötzlich drei bis vier Wochen früher als bisher vorgesehen, zu seiner ersten Atlantikunternehmung bereit sein solle, und zwar nunmehr schon zu Ende April! Lindemann war unvermittelt gezwungen, das Programm des Artillerieversuchskommandos für Schiffe weitgehend einzuschränken und die für dieses Programm ausgeworfene Zeit überhaupt abzukürzen. Und er reorganisierte. Er verlegte den Abschluß des Versuchsprogrammes vor auf den

2. April. Zum Programmschwerpunkt bestimmte er die für die Herstellung der Kriegsbereitschaft des Schiffes unerläßlichen Vorhaben, das heißt die eigentlichen Artillerieschießen. Die dadurch gewonnene Zeit wollte er jetzt zur weiteren Klarschiffausbildung der Besatzung, zur Ausbildung der Bordflugzeugbesatzungen, zu taktischen Übungen im Zusammenwirken mit einem Kreuzer, mit Unterseebooten und zu Übungen mit Tankern für Ölübernahme in See nutzen.

»Immerhin«, so schrieb Lindemann in sein Kriegstagebuch, »war mir bisher die dem Artillerieversuchskommando für Schiffe gewidmete Zeit ein guter Gradmesser auch für den Ausbildungsstand der Artilleriemannschaften und den materiellen Zustand der Artillerieanlage auf *Bismarck.*« Und das Ergebnis hatte ihn befriedigt. Wenn er an den Schiffseinrichtungen überhaupt etwas zu beanstanden hatte, so waren es verschiedene Störungen in der Antriebsanlage, »die den bisherigen guten Eindruck über ihre Zuverlässigkeit etwas zu trüben geeignet sind«. Als »äußerst anfällig und unzuverlässig« bezeichnete er aber die Bordkräne.

Zahlreiche Störungen hatten in der Tat die Flugzeugschleuder und Bordkräne betroffen, diese Teile hatten infolge Getriebe- und sonstiger Schäden verschiedentlich zur Reparatur von Bord gegeben oder gar ausgetauscht werden müssen. In der Antriebsanlage hatte es sich außer um den erwähnten Kälteschaden im Bereich der Kesselraumlüfter um einige Rohrreißer in den Überhitzern der Dampfkessel, Bruch eines Kugellagerringes an der Hauptkupplung Mitte, gelegentliche undichte Schieber in einer der Hauptdampfzuleitungen und um einen kleinen Salzeinbruch in einer Turbinenanlage gehandelt. All diese Schäden wollen rückblickend nicht sehr bedeutend erscheinen, und sie hatten auch relativ rasch behoben werden können. Das dem Schiffskommando vorgesetzte Marinegruppenkommando Nord schrieb Mitte April in einem Prüfungsvermerk zur Eintragung Lindemanns in das Kriegstagebuch: »Gemessen daran, daß es sich um einen Neubau handelt, waren die Störungen im Bereich der Maschine bisher insgesamt unwesentlich. Der Maschinenbetrieb ist sogar über Erwarten störungsfrei verlaufen.« Aber Lindemann hatte damals wohl eine allmähliche und verständliche Ungeduld empfunden, sein Schiff möglichst rasch als kriegsverwendungsbereit an die Seekriegsleitung melden zu können.

Entsprechend der neuen Zeiteinteilung endeten dann im April die Erprobungen des Artillerieversuchskommandos. *Bismarck* führte eigene Seeziel- und Flakschießen durch, darunter zwei Tageskaliberschießen der Schweren und der Mittelartillerie auf einc geschleppte Scheibe. Die Funkmeßortungs- und Unterwasserhorchgeräte wurden noch einmal überprüft. Heizölübernahme und -abgabe in See wurde mit Hilfe des Tankers *Bromberg* geübt.

Die zwei restlichen Flugzeuge wurden übernommen und die Besatzungen aller Maschinen im Bordbetrieb ausgebildet. Die Flugzeugführer und das Wartungspersonal der Flugzeuge gehörten zur Luftwaffe und trugen auch an Bord die

Luftwaffenuniform. Flugzeugbeobachter und zugleich Funker waren hingegen zur Luftwaffe kommandierte Seeoffiziere, die im Erkennen und Beurteilen von Vorgängen auf See erfahren waren. Nun wurden Starts und das Wiederanbordnehmen der Flugzeuge geübt. Die durch die Schleuder vermittelte Geschwindigkeit reichte zum Start der vollbeladenen und auf höchsten Propellertouren laufenden Maschine aus. Weniger einfach war die Rücknahme der Flugzeuge auf das in Fahrt befindliche Schiff. Bei glatter See konnte die betreffende Maschine gegen den Wind wassern und unter eigenen Propellerkraft bis unter den ausgeschwenkten Bordkran manövrieren. Bei stärkerem Seegang aber mußte *Bismarck* versuchen, die künftige Wasserungsstelle vorher zu glätten. Dazu fuhr das Schiff beispielsweise einen Kurs, auf dem der Wind dreißig Grad von Backbord einkam. Die Maschine flog, von achtern kommend, auf Parallelkurs zu *Bismarck* mit der möglichen Mindestgeschwindigkeit an. War sie etwa noch fünfhundert Meter vom Heck entfernt, drehte das Schiff in den Wind. Das dann nach Steuerbord ausschlagende Heck »wischte« die Wellenkämme zwischen dem Schiff und der vorherigen Hecksee fort. Auf die derart entstandene ruhige Wasserzone, den sogenannten Ententeich, setzte die Maschine auf und manövrierte dann raschestens unter den Bordkran, wo der Beobachter den Ladehaken in eine speziell konstruierte Öse zum Heißen einpickte.

Weiterhin hielt *Bismarck* jetzt Scheinwerferübungen ab. Das Schiff war mit insgesamt sieben Scheinwerfern ausgestattet. Sie waren wie folgt verteilt: einer an der Vorkante des Gefechtsmastes unterhalb des Vormarses, vier zu beiden Seiten oben um den Schornstein herum, zwei auf dem Bootsdeck achterlich des Großmastes. Bei Dunkelheit leitete der Scheinwerferoffizier von einer der optisch besonders leistungsfähigen Nachtzielsäulen zu Seiten des Vorderen Gefechtskommandostandes aus die Scheinwerfer über Scheinwerferrichtgeräte. Bei den Übungen kam es darauf an, das jeweilige Ziel auf Anhieb schlagartig zu beleuchten und danach mit den Scheinwerfern laufend zu halten.

Mit dem Schweren Kreuzer *Prinz Eugen*, kurz vor *Bismarck* im August 1940 in Dienst gestellt und als unser Gefährte für die bevorstehende erste atlantische Unternehmung ausersehen, wurde im Verband geübt: gegenseitiges Entfernungsmessen mit den optischen und den Funkmeßortungsgeräten, gemeinsamer Kriegsmarsch zur Übung, Angriffs- und nächtliche Fahrübungen. Hinzu traten Ortungs- und Angriffsübungen zusammen mit der 25. Unterseebootsflottille. Über Ostern lief *Bismarck* für vier Tage in Gotenhafen ein. Die noch fehlende Gefechtsmunition war zu übernehmen, gewisse Teile der Maschinenanlage mußten überholt werden.

Und sonst, wenn wir in See waren, für die Besatzung immer wieder Gefechtsausbildung, gehobene Gefechtsausbildung mit Klarschiffübungen und Gefechtsbildern. Was war ein Gefechtsbild? Nun, hierzu wurde irgendeine taktische Lage angenommen, beispielsweise die Deckung eines Angriffes des Kreuzers *Prinz Eugen* auf einen durch ein Schlachtschiff gesicherten britischen Geleitzug. *Bismarck* gerät mit dem britischen Schlachtschiff in ein Gefecht, in dessen Verlauf er zwei Treffer erhält. Deren Auswirkungen wurden dann so echt als möglich dargestellt, Stromausfälle durch Herausnehmen von Sicherungen, Brände durch Verwendung von Rauchkörpern, Gas durch Tränengasbomben usw. Ließ sich die Trefferwirkung derart nicht darstellen, so gingen »Störungszettel« an ausgewählte Stellen im Schiff, die die »Schäden« oder Auswirkungen von »Treffern« schriftlich bezeichneten. Zum Beispiel: »An den Turmführer Backbord II 15 cm: Turm durch schweren Treffer zerstört. Ihre Geschützbedienung ist ausgefallen.« Dann rief der Turmführer diese Störung aus, er und seine Männer reagierten nach außen auf nichts mehr, markierten so die Trefferwirkung. Heiß ging es in den Räumen mit markierten Teilausfällen her. Feuerlöschschläuche wurden angeschlossen, Schotten abgestützt und gedichtet, Umgehungsleitungen geöffnet, andere »Schäden« in Ordnung gebracht. Da war zum Beispiel der Obermaschinist Oskar Barho vom E-Hauptgefechtsstand. Der nahm die »Ausfälle« immer souverän und gelassen entgegen. Präzise waren dann seine Anordnungen. Immer wieder sagte er seinen Männern: »Wenn ich ausfalle, muß es genau so weitergehen, das hängt nicht am Dienstgrad! Erkennt Ihr einen Befehl von mir als falsch, meldet es!« Etwas schwieriger konnte es allerdings werden, wenn ein junger Matrose oder Heizer einen Störungszettel erhielt und dann selbst über Folgemaßnahmen entscheiden mußte. Dann galt, was ihre Offiziere ihnen so oft eingeschärft hatten: »Wenn auf Eurer Station nur zwei oder drei Mann überleben, weitermachen, ja weitermachen. Die erforderlichen Notschaltungen sofort durchführen!« Dann mußten sie eben Befehle geben, die vorher von Offizieren gegeben worden waren – wie oft hatte man das nicht exerziert! Nur, wenn sie in erster Unerfahrenheit allzu große Fehler machten, griff ein Vorgesetzter ein. Und die Befehlsübermittler! Manchmal erhielten sie viele Befehle gleichzeitig. Keiner davon durfte vertrödelt werden. Also aufschreiben und auf der Kontrolltafel entsprechend stöpseln. Da gewöhnte man sich schon nicht schlecht an selbständiges Denken und Handeln!

Nach dem Gefechtsbild war Appell auf der Schanze. Unter der Leitung des Kommandanten wurden alle Störungen und die daraufhin getroffenen Abwehrmaßnahmen eingehend besprochen. Und Lindemann verstand es, die richtigen Fragen zu stellen. Er beherrschte nicht nur den typischen Dienst des Seeoffiziers und sein eigenes Spezialgebiet, die Schiffsartillerie, in überlegener Manier. Seiner hohen Intelligenz stand auch ein gutes technisches Verständnis zu Gebot. Bei Darstellungen aus dem Bereich der »Maschine« konnte er daher wirkungsvoll »nachhaken«, Ausflüchte und Beschönigungen von Fehlern bloßstellen, Abläufe im Gefechtsbild nachvollziehen. Als derart kompetenter Richter verteilte er am Ende Lob und Tadel. Der Ton dabei blieb immer sachlich. Es galt ja in erster Linie, zu lernen und Vertrauen zu gewinnen, jeder Mann zu sich selbst und zum Schiff. »Machten wir Fehler«, sagte der Maschinengefreite Budich, »so hörten wir von unseren Vorgesetzten kein böses Wort.«

Atem holte das Schiff inmitten solch gedrängter Ausbildung in der Regel auf der Gotenhafener Reede, wo wir vor Anker gingen. Wenn der Himmel klar war und ein sanfter Wind das Schiff entlangstrich, konnten wir dort wahrhaft bezaubernde Nächte erleben. Einmal, der Vollmond zeichnete eine breite silberne Spur in die spiegelglatte See, hatte der Matrose Paul Hillen Wache an Oberdeck. Plötzlich sah er den Kommandanten auf sich zukommen und schickte sich an, diesem Meldung zu machen. Aber Lindemann winkte vorbeugend ab und meinte nur: »Ist dies nicht ein wunderbarer Anblick? Manch einer würde viel Geld ausgeben, um es zu erleben, und wir haben es umsonst.« »Es war das erste Mal«, sagte später der damals erst kurz zuvor an Bord kommandierte Hillen, »daß ich von einem hohen Dienstgrad keinen Befehl, sondern so persönliche Worte hörte.« Ja, Lindemann konnte von gewinnender Art sein und sich Zuneigung erwerben. Zahlreiche Stimmen späterer Überlebender haben dem beredten Ausdruck gegeben. Einer von ihnen formulierte es so: »Wir schätzten, ja wir liebten unseren Kommandanten, Kapitän zur See Lindemann. Er war wie ein Vater zu uns. Stets hatte er ein offenes Ohr für die Sorgen und Nöte seiner Besatzung.«

Ein anderes Erlebnis, dieses Mal am Tag. Nach längerem Seetörn fiel der Anker. Da wurde ausgepfiffen: »Arbeitsgruppe auf die Back!« Das konnte nur die Ankunft der Postfähre aus Gotenhafen bedeuten. Und da war sie auch schon ganz nah, und groß die Erwartung an Bord. Dann aber war sie plötzlich zu nah, und es krachte. Kommentar des Oberbootsmanns: »Sch . . ., keine Post!« Und er sah traurig hinterher, als die schon gefährlich Wasser machende Fähre mit ihrer ersehnten Ladung über den Achtersteven nach Gotenhafen zurücklaufen mußte.

In das Kriegstagebuch trug Lindemann für den April ein: »Insgesamt wurde die Zeit restlos ausgenutzt zur Ausbildung für die bevorstehende Aufgabe. Es wurde verstärkte Betonung auf die innere Ausrichtung der Besatzung für den bevorstehenden Einsatz gelegt. Der Besatzung scheint die erste Erkenntnis der Größe der Aufgabe aufgegangen zu sein, die sie zwar noch nicht kennt, aber unschwer ahnt.«

Lindemann hatte recht. An Gerüchten über ein unmittelbar bevorstehendes Auslaufen zu einer Kriegsoperation fehlte es unter der Besatzung nicht. Immer wieder tauchten Parolen auf, wurden von Mann zu Mann geflüstert, verschwanden, um neuen Platz zu machen. Das jüngere Schwesterschiff *Tirpitz* erschien zu eigenen Übungen in der Danziger Bucht und löste Vermutungen aus über die etwaige Bildung einer Kampfgruppe mit ihm.

## Kommende Kriegsaufgaben

Die Worte Lindemanns von der bevorstehenden Aufgabe und dem kommenden Einsatz legen es nahe, sich jetzt einmal mit der Natur der Operationen zu befassen, zu denen *Bismarck* ausersehen war.

Bei Beginn des Krieges, auf den die Marine nicht vorbereitet gewesen war, hatte eine geradezu grotesk zu nennende Unterlegenheit der deutschen Flotte gegenüber der britischen bestanden. Das Verhältnis war etwa wie eins zu zehn, und auf deutscher Seite waren lediglich zwei Panzerschiffe, nämlich *Deutschland* und *Admiral Graf Spee*, sowie sechsundzwanzig Unterseeboote zu sofortiger Kriegsverwendung im Atlantik bereit gewesen. Eine kriegsentscheidende Wirkung hatte von den wenigen eigenen Seestreitkräften wahrlich nicht erwartet werden können. Der von dem Eintritt des Kriegszustandes mit Großbritannien total überraschte Oberbefehlshaber der Kriegsmarine, Großadmiral Dr. h.c. Erich Raeder, hatte es damals so formuliert: »Die Überwasserstreitkräfte aber sind noch so gering an Zahl und Stärke gegenüber der britischen, daß sie – vollen Einsatz vorausgesetzt – nur zeigen können, daß sie mit Anstand zu sterben verstehen.« Die deutschen Ausgangsbasen für jede Art von Seekriegführung lagen – jedenfalls zunächst und, wie schon im Ersten Weltkrieg – gedrängt in der Südostecke der Nordsee, während die Briten aufgrund ihrer geographischen Lage und weltweiter Stützpunkte alle wichtigen Seeverbindungen beherrschten und den Verkehr deutscher Kriegsschiffe nach und von dem Atlantik erheblich behindern konnten. Erst die Besetzung Norwegens und Frankreichs im Jahr 1940 ermöglichte Deutschland die Benutzung vorgeschobener Ausgangspositionen im Norden ud Westen. Erst mit diesen erlangte die deutsche Seekriegsleitung günstigere Voraussetzungen für eine weiträumige ozeanische Verwendung unserer Überwasserstreitkräfte und Unterseeboote.

Unter dem Druck der eigenen Flottenschwäche hatte Deutschland sich auf die Konzeption eines Wirtschaftskrieges gegen Großbritannien beschränken müssen und eine entsprechende Strategie entworfen. »Die Kriegsmarine führt Handelskrieg mit dem Schwerpunkt gegen England« – dieser Satz aus der »Weisung Nr. 1 für die Kriegführung« vom 31. August 1939 war über Nacht zur Grundlage der strategischen Zielsetzung der deutschen Seekriegsleitung geworden. Mit der Abschnürung Großbritanniens von seinen atlantischen Zufuhren meinte die Seekriegsleitung aber durchaus die Kriegsentscheidung unter der Voraussetzung erzwingen zu können, daß wirklich alle Machtmittel und Reserven auf dieses Ziel konzentriert werden. Alle Machtmittel – das hieß für die Seekriegsleitung und insbesondere deren Chef Raeder erst recht alle Seekriegsmittel. Und das wiederum bedeutete in der Praxis das Eingreifen auch der schweren, über einen großen Fahrbereich verfügenden Überwasserstreitkräfte, also unserer Schlacht- und Panzerschiffe, in den ozeanischen Handelskrieg. Mit deren Einsätzen zielte die Seekriegsleitung außer auf die Störung der britischen Zufuhr auch auf eine Diversionswirkung, das heißt auf eine Bindung und Zersplitterung der gegnerischen Streitkräfte. Im Rahmen einer sogenannten doppelpoligen Seekriegführung sollte ein verstärktes Auftreten von Handelsstörern in einem bestimmten Seegebiet feindliche Seestreitkräfte dort anziehen, die dann anderswo fehlen mußten. Dadurch hoffte man, sonstige eigene Operationen zu erleichtern, beispielsweise den Ausbruch eines Schiffes in den Atlantik oder dessen Rückkehr von dort.

In dem ersten Jahresviertel 1941 hatte dieser strategische Ansatz seinen Höhepunkt erreicht. Während der Monate Januar bis März hatten die Schlachtschiffe *Scharnhorst* und *Gneisenau* unter dem Befehl des Flottenchefs, Admiral Günther Lütjens, acht Wochen lang im Atlantik gegen britische Geleitzüge operiert. Das Versenkungsergebnis war mit 122000 Bruttoregistertonnen an Schiffsraum zwar relativ gering gewesen, doch hatte schon das bloße Auftreten der deutschen Schlachtschiffe die britische Admiralität zu unbequemen und weitreichenden Abwehrmaßnahmen gezwungen. Sie hatte in dem von *Scharnhorst* und *Gneisenau* bedrohten Seeraum und um die Nordpassagen in den Atlantik erhebliche Kräfte konzentrieren müssen, und das gesamte Geleitzugsystem war ihr durcheinandergeraten. Jeder Geleitzug mußte jetzt mindestens mit einem Schlachtschiff gesichert werden. Darauf reagierte die deutsche Seekriegsleitung nun wieder mit dem Plan, sobald als möglich eine starke Kampfgruppe mit vier Schlachtschiffen (*Bismarck*, *Tirpitz*, *Scharnhorst* und *Gneisenau*) in den Atlantik zu entsenden, um dann auch Geleitzüge anzugreifen, die durch Schlachtschiffe gesichert waren. Doch im Frühjahr 1941 war es noch nicht so weit; die erst am 25. Februar in Dienst gestellte *Tirpitz* konnte vor dem Spätherbst 1941 nicht einsatzbereit sein. Die Seekriegsleitung mußte sich vorerst mit *Bismarck*, *Scharnhorst* und *Gneisenau* begnügen und sah mit entsprechender Sehnsucht der Kriegsbereitschaft des großen und starken *Bismarck* entgegen.

Dem Warten der deutschen Seekriegsleitung auf *Bismarck* entsprach umgekehrt durchaus die Sorge auf britischer Seite. Der Admiralität war es klar genug, daß die unangenehme Wirkung der deutschen Handelsstörer im Atlantik durch das Hinzutreten von *Bismarck* nur noch gesteigert werden konnte. Und dementsprechend argwöhnisch und genau beobachtete sie die Fortschritte *Bismarcks* bei der Herstellung seiner Kriegsbereitschaft. Einmal registrierte sie sogar, daß *Bismarck* und leichte Streitkräfte am 18. April 1941 Skagen auf Nordwestkurs passiert hätten. Aber die Nachricht hatte nicht zugetroffen, so weit war es noch nicht gewesen. An jenem Tag war *Bismarck* in Wahrheit noch zu Übungen in der Danziger Bucht.

Doch das britische Interesse an *Bismarck* reichte noch viel weiter zurück. Schon als Erster Lord der Admiralität und ab Mai 1940 als Premierminister hatte Winston Churchill von Beginn des Krieges an immer wieder auf die kommende Gefahr der Verstärkung der deutschen Flotte durch *Bismarck* hingewiesen und sich in die interne Diskussion darüber eingeschaltet, wie ihr am besten zu begegnen sei. Zu Anfang August 1940 – also noch vor der Indienststellung *Bismarcks* – hatte er die Admiralität wissen lassen, daß es angesichts der drohenden Haltung Japans lebensnotwendig sei, über die Baufortschritte bei *Bismarck* und *Tirpitz* laufend Gewißheit zu haben. Im Februar 1941 hatte er, zutreffenderweise, vermerkt, daß *Bismarck* noch nicht kriegsbereit sei und sich darüber hinaus noch mit einigen Gedankengängen in die Lage der deutschen Seekriegsleitung versetzt. Diese sollte eigentlich, so hatte er damals – und insoweit in der Tat mit Berlin grundsätzlich übereinstimmend – gemeint, die Fertigstellung von *Bismarck* und *Tirpitz* abwarten. Deutschland könne dann diese großen Schiffe gar nicht besser verwenden, als sie beide zusammen kriegsbereit in der Ostsee zu halten und ab und zu Gerüchte über einen bevorstehenden Ausbruch in den Atlantik in die Welt zu setzen. Derart würde Großbritannien gezwungen sein, ständig zu Lasten anderer Aufgaben starke Einheiten in Scapa Flow[1] zur Abwehr zu konzentrieren. Dabei würde Deutschland auch noch den Vorteil der freien Wahl des Zeitpunktes für Unternehmungen ohne die belastende Kehrseite zufallen, seine Schiffe auch wirklich laufend bereit zu haben. Und da die britischen Schiffe natürlich von Zeit zu Zeit würden überholt werden müssen, würde es der Admiralität kaum möglich sein, den deutschen Handelsstörern gegenüber jederzeit an Stärke überlegen zu sein.

Im April 1941 hatte Churchill einen Hinweis auf die Schäden, die der britischen Seezufuhr zu Anfang jenes Jahres durch *Scharnhorst* und *Gneisenau* zugefügt worden waren, wiederum mit der Bemerkung verbunden, daß sich diese Gefahr in Kürze durch Operationen des *Bismarck* erhöhen werde. Mehrfach auch hatte Churchill seit Beginn des Krieges die Notwendigkeit betont, den Baufortschritt von *Bismarck* durch Luftangriffe um wenigstens drei bis vier Monate zu hemmen und die positiven Auswirkungen angedeutet, die ein solcher Erfolg auf die eigenen Flottendispositionen haben müsse. Wörtlich hatte er im August 1940 an den britischen Luftfahrtminister geschrieben: »Nur einige wenige Monate Verzögerung in der Fertigstellung von *Bismarck* werden das Gesamtkräfteverhältnis zur See in einem bedeutenden Maß verändern.« Und im Oktober 1940 an die Vereinigten Stabschefs: »Der größte Preis, der dem Bomberkommando winkt, ist die Beschädigung von *Bismarck* und *Tirpitz*.«

Diese frommen Wünsche sind für *Bismarck* bis zum Auslaufen zur Kriegsunternehmung allerdings nicht mehr in Erfüllung gegangen!

## Die Operationsbefehle zur »Rheinübung«

Die Erfolge der Schlachtschiffe *Gneisenau* und *Scharnhorst* hatten die deutsche Seekriegsleitung in ihrer Strategie des Handelskrieges mit schweren Überwasserstreitkräften nur noch bestärken können. Und sie erließ im Hinblick auf die nahende Kriegsbereitschaft *Bismarcks* mit dem Datum des 2. April 1941 die folgende, hier im Auszug wiedergegebene operative Weisung:[1]

»Die Kriegführung im vergangenen Winterhalbjahr hat sich im wesentlichen entsprechend den Weisungen der Seekriegsleitung für die Winterkriegführung 1940/41 abgespielt und in der ersten längeren Schlachtschiffunternehmung im freien Seeraum des Atlantik ihren Abschluß gefunden. Diese erste Schlachtschiffunternehmung hat neben beträchtlichen taktischen Erfolgen gezeigt, welche erheblichen strategischen Auswirkungen durch einen derartigen Einsatz der Überwasserstreitkräfte erreicht werden können. Diese strategischen Wirkungen erstrecken sich nicht nur auf den zum Operationsgebiet gewählten Seeraum, sondern greifen auch auf andere Kriegsschauplätze (Mittelmeer, Südatlantik) über. Es muß das Bestreben der Seekriegführung sein, durch möglichst häufige Wiederholung derartiger Operationen ihre Wirkung zu erhalten und zu vertiefen.

Als entscheidendes Ziel im Kampf gegen England muß im Auge behalten werden, daß es darauf ankommt, die englische Zufuhr vernichtend zu treffen. Dieses läßt sich am besten und wirkungsvollsten nur im Nordatlantik erreichen, wo alle englischen Zufuhrwege zusammenlaufen und wo die nötigste Zufuhr – auch bei Ausfall von Zufuhrwegen in weiter abgesetzten Meeren – England auf dem unmittelbaren Wege von Nordamerika her immer noch erreichen kann.

Die Erringung der Seeherrschaft im Nordatlantik als umfassendste Lösung dieser Aufgabe ist bei dem augenblicklich auf unserer Seite möglichen Kräfteeinsatz und bei dem Zwang, mit unseren zahlenmäßig geringeren Kräften hauszuhalten, vorerst nicht erreichbar. Eine örtlich und zeitlich begrenzte Seeherrschaft in diesem Seegebiet ist jedoch anzustreben und schrittweise planmäßig und zielbewußt auszubauen.

Bei der ersten Schlachtschiffunternehmung im Atlantik konnte der Gegner unseren beiden Schlachtschiffen auf den beiden Hauptzufuhrwegen in jedem Falle eines seiner Schlachtschiffe entgegenstellen. Es hat sich jedoch gezeigt, daß er mit diesem Schutz seiner Geleitzüge offenbar an die Grenze des für ihn Möglichen herangegangen ist und daß er eine entscheidende Verstärkung der Sicherung nur vornehmen kann, wenn er für ihn wichtige Positionen (Mittelmeer, Heimat) schwächt oder den Geleitzugverkehr einschränkt.

Sobald beide Schlachtschiffe vom Typ *Bismarck*[2] für den Einsatz zur Verfügung stehen, kann es möglich werden, den Kampf mit der Sicherung feindlicher

Geleitzüge bewußt zu suchen und nach ihrer Vernichtung die Geleitzüge selbst zu zerschlagen. Bis zu diesem Zeitpunkt jedoch kann dieser Weg noch nicht gegangen werden, doch wird es als Zwischenstufe auch jetzt schon möglich sein, durch Waffeneinsatz des Schlachtschiffes *Bismarck* die feindliche Sicherung zu binden, um gleichzeitig mit den übrigen beteiligten Einheiten auf den Geleitzug selbst zu operieren. Hierbei wird zu Beginn der Operation das Moment der Überraschung eine besonders günstige Rolle spielen, da ein Teil der eingesetzten Einheiten erstmalig in Erscheinung tritt[3] und nach den Erfahrungen aus dem bisherigen Einsatz der Schlachtschiffe der Gegner der Auffassung sein wird, daß zum Schutz der Geleitzüge *ein* Schlachtschiff ausreicht.

Zu einem möglichst frühen Zeitpunkt, nach Möglichkeit noch in der Neumondperiode des April, sind unter Führung des Flottenchefs *Bismarck* und *Prinz Eugen* zu einer Zufuhrkriegsunternehmung im Atlantik einzusetzen. Zu einem durch die Beendigung der augenblicklichen Reparaturzeit gegebenen Zeitpunkt ist *Gneisenau*[4] ebenfalls im Atlantik einzusetzen.

Nach den Erfahrungen der letzten Schlachtschiffunternehmung erscheint eine Vereinigung von *Gneisenau* und der *Bismarck*-Gruppe zweckmäßig, jedoch kann vor dieser Vereinigung ein Diversionsvorstoß der *Gneisenau* in das Seegebiet zwischen Kapverden und Azoren vorgesehen werden.

Der Schwere Kreuzer *Prinz Eugen* ist im allgemeinen in taktischem Zusammenhang mit *Bismarck* bzw. *Bismarck* und *Gneisenau* einzusetzen.

Im Gegensatz zu der bisherigen Weisung für das Schlachtschifftreffen *Gneisenau – Scharnhorst* ist es Aufgabe dieser Kampfgruppe, auch gesicherte Geleitzüge anzugreifen, wobei es jedoch nicht Aufgabe des Schlachtschiffes *Bismarck* sein soll, unter starkem eigenen Einsatz gleichstarke Gegner niederzukämpfen, sondern vielmehr, sie nach Möglichkeit in einem hinhaltenden Gefecht unter möglichster Schonung der eigenen Kampfkraft so zu binden, daß den anderen Schiffen das Anfassen der Schutzobjekte des Geleitzuges möglich ist. Hauptaufgabe auch dieser Operation ist die Vernichtung feindlichen Schiffsraumes, die Bekämpfung feindlicher Kriegsschiffe nur so weit, wie es die Hauptaufgabe nötig macht und wie es ohne allzu großes Risiko geschehen kann.

Als Operationsgebiet wird der gesamte Nordatlantik nördlich des Äquators mit Ausnahme der Hoheitsgewässer neutraler Staaten freigegeben.

Die Befehlsführung haben die Gruppenkommandos in ihren Bereichen. Die Führung in See hat der Flottenchef.«

Mit den in der Weisung der Seekriegsleitung angesprochenen »Gruppenkommandos« waren die Marinegruppenkommandos Nord in Wilhelmshaven und West in Paris gemeint. Beide Gruppenkommandos, damals von je einem Generaladmiral geleitet, unterstanden unmittelbar der Seekriegsleitung in Berlin. In ihren geographisch definierten Zuständigkeitsbereichen waren sie für die operativen Aufgaben der Seestreitkräfte direkt verantwortlich und dem jeweiligen Seebefehlshaber vorgesetzt. Der Grundgedanke dieser Organisationsform war es, die operative Unternehmensführung einer Dienststelle zu übertragen, die durchgehend über den bestmöglichen Stand an Informationen verfügen würde. Insoweit war eine Landdienststelle mit der Vielfalt ihrer Verbindungen dem Seebefehlshaber grundsätzlich überlegen, zumal auch ihre Nachrichtenanlagen nicht einer Zerstörung in Gefechten ausgesetzt waren. In allen taktischen Fragen und, selbstverständlich, im Gefecht hatte der Flottenchef die Führung.

Die Weisung der Seekriegsleitung war kaum in den Händen des Flottenchefs, als sie in der Frage der Teilnahme der *Gneisenau* bereits wieder überholt war. Am 6. April erhielt dieses damals zur Reparatur in Brest liegende Schiff einen britischen Torpedotreffer aus der Luft und wenige Tage später noch vier Bombentreffer. *Gneisenau* war für längere Zeit nicht mehr verwendungsbereit. Die Kampfgruppe war so auf *Bismarck* und *Prinz Eugen* reduziert.

Auf der Grundlage der Weisung der Seekriegsleitung erließen dann der Flottenchef für die Gesamtunternehmung und die Gruppen Nord und West für ihre jeweiligen Befehlsbereiche ihre Operationsbefehle. Gruppe Nord war bis zum Eintritt der Kampfgruppe in den Atlantik zuständig, die Gruppe West danach.

Mit Operationsbefehl vom 22. April 1941[5] gab der Flottenchef, Admiral Günther Lütjens, der bevorstehenden Unternehmung die Deckbezeichnung »Rheinübung«. Als Aufgabe der Kampfgruppe bestimmte er: Auslaufen durch Belt und Nordsee in den Nordatlantik, Angriff auf die durch den Nordatlantik laufende Zufuhr. Nach Durchführung der Aufgabe solle in einen westfranzösischen Hafen zur Ergänzung von Munition und Verbrauchsstoffen eingelaufen werden.

Als seine Absicht deklarierte Lütjens: Unbemerkter Durchbruch durch die Dänemarkstraße in den Nordatlantik, Angriff auf den Geleitzugweg Halifax-England, weitere Entschlüsse je nach Lage.

Als teilnehmende Streitkräfte befahl Lütjens:
*Bismarck*; *Prinz Eugen*; die auf der atlantischen Nord-Süd-Route operierenden U-Boote; ab Ende Mai vier U-Boote auf dem Geleitzugweg Halifax-England; Spähschiffe *Gonzenheim* und *Kota Penang*; zwei Troßschiffe und fünf Begleittanker.

Und als sichernde eigene Streitkräfte:
Minensicherung auf dem Weg von Arkona (Rügen) bis zum Großen Belt: Sperrbrecher »13« und »31«. Minengeleit durch die Skagerraksperre: 5. Minensuchflottille. Danach Sicherung gegen U-Boote durch die Zerstörer *Z 23*, *Z 24*, *Hans Lody* und *Friedrich Eckoldt*.

Die weitläufigere Sicherung durch getrennt operierende Streitkräfte (Luftaufklärung, Jagdschutz, Bereitstellung von Luftkampfverbänden usw.) wurde in Operationsbefehlen der Gruppen Nord und West näher geregelt.

Die Gruppe Nord ordnete an, daß der Verband so durch den Großen Belt marschiert, daß er die Äußere Kristiansand-Süd-Sperrlücke am Abend des dritten Operationstages um 20.30 Uhr passieren und am folgenden Morgen in den Korsfjord (bei Bergen, jetzt Krossfjord) eintreten kann. Im Fjord ist tagsüber zu ankern, *Prinz Eugen* hat Brennstoff aus einem Tanker aufzufüllen. Bei Dunkelwerden am gleichen Abend soll der Verband durch den Hjeltefjord (Nordausfahrt) wieder auslaufen, unter Sicherung durch die Zerstörer mit hoher Fahrt einen Punkt dreißig Seemeilen westlich des Sognefjordes ansteuern und von dort nach eigenem Ermessen weiterlaufen. Danach sind die Zerstörer zu entlassen.

Für den Fall einer geeigneten Wetterlage empfahl die Gruppe, durch die Enge Island-Faroer in den Atlantik auszubrechen, und zwar weit abgesetzt von der isländischen Küste. Falls ein sofortiger Durchbruch nicht in Frage komme, soll der Verband abseits im Nordmeer günstigeres Wetter abwarten und mittlerweile aus dem dort auf 70° Nord, 1° West stationierten Tanker *Weißenburg* Heizöl auffüllen.

Lütjens ordnete konform hierzu an, daß *Prinz Eugen* und die Zerstörer während des Ankerns im Korsfjord Brennstoff übernehmen sollen. Vor dem Ausbruch in den Atlantik würde voraussichtlich noch einmal Brennstoff aus der *Weißenburg* zu ergänzen sein.

Die Gruppe West bestimmte:

»Der Flottenchef hat im Operationsgebiet freie Hand in der Durchführung der Aufgabe. *Prinz Eugen* ist im allgemeinen in taktischem Zusammenhang mit *Bismarck* einzusetzen. Einsatz des Kreuzers zu Sonderaufgaben nach Weisung der Gruppe West oder nach Ermessen des Flottenchefs.

Der Flottenchef steuert Spähschiffe, Troßschiffe und Begleittanker während seines Aufenthaltes im Operationsgebiet selbständig bzw. bewirkt deren Steuerung durch Anforderung an Gruppe West.

Wird Durchbruch in den Atlantik bemerkt, bleibt Aufgabe bestehen. Abkürzen oder Abbruch der Unternehmung nach Lage.

Bei Durchführung der Aufgabe steht die Vernichtung feindlichen Schiffsraumes im Vordergrund.

Es kommt darauf an, die Einsatzbereitschaft der Schiffe zu erhalten. Kampf mit gleichwertigem Gegner ist deshalb zu vermeiden. Lediglich die Bindung eines einzelnen Schlachtschiffes, wenn dieses als Deckung bei einem Geleitzug fährt, kommt in Frage, soweit Bindung ohne vollen Einsatz möglich ist, und wenn der Kreuzer dadurch Erfolgsaussichten gegen die Restsicherung oder gegen den Geleitzug erhält.

Falls Kampf unvermeidbar, ist er unter vollem Einsatz durchzuführen.«

Die Weisungen der Seekriegsleitung, der Gruppen Nord und West sowie des Flottenchefs sind aus sich selbst heraus verständlich und dürften zusätzliche Erläuterungen nicht erfordern. Nur zu zwei Punkten möchte ich etwas bemerken:

Die Vorstellung der Seekriegsleitung, daß unsere Streitkräfte eine, wenn auch »örtlich und zeitlich begrenzte« Seeherrschaft im Nordatlantik anstreben und schrittweise planmäßig ausbauen sollten, war in Anbetracht unserer wenigen Überwasserschiffe selbst bei der gegebenen Einschränkung noch zu anspruchsvoll und wenig realistisch. Offensichtlich war sie einer gewissen Euphorie in Berlin entsprungen.

Der andere Punkt ist die lakonische Kürze, in der die Weisungen des Flottenchefs und der Gruppe West das Operationselement des »unbemerkten« Durchbruchs in den Atlantik behandelten. Hierdurch könnte bei dem unbefangenen Leser der Eindruck entstehen, daß ein solches Unbemerkt-Bleiben, wenngleich anzustreben, aber dennoch etwas mehr Beiläufiges sei – und einem solchen Eindruck möchte ich vorbeugen. Dem deutschen Marineoffizier jener Jahre war es in Fleisch und Blut übergegangen, daß ein unbemerkter Durchbruch am Beginn einer atlantischen Überwasserunternehmung deren weiteren Erfolg ganz außerordentlich mitbestimmen mußte. War es doch die Verborgenheit des Durchbruchs, die die teilnehmenden Einheiten überhaupt in den Stand setzte, wenigstens zu ihren ersten Angriffen auf Geleitzüge überraschend aufzutreten. Und Überraschung auf unserer Seite, der Seite des Schwächeren, war schon der halbe Erfolg – wenn nicht gar mehr. Fügen wir gleich hinzu, daß es galt, dieses Überraschungselement nach Möglichkeit auch für die späteren Phasen der Unternehmung zu bewahren. Denn hatte erst einmal eine stattgehabte Feindberührung die jeweilige Position eines deutschen Handelsstörers verraten, so konnte es durchaus darauf ankommen, vorübergehend wieder entlegenere Gebiete im weiten Ozean aufzusuchen, um dann später von dorther erneut überraschend aufzutreten. In der Kette dieser »Wunsch«-Überraschungen war der unbemerkte Ausbruch das erste wesentliche Glied und als eine stets gültige Vorbedingung für den bestmöglichen Erfolg atlantischer Operationen unserer Überwasserschiffe anerkannt. Die knappe Zeile, mit der er in den Operationsbefehlen erschien, war also wirklich kein Indiz seiner Beiläufigkeit. Eine kurze Ausdrucksweise genügte dort, wo der Inhalt so über allen Zweifel erhaben war.

Andererseits, und das muß hier natürlich auch gesagt werden, ging die Seekriegsleitung nun nicht so weit, den unbemerkten Durchbruch zur *conditio sine qua non* zu erheben. Denn hätte sie dies getan, so hätten die ausbrechenden Befehlshaber und Kommandanten bei jedem Bemerktwerden die Unternehmung sofort wieder abbrechen oder mindestens vertagen müssen. Und dieses wiederum hätte bedeutet, sich Großbritannien gegenüber unangemesssen gerade in *der* Form der atlantischen Handelskriegführung zu bescheiden, zu der sich die Seekriegsleitung ja eben erst entschlossen hatte. Mit dem Risiko einer frühzeitigen Entdeckung durch die Aufklärungsmittel des an den Ausgängen zum Atlantik strategisch so günstig gelegenen Großbritannien mußte Deutschland nun schon einmal leben – die Aufgabe blieb im Fall des Bemerktwerdens bestehen! Doch war es den Befehlshabern und Kommandanten überlassen, ob sie unmittelbar durchhalten oder vorübergehend umkehren wollten.

Am Vormittag des 25. April ging auf *Bismarck* der Befehl zum gemeinsamen Abmarsch mit *Prinz Eugen* aus Gotenhafen am Abend des 28. April ein. Die Sechste Zerstörerflottille sollte die Kampfgruppe sichern. Doch kaum war dieser Befehl an Bord eingetroffen, als es auch schon wieder anders kam. Noch am gleichen Abend teilte das Flottenkommando mit, daß das Auslaufen zur »Rheinübung« um sieben bis zwölf Tage verschoben sei. *Prinz Eugen* hatte auf seinem Marsch nach Kiel einen Minennahtreffer und dadurch erhebliche Beschädigungen erlitten!

Noch dem ursprünglichen Terminplan folgend, verbrachte Lütjens den 26. April in Berlin, um sich bei Raeder persönlich zur »Rheinübung« abzumelden. Der plötzliche, vorübergehende Ausfall von *Prinz Eugen* gab den beiden Admiralen Gelegenheit, die Zusammensetzung unserer Überwasserkampfgruppen im atlantischen Handelskrieg noch einmal grundsätzlich zu erörtern. Lütjens meinte, daß, wenn man überhaupt an der Idee festhalten wolle, *Bismarck* und *Prinz Eugen* nur zu zweien zu entsenden, dies sofort nach der Reparatur des Minenschadens auf dem Kreuzer oder aber zur nächsten Neumondperiode nach der soeben verstrichenen geschehen solle. Doch sprächen durchaus gewichtige Gründe auch dafür, zumindest die Operationsbereitschaft der noch in Maschinenreparatur befindlichen *Scharnhorst*, wenn nicht gar der neuen *Tirpitz* abzuwarten. Denn bei derart massiertem Auftreten könne der Erfolg dann um so durchschlagender sein, während ein sofortiger »teelöffelweiser« Einsatz die allgemeinen Wirkungsmöglichkeiten nur beschränken könne. Letzterer könne außerdem dazu führen, daß das Auftreten *Bismarcks* die Präsenz unserer neuen schweren Schlachtschiffsklasse im Handelskrieg enthüllen, den Gegner entsprechend alarmieren, bei ihm Gegenmaßnahmen auslösen und damit die Erfolgsaussichten späteren massierten Wirkens mindern werde. Aber schließlich sei es doch wohl richtig, die »Schlacht im Atlantik« baldigst wieder aufleben zu lassen – im Klartext: *Bismarck* und *Prinz Eugen* unverzüglich einzusetzen – ohne erst auf eine Verstärkung durch andere Einheiten zu warten. Und mit dieser Rückkehr zu dem ursprünglichen Operationsbefehl traf Lütjens voll und ganz die Grundstimmung des Großadmirals. Raeder stimmte jetzt »rückhaltlos« zu. Denn nach seiner Meinung konnte jede Unterbrechung im Kampf gegen die atlantischen Zufuhren Großbritanniens den Gegner nur stärken. Jede Verzögerung würde mit fortschreitender Jahreszeit noch kürzere Nächte in den nördlichen Breiten bringen und mithin den dortigen Durchbruch in Dunkelheit erschweren. Aber, und so schloß Raeder das Thema Lütjens gegenüber ab: »Bedächtiges vorsichtiges Operieren ist angezeigt. Es wäre nicht richtig, für beschränkten, vielleicht unsicheren Erfolg einen hohen Einsatz zu wagen. Unser Ziel muß es sein, mit *Bismarck* und später *Tirpitz* dauernde, laufende Operationen durchzuführen.«

Einen kühnen Krieg gegen Geleitzüge führen – schwere britische Sicherung binden, aber nur im Rahmen der Hauptaufgabe und ohne allzu großes Risiko bekämpfen – falls Kampf jedoch unvermeidbar, ihn unter vollem Einsatz austragen – im Ganzen bedächtig und vorsichtig operieren – es war schon ein Katalog recht verschiedenartiger Forderungen an den Flottenchef. Wie leicht konnten da taktische Gefechtsmomente mit der übergeordneten Strategie langfristigen Handelskrieges kollidieren! Wie oft mochten unwiederbringliche taktische Gelegenheiten unausgenutzt bleiben müssen, würde darüber in lastender Verantwortung zu entscheiden sein? Nein, ganz einfach war die Lütjenssche Mission wahrlich nicht.

## Auslaufen verschoben. Weitere Ausbildung. Der Flottenstab probt an Bord. Letzte Landausflüge

Ende April rüstete *Bismarck* alle Schiffsabschnitte für eine Seedauer von drei Monaten aus. Das bedeutete allein für den Verpflegungssektor unter anderem fünfhundert Schweine, dreihundert Rinder, alles in allem die Tagesverpflegung für eine Stadt von zweihundertundfünfzigtausend Einwohnern!

Lindemann vermerkte im Kriegstagebuch: »Die Besatzung, vor der der angenäherte Termin des Auslaufens nicht geheimzuhalten ist – es kommen täglich Kriegsmarineberichter, Prisenkommandos, B-Dienstgruppen an Bord –, weiß noch nichts von der Terminverzögerung. Alle arbeiten an den letzten Vorbereitungen mit dem Schwung der Begeisterung. Ich fürchte einen erheblichen psychologischen Rückschlag auf die Stimmung der Besatzung bei längerer Verzögerung des Einsatzes.«

Die Kriegsmarineberichter, von denen Lindemann sprach, waren die für die Dauer der »Rheinübung« auf *Bismarck* einzuschiffenden Männer, die nach der Unternehmung Artikel und Filme zur Verwendung in Presse und Rundfunk abzuliefern hatten. Die »Prisenkommandos«, etwa einhundertundfünfzig Mann, waren dazu bestimmt, die während der Unternehmung aufgebrachten feindlichen Handelsschiffe in deutsche Häfen zu überführen. Mit der in der Kriegsmarine üblichen Abkürzung »B-Dienstgruppen« bezeichnete Lindemann die Spezialisten des sogenannten Funkbeobachtungsdienstes. Diese Männer hatten von einem der Funkräume an Bord aus den feindlichen Funkverkehr, soweit er sich auf die Kampfgruppe *Bismarck – Prinz Eugen* beziehen würde oder für sie wichtig sein könnte, zu erfassen, aufzunehmen, zu entschlüsseln und den Inhalt zu deuten, damit Lütjens entsprechend reagieren konnte. Die B-Dienstgruppen wurden für das Operationsgebiet und die besondere Aufgabe des Schiffes oder Verbandes jeweils ausgebildet und unterrichtet.

Am 28. April meldete Lindemann an das Oberkommando der Kriegsmarine, die Marinegruppen Nord und West sowie an das Flottenkommando: »Schiff ist personell und materiell voll einsatzbereit und für drei Monate ausgerüstet.« Im Kriegstagebuch vermerkte er: »Hiermit ist der erste Lebensabschnitt des Schiffes seit der Indienststellung am 24. August 1940 mit Erfolg abgeschlossen. Das Ziel ist in acht Monaten erreicht worden und unter nur vierzehntägiger Überschreitung gegenüber den ursprünglichen Absichten (Ostern), bedingt durch die sechswöchige infolge Sperrung des Nord-Ostsee-Kanals und Eislage erzwungene Wartezeit in Hamburg.

Die Besatzung kann auf dieses Ereignis stolz sein. Es war nur erreichbar, weil der überall bestehende Wunsch, möglichst bald an den Feind zu kommen, es mir bedenkenlos erlaubte, übernormale Ansprüche auch über längere Zeit hinaus an die Besatzung zu stellen und weil das Schiff und seine technischen Einrichtungen trotz harter Beanspruchung und nur sehr spärlicher Hafenliegezeit von größeren Störungen und Schäden völlig verschont geblieben ist. Der erreichte Ausbildungsstand entspricht vergleichsweise dem eines großes Schiffes zur Hauptgefechtsbesichtigung in den guten Friedensjahren. Wenn der Besatzung auch eigentliche Kriegserfahrungen mit geringen Ausnahmen noch völlig fehlen, so habe ich doch das beruhigende Gefühl, mit diesem Schiff allen bevorstehenden Kriegsaufgaben gerecht werden zu können. Dieses Gefühl wird bestärkt dadurch, daß in Verbindung mit dem erreichten Ausbildungsstand der materielle Kampfwert dieses Schiffes ein so großes Zutrauen bei jedermann erweckt, daß wir uns – zum erstenmal seit langer Zeit – jedem Gegner gegenüber zum mindesten gewachsen fühlen können.

Die Verzögerung unseres Einsatzes, deren ungefährer Zeitpunkt der Besatzung selbstredend nicht verborgen bleiben konnte, ist darum für alle Beteiligten eine harte Enttäuschung.

Ich werde die Wartezeit in der bisherigen Weise zur weiteren Vervollkommnung der Ausbildung benutzen, dabei jedoch der Besatzung etwas mehr Ruhe gönnen und beabsichtige, daneben auch wieder etwas mehr Zeit für Divisionsdienst und äußere Instandsetzung des Schiffes zu geben, welche Dienstzweige in den letzten Wochen erklärlicherweise sehr stark zurücktreten mußten.«

Fortgesetzte Gefechtsausbildung, daneben aber auch Dienst innerhalb der Divisionen, bestimmten die folgenden Tage. »Bald waren wir so weit«, schrieb später ein damals 24jähriger Unteroffizier, »daß wir dem ersten Gefecht entgegenfieberten. Die vielen Gerüchte und Parolen über eine unmittelbar bevorstehende Operation belebten diese Spannung noch von Tag zu Tag.« Für den 12. Mai kündigte der Flottenstab seine Einschiffung auf *Bismarck* an, um an dem Tage darauf einmal im Rahmen einer Klarschiffübung in See die Zusammenarbeit mit dem Schiffskommando praktisch zu erproben.

Der Flottenchef und sein Stab, das waren also Admiral Günther Lütjens, sein Chef des Stabes, der ihm seit langem persönlich verbundene Kapitän zur See Harald Netzbandt, drei weitere hohe Stabsoffiziere, der Flotteningenieur, der Flottenarzt, der den B-Dienst leitende Stabsoffizier, einige jüngere Offiziere, dazu Unteroffiziere und Mannschaften, ein insgesamt fünfundsiebzig Köpfe starker Flottenstab.

Günther Lütjens, damals 51 Jahre alt, hochgewachsen, schlank, mit dunklen, ernsten Augen, ein Mann sparsamer Gestik, der als Führer der damals bevorstehenden Operation jetzt persönlich vorzustellen ist, war im Jahr 1907 als Seekadett in die Kaiserliche Marine eingetreten und hatte noch im gleichen Jahr die weite Welt erstmalig auf dem Großen Kreuzer *Freya* erlebt. Er hatte die folgende Marineschulzeit als zwanzigster von insgesamt einhundertundsechzig Fähnrichen seiner Crew beschlossen und 1909 sein erstes Bordkommando mit Verantwortung auf einem größeren Schiff erhalten. Danach waren viele Jahre einer Aufgabenstellung gefolgt, mit der er später immer wieder betraut werden sollte, der Ausbildung von Offizieren und der Förderung der Torpedobootswaffe. So war er 1911/12 Seekadettenoffizier auf dem Großen Kreuzer *Hansa* gewesen. Den Ersten Weltkrieg hatte er als Wachoffizier auf Torpedobooten erlebt, später dann als Kommandant und Halbflottillenchef in der Torpedobootsflottille Flandern bei Aufklärungsvorstößen, einer Beschießung von Dünkirchen, Gefechten mit feindlichen Zerstörern und Hilfeleistungen an eigene, havarierte Boote taktische und seemännische Erfolge errungen. Nach dem Ersten Weltkrieg hatten sich dann wieder Kommandos bei der Torpedobootswaffe mit Stabsstellungen bei der Marineleitung in Berlin abgewechselt. Im Jahr 1937 war Lütjens als Konteradmiral Führer der Torpedoboote geworden, hatte so in dieser Waffe eine führende Stellung an der Front erlangt. Bald nach Beginn des Zweiten Weltkrieges finden wir ihn als Vizeadmiral und Befehlshaber der Aufklärungsstreitkräfte auf Vorstoßunternehmungen in der Nordsee. In Vertretung des damaligen Flottenchefs hatte er die Deckungsstreitkräfte, Schlachtschiffe *Scharnhorst* und *Gneisenau*, bei der Besetzung Norwegens geführt. Im Juli 1940 hatte er endgültig das Kommando über die Flotte übernommen und war im September des gleichen Jahres zum Admiral befördert worden. An Bord seines damaligen Flaggschiffes *Gneisenau* hatte er dann im Februar/März 1941 bei der bereits erwähnten atlantischen Unternehmung zusammen mit *Scharnhorst* gegen die britischen Zufuhren einschlägige operative Erfahrungen sammeln können. Diese würden ihm jetzt zustatten kommen, auf neuer Unternehmung, an Bord des gewaltigen *Bismarck!*

Persönlich ist Lütjens während seiner Dienstjahre ziemlich durchgehend von Vorgesetzten und Kameraden als sehr klug, logisch denkend, tapfer und schneidig, dabei aber auch als geschickt und überlegend beurteilt worden. Schon früh war er allerdings durch einen sehr ausgeprägten Ernst und Stille, auch Nüchternheit aufgefallen, eine angeborene Zurückhaltung und geringe Mitteilsamkeit erschwerten es seinen offenherzigeren Kameraden, an ihn »heranzukommen«. Unter solch sprödem Äußeren verbargen sich aber von seiner Umwelt immer wieder gerühmte Eigenschaften: Ritterlichkeit, Selbstdisziplin und eine sehr vornehme Gesinnung. Wenn er sprach, tat er es schnell und lebhaft. Dann konnte förmlich hervorbrechen, wie sehr ein ebenso lebhaftes Denken, und wie stark die Hingabe an dienstliche Pflichten sein Handeln bestimmten.

Am Vormittag des 13. Mai probte dann also, wie angekündigt, der Flottenstab an Bord. Er nahm die auf *Bismarck* eingebauten Befehlsverbindungen zum Schiffskommando in Augenschein und prüfte sie durch. Ein Vormittag reichte bequem dafür aus. Als er sich mittags wieder ausschiffte, um auf dem Tender *Hela* in Gotenhafen einzulaufen, waren die Bordneulinge unter der Besatzung um eine Erfahrung reicher. Ihnen war sinnfällig vorgeführt worden, in welch einzigartiger Weise sich auf einem Schiff alte Grundformen des Kriegertums mit modernen Kampfes- und Arbeitsformen verbinden. Wie früher einmal zu Lande der Feldherr selbst seine Truppen in die Schlacht führte, so würde nun bald der Flottenchef, in der Tradition Lord Nelsons, persönlich befehlend, im Brennpunkt des Gefechtes dem Tode genau so nahe sein wie jedermann an Bord. Der Flottenchef nicht hinter, sondern inmitten der kämpfenden Linie! Für ihn würde es ebenso wenig wie für Verwundetentransport und -pflege auf dem Schiff eine Etappe geben.

Sie selbst, die jungen Männer, hatten bis zu diesem Zeitpunkt so ziemlich all das gelernt und immer wieder geübt, was eine Schiffsbesatzung zur Hauptgefechtsbesichtigung in Friedenszeiten leisten mußte – ganz wie Lindemann es im Kriegstagebuch verzeichnet hatte. Hierbei hatten sie eine grundlegende Erkenntnis gewonnen. Ihre neue Umgebung, das Kriegsschiff, schien in mancher Hinsicht eigentlich weniger der Welt des Krieges als der modernen technischen Arbeitswelt, einer Welt weit verzweigter Arbeitsteilung entnommen zu sein. Viele von ihnen hatten in abgeschlossenen, engen Räumen, fernab vom Tageslicht, die Augen auf Druckmesser, Anzeiger aller Arten, ihre Hand an Ventilen und Hebeln, wandernde Zeiger an Skalen in Deckung zu halten. Ihre Präzisionsinstrumente würden sie, fest an ihren Platz gebunden, auch durch Feuerstürme hindurch in ruhiger, nüchterner Überlegung zu bedienen haben – ihre Welt war nicht diejenige des Infanteristen, der innere Spannungen beim Angriff durch Sprung und Schuß abbauen konnte, sie waren die Soldaten einer hochspezialisierten Technik. Daß sie allen kommenden Aufgaben gerecht werden würden, das konnte Lindemann am Ende der Ausbildungszeit mit berechtigter Zuversicht erwarten. Die letzte und schwerste Probe physischer und seelischer Belastbarkeit würde ihnen natürlich erst eine wirkliche Kampfhandlung abverlangen – diese Probe sollten sie zwei Wochen später bei dem Island-Gefecht und, kurz darauf, während des Endkampfes ihres Schiffes bestehen.

Einem Befehl des Flottenchefs folgend, übte *Bismarck* am gleichen Nachmittag noch einmal in See und über den Bug die Abgabe und Übernahme von Heizöl mit dem Kreuzer *Prinz Eugen*. Diese Form des Versorgungsmanövers lag Lütjens ganz besonders am Herzen. Sie erschien ihm bei den später im atlantischen Operationsgebiet zu erwartenden Verhältnissen zwingend geboten. Denn bei einem Manöver über den Bug *Bismarcks* würde sich das Schlachtschiff im Fall einer überraschenden Feindberührung nach Schlippen der Ölleitung sofort von seinem jeweiligen Versorgungspartner lösen und ungehindert mit den Schrauben angehen können.

Am 14. Mai übten wir Aufklärung und Treffenfahren mit dem Leichten Kreuzer *Leipzig*, der sich damals gerade zu eigenen Programmen in der Danziger Bucht aufhielt. Die Aufklärung wurde dabei von unseren Bordflugzeugen geleistet, deren Besatzungen bei dieser Gelegenheit auch noch einmal gegenseitige Angriffe übten. Doch sollte uns an diesem Tage der erneute plötzliche Ausfall eines unserer für den Flugzeugbetrieb unerläßlichen Bordkräne zu einem vorzeitigen Abbruch aller Übungen zwingen. Da es nicht möglich schien, die vordringliche Reparatur mit Bordmitteln durchzuführen, mußte *Bismarck* nach Gotenhafen einlaufen und zum Passieren einer Untiefe vor der Hafeneinfahrt auch noch die zeitraubende Unbequemlichkeit auf sich nehmen, Heizöl zu leichtern! Am Hafenkai sollte dann der Kran von Bord gegeben werden. Lindemann meldete die Störung an die vorgesetzten Dienststellen mit dem Zusatz, daß der Zeitpunkt der Wiederherstellung der Kriegsbereitschaft des Schiffes noch nicht vorauszusagen sei. In der Offiziermesse nahmen der Erste Offizier und der Elektro-Ingenieur, Korvettenkapitän (Ing.) Wilhelm Freytag, ihr nun schon leidiges Gesprächsthema über die »fortgesetzte Kranmisere« erneut auf, aber dieses Mal sollte sie erfreulich rasch enden. Nach knapp einstündiger Arbeit beseitigte ein Monteur der Herstellerfirma den Schaden noch an Bord. Die Gruppe Nord aber hatte mittlerweile als Reaktion auf die Störungsmeldung Lindemanns das Auslaufen zur »Rheinübung« um mindestens drei Tage verschoben!

Verständlicherweise nutzten wir in jenen schönen Maitagen des Jahres 1941 unsere freien Stunden noch gern zu Landausflügen. Allerdings weniger in das nüchterne Gotenhafen. Dieser Ort war ursprünglich unter dem Namen Gdynia, später von den Preußen Gdingen genannt, ein unbedeutendes Fischerdorf gewesen, in dem Polen nach dem Ersten Weltkrieg, nunmehr wieder unter dem Namen Gdynia, einen Kriegs- und Handelshafen errichtet hatte. Einhundertunddreißigtausend Einwohner hatte der Ort gezählt, als ihn die Deutschen 1939 unter dem neuen Namen Gotenhafen in einen großen Marinestützpunkt umzuwandeln begannen. Dessen Vorteil war es, bei Kriegsbeginn noch außerhalb der Reichweite feindlicher Bomber zu liegen, und so diente er damals vorzugsweise als Stützpunkt für die noch in der Gefechtsausbildung stehenden Schiffe. Sonstige Pläne des Oberkommandos der Kriegsmarine sahen dort den Bau einer der größten Werftanlagen der Welt vor.

Damals liebten wir es, Danzig und das noch näher gelegene, unter den Kriegsverhältnissen etwas vereinsamte Zoppot zu besuchen, dessen Seepromenade und Landungsbrücke immer wieder zu Ausflügen lockten. Mit der Eisenbahn waren diese Orte bequem zu erreichen, und mein guter Freund, Kapitänleutnant (Ing.) Emil (genannt: Seppel) Jahreis, und ich haben dort noch so manche fröhliche Stunde gemeinsam verbracht. Bei einem Bummel durch Danziger Lokale fragten Bekannte uns eines Abends: »Nun, wann werden wir Euch nicht mehr wiedersehen? Aber, wir wissen ja, Ihr dürft nichts sagen. Eines Tages werdet Ihr eben ausbleiben, und dann hören wir vielleicht im Wehrmachtbericht von Euch.« Ein andermal hatten wir nach einer ausgedehnten Reise durch die Bars unser Hotel in Zoppot erst sehr spät wieder aufgesucht. Beim Erwachen zeigte uns die Sonne an, daß *Bismarck* längst zu Übungen in See gegangen sein mußte. Aus den Betten springen und Gotenhafen erreichen, das ging blitzartig ineinander über. Hatten wir unseren Dusel verdient, dort am Hafen sogleich einen mitnahmebereiten Schlepper zu finden? Als wir uns dann dem gestoppt auf uns wartenden *Bismarck* näherten, stand an Oberdeck, dort, wo längsseit zu gehen war, der Mann, nach dem wir eine ausgesprochene Sehnsucht im Moment nicht empfanden: der für die Erhaltung der Borddisziplin verantwortliche Erste Offizier. Der aber ließ es, etwas distanziert, damit bewenden: »Der Kommandant erwartet Sie auf der Brücke!« »Na«, sagte Lindemann mit einem gütigen Lächeln, als wir uns reichlich kleinlaut bei ihm meldeten, »dann nehmen Sie Ihren Dienst mal wieder auf!«

Der gute Seppel Jahreis aus dem bayerischen Öttingen – er liebte das Leben und war so gern vergnügt. In jenen letzten Wochen in Gotenhafen aber ging eine allmähliche Veränderung in ihm vor. Er wurde ungewöhnlich still, wirkte bedrückt, und ich fühlte, daß eine Vorahnung des Kommenden auf ihm lastete. Kurz vor dem Auslaufen zur »Rheinübung« mußte er seine Gefechtsstation an Bord wechseln. Der bisherige Turbineningenieur Jahreis übernahm die Leckabwehr. Es sollte eine schicksalhafte Veränderung gewesen sein – sein Nachfolger im Turbinenraum hat den Untergang des Schiffes überlebt.

1 *Bismarck* bei der Fahrt elbaufwärts im Dezember 1940 zur Ausführung von Restarbeiten bei Blohm & Voß. Der Vormars trägt bereits die Entfernungsmeßdrehhaube und die Funkmeßantenne, die beide am Vorderen Gefechtskommandostand noch fehlen.

2 Der Verfasser, Adjutant Lindemanns und Vierter Artillerieoffizier auf *Bismarck*, als Oberleutnant zur See, 1936.

3 Kapitän zur See Ernst Lindemann am Tag der Indienststellung seines Schiffes. In der anschließenden Ausbildungs- und Erprobungszeit fordert er seiner Besatzung viel ab, gewinnt aber dabei ihre Bewunderung und ihren Respekt.

4 *Bismarck* auf der Bauhelling bei Blohm & Voß.

5 Vor dem Stapellauf des *Bismarck* am 14. Februar 1939. Das Schiff wird von der Enkelin des Fürsten Otto von Bismarck, Frau Dorothea von Loewenfeld, getauft (rechts oben).

6 *Bismarck* am Ausrüstungskai bei Blohm & Voß, den er erstmals am 15. September 1940 verläßt. Nach ersten Erprobungen kehrt das Schiff am 9. Dezember 1940 zwecks der Ausführung von Restarbeiten zur Bauwerft zurück (rechts unten).

Bismarck

7 Zwei Signalmaate stehen bereit, zum erstenmal auf *Bismarck* die Kriegsflagge zu heißen. 24. August 1940.

8 Unmittelbar nach dem Anbordkommen schreitet Kapitän zur See Ernst Lindemann die Front der angetretenen Ehrenwache ab. Hinter Lindemann der Verfasser mit Adjutantenschnur. 24. August 1940.

9 Am Tag der Indienststellung schreitet Kapitän zur See Ernst Lindemann, gefolgt vom Ersten Offizier, Fregattenkapitän Hans Oels, und dem Verfasser die Front einer angetretenen Division ab. 24. August 1940.

10 Am Tag der Indienststellung wird zum erstenmal auf *Bismarck* die Kriegsflagge gehißt. Sowohl die horizontalen und vertikalen Streifen als auch das Eiserne Kreuz in der oberen Ecke erinnern an die Flagge der früheren Kaiserlichen Marine. 24. August 1940.

11 Ein Blick von der Back auf die beiden vorderen schweren Geschütztürme. Hinter und über Turm »Bruno« befinden sich die offene Navigationsbrücke und der gepanzerte Vordere Gefechts-kommandostand. Oberhalb davon zeigen die großen Fenster die Admiralsbrücke an.

## Hitlers Besuch an Bord

Am 1. Mai war das Flottenkommando von dem zuständigen Adjutanten Hitlers fernmündlich darüber unterrichtet worden, daß dieser am 5. Mai die Schlachtschiffe *Bismarck* und *Tirpitz* in Gotenhafen zu besichtigen wünsche. Und an diesem Tag kamen dann Hitler, Generalfeldmarschall Wilhelm Keitel, der damalige Marineadjutant Fregattenkapitän Karl Jesko v. Puttkamer, der Luftwaffenadjutant Oberst v. Below und andere mit dem Flottentender *Hela* auf Gotenhafen Reede an Bord. Auffälligerweise fehlte Großadmiral Raeder in der Begleitung. Die Führung durch das Schiff übernahm der Flottenchef, und auf *Bismarck* wehte während der vierstündigen Anwesenheit Hitlers die »Führerstandarte«. Zum Empfang war die Besatzung auf dem Oberdeck angetreten. Hitler, etwas bleich wirkend, schritt mit Keitel, gefolgt von Flottenchef und Kommandant, die Front ab. Es schloß sich die Besichtigung einiger Schiffseinrichtungen an, wobei die jeweils zuständigen Stationsoffiziere Gelegenheit erhielten, Erklärungen vorzutragen. Besonders lange hielt sich Hitler in der Achteren Artillerierechenstelle auf, wo der hervorragend tüchtige Erste Befehlsübermittlungsoffizier des Schiffes, Oberleutnant zur See Friedrich Cardinal, die schon in ihrem Äußeren technisch eindrucksvollen Geräte und ihr Zusammenwirken im Bereich der Feuerleitung erläuterte. Dem Anschein nach waren sowohl Hitler als auch Keitel von der Darstellung Cardinals sehr beeindruckt. Fragen wurden aber nicht gestellt.

Nach dem Schiffsrundgang trafen sich Hitler und Lütjens in kleinstem Kreise in der Admiralskajüte. Lütjens berichtete über seine früheren Erfahrungen im Kampf der Schlachtschiffe *Scharnhorst* und *Gneisenau* gegen die britischen Zufuhren im Atlantik. Er gab sich im Grundsatz zuversichtlich für eine neue Unternehmung dieser Art mit *Bismarck* und erläuterte dazu seine näheren Absichten. Er nannte es einen Vorteil, daß der im Unterschied zur *Scharnhorst*-Klasse stärkere *Bismarck* schwer gesicherten Geleitzügen nicht mehr notwendigerweise werde ausweichen müssen. Das schwierigste Problem aber bleibe nach wie vor, einen deutschen Verband unbemerkt vom Feind in den freien Atlantik zu führen. Hitlers Frage, ob nicht schon in der rein numerischen Überlegenheit der britischen Flotte ein großes Risiko liege, beantwortete er mit dem Hinweis auf die Überlegenheit *Bismarcks* über jedes einzelne britische Großkampfschiff. *Bismarcks* Schlag- und Standkraft seien groß genug, um Befürchtungen insoweit auszuschließen. Allerdings, so fügte er nach einer Pause hinzu, seien auch nach einem erfolgreichen Ausbruch in den freien Ozean keineswegs alle Sorgen gebannt. Ganz offen bezeichnete er die Torpedoflugzeuge der britischen Flugzeugträger als eine große Gefahr, mit der ständig überall im Atlantik zu rechnen sei – und wußte noch nicht, wie sehr gerade diese seine Worte ihn mitten hinein in das bevorstehende Schicksal seines Flaggschiffes führten.

Mit Ausnahme der einen Zwischenfrage blieb Hitler zu Lütjens' Vortrag still. Lütjens wird sich darüber nicht einmal gewundert haben. Er mußte längst wissen, daß Hitler als ein ausschließlich landgebundener Mensch von den Besonderheiten des Seekrieges gar keine rechte Vorstellung besaß. Auf der einen Seite sorgte Hitler sich zwar stets um die großen Schiffe, wenn sie in See waren, aber er befürchtete dabei eben auch Verluste und – ihm in der Vorstellung noch mehr zuwider – entsprechende Prestigeeinbußen. Andererseits sah er in der Handelskriegführung ein ihm nicht behagendes Abweichen von der eigentlichen Kampfbestimmung eines Kriegsschiffes, wobei er die Risiken oft nüchterner und realistischer einschätzte als die Fachleute. Kurz, seine innere Distanz zu See und Seekriegführung blieb und manifestierte sich an jenem Tag auf *Bismarck* schon allein dadurch, daß er, der waffentechnisch doch sonst so Interessierte, kein einziges Wort dafür fand, wie die geballte Kraft des Schiffes auf ihn wirkte. Nein – seine Distanz blieb, daran konnte auch das schiffbauliche und waffentechnische Meisterwerk, das *Bismarck* ja doch offensichtlich war, nichts ändern. Und auch dieses Mal wurde die Seekriegsleitung ihre ständige Sorge nicht los, ob Hitler nicht ganz plötzlich eine ozeanische Unternehmung für *Bismarck* einfach verbieten würde, so wie das schon in entsprechenden früheren Fällen befürchtet worden war. War hier der innere Grund dafür zu suchen, daß Lütjens in seinem Vortrag vor Hitler jede Erwähnung des doch nur zwei Wochen später liegenden Auslauftermins unterlassen hatte? Hatten Raeder und er sich abgesprochen, hierüber zu schweigen? Gut möglich, denn Raeder seinerseits sollte, entgegen sonstiger Gewohnheit, Hitler das Auslaufen der Kampfgruppe *Bismarck – Prinz Eugen* erst am 22. Mai melden, dem vierten Tag der Operation, als beide Einheiten längst im Nordmeer dem Eintritt in die Dänemarkstraße entgegenstrebten. Aber selbst in dieser vorgerückten Phase der Unternehmung konnte er deren Fortsetzung nur gegen ganz erhebliche Bedenken Hitlers durchsetzen. Hitler ließ schließlich Raeder gewähren – mehr war es von seiten des »Führers« nicht.

Nach dem Vortrag in der Admiralskajüte fand in der Offiziersmesse ein gemeinsames Mittagessen statt. Hitlers Vorliebe für fleischlose Diätkost war bekannt, und so gab es an diesem Tage ein vegetarisches Eintopfgericht. Während des Essens sagte Hitler kaum etwas. Erst danach setzte er ein Gespräch in Gang, das er dann auch fast ausschließlich selbst bestritt. Nur vereinzelt kamen Beiträge von anderer Seite. Soweit ich in meiner gemäß dem Sitzprotokoll größeren Entfernung von den hohen Rängen Worte aufnehmen konnte, wandte Hitler sich zunächst, sehr vernehmlich, der Frage der deutschen Bevölkerungsminderheit in Rumänien zu. Er verkündete seine Absicht, diese, falls deren »Drangsalierung« durch die Bukarester Regierung nicht enden sollte, eines Tages »kurzerhand in das Reich zurückzuholen«. Zur Haltung der Vereinigten Staaten, die danach auf irgendeine Weise zum Thema geworden waren, meinte er, daß er deren Eintritt in den Krieg für ausgeschlossen halte. Nur zu gut, so begründete er dies, erinnerten sich die Amerikaner wohl noch an den Ersten Weltkrieg und die seither unbezahlten Schulden ihrer damaligen Alliierten. Auf ein neuerliches Unternehmen dieser Art würden sie sich kaum einlassen und gern darauf verzichten, ihre Soldaten noch einmal in Europa zu opfern. Mit dieser Ansicht schien aber der Kommandant, Lindemann, nicht einig zu gehen. Er wollte einen Kriegseintritt der Vereinigten Staaten keineswegs ausschließen und rief mit diesem Einwand physiognomisch sehr deutlich sichtbar werdende Bedenken des Ersten Offiziers, Fregattenkapitän Oels, hervor, der es offenbar als äußerst ungemütlich empfand, daß hier dem »Führer« gewissermaßen widersprochen wurde. Nach der Mahlzeit erhob sich Lütjens zu einer kurzen Ansprache. Er widmete sie der Seekriegssituation und sprach von den Aufgaben, die *Bismarck* bevorstünden. Es sei und bleibe das Ziel, die Briten zu schlagen, wo auch immer sie sich zeigen sollten. Erwidert wurde auf diese Worte nicht.

# Die »Rheinübung«

## Auslaufen aus Gotenhafen. Marsch nach Westen, durch den Großen Belt. Ein sonniger Tag im Kattegat

Am 16. Mai meldete das Flottenkommando die Kampfgruppe *Bismarck – Prinz Eugen* zum 18. Mai klar für die »Rheinübung«. Die Gruppe Nord befahl Lütjens, am 19. Mai mit Dunkelwerden in den Großen Belt einzutreten. Etwa gleichzeitig gingen zwei Motorschiffe als Späher in den Atlantik. Ein Troßschiff und fünf Tanker liefen zu späteren Vorratsergänzungen auf vorbestimmte Positionen in Nordmeer und Atlantik.

In einer Besprechung auf *Bismarck* mit den Kommandanten Lindemann und Helmuth Brinkmann (*Prinz Eugen*) am 18. Mai legte Lütjens weitere operative Einzelheiten zur »Rheinübung« fest. Danach sollte bei geeigneter Wetterlage die Kampfgruppe nicht erst in den Korsfjord eintreten, sondern gleich zum Tanker *Weißenburg* im Nordmeer durchlaufen und danach, wenn möglich, durch die Dänemarkstraße weitermarschieren. Hierbei sollte der dortige Eisnebel ausgenutzt und mit Hilfe der Funkmeßgeräte auch im Nebel hohe Fahrt beibehalten werden. Etwa im Wege stehende feindliche Kreuzer und Hilfskreuzer seien unter Umständen anzugreifen. Vornehmlich jedoch seien *Bismarck* und *Prinz Eugen* zu schonen, damit sie möglichst lange auf ihrer Unternehmung aushalten könnten. Beide Schiffe sollten zunächst getrennt bis zur Insel Rügen marschieren und sich dort erst am Vormittag des 19. Mai zur Kampfgruppe vereinigen.

Lütjens bevorzugte also grundsätzlich auch weiterhin – wie bereits in seinem Operationsbefehl vom 22. April – die Passage durch die Dänemarkstraße, setzte sie zumindest von vornherein vor anderen Möglichkeiten an die erste Stelle. Hatte er nicht auch zu Anfang Februar 1941 auf seinem damaligen Flaggschiff *Gneisenau* bei dem Durchbruch durch die Dänemarkstraße sehr gute Erfahrungen gesammelt? Und warum sollte die dort über einen großen Teil des Jahres hinweg herrschende Unsichtigkeit ihm nicht ein weiteres Mal zu Hilfe kommen? Vermutlich hatte Lütjens so gedacht – sicher weiß ich es allerdings nicht. Er hat zu diesem Punkt weder Schriftliches hinterlassen, noch sich in der Kommandantenbesprechung am 18. Mai mündlich dazu geäußert.[1]

Die von der Gruppe Nord so ausdrücklich ausgesprochene Empfehlung, den Ausbruchsweg Island–Faroer zu wählen, schob er allem Anschein nach stillschweigend beiseite. Gegen die vorrangige Benutzung der Dänemarkstraße hatten aus der Sicht der Gruppe sehr konkrete Gründe gesprochen: deren relativ schmale und vom Gegner dementsprechend leichter zu überwachende Durchfahrtsrinne; das leichtere Fühlunghalten für die Briten im Norden, da diese auch ihre südlichen Bewacher zum Beschatten heranziehen können, umgekehrt aber nicht; Zeitgewinn und Brennstoffersparnis, wenn Lütjens sofort nach dem Verlassen Norwegens den näheren und kürzeren südlichen Ausbruchsweg benutzt; und das schnellere Gewinnen eines Vorsprunges vor den britischen Einheiten aus Scapa Flow über den südlichen Weg, sobald diese erst einmal Kenntnis vom Ausbruchsversuch erhalten.

Die in den letzten Tagen vor dem Auslaufen aus Gotenhafen intensivierten Vorbereitungen zur Unternehmung, die Einschiffung des Flottenstabes mit Gepäck für einen längeren Seetörn und ein am 17. Mai zur Vorbereitung der Übernahme besseren Heizöls für die ganze Besatzung befohlenes Bunkerreinigen machten es dieser klar, daß der erwartete Aufbruch unmittelbar bevorstand. Ab Mittag des 17. Mai wurde jeglicher Landurlaub gesperrt.

Bunkerreinigen – eine Sauarbeit! Längsseit von *Bismarck* machten Prähme fest, die das von den vergangenen Probefahrten herrührende Schmutzöl übernehmen sollten. Mit Eimern mußten je ein Maat und ein Matrose in die Bunker hinein, Sicherheitslampe und Frischluftschlauch in der Hand, damit sie dort unten überhaupt atmen konnten. Über eine Eimerkette wurde dann der Ölschlamm an Oberdeck, von dort weiter in die Prähme geschafft. Da kam so mancher Eimer auch schon mal leer oben an, nachdem er irgendwo auf seiner Reise seinen schwarzen Inhalt auf die Arbeitskleidung der Männer ergossen hatte. Aber schließlich ging auch das vorbei, und nach vierundzwanzig Stunden waren die Bunker sauber, gar blank.

Am 18. Mai gegen Mittag legte *Bismarck* vom Kai in Gotenhafen ab. Die an Oberdeck angetretene Flottenkapelle spielte dabei das vertraute und traditionell vor längerer Seefahrt auf größeren Kriegsschiffen intonierte Lied *Muß i denn*... Ehrlich gesagt, wunderte ich mich damals nicht wenig über diese »musikalische« Bekanntgabe des Beginns der »Rheinübung«. Ob sie allerdings deren Geheimhaltung wirklich geschadet hat, vermag ich nicht zu sagen. Daß Flottenchef und Kommandant von diesem »Musikprogramm« vorher gewußt haben sollten, halte ich für recht unwahrscheinlich. Es hatte wohl eben nur kein leitender Offizier dieses vorausgesehen und daher auch nicht vorbeugend eingegriffen. Vermutlich hatte der Musikmeister das – in diesem Fall verräterische und mithin höchst überflüssige – Lied im bloßen Bewußtsein des bevorstehenden Auslaufens zu »Großer Fahrt« routinemäßig abspielen lassen, ohne sich weitere Gedanken zu machen.

Wir liefen aber nicht sofort aus, sondern ankerten vorerst auf Reede, in Sichtweite von Gotenhafen. Proviant in großen Mengen und Heizöl waren noch zu übernehmen. Tausende von Tonnen des kostbaren Brennstoffes flossen in die Bunker, aber es sollte nicht möglich werden, restlos aufzufüllen. Ein Ölschlauch riß, der Übernahmeraum stand gänzlich voll Öl, das Bunkern mußte abgebrochen und am Ort der Panne gereinigt werden. Dann zwang der Zeitplan zum Abbruch. Am 19. Mai, um 02.00 Uhr, ging *Bismarck* in See. Es war nicht sehr viel Heizöl, das am vollen Bestand fehlte. Aber niemand ahnte wohl zu dieser Stunde, daß der Fehlbestand im Lauf der Unternehmung noch seine Bedeutung erlangen sollte.

Die Stimmung an Bord war ausgezeichnet. Die Besatzung lebte in jener hochgespannten Erwartung, die sich einstellt, wenn eine Periode längerer Vorbereitung endlich in die Aktion übergehen will, der sie gedient hat. Ihr Vertrauen in den Kommandanten und das eigene Schiff war unbegrenzt. Noch kannte sie keinerlei Einzelheiten über die bevorstehende Unternehmung. Nun aber, auf See, gab Lindemann über die Schiffslautsprecher[2] bekannt, daß *Bismarck* über mehrere Monate hinweg im Nordatlantik Krieg gegen die britischen Zufuhren führen werde. Es gelte, ein Höchstmaß an feindlicher Tonnage zu vernichten. Jetzt wurde den Männern bestätigt, was sie alle schon so lange vermutet hatten. Die Nervosität der Ungewißheit fiel von ihnen ab, machte der Zuversicht über das Kommende Platz. Unter Deck ließ das leichte Vibrieren der Maschinen sie die ungeheuren Kräfte ahnen, die ihr Schiff zu einer todbringenden Waffe machten.

Der Marsch nach Westen verlief ohne besondere Ereignisse bei bedecktem Himmel, mittlerem Wind und Seegang. Die ab Rügen geschlossen laufende Kampfgruppe *Bismarck–Prinz Eugen* erreichte in der Begleitung der Zerstörer *Z23* und *Friedrich Eckoldt* und geleitet von Sperrbrechern die im voraus festgelegten navigatorischen Ansteuerungspunkte nach Plan. Gegen 22.30 Uhr stieß der Zerstörer *Hans Lody* mit dem Flottillenchef der 6. Zerstörerflottille, Fregattenkapitän Alfred Schulze-Hinrichs an Bord, zum Verband, der dann durch den Großen Belt nach Norden lief. Zur Geheimhaltung der »Rheinübung« war auf Anordnung des Befehlshabers der Sicherungsstreitkräfte der Ostsee für die Nacht vom 19. zum 20. Mai und für den folgenden Vormittag der gesamte Handelsverkehr durch den Großen Belt und das Kattegat gesperrt.

Am nächsten Tag, dem 20. Mai, standen wir im Kattegat. Auf *Hans Lody* gab es morgens den ersten Fliegeralarm. Wir auf *Bismarck* meinten zunächst, von britischen Aufklärern überflogen worden zu sein, mit der Folge unserer vorzeitigen Entdeckung. Es waren aber eigene Jagdflugzeuge gewesen, die uns wohl nur nicht vorher angekündigt worden waren.

Im Unterschied zum Vortag war der 20. Mai klar und sonnig, es herrschte ein geradezu herrliches Wetter. Bis zum fernen Horizont erstreckte sich grünlich schimmernde See, darinnen das leuchtende Blau vieler schmaler Wellen. An Backbord passierten wir die kleine, flache Insel Anholt, sahen deutlich den hohen, schlanken Leuchtturm an ihrem nordöstlichen Ende. Rein symbolisch hätte man in diesem strahlenden Wetter die beste Verheißung für die Unternehmung erblicken können. Hätten wir nur nicht durch eine solche Unzahl dänischer und schwedischer Fischkutter hindurch und dabei noch in so klarer Sicht der schwedischen Küste marschieren müssen. Überall schienen sie zu sein, diese kleinen, weißen Fischerboote mit ihren tuckernden Motoren, teilweise unserer Kurslinie entlang dümpelnd.[3] Dazu bewegten sich Dampfer der verschiedensten Nationalitäten im Kattegat. Wenn das kein Präsentierteller war, über den wir hier fuhren – was war dann einer? Mußte ein so spektakuläres Auftreten hier oben im skandinavischen Raum nicht überflüssige Aufmerksamkeit erregen, die leicht zum Nachteil unserer Seekriegführung geraten konnte? Konnte die formale, ja kraft der Kriegslage Deutschland gegenüber damals sogar wohlwollende Neutralität Schwedens den militärischen Schaden verhindern, den uns der wachsame norwegische Untergrund sicherlich gern bereiten würde? Denn daß dieser seine Fäden nach London hatte, war ja auch nicht gerade ein Geheimnis. Aber mehr als das. Unserer Seekriegsleitung war wohl bekannt, daß die britischen Marineattachés in Stockholm und Helsinki als Hauptstellen des britischen Nachrichtendienstes dort bekannt werdende deutsche Schiffsbewegungen und sonstige deutsche militärische Operationen nach London zu melden hatten. Hatte nicht, wie sie ebenfalls wußte, der britische Marineattaché in Stockholm die Admiralität am 15. März 1941 darüber unterrichtet, daß zur Beobachtung der Durchfahrten im Großen Belt eine Organisation eingerichtet worden sei, deren Meldungen ihn schon zwölf Stunden später erreichen konnten?

Für Agenten der anderen Seite, so schoß es mir in den Kopf, mußte dies ja eine außerordentliche Gelegenheit sein, unsere Kampfgruppe schon im Auslaufen zu erkennen und zu melden. Mir kamen die stärksten Zweifel, wie bei so guter Sicht auf so belebtem Meer der Beginn der »Rheinübung« jemals geheimgehalten werden könne. Unser »unbemerkter« Durchbruch – was würde aus ihm werden? Und auch für die feindliche Luftaufklärung war diese Wetterlage denkbar gut geeignet. Noch ungemütlicher wurde mir, als gegen 13.00 Uhr der schwedische Flugzeug-Kreuzer *Gotland* auf unserer Steuerbordseite unter der schwedischer Küste in Sicht kam. Eine Zeitlang lief er sogar auf Parallelkurs mit uns mit! Es war nunmehr damit zu rechnen, daß die *Gotland* die schwedische Admiralität über unser Auftreten informieren würde, und Lütjens funkte an die Gruppe Nord: »Um 13.00 Uhr Flugzeug-Kreuzer *Gotland* bei klarer Sicht passiert, daher anzunehmen, daß Verband gemeldet wird.« Der Befehlshaber der Gruppe, Generaladmiral Rolf Carls, erwiderte mit der folgenden Stellungnahme: »Ich halte die Kompromittierungsgefahr durch das schwedische Kriegsschiff bei der strikt neutralen Haltung Schwedens auch nicht für größer als die durch die ohnehin vorhandene planmäßig aufgezogene feindliche Überwachungstätigkeit in den Ostsee-Eingängen.«

Aber falls Lütjens eine gefahrbringende Kompromittierung befürchtet haben sollte, so war er es jedenfalls, der schließlich recht behielt, nicht Carls. Der Kommandant der *Gotland*, Kapitän zur See Ågren, meldete unser Passieren unverzüglich auf optischem Wege an die nahe gelegene Signalstation Kullen. Und die Weiterungen aus dieser Meldung wird uns jetzt ein kurzer Blick nach Schweden enthüllen.

## Ein britischer Marineattaché in Stockholm

Zu Anfang 1941 waren einige hohe Offiziere des schwedischen Geheimdienstes zu der persönlichen Ansicht gelangt, daß vom Standpunkt ihres Landes aus eine Schwächung Deutschlands höchst wünschenswert sei. Diese Offiziere hatten die deutschen Einfälle in Dänemark und Norwegen als einen empörenden Angriff auf die Souveränität Gesamtskandinaviens empfunden und arbeiteten seit Februar 1941 eng mit der norwegischen Untergrundbewegung zusammen. Ihre entsprechenden Kontakte liefen teilweise über den in Stockholm akkreditierten Militärattaché der norwegischen Exilregierung in London, Oberst Roscher Lund, der inzwischen Freund und verläßlicher Informant des damaligen britischen Marineattachés in Schweden, Captain Henry Denham, geworden war.

Roscher Lund erfuhr nun am Abend des 20. Mai von dem Stabschef des Leiters des schwedischen Geheimdienstes, Major Törnberg[1], daß zwei große deutsche Schiffe und mehrere Handelsschiffe unter Jagdfliegerschutz tagsüber das Kattegat auf Nordkurs passiert hätten. Er eilte umgehend zur britischen Gesandtschaft, wo man ihm sagte, daß Denham sich gerade in einem Restaurant in der Stadt aufhalte. Dort fand er ihn dann auch und teilte ihm die wichtige Neuigkeit mit. Beide begaben sich unverzüglich zur Gesandtschaft, von der aus Denham an die Admiralität in London drahtete: »Kattegat 20. 5. Um 15.00 Uhr passierten zwei große Kriegsschiffe nebst drei Zerstörern, fünf Begleitschiffen und zehn bis zwölf Flugzeugen Marstrand mit Kurs Nordwest 2058/20.« Und am 23. Mai bedankte sich Denham bei Roscher Lund mit dem folgenden Handschreiben: »Ihr sehr wertvoller Bericht über feindliche Kriegsschiffe im Kattegat vor zwei Tagen hat uns befähigt, am 21. Mai in den Fjorden von Bergen ein Schlachtschiff der Klasse *Bismarck* und einen Kreuzer der Klasse *Prinz Eugen* festzustellen. Selbstverständlich würde es keinen Nachteil bedeuten, wenn Sie dieses Ihrer Quelle (also Törnberg) mitteilen wollen. Für Ihre sehr hilfreichen Bemühungen danke ich Ihnen sehr – lassen Sie uns hoffen, daß Ihr Freund auch weiterhin von so hohem Wert sein wird. Ihr Henry Denham.«

Törnberg seinerseits hatte die Sichtmeldung der *Gotland* in der Stockholmer Admiralität entdeckt und deren Inhalt sofort an Roscher Lund gelangen, dabei allerdings aus Sicherheitsgründen die Herkunft der Information verschweigen lassen. Für die *Gotland* war es bloße Routine gewesen, fremde Kriegsschiffe in der Nähe oder innerhalb schwedischer Hoheitsgewässer zu melden. Am 20. Mai hatte sie sich auf einer Übungsfahrt befunden. Aber ob ihr damaliger Standort gerade dort, wo die deutsche Kampfgruppe passierte, Zufall war oder ob hierbei nachrichtendienstliche Erkenntnisse mitgeholfen hatten – diese Frage wird man auch heute als noch nicht abschließend geklärt ansehen dürfen.

Mit meinen durch die klare Sicht, die vielen Fischkutter, die *Gotland* und die Nähe der schwedischen Küste bedingten unguten Gefühlen war ich am 20. Mai an Bord wohl kaum allein. Die Möglichkeiten, unseren Verband zu orten, schienen mir an jenem Tage dann doch etwas zu reichlich gesät, und beim Bedenken der möglichen Folgen dieser Umstände wollte es mir scheinen, daß ein Schatten auf unsere Operation gefallen war. Der eine oder andere an Bord mag es ähnlich empfunden haben. Allerdings wurde im jüngeren Kameradenkreise nicht weiter darüber gesprochen, was hätte es auch geholfen? Zu ändern war doch nichts, und das Beste erhoffen mußte und konnte man ja immer. Aber niemand auf *Bismarck* ahnte damals wohl etwas von einer so raschen Unterrichtung der britischen Admiralität und deren unverzüglichen Gegenmaßnahmen, energischen und sukzessive weiterreichenden Schritten, die die Seelords schließlich in den Stand setzen sollten, am 28. Mai an Denham zu drahten: »Ihr Telegramm 2058 vom 20. 5. leitete die ersten einer Reihe von Operationen ein, die gestern in der Versenkung des *Bismarck* kulminierten. Gut gemacht.«

Doch greifen wir den Ereignissen nicht weiter vor. Jetzt, am 20. Mai, hatte auch für die britische Seite die »Rheinübung« erst begonnen.

## Vor Anker im Grimstad Fjord. Weitermarsch nach Norden

Gegen 16.00 Uhr liefen wir durch eine Sperrlücke, die Boote der 5. Minensuchflottille unter dem Kommando des Korvettenkapitäns Rudolf Lell kurz zuvor speziell für unsere Kampfgruppe durch eigene Minenfelder gelegt hatten. Dabei hatten die Minensucher drei Minen geschnitten und durch Geschützfeuer versenkt. In unserer Nähe versammelten sich aber auch noch einige Handelsschiffe, um ihrerseits im geeigneten Moment durch diese Lücke zu gehen. Mit ihnen hatten *Bismarck* und *Prinz Eugen* an sich nicht das mindeste zu tun. Es war dies vielmehr ein rein zufälliges und im Grunde höchst unerwünschtes, weil die Geheimhaltung der »Rheinübung« möglicherweise gefährdendes Zusammentreffen. Den schwedischen Beobachtern und ihren britischen Nutznießern hatte es sogar den Eindruck vermittelt, daß unsere Kampfgruppe und die Handelsschiffe operativ verbunden seien. Und daher hatten sie, wie wir sahen, in ihren Meldungen die Handelsschiffe als uns zugeordnet mit aufgeführt. Die Admiralität in London sollte dadurch schließlich in eine nicht geringe Gedankenarbeit darüber versetzt werden, was es mit dieser Schiffsmassierung wohl auf sich habe, welche deutschen Absichten dahinter stünden und wie diesen zu begegnen sei!

Nach Passieren der Sperrlücke wurden die Boote der 5. Minensuchflottille entlassen. *Bismarck* und *Prinz Eugen* setzten, weiterhin von den Zerstörern begleitet und zur Sicherung gegen britische U-Boote Zickzackkurse steuernd, mit siebzehn Knoten ihren Vormarsch fort. Abends kam während eines herrlichen Sonnenunterganges die norwegische Südküste in Sicht. Die Umrisse der schönen, herben Landschaft, ihre schwarzen Bergsilhouetten hoben sich wunderbar gegen den rotglühenden Himmel ab und ließen mich für Augenblicke den ganzen Krieg vergessen.

Dem Küstenverlauf entsprechend, drehten wir dann auf Westkurs, um später nach Umrunden der Südwestspitze Norwegens wieder zurück auf Nordkurs zu gehen. Zwischen 21.00 und 22.00 Uhr passierten wir die Äußere Süd-Sperrlükke bei Kristiansand. Wir liefen jetzt mit der Kriegsmarschfahrtstufe von 27 Knoten. Alle Waffen waren kriegswachmäßig, also zur Hälfte besetzt, so daß ein Teil der Artilleriemannschaften jeweils Ruhe hatte.

Ich selbst hatte gerade kriegswachfrei und besuchte einen Filmabend in der Offiziersmesse. Es gab *Spiel im Sommerwind*. Für die vorgesehenen mehreren Monate in See führten wir ja eine reichliche Auswahl von Unterhaltungsfilmen mit. Der spätere Verlauf der »Rheinübung« sollte aber weitere Vorführungen ausschließen. Und so blieb der genannte Film der einzige während der Unternehmung auf *Bismarck* gezeigte.

Niemand an Bord ahnte, daß an diesem Abend der zur norwegischen Widerstandsbewegung gehörige Viggo Axelssen und einige seiner Freunde von der Küste bei Kristiansand aus unseren Verband auf seinem Vormarsch beobachteten. Durch das Doppelglas sah Axelssen den Tarnanstrich der deutschen Schiffe und erkannte an der weißen Bugwelle unsere hohe Fahrtstufe. Nur wenig später funkte er mit Hilfe Vertrauter von einem nahen Versteck aus eine verschlüsselte Sichtmeldung, die für die Admiralität in London zu einer Bestätigung des Denhamschen Berichtes werden sollte.

Am frühen Morgen des 21. Mai wurde *Bismarck* in den Klarschiffzustand versetzt. Es waren die Stunden der Dämmerung, die Unterseeboote gern zu Angriffen benutzen. Und vor britischen Booten galt es jetzt besonders auf der

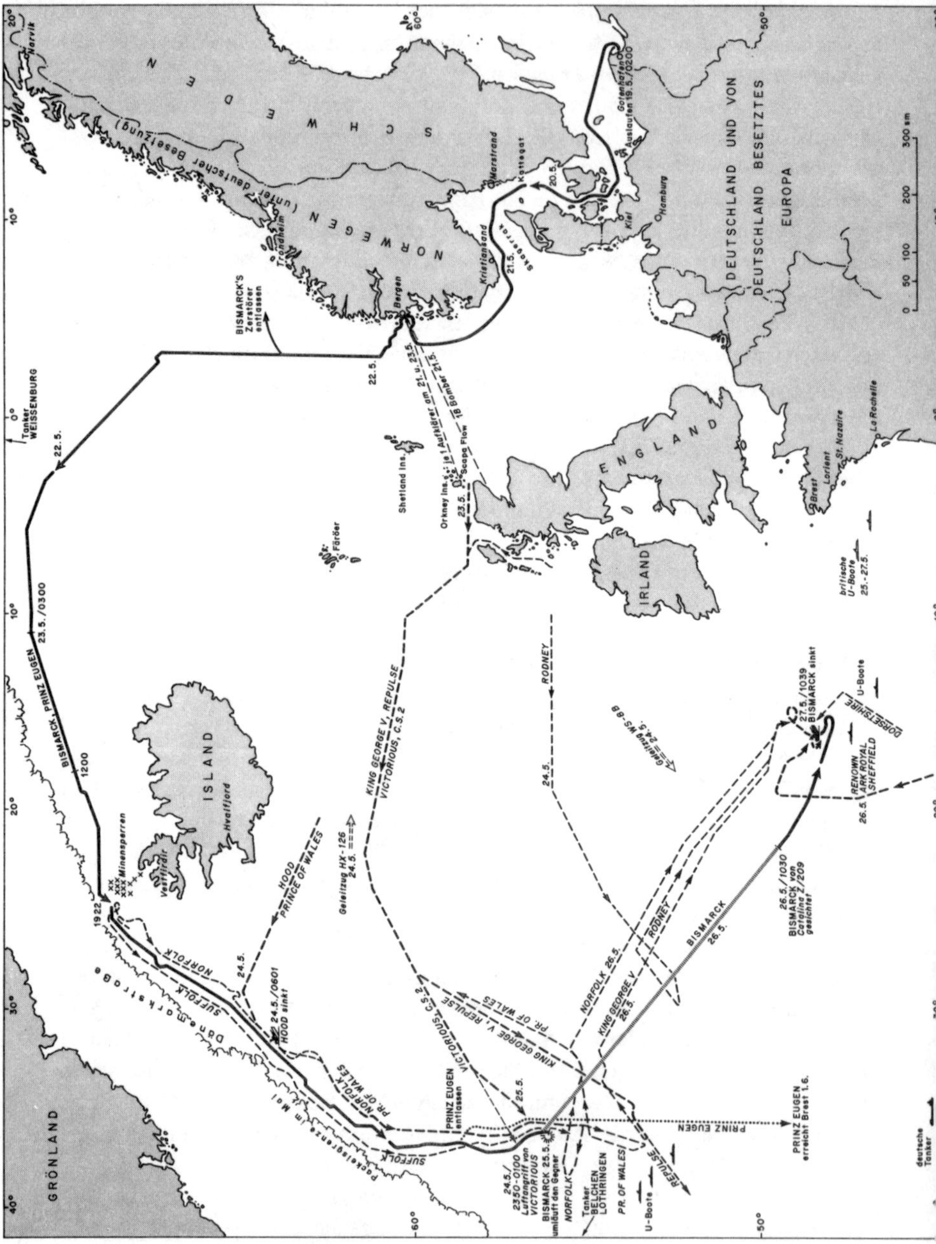

GRÖNLAND
ISLAND
NORWEGEN (unter deutscher Besetzung)
SCHWEDEN
ENGLAND
IRLAND
DEUTSCHLAND UND VON DEUTSCHLAND BESETZTES EUROPA
Narvik
Trondheim
Bergen
Kristiansand
Skagerrak
Kattegat
Marstrand
Kiel
Hamburg
Gotenhafen Auslaufen 19.5./0200
Brest
Lorient
St. Nazaire
La Rochelle
Shetland Ins.
Orkney Ins.
Scapa Flow
Färöer
Vestfirdir
Hvalfjord
Dänemarkstraße
Packeisgrenze im Mai
Minensperren
Tanker WEISSENBURG
BISMARCK'S Zerstörer entlassen
BISMARCK, PRINZ EUGEN
23.5./0300
24.5./0601 HOOD sinkt
HOOD PRINCE OF WALES
Geleitzug HX-126 24.5.
KING GEORGE V, REPULSE VICTORIOUS, C.S.2
RODNEY
Geleitzug WS-8B 24.5.
PRINZ EUGEN entlassen
24.5./ 2350-0100 Luftangriff von VICTORIOUS
BISMARCK 25.5. umläuft den Gegner
Tanker BELCHEN LOTHRINGEN
PRINZ EUGEN erreicht Brest 1.6.
26.5./1030 BISMARCK von Catalina Z/209 gesichtet
27.5./1039 BISMARCK sinkt
RENOWN ARK ROYAL SHEFFIELD
DORSETSHIRE
britische U-Boote 25.-27.5.
deutsche Tanker
U-Boote
0 50 100 200 300 sm

Hut zu sein. Der Ausguck an Bord wurde entsprechend verschärft, mit angespanntester Aufmerksamkeit die See immer wieder abgesucht. Doch erfreulicherweise gab es dieses Mal eine tatsächliche Gefahr nicht. Plötzlich, kurz nach 07.00 Uhr kamen vier Flugzeuge in Sicht – ganz kleine Punkte, mitten aus der aufgehenden Sonne heraus. Und schon waren sie wieder fort, verschwunden. Waren es wirklich Flugzeuge gewesen, britische, eigene? Hatte man sich etwas eingebildet? Unmöglich zu sagen, und bald war die vermeintliche Beobachtung wieder von neuen Eindrücken verdrängt.

Nicht lange danach erreichten wir dann das Schärengebiet bei Bergen und liefen vormittags bei strahlender Sonne an karger Felsenlandschaft und malerischen Holzhäusern vorbei in den Korsfjord ein. *Bismarck* marschierte in den südlich von Bergen gelegenen Grimstad Fjord und ankerte am Eingang des Fjöranger Fjordes, etwa fünfhundert Meter von Land entfernt. *Prinz Eugen* und die Zerstörer gingen weiter nach Norden, ankerten in der Kalvanes-Bucht und übernahmen dort aus einem Tanker Brennstoff. Auf *Bismarck* und auch *Prinz Eugen* wurde die Tarnbemalung durch einen Anstrich mit Außenbordsgrau ersetzt. Bisher hatten drei schwarz-weiße, schräg auf Außenhaut und Aufbauten gemalte Streifen, eine dunkelgraue Färbung des Vor- und Achterschiffes und eine weiß markierte Bug- und Heckwelle den gegnerischen U-Booten das Schätzen von Lage und Geschwindigkeit erschweren sollen. Ab jetzt aber hätten die schwarz-weißen Kontrastfarben in der diesigen Atmosphäre nördlicher Seeräume leicht zu unserem Verräter werden können. Sonst aber wurde tagsüber nur abgewartet, und der durchweg sonnige Tag verging mit dem Kommen und Gehen deutscher Besatzungssoldaten in Norwegen, die den verständlichen Wunsch hatten, den neuen *Bismarck* zu besichtigen. Über eine besondere Begebenheit konnten diejenigen an Bord, die sie erlebten, noch einmal herzhaft lachen. Denn ein Landser, dem anscheinend der Tabak ausgegangen war und der auf *Bismarck* große Vorräte davon vermutete, hatte sich ein Boot organisiert und schaukelte nun in seiner Nußschale neben dem riesigen Schlachtschiff, während unsere Männer sich nicht lumpen ließen und an Bindfäden Zigaretten und Tabak hinunterreichten, so daß der Landser, wenn er nicht mit seinen Kameraden teilte, auf Jahre genug zu rauchen gehabt hätte!

Unsererseits gingen wir von Bord aus mit den Augen an Land spazieren. Dem Ufer nahe genug lagen wir ja. Viele Norweger schauten von drüben zu uns herüber. Wie viele Augen, dachte ich, die uns besser gar nicht sähen?

Zum Schutz gegen unliebsame Überraschungen aus der Luft flogen den Tag

Gesamtwegekarte der »Rheinübung« vom 19. bis zum 27. Mai 1941.

über zwei Messerschmitt-109-Jagdflugzeuge Sperre über *Bismarck*. Und dieses Sperrfliegen, ich erinnere mich noch gut, vermittelte uns an Bord schon ein Gefühl beträchtlicher Sicherheit. Nach 13.30 Uhr löste die Flakwache an Bord einmal Fliegeralarm aus, doch wurde *Bismarck* nicht angegriffen, und unsere Geschütze traten nicht in Tätigkeit. Der britische Flug, der diesen Alarm ausgelöst hatte, galt anscheinend keinem Angriff. Es war 13.15 Uhr, als der Flying Officer Michael Suckling von der Bildaufklärungseinheit des britischen Küstenkommandos in seiner Spitfire achttausend Meter über uns stand und kurz vor dem Ende seines Aufklärungsfluges »zwei größere Kriegsschiffe« unter sich entdeckte und fotografierte. Als Ergebnis seiner Mission sollten noch am gleichen Tage britische Fachleute ein Schlachtschiff der *Bismarck*-Klasse und einen Kreuzer der *Admiral Hipper*-Klasse[1] im Raum um Bergen identifizieren – ein Ergebnis, das, wie wir sahen, Captain Denham in Stockholm seinem Informanten Roscher Lund am 23. Mai in anerkennender Form mitteilte. Doch wir an Bord ahnten nichts von dieser Auswirkung eines für glücklich beendet gehaltenen Alarms, und ich persönlich erfuhr von Sucklings Erfolg zum erstenmal im Sommer 1943. Ich war damals Kriegsgefangener im kanadischen Bowmanville/Ontario. Eines Morgens nahm ich, wie gewohnt, meine Abonnementszeitung *The Globe and Mail* zur Hand. Die Titelseite zeigte, groß aufgemacht, die Aufnahme Sucklings vom ankernden *Bismarck* im Grimstad Fjord. Meine damalige Überraschung habe ich bis heute nicht vergessen.

Als wir so den ganzen Tag über vor Anker lagen, bewegte es mich – ich erinnere mich noch genau, und es ist keine nachträgliche Überlegung –, warum *Bismarck* die ja offenkundig reichlich vorhandene Zeit nicht dazu ausnutzte, um auch seinerseits[2] Heizöl aufzufüllen. Zwar wußte ich damals noch nicht, daß gemäß Operationsbefehl für *Bismarck* eine Brennstoffergänzung am 21. Mai ausdrücklich nicht vorgesehen war. Aber mir war bekannt, daß Heizöl in Gotenhafen nicht ganz voll genommen worden war. Und war es nicht überhaupt geboten, jede Versorgungsmöglichkeit zu nutzen und mit vollem Brennstoffvorrat zu einer so weiträumigen, in ihrem letztlichen Verlauf nicht überschaubaren Kriegsoperation auszulaufen? Die Unterlassung sollte auch bei dem Weitermarsch nicht durch eine Auffüllung aus dem Tanker *Weißenburg* wettgemacht werden und sich für die späteren Phasen der »Rheinübung« als schwerwiegend herausstellen.[3]

Um 19.30 Uhr hievte *Bismarck* den Anker, lief nach Norden und vereinigte sich vor der Kalvanesbucht erneut mit *Prinz Eugen* und den Zerstörern. Der Verband nahm seinen Vormarsch wieder auf.

Während die Schiffe in mäßiger Fahrt an den Schären vorbeiglitten, stand ich inmitten einer kleinen Gruppe jüngerer Offiziere auf dem Achterdeck. Vor dem Auslaufen in den Atlantik wollten wir noch einmal die reizvolle Landschaft Norwegens genießen. Plötzlich kam der Korvettenkapitän Kurt-Werner Rei-

chard, Leiter der B-Dienstgruppe im Flottenstab, an uns vorbei. Deutlich sichtbar trug er ein Stück Papier in der Hand. Begierig auf Nachrichten aus seinem interessanten Dienstbereich, hielten wir ihn mit der Frage auf: »Na, was haben Sie denn da?«
Reichard gab bereitwillig Auskunft. Es war ein soeben von der deutschen Beobachtungsleitstelle eingegangener geheimer Funkspruch. Ihm zufolge hatte eine britische Flugfunkstelle bereits am frühen Morgen britische Luftstreitkräfte angewiesen, nach zwei deutschen Schlachtschiffen und drei Zerstörern, die auf Nordkurs gemeldet worden waren (Denham!), Ausschau zu halten. Er wolle, so Reichard, diesen Text gerade Lütjens vorlegen. Ich kann nicht verschweigen, daß diese Neuigkeit uns zunächst etwas dämpfte. Wir damals Jüngeren im Offizierskorps des Schiffes hatten ja bis dahin über die Erkenntnisse der Briten zur »Rheinübung« gar nichts gewußt und fühlten uns nunmehr vom Gegner förmlich »entdeckt«. Ein gelinder Schock war es schon. Sicherlich, so begann ich sofort mir vorzustellen, würde Lütjens jetzt seine taktischen Dispositionen abändern, beispielsweise erst einmal ins Nordmeer laufen, dort verharren und so lange Zeit verstreichen lassen, bis ein Erlahmen der britischen Aufmerksamkeit zu vermuten war. Die ganze Frage des »unbemerkten« Durchbruchs zu unserer Unternehmung stürmte wieder auf mich ein, und ich ging in Gedanken noch einmal die seit dem Auslaufen aus Gotenhafen insoweit von mir als Schwachstellen empfundenen Momente durch: das Ablegen vom Kai mit dem *Muß i denn*... – der Marsch durch den, trotz seines Namens, engen Großen Belt – die vielen dänischen und schwedischen Fischkutter im Kattegat – die gute Sicht von der schwedischen Küste her – der schwedische Flugzeug-Kreuzer *Gotland* – das dichte Passieren unter der norwegischen Küste bei Kristiansand – der sonnig klare Tag vor Anker im Grimstad Fjord, in Landnähe und mit Besucherverkehr – wie sollte da die »Rheinübung« wohl noch geheimbleiben? Wäre es vielleicht nicht doch besser gewesen, durch den Nord-Ostsee-Kanal in die Nordsee und dann nach optimalem Stundenplan in Landferne und, ohne Norwegen zu berühren, direkt zur *Weißenburg* zu laufen? Sicherlich, auch auf diesem Wege würde es Entdeckungsrisiken geben, aber doch wahrscheinlich weniger als in den von uns tagsüber befahrenen Engen von Kattegat und Skagerrak! Aber was halfen schon diese Grübeleien? Auf jeden Fall ließen wir uns durch Reichards Eröffnung die Stimmung nicht ernsthaft trüben und beschlossen, dieses Wissen für uns zu behalten. Eine Weiterverbreitung an unsere Männer hätte ohnehin niemandem gedient.

Um diese Stunde befand sich noch ein Tagesbesucher an Bord, dem Lindemann es entgegenkommenderweise gestattet hatte, das Schiff erst bei dessen Auslaufen mit dem Lotsenboot zu verlassen. Gegen Mittag hatte im Büro des damals im Raum Bergen stationierten Oberfeldarztes Dr. Otto Schneider das Telefon geläutet: »Hätten Sie Lust«, so hatte er eine bekannte Stimme vernommen, »Ihren Bruder Adalbert auf *Bismarck* zu sehen, gar zu sprechen? Das Schiff liegt gerade in einem Fjord in unserer Nähe, sein Auftrag ist uns allerdings unbekannt.« Die Antwort war Otto Schneider nicht schwer gefallen und er, nebst zwei Begleitern, auf einem Schnellboot bald unterwegs gewesen. »Nach kurzer rascher Fahrt«, so schilderte er es später, »bogen wir in eine Bucht und erlebten einen zauberhaften Anblick. Vor uns lag *Bismarck* wie ein silbergrauer Traum aus ›Tausendundeiner Nacht‹. Trotz der gewaltigen Aufbauten, Geschützrohre und Panzerstände wirkte die Silhouette des Schiffes ästhetisch und elegant, fast wie aus Filigran erschaffen.« Dann war er auch schon dicht an *Bismarck* herangekommen und hatte seinen Bruder, ihn zum Anbordkommen auffordernd, winken sehen. Nach freudigster, herzlicher Begrüßung hatte er nicht ohne Stolz die Geschwindigkeit des ihn mitnehmenden Schnellbootes, 32 Knoten, gerühmt, aber nur um darauf zu hören: »Na, das können wir mit *Bismarck* auch, und noch etwas mehr! Ja, wir sind schneller als die Stärkeren und stärker als die Schnelleren, so daß uns eigentlich nichts passieren kann und unser Kommando schon einer Lebensversicherung gleichkommt« – für Otto Schneider ein interessanter Hinweis auf die technische Vollendung und Überlegenheit des *Bismarck*. Überhaupt hatte er die Stimmung bei Offizieren und Mannschaften als in jeder Weise ausgezeichnet und zuversichtlich empfunden – »bis jetzt, bis Norwegen«, hatten ihm noch einige Seeoffiziere gesagt, »ist unser Unternehmen überhaupt die reinste Lustfahrt in See gewesen«. In der Offiziersmesse, über der erst im späteren Rückblick für Otto Schneider eine »fast unheimliche und gespenstische Atmosphäre« gelegen hatte, hatte man dann noch über die operativen und taktischen Aspekte der bevorstehenden Unternehmung gesprochen, dabei über Kommendes mehr spekuliert als darüber gewußt. Sein Bruder Adalbert jedenfalls hatte Optimismus in jeder Beziehung ausgestrahlt. In dessen Kammer hatte er danach die Bilder der drei kleinen Töchter Adalberts bewundern dürfen und später mit Adalbert gemeinsam das Abendessen eingenommen. Auch Postkarten hatten die Brüder noch zusammen geschrieben, die Otto nach Bergen mitzunehmen sich erboten hatte, von wo aus sie später ihre Adressaten fast wie ein Gruß aus dem Jenseits erreichen sollten, als das Schicksal des *Bismarck* längst besiegelt war. Während des abendlichen Marsches durch die Schären sprachen Adalbert und Otto weiter, über diese und jene Kriegsoperation, das Luftlandeunternehmen in Kreta, in Ahnungslosigkeit kein Wort über den so dicht bevorstehenden Überfall Hitlers auf die Sowjetunion, und dann fragte Otto noch, wie Adalbert bei aller Zuversicht die Gefährdung des Schiffes aus der Luft beurteile? Lächelnd antwortete Adalbert, daß Abwehr und Schutz gegen Gefahren aus der Luft so stark seien, daß *Bismarck* von daher praktisch unverwundbar sei. Die vergangenen Übungen in der Ostsee hätte ergeben, daß die Luftwaffe nicht einen einzigen Treffer habe anbringen können! Für den kommenden Kriegsmarsch wünschte sich Adalbert nur noch möglichst viel

Regen und Nebel – von den neuen Funkmeßgeräten der Briten schien er nichts zu ahnen.

Dann war die Zeit zum Abschiednehmen gekommen, vom Bruder, und auch vom Kommandanten, der ihm diesen Besuch so freundlich gestattet hatte. Während Otto Schneider sich bei letzterem abmeldete, stand Lindemann, einsam, an den Vorderen Kommandostand gelehnt. Sie gaben sich die Hand, und Schneider blickte in ein blasses, regungsloses Gesicht mit tiefernsten Augen. »Rückblickend«, so sagte Otto Schneider es später, »meine ich, daß Lindemann sich schon in diesem Augenblick völlig klar war über die riesigen Gefahren, denen *Bismarck* entgegenfuhr und daß er meine Aussichten, meinen Bruder jemals wiederzusehen, als nur sehr gering einschätzte. Gegensätze zwischen ihm und dem Oberkommando der Kriegsmarine in den beiderseitigen Auffassungen zur Lage scheinen bestanden zu haben.«

Hatte die soeben von Richard überbrachte Meldung der deutschen Beobachtungsleitstelle zu dieser Stimmungslage bei Lindemann beigetragen? Hatte diese Meldung ihm den Abend des 21. Mai als den fast letztmöglichen Zeitpunkt für eine von ihm als notwendig angesehene grundlegende Korrektur der Ausbruchstaktik der Kampfgruppe erscheinen lassen? Und hatte er sich schweren Herzens eingestehen müssen, daß eine solche, in den Entscheidungsbereich des Flottenchefs fallende Korrektur bei der Persönlichkeit von Lütjens kaum zu erwarten war?

Das Wetter hatte sich inzwischen verschlechtert, und der Himmel war nunmehr völlig bedeckt. Ein steifer Südwestwind jagte schwere Regenwolken vor sich her und Schaumstreifen über das Wasser in den Fjorden. Nebliger Dunst hing zwischen den Bergen. In der Reihenfolge Zerstörer vorn, dann *Bismarck*, gefolgt von *Prinz Eugen*, traten wir gegen 23.00 Uhr aus den Schären aus. An Bord zog die Kriegswache wieder auf. Kurz vor Mitternacht drehten wir auf Nordkurs. Mit Stärke 4 wehte jetzt der Wind aus Südsüdwest, also von achtern.

Nach Mitternacht noch einmal zurückblickend, sahen wir in den Wolken über dem Festland unregelmäßig weißes, gelbes und rotes Licht aufflammen. Wie die Gruppe Nord später am Tage mitteilte, hatten fünf in die Schären eingeflogene britische Maschinen Leuchtschirme und Bomben zehn Kilometer nördlich von Bergen über der Kalvanesbucht abgeworfen. Ihr Angriff war das Ergebnis des uns ja damals noch unbekannten mittäglichen Aufklärungsfluges des Flying Officer Suckling gewesen. Die Strahlen der Landscheinwerfer und das Mündungsfeuer der deutschen Bodenflak hatten die Lichteffekte am Himmel entsprechend vermehrt. Daß die Briten allerdings bei dem inzwischen verschlechterten Wetter während ihres Angriffes so gut wie nichts am Boden erkannt und ihre Bomben nur auf Verdacht abgeworfen hatten, habe ich erst sehr viel später erfahren.

Gegen 05.00 Uhr in der Frühe des 22. Mai entließ Lütjens plangemäß die

Zerstörer, die unseren Verband bis dahin gegen britische U-Boote gesichert hatten. Wir waren auf der Höhe von Drontheim, und ich sehe noch heute die drei Boote vor mir, als sie in Richtung Küste allmählich im Dunst des Morgens verschwanden. Erst diesen Moment empfand ich als den endgültigen Abschied von der Heimat und den eigentlichen Beginn der »Rheinübung«. *Bismarck* und *Prinz Eugen* waren nunmehr mit sich allein.

Von der mit so vielem nachträglichen Wissen befrachteten Gegenwart her muß ich mich immer wieder nachdrücklich darauf besinnen, daß wir damals jüngeren Offiziere an Bord an jenem Morgen noch keinerlei Kenntnis über die etwa inzwischen auf britischer Seite gegen die »Rheinübung« eingeleiteten Abwehrmaßnahmen hatten. Innerlich rechnete ich nach der mir am Vorabend durch Reichard bekanntgewordenen Alarmierung der britischen Luftstreitkräfte allerdings damit, daß mittlerweile auch Seestreitkräfte des Gegners nach uns suchten. Und schon die bloße Vorstellung dessen vermittelte mir jene prickelnde innere Spannung, die ein Befahren dieses engen Vorfeldes der britischen Seemacht im Kriege mit sich bringen konnte. Andererseits war der aufgefangene britische Funkbefehl noch jungen Datums, und die Wahrscheinlichkeit unserer raschen Entdeckung durch britische Seestreitkräfte entsprechend gering.

Lütjens seinerseits wurde von der Gruppe Nord gegen 09.30 Uhr darüber unterrichtet, daß laut dem deutschen Beobachtungsdienst eine Auswirkung des Auslaufens seiner Kampfgruppe oder des britischen Befehls zum Suchen nach »den Schlachtschiffen« nicht feststellbar sei. Nur eine verstärkte britische Luftaufklärung im nordöstlichen Sektor sei zu beobachten. Die Gruppe meinte dazu, daß die starke feindliche Luftaufklärung in Richtung Norwegen und nördliche Nordsee anscheinend zu weit südlich angesetzt sei, um unsere Kampfgruppe noch zu erfassen. Wir schienen also unbemerkt vom Feind den weiteren Vormarsch angetreten zu haben.

Mit 24 Knoten marschierte die Kampfgruppe weiter und erreichte gegen Mittag bei bedecktem Himmel und diesigem Wetter eine Position rund 200 Seemeilen von der norwegischen Küste entfernt, auf der Höhe Island-Norwegen. Das Wetter schien auch so bleiben zu wollen und damit die günstigen Voraussetzungen zu erfüllen, die Lütjens sich zur Benutzung der nördlichen Ausbruchspassage erhofft hatte. Daher teilte er nunmehr *Prinz Eugen* seine feste Absicht mit, durch die Dänemarkstraße zu laufen. Er fügte allerdings hinzu, daß die Kampfgruppe im Falle eines Aufklarens, also einer Verschlechterung der Durchbruchsvoraussetzungen, erst noch den Tanker *Weißenburg* aufsuchen werde.

Um 12.37 Uhr gab *Bismarck* U-Boot- und Fliegeralarm – angeblich war ein Periskop gesehen worden. Die Kampfgruppe drehte nach Backbord und fuhr eine halbe Stunde lang Zickzackkurse. Aber nichts geschah, und um 13.07 Uhr wurde der frühere Kurs wieder aufgenommen.

Und weiter blieb uns das Wetter günstig, schien im Verlauf des Nachmittages unser bester Verbündeter werden zu wollen. Um 16.00 Uhr war es bei bedecktem Himmel fortgesetzt diesig, ab 18.00 Uhr regnete es bei Südwestwind, Stärke 3. Nach 21.00 Uhr nahm die Sicht weiter ab und ging schließlich auf 300–400 Meter zurück. Nebel kam stellenweise auf, es war feuchtkalt, und *Bismarck* glänzte bis zum Vortopp in silberner Nässe. Es war ein wunderbarer Anblick. Beide Schiffe leuchteten zum Fühlung- und Abstandhalten hin und wieder mit Vartalampen oder kleinen Scheinwerfern, und eine Zeitlang, als der Nebel ganz dick war, erleichterte *Bismarck* dem *Prinzen* das Folgen durch Anstellen eines großen achteren Scheinwerfers. Da es aber auf der inzwischen erreichten Nordbreite auch in der Nachtzeit fast taghell blieb, konnte der Verband selbst bei dieser schlechten Sicht in eng geschlossener Formation mit 24 Knoten weiterlaufen. Der Vormarsch glich einer wahren Geisterfahrt, einem Rauschen durch eine nie zuvor erlebte, endlose, keine Spuren zulassende unirdische Welt. Die Szenerie schien für den »perfekten« Durchbruch wie geschaffen.

Bei dem anhaltend achterlichen Wind liefen ständig tiefhängende, dunkle Regenwolken wie schützende Vorhänge mit uns mit. Doch zogen sie schneller als wir, und es war nur ihrer nahezu unerschöpflichen Anzahl zu verdanken, daß eine uns überholende Wolke rasch von der nächsten abgelöst wurde, wir somit einen praktisch ununterbrochenen Sichtschutz vor unerwünschten Augen genossen. In der trotz aller Nässe auf seltsame Art anziehenden Atmosphäre dieser Nacht ging ich während meiner Freiwache auf der Schanze spazieren. Zufällig tat dort der Meteorologe des Flottenstabes, Regierungsrat Dr. Heinz Externbrink, das gleiche, und ich gesellte mich ihm zu. Es drängte mich ihn zu fragen, ob nicht auch er es für besser hielte, wenn wir mit der Geschwindigkeit noch weiter heraufgingen. Denn dann könnten wir mit den Regenwolken Schritt halten und deren Schutz noch länger ausnutzen. Er antwortete: »Sie wissen gar nicht, wie oft ich eben dieses Lütjens bereits vorgeschlagen habe. Immer wieder habe ich ihn gewarnt, daß wir andernfalls mit unerwünscht guter Sicht in der Dänemarkstraße werden rechnen müssen. Aber der Admiral bleibt unzugänglich. Er lehnt ohne Begründung einfach ab.« Externbrink war von deutlicher Sorge bedrückt, seine Befürchtungen sollten sich am nächsten Tage als nicht unbegründet erweisen.

Nach 23.00 Uhr an diesem 22. Mai erhielt Lütjens noch drei sehr wichtige Funksprüche von der Gruppe Nord. Der eine lautete: »Annahme erneut bestätigt, daß Durchbruch vom Feind bisher noch unbemerkt bleibt« – praktisch also eine Wiederholung des Funkspruches vom gleichen Vormittag. Der zweite beruhte auf einer Luftaufklärung über Scapa Flow und besagte: »Teilaugenerkundung Scapa 22. 5. Vier Schlachtschiffe, hierbei evtl. ein Flugzeugträger, anscheinend sechs Leichte Kreuzer, mehrere Zerstörer. Damit keine Veränderung gegenüber 21. Mai und Marsch durch Norwegenenge unbemerkt.«[4] Bestätigte nicht das »keine Veränderung« nur noch ein weiteres Mal, daß *Bismarck* und *Prinz Eugen* Norwegen unentdeckt verlassen hatten? Welche Zuversicht muß Lütjens erneut geschöpft haben! Lag er mit seiner Absicht, unverzüglich im Norden durchzubrechen, nicht absolut richtig?

Und um 23.22 Uhr ließ er die Kampfgruppe auf Westkurs drehen: Kurs zum Durchbruch durch die Dänemarkstraße!

Schon bald danach traf der dritte Funkspruch ein. In ihm teilte Gruppe Nord mit, daß bisher kein operativer Einsatz feindlicher Seestreitkräfte zu verzeichnen sei und unsere U-Boote in den letzten Tagen große Erfolge südlich von Grönland erzielt hätten. Die am 20. Mai begonnene Landung auf Kreta verlaufe weiterhin planmäßig, und nach der heutigen Versenkung von britischen Kreuzern vor Kreta verspreche ein *baldiges* Auftreten der Flotte auf den Atlantikwegen eine erneute schwere Beeinträchtigung der britischen Seemachtstellung.[5] Es ist verständlich, daß diese Nachricht Admiral Lütjens darin bestärkte, ja er sich durch sie indirekt dazu aufgefordert fühlte, die »Rheinübung« ohne Umwege fortzusetzen.

In Wahrheit aber war unser Auslaufen aus Norwegen vom Feinde nicht unbemerkt geblieben. Auch die Schiffsbelegung in Scapa Flow war am 22. Mai anders, als es die deutsche Luftaufklärung dargestellt hatte. Wir sollten all dies bald am eigenen Leibe spüren. Doch werfen wir zum besseren Verständnis des Kommenden jetzt einen Blick auf die britische Seite.

## Alarm in Scapa Flow
## Die Heimatflotte geht in See

Schon zu Anfang Mai hatten die Briten eine verstärkte deutsche Luftaufklärung über dem hohen Norden und auch über ihrem eigenen Flottenstützpunkt Scapa Flow beobachtet. Der Chef der britischen Heimatflotte, Admiral Sir John Tovey, hatte darin sofort die Vorzeichen einer weiteren deutschen Atlantikunternehmung mit Überwasserschiffen gewittert. Als erste Vorsichtsmaßnahme hatte er den in der Dänemarkstaße patrouillierenden Kreuzer *Suffolk* angewiesen, diese Passage ab sofort scharf auf etwaige deutsche Durchbruchsversuche hin zu überwachen. Zusätzlich hatte er den in einem isländischen Stützpunkt liegenden Kreuzer *Norfolk* – Flaggschiff des Befehlshabers des Ersten Kreuzergeschwaders, Rear Admiral W. F. Wake-Walker – beauftragt, sich mit *Suffolk* nach Bedarf bei dieser Überwachungsaufgabe gegenseitig abzulösen.

Dann war der Bericht Denhams aus Stockholm über das Sichten zweier großer Kriegsschiffe, dreier Zerstörer und von fünf Begleitschiffen auf Nordkurs im Kattegat gekommen. Er hatte Tovey in den frühen Morgenstunden des 21. Mai auf seinem Flaggschiff *King George V* in Scapa Flow erreicht. Und Tovey hatte dieser Nachricht auf der Stelle größte Bedeutung beigemessen. Aber um welche Schiffe handelte es sich im einzelnen, was hatten sie vor, und was sollten die begleitenden Handelsschiffe? Der Admiral hatte schon von sich aus sogleich an *Bismarck* gedacht, über dessen kürzliche Erprobungen in der östlichen Ostsee er durch Berichte des britischen Geheimdienstes im Bilde war. Gewißheit darüber hatte er in dieser frühen Phase der deutschen Operation verständlicherweise noch nicht erlangen können. Aber er hatte sich entschlossen, bei seinen weiteren Überlegungen erst einmal von der Annahme auszugehen, daß *Bismarck* dem gemeldeten Verband angehöre. Diese Möglichkeit war ihm als die zur Stunde gefährlichste, und es war ihm daher weise erschienen, die nunmehr notwendig werdenden Planungen darauf zu gründen. Wenn es schließlich doch nicht der *Bismarck* sein sollte – nun, dann um so besser!

Hinsichtlich der deutschen Absichten hatten sich Tovey und sein Stab zunächst einmal vier denkbare Möglichkeiten ausgerechnet:

- es handelt sich um einen gesicherten Versorgungstransport nach Norwegen. Nach dessen Ankunft am Zielhafen werden die Kriegsschiffe nach Deutschland zurückkehren;
- die Kriegsschiffe geleiten die Handelsschiffe nach Norden, um diese später als Nachschubbasis für ihre eigenen Operationen zu benutzen;
- die Kriegsschiffe geleiten die Handelsschiffe nordwärts in Vorbereitung einer Landung auf Island oder den Faroern. Im Landungsfall gewähren die Kriegsschiffe militärische Deckung;
- die Kriegsschiffe geleiten die Handelsschiffe nur in Vollzug einer Nebenaufgabe und brechen anschließend zu eigenen Aufgaben in den Atlantik aus.

So viel britische Denkarbeit hatte unser nur zufälliges Zusammentreffen mit den Handelsschiffen an der Sperrlücke im Skagerrak ausgelöst!

Als für ihn bedrohlichste und gleichzeitig von deutscher Seite am raschesten zu verwirklichende Möglichkeit hatte sich Tovey dann auf den Durchbruch der Kriegsschiffe in den Atlantik eingestellt. Er hatte kalkuliert, daß seine Maßnahmen hiergegen gleichzeitig auch der Abwehr einer etwaigen deutschen Landung auf Island oder den Faroern zugute kommen würden. Aber welchen der fünf möglichen Durchbruchswege würden die Deutschen dieses Mal benutzen? Es gab da die 200 Seemeilen breite, aber wegen vorgeschobenen Eises im Mai wahrscheinlich auf 60 Seemeilen Breite verengte Dänemarkstraße zwischen Island und Grönland, den 240 Seemeilen breiten Weg zwischen Island und den Faroern, den 140 Seemeilen breiten Weg zwischen den Faroern und Shetlands, den Fair Island Kanal zwischen den Shetlands und Orkneys und den praktischerweise auszuschließenden schmalen Pentland Ford.

Nach sorgfältigem Abwägen aller Für und Wider hatte sich Tovey in erster

Linie auf die Dänemarkstraße eingestellt, ohne aber dabei die drei südlicheren Ausbruchsmöglichkeiten zu vernachlässigen. Zu seiner unmittelbaren Verfügung standen die Schlachtschiffe *King George V* und *Prince of Wales*, der Schlachtkreuzer *Hood*, die Schweren Kreuzer *Suffolk* und *Norfolk*, acht Leichte Kreuzer – darunter *Galatea* als Flaggschiff des Befehlshabers des Zweiten Kreuzergeschwaders, Rear Admiral A. T. B. Curteis – und zwölf Zerstörer. Aufgrund der Denhamschen Meldung hatte die Admiralität ihm auch noch den Flugzeugträger *Victorious* und den Schlachtkreuzer *Repulse* zugeteilt. *Prince of Wales* und *Victorious* waren damals erst seit jeweils zwei Monaten im Dienst und besaßen noch nicht ihren vollen Gefechtswert.

Über all diese Einheiten hatte Tovey unverzüglich in folgender Weise disponiert: *Norfolk* und *Suffolk* lösen sich nicht mehr zur Einzelüberwachung der Dänemarkstraße gegenseitig ab, sondern überwachen diese laufend gemeinsam. Drei andere Kreuzer überwachen die Passage zwischen Island und Faroer. Seine Hauptstreitmacht hatte er in zwei Kampfgruppen gegliedert. Die eine, bestehend aus *Hood* und *Prince of Wales*, hatte er Vice Admiral Lancelot Holland auf *Hood* unterstellt. Die andere, bestehend aus *King George V*, *Repulse* und *Victorious* würde er selbst führen.

Inmitten all dieser organisatorischen Vorbereitungen war dann bereits am Nachmittag des 21. Mai das Auswertungsergebnis des Sucklingschen Aufklärungsfluges eingetroffen: also doch der *Bismarck*! Zusammen mit einem Kreuzer der *Admiral Hipper*-Klasse in den Fjorden bei Bergen! So hatte ihn seine erste Ahnung doch nicht getrogen! Und noch am gleichen Abend hatte er die Kampfgruppe unter Vice Admiral Holland nebst sechs Zerstörern zur Überwachung der Passagen in den Atlantik, speziell des Seeraumes nördlich des 62. Breitengrades, entsandt. Seine eigene Kampfgruppe hatte Tovey vorerst zurückgehalten, um nicht, so lange nicht eindeutig feststand, daß *Bismarck* und *Prinz Eugen* aus Norwegen auch wieder ausgelaufen waren, Brennstoff auf überflüssigen Suchfahrten zu verschwenden. Dann hatte er in anhaltender innerer Unruhe fast noch vierundzwanzig Stunden auf das entsprechende Ergebnis der britischen Luftaufklärung warten müssen. Denn für diese war das schlechte Wetter des inzwischen herangerückten 22. Mai ein ebenso großes Hindernis gewesen, wie es den an diesem Tage dem Nordmeer zustrebenden deutschen Verband begünstigte. Und erst nach dem tollkühnen, teilweise gefährlich tief über die See und beängstigend dicht an die norwegischen Küstenhügel heran führenden Flug einer am Spätnachmittag des 22. Mai von den Orkneys gestarteten Aufklärungsmaschine hatte Tovey an diesem Abend endlich die von ihm so ersehnte Meldung erhalten: Der deutsche Verband war aus Norwegen wieder ausgelaufen!

Und noch um 22.00 Uhr war Toveys Kampfgruppe mit Nordwestkurs in See gegangen, um die Ausbruchswege südlich der Faroer abzudecken.

Am gleichen Abend drahtete Winston Churchill an Präsident F. D. R. Roosevelt: »Gestern, am 21. Mai, sind *Bismarck*, *Prinz Eugen* und acht Handelsschiffe[1] in Bergen festgestellt worden. Tief hängende Wolken verhinderten einen Luftangriff. Heute abend (wie wir entdecken) sind sie ausgelaufen. Wir haben Grund zu der Annahme, daß ein gewaltiger Vorstoß in den Atlantik bevorsteht. Falls wir sie vor dem Ausbruch nicht mehr fassen sollten, sollte Ihre Marine sicherlich in der Lage sein, uns ihren Standort anzuzeigen. *King George V*, *Prince of Wales*, *Hood*, *Repulse* und der Flugzeugträger *Victorious* nebst Hilfsschiffen werden sie verfolgen. Geben Sie uns die Information, und wir werden die Arbeit zu Ende führen.«

## Zur Rekonstruktion der Operationsführung durch Admiral Lütjens

Vergleichen wir die beiderseitigen Erkenntnisstände um die Mitternacht des 22. Mai, als deutsche und britische Verbände konvergierend den nordwestlichen Passagen in den Atlantik zustrebten, so ergibt sich:

- Tovey hatte die deutsche Kampfgruppe identifiziert, wußte, daß sie Norwegen wieder verlassen hatte und rechnete vorzugsweise mit ihrem Ausbruchsversuch durch die Dänemarkstraße;
- Lütjens wußte aufgrund des Funkspruches der deutschen Beobachtungsleitstelle vom Vorabend und des nächtlichen Luftangriffes auf die von den Briten noch nördlich von Bergen vor Anker vermuteten Schiffe seiner Kampfgruppe, daß die »Rheinübung« bis dahin, das heißt bis zum Einlaufen in die Fjorde, dem Gegner bekanntgeworden war. Nach wiederholten Funksprüchen der Gruppe Nord am 22. Mai stand er aber unter dem Eindruck, daß sein Weitermarsch nach Norden unentdeckt geblieben und das Gros der britischen Heimatflotte nach wie vor in Scapa Flow versammelt war. Er wußte nicht, daß eben dieses Gros zu gleicher Stunde auf jenes Seegebiet zu marschierte, wo er mit seiner Kampfgruppe durchzubrechen im Begriffe stand.

An dieser Stelle sei noch einmal darauf hingewiesen, daß wegen des Todes Lütjens' und seiner Stabsoffiziere und wegen des Verlustes der Kriegstagebücher des Flotten- und des Schiffskommandos *Bismarck* am 27. Mai niemals restlos bekannt werden konnte, welche Überlegungen und Beurteilungen die taktischen Entschlüsse des Flottenchefs seit dem Auslaufen aus dem Heltefjord am Abend des 21. Mai im einzelnen bestimmt haben. Sowohl der nach dem Schiffsuntergang gerettete Turbineningenieur, Kapitänleutnant (Ing.) Gerhard Junack, wie auch ich selbst als Artillerieleiter im Achteren Stand haben naturgemäß nur einen sehr begrenzten Einblick in die Gedankengänge der Flotten- und Schiffsführung gehabt. Wie jedermann auf dem großen Schiff, konnten wir nur die Geschehnisse auf unseren jeweiligen Stationsbereichen intensiv erleben. Von der »Rheinübung« kannten wir auch nicht mehr als die allgemeinen Grundzüge, die Lindemann der Besatzung am 19. Mai über die Schiffslautsprecher bekanntgegeben hatte. Selbst solche einfachen navigatorischen Vorkommnisse wie das Passieren des Großen Belts, das Durchlaufen des Kattegat, das Einlaufen in Norwegen und der Durchbruch durch die Dänemarkstraße sind als Bestandteile eines geheimen Operationsplanes – die sie ja waren – uns jüngeren Schiffsoffizieren erst durch ihr Eintreten bekanntgeworden.

Die geringe persönliche Mitteilsamkeit von Lütjens trug ein übriges dazu bei, daß die Überlegungen innerhalb der Verbandsführung auf einen winzigen Kreis beschränkt blieben. Dazu kam, daß *Bismarck* vom Eintritt in die Dänemarkstraße am 23. Mai bis zum Ende am 27. Mai im Kriegswach- oder Klarschiffzustand fuhr, so daß ein fundierter Erfahrungs- und Meinungsaustausch unter den Offizieren ausgeschlossen war. Auch ist keiner der rangniederen Angehörigen des Flottenstabes gerettet worden, der wenigstens am Rande über einige Interna der Verbandsführung hätte Bescheid wissen können.

Zur Schilderung der taktischen Operationsführung war daher in der Hauptsache das nach den Unterlagen der Heimatdienststellen später rekonstruierte Kriegstagebuch *Bismarck* heranzuziehen. Doch wird uns ein auf solche Weise zustande gekommenes Dokument einige Dinge für immer schuldig bleiben müssen. Es kann beispielsweise nichts darüber aussagen, ob und welche etwaigen, über die damaligen Erkenntnisse der Gruppen Nord und West hinausgehenden Beobachtungen zur Feindlage Lütjens während der »Rheinübung« noch von der auf *Bismarck* eingeschifften B-Dienstgruppe zugeleitet worden sind. Und inwieweit solche oder etwaige sonstige auf Bordkreise beschränkte Funk- oder Horchbeobachtungen über den Feind, die nur in den originalen Kriegstagebüchern hätten verzeichnet sein können, Lütjens bei seinen operativ tragenden Entscheidungen beeinflußt haben. Solche Beobachtungen, falls es sie gegeben hat, sind für die kriegsgeschichtliche Forschung in vollem Umfang verloren. Das rekonstruierte Kriegstagebuch muß aber auch dort schweigen, wo nach einschneidenden Entwicklungen im Ablauf der Operation die an Bord jeweils neu gefaßten und potentiell kontroversen Führungsentschlüsse zu begründen und die Entscheidungsprozesse aufzuzeigen waren. Hier kann ich mich zum Nachvollziehen der Operationsführung nur von Fall zu Fall in die Lage und Person von Lütjens hineinversetzen. Dieses Verfahren hat seine natürliche Schwäche. Aber für diese kritischen und daher besonders wichtigen Momente bietet es wenigstens einen Behelf, den Verlust der originalen Unterlagen ein klein wenig auszugleichen. Mit einem nicht mehr zu heilenden Manko an Wissen über die Gründe für seine Entscheidungen bleibt also jede Darstellung der taktischen Führung durch Lütjens unvermeidlich behaftet.

## Marsch durch die Dänemarkstraße
## Erste Feindberührung

Bei anhaltendem Nebel und Regen liefen *Bismarck* und *Prinz Eugen* in der Frühe des 23. Mai weiter in die Dänemarkstraße hinein. Gegen 08.00 Uhr drehte der bis dahin aus Südsüdwest wehende Wind auf Nordnordost, also eine für unseren neuen westlichen Kurs wiederum achterliche Richtung. Gegen Mittag gelangten wir in die Nähe der Eisgrenze, wo uns riesige Treibeisschollen zu ersten Ausweichmanövern zwangen. Um diese Zeit kündigte eine neue Funkwettervoraussage aus der Heimat auch noch für den folgenden Tag, den 24. Mai, das Anhalten der für einen Durchbruch günstigen Witterung an. »Wetter 24. Weg nördlich Island, Südost- bis Ostwind, Stärke 6–8, meist bedeckt, Regen, mäßige bis schlechte Sicht« – so lautete die willkommene Botschaft. Doch brach gegen 15.00 Uhr die völlige Unsichtigkeit ab, und rasch ging die Sicht sogar bis auf fünfzig Hektometer herauf. Danach wechselten Perioden guter Sicht und dichte Schneeschauer miteinander ab. Dabei waren die Sichtverhältnisse nach den Horizontrichtungen jetzt durchaus verschieden. Auf unserer Backbordseite, nach Island zu, stand über eisfreiem Wasser eine dicke Dunstwand, die jeden Fernblick ausschloß. Nach vorn zu und auf unserer Steuerbordseite war es klar. Vor der Küste Grönlands sahen wir weißbläulich schimmernde Packeisfelder, die einen breiten Teil der Dänemarkstraße bedeckten. Auch die hohen Gletscher Grönlands waren im Hintergrund gut zu erkennen, und ich mußte der Versuchung widerstehen, mich von dieser bezaubernden Eislandschaft länger in Bann schlagen zu lassen, als mit der gebotenen Wachsamkeit bei der Ansteuerung der engsten, für unseren Durchbruch empfindlichsten Stelle der Dänemarkstraße zu vereinbaren war. Im Grunde war diese brillante Sicht ja auch das letzte, das wir uns gewünscht hatten, und in Gedanken an die jetzt verstärkt zu erwartenden britischen Seeaufklärer eigentlich nur ein Anlaß zur Sorge. Ich mußte an die Warnung Externbrinks vom Vorabend denken!

Die Wachsamkeit wurde naturgemäß nunmehr auf das Äußerste gesteigert. Alle Ferngläser waren besetzt, und unsere Funkmeßortungsgeräte suchten unablässig den Horizont ab. Deren Vorteil bestand ja gerade darin, daß sie bei Unsichtigkeit, wenn die optischen Geräte wertlos waren, auftauchende Ziele wahrnehmen und nach Richtung und Entfernung anzeigen konnten – ein unschätzbarer Vorteil für unseren Verband, der in diesen Stunden durch die die See nunmehr massenhaft bedeckenden weißgrünen Eisschollen hindurch seine hohe Fahrt beibehielt.

Da, plötzlich um 18.11 Uhr Alarm von *Bismarck*: Fahrzeuge an Steuerbord! Die Kampfgruppe wich nach Backbord aus und, siehe da, die vermeintlichen Fahrzeuge entpuppten sich als Eisberge! Solche Fehlbeobachtungen ereigneten sich häufiger. Immer wieder verwirrten Treibeis und übereinander getürmte Eisschollen den Ausguck, gaukelten den Augen der jungen und im Erkennen von Objekten auf See noch ungeübten Männer etwas vor. Diese meldeten dann Schiffe und Unterseeboote, die es gar nicht gab. Verzeihlich, aber auch nicht ungefährlich. Denn wer sich mit allzu vielen Fehlbeobachtungen ertappt fühlt, hält sich vielleicht dann zurück, wenn es wirklich einmal den Feind zu melden gibt. Doch war dies keineswegs alles. Die Luft über den Gletschern Grönlands führte zu gelegentlichen Spiegelungen über dem Horizont, die auch die alten Seebeine narrten. Und dann sahen selbst die Brückenoffiziere nicht vorhandene Schiffe und Erscheinungen.

Kurz vor 19.00 Uhr gelangten wir an die Festeisgrenze und mußten nunmehr starken Eisschollen, die den Schiffskörper hätten beschädigen können, in scharfen Zickzack-Bewegungen ausweichen.

Vor der Dunstwand an Backbord lagen jetzt Schwaden von Nebel. Zwischen diesem Nebel und der Eisgrenze an Steuerbord erstreckte sich eine etwa drei Seemeilen breite Zone mit klarer Sicht.

Es war 19.22 Uhr, als auf *Bismarck* erneut die Alarmglocken gellten. Unsere Horch- und Funkmeßortungsgeräte hatten an Backbord voraus ein Ziel aufgefaßt. Durch meine Zielgeberoptik im Achteren Stand blickte ich angestrengt in die gemeldete Richtung, konnte aber nichts entdecken. Vielleicht war das Ziel für mich hinter den vorderen Schiffsaufbauten verborgen? Unsere Artillerie war feuerbereit – sie bedurfte nur noch der genauen Zielansprache. Aber die kam nicht. Es war wohl nur ein Schatten am Rande einer Nebelbank gewesen, vielleicht ein Schiff in sehr spitzer Lage, vielleicht sehr gut getarnt, aber eine allzu flüchtige Erscheinung. So wurde das Feuer nicht eröffnet. Unsere Funkmeßgeräte registrierten, daß es sich um ein mit sehr hoher Fahrt Südsüdwestkurs laufendes Schiff gehandelt hatte, das unmittelbar nach der Begegnung tief in den Nebel hineinstieß. Bei seinem Ablaufen waren an schemenhaften Umrissen, aber nur einige Sekunden lang, massierte Aufbauten und drei Schornsteine erkannt worden. Es waren die Merkmale eines Schweren Kreuzers – der *Suffolk*, wie wir später erfuhren. Danach waren Horch- und Funkmeßpeilung des verschwundenen Gegners mit zunehmender Entfernung rasch achteraus gewandert. Und in beispielhafter Schnelligkeit entzifferte jetzt die B-Dienstgruppe auf *Prinz Eugen* den Funkspruch, mit dem uns *Suffolk* noch während ihres Abdrehens gemeldet hatte: »Ein Schlachtschiff, ein Kreuzer in 20° in Sicht. Entfernung sieben Seemeilen, Kurs 240°.« Lütjens seinerseits meldete das Sichten eines Schweren Kreuzers an die Gruppe Nord. Doch als wir bald danach *Suffolk* voll und auf Dauer sichteten, stand sie bereits an der Grenze der Sichtweite. Sie hing mit schmaler Silhouette als Fühlunghalter achtern an.

Um 20.30 Uhr wiederum Alarm auf *Bismarck*, und die Maschinen gingen jetzt auf »Äußerste Kraft voraus«. Unsere vordere Funkmeßortung hatte ein

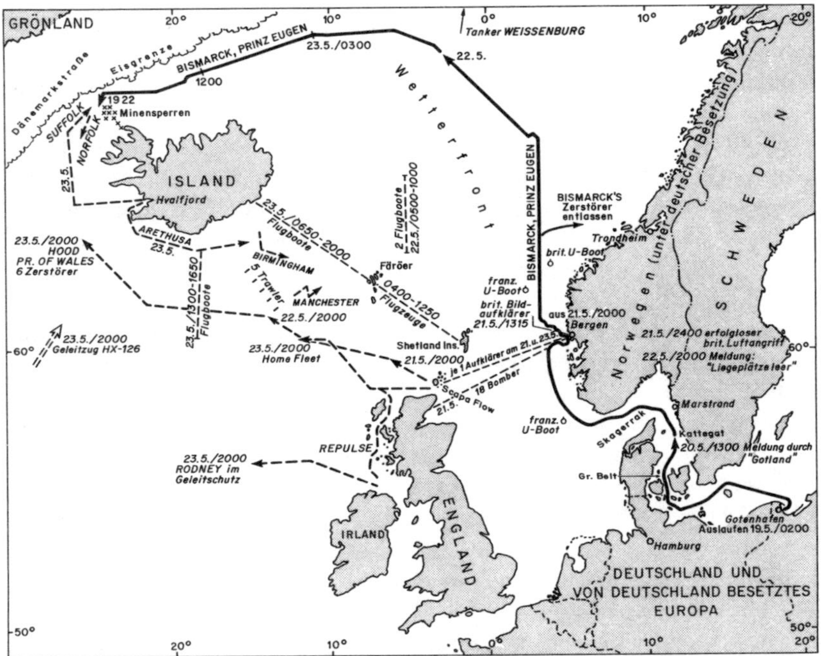


18. Mai / 1700 Uhr - 23. Mai / 2000 Uhr * *(Deutsche Sommerzeit, MEZ + 1)

Der Beginn der »Rheinübung«. Auslaufen aus Gotenhafen, Zwischenaufenthalt bei Bergen, Marsch zur und durch die Dänemarkstraße bis zur ersten Feindberührung. Die entsprechenden Bewegungen des Gegners.

neues Ziel ausgemacht. Über die Lautsprecher ließ Lindemann der Besatzung mitteilen: »Feind in Sicht an Backbord, Schiff nimmt Gefecht auf.« Durch meinen Zielgeber im Achteren Stand konnte ich wegen der breiten Nebelschwaden in der angegebenen Richtung zunächst überhaupt nichts sehen. Aber dann schälten sich, wenn auch nur für kurze Zeit, die Umrisse eines Schweren britischen Dreischornsteinkreuzers heraus. Es war die von der *Suffolk* herbeigerufene *Norfolk*, auf die wir bei einer Entfernung von nur vierundsechzig Hektometer förmlich geprallt waren und die wohl jetzt recht plötzlich ihre alarmierende Nähe zu unseren schweren Geschützen entdecken mußte. Aus unseren gefechtsbereiten, nun auf sie gerichteten Rohren blitzte es auf, und rasch standen die Wassersäulen unserer Aufschläge dicht am Kreuzer, der unter Raucherzeugung mit höchster Geschwindigkeit in den Nebel abdrehte und verschwand. Von den fünf Salven, die wir in der Kürze der Zeit nur hatten abfeuern können, lagen – laut einem späteren Gefechtsbericht der *Norfolk* – drei deckend am Ziel. Treffer wurden jedoch, abgesehen von einigen an Bord landenden Granatsplittern, nicht erzielt. *Norfolk* blieb dann für einige Zeit im Nebel außer Sicht, bis sie schließlich achteraus als der *Suffolk* zugesellter Beschatter wieder in Erscheinung trat. »Feindliche Kreuzer heften sich an unseren Kurs, um Fühlung zu halten«, wurde der Besatzung mitgeteilt.

Durch die starken Erschütterungen beim Schießen unserer schweren Batterie waren, wie sich jetzt herausstellte, unsere vorderen Funkmeßeinrichtungen ausgefallen und die Kampfgruppe daher – *Bismarck* fuhr ja als Spitzenschiff – nach vorn nunmehr in gewissem Umfang blind. Um diesem Ausfall zu begegnen und gleichzeitig den stärkeren Artillerieträger näher an den Verfolgern zu haben, ordnete Lütjens einige Zeit nach dem Gefecht einen »Nummernwechsel« an. Das bedeutete, daß *Prinz Eugen* sich an die Spitze setzen und *Bismarck* nunmehr hinter ihm marschieren sollte. Der *Prinz* sollte dann mit seinem intakten vorderen Funkmeßgerät die Sicherung des Verbandes nach vorn zu übernehmen. Ein solcher Nummernwechsel war ein in der Kriegsmarine oft geübtes Routinemanöver, bei dem das zunächst hinten stehende Schiff unter Ausscheren aus der Linie die Fahrt vermehrt und das vordere sich sacken läßt, bis das überholende Schiff vor dem überholten wieder in die alte Linie einscheren kann. So sollte es auch dieses Mal geschehen, doch ergab sich dabei ein aufregender Zwischenfall. Wie er im einzelnen zustande kam, habe ich persönlich in meinem rundum geschlossenen Achteren Artillerieleitstand nicht wahrnehmen können. Lindemann inspizierte gerade meine Gefechtsstation und stellte diese und jene Frage. Plötzlich rief ihm ein Befehlsübermittler eine von der Brücke gekommene Meldung zu. Lindemann trat sofort nach vorn aus dem Stand heraus und was er jetzt sah, war erregend genug: Kollisionsgefahr zwischen *Bismarck* und *Prinz Eugen*! Er gab auf der Stelle Kommandos an die Brücke, zu der er eilends zurückkehrte – und der riskante Moment war rasch und auf glückliche Weise vorübergegangen.

Nun hatte sie also doch, und auch noch in einer so frühen Phase der »Rheinübung« stattgefunden, die uns so unwillkommene Begegnung mit britischen Seestreitkräften. Unwillkommen, ich habe es wohl schon zur Genüge betont, weil sie die für unsere Handelskriegsaufgabe so wesentliche Vorbedingung des unbemerkten Durchbruchs in den Atlantik zunichte machte. Wir an Bord wußten ja damals noch nicht, daß Tovey uns hier geradezu erwartete und schon zwei Tage zuvor die Überwachung der Dänemarkstraße hatte verstärken lassen. Wir wußten nicht, daß deutsche Luftaufklärung zuletzt vier Tage vorher, am 19. Mai, über der Dänemarkstraße geflogen worden war, eine Focke-Wulf dabei dort nichts Besonderes festgestellt und wegen Nebels ihren Flug auch noch vorzeitig hatte abbrechen müssen. Und weil wir all dies nicht wußten, im Gegenteil mit der anhaltenden Verborgenheit unseres Vormarsches ab Norwegen gerechnet hatten, empfand ich diese plötzliche Begegnung mit den britischen Kreuzern schon als einen gewissen Schock, einen

Rückschlag, zumal in den dort oben relativ engen Seeräumen mit ziemlicher Gewißheit weitere Einheiten des Gegners erwartet werden konnten. Aber zugleich als einen Auftakt, dessen Drohung noch abzuwenden, wir selbstverständlich alle Hoffnung und Zuversicht hatten. Und dem Ziel, die Fühlunghalter wieder abzuschütteln oder sie artilleristisch niederzukämpfen, dienten dann auch die nächsten Maßnahmen des Flottenchefs.

Inzwischen hatten sich *Suffolk* und *Norfolk* darauf eingerichtet, achteraus und an der Grenze der Sichtweite Fühlung an uns zu halten – *Suffolk* auf der Steuerbordseite, in einem Seeraum mit klarer Sicht, *Norfolk* auf der Backbordseite und über lange Strecken hinweg im Nebel. Von meinem Achteren Stand aus konnte ich sie meistens recht gut sehen, beide Kreuzer zugleich oder auch nur einen von ihnen, je nachdem. Mindestens mit einer Mastspitze waren sie ständig am Horizont, diese lästigen Anhängsel, und es dämmerte uns allmählich, daß sie bessere Mittel zum Fühlunghalten an Bord haben mußten als nur optische Instrumente.

Und die Verfolgung ging weiter. Über dunkelgraue See und weiße Schaumköpfe hinweg, weiter, immer nur weiter. Mit fast dreißig Knoten Geschwindigkeit stürmten wir durch das Halbdunkel der arktischen Nacht, durch Nebelbänke, Regen- und Schneeböen hindurch, hin und wieder auch zu unserem Sichtschutz selbst nebelnd. Um die Verfolger abzuschütteln, änderten wir Kurse, suchten den Schutz jeder Dunstzone, aber es half nichts, die Fühlung blieb. Laufend und lückenlos erkannten *Suffolk* und *Norfolk* unsere Standorte, Kurse und Geschwindigkeiten, meldeten sie per Funk an Tovey. Unser Beobachtungsdienst hörte die Meldungen der Kreuzer mit, und jeweils kurz danach hatte Lütjens sie im Wortlaut vor sich, las sie wie ein britisches Minutenprotokoll über die Bewegungen seiner Kampfgruppe – seine Operation, in dieser Phase ein offenes Buch für Tovey. Welch ein überaus bedrückender Beginn der »Rheinübung«!

Um einen weiteren Versuch zur Beendigung dieser lästigen Situation zu machen, entschloß sich Lütjens nunmehr zu einem offensiven Vorstoß. Es war so gegen 22.00 Uhr, als er *Bismarck* im Schutz einer Regenbö mit der Absicht kehrtmachen ließ, aus dieser heraus auf Gegenkurs überraschend herauszustoßen und den dann in Sicht kommenden Fühlunghalter artilleristisch niederzukämpfen. Aber, als wir außerhalb der Regenbö wieder Sicht hatten, sahen wir keinen Gegner. Die *Suffolk*, auf die wir hätten stoßen sollen, schien unser Manöver rechtzeitig durchschaut zu haben, hatte sich uns jedenfalls mit hoher Fahrt in einer Kehrtwendung entzogen. Eine Zeitlang verfolgten wir sie in der Hoffnung, sie doch noch zu Gesicht zu bekommen. Dann aber gab Lütjens auf. Zu weit nach Osten zurück wollte er sich wohl unter keinen Umständen ziehen lassen. Er ließ *Bismarck* zurückdrehen und seine frühere Position in der Kampfgruppe wieder einnehmen. Auch *Suffolk* kam nach geraumer Zeit wieder auf. Der offensive Vorstoß aber wurde nicht mehr wiederholt. Lütjens nahm, sicherlich zu Recht, an, daß er auch nicht anders ausgehen würde.

Einmal gab es unerwarteten Fliegeralarm, »Flugzeug an Backbord«! In weiter Entfernung kurvte ein offensichtlich aus Island gekommenes Catalina Flugboot suchend umher, drehte dann, anscheinend erfolglos, wieder ab und verschwand. Ganz deutlich hatten wir es gegen den Himmel gesehen, aber für seine Besatzung waren die grauen Schiffskörper von *Bismarck* und *Prinz Eugen* wohl eins in eins mit der Bleifarbe der arktischen See verschmolzen.

Kurz vor Mitternacht wurde unsere Kampfgruppe von einem dichten Schneesturm eingehüllt, in den bald danach auch die Fühlunghalter gerieten. Die Sicht ging auf eine Seemeile zurück, und die Fühlunghaltersignale blieben aus! Überall auf der Brücke gespannte Erwartung, würden sie dieses Mal vielleicht für immer ausbleiben? Würden wir endlich einmal Glück haben? Aber die Unterbrechung sollte nur drei Stunden dauern, dann lasen wir die feindlichen Aufklärungssignale wieder mit. Und Lütjens folgerte, daß die Briten über ein auf große Entfernung einwandfrei arbeitendes Funkmeßortungsgerät verfügten, eine Erkenntnis, die für seine Auffassung die gesamte atlantische Kriegführung mit Überwasserschiffen auf einen Schlag in eine bestürzende neue Dimension rückte.

Tatsächlich hatte die *Suffolk* ein erst kurz zuvor eingebautes modernes Funkmeßgerät an Bord, mit dem sie bis zu zweihundertundvierzig Hektometer rundum aufklären konnte. Nur im Bereich eines kleinen achterlichen Schiffssektors war wegen störender Aufbauten auch dieses Instrument blind. *Norfolk* hatte diesen Vorteil nicht und mußte sich mit einem weniger leistungsfähigen Funkmeßgerät älterer Bauart begnügen.

Menschlich verständlich, verließ uns aber auch jetzt die Hoffnung noch nicht, die Fühlunghalter doch noch einmal irgendwie abzuschütteln. Sie trat jedoch allmählich vor der gespannten Erwartung in den Hintergrund, welche weiteren Schiffe unsere Verfolger wohl mittlerweile auf den Plan gerufen haben würden.

## Das Island-Gefecht
## *Hood* fliegt in die Luft

Der frühe Morgen des 24. Mai brachte strahlend klares Wetter und ausgezeichnete Sichtverhältnisse bei mäßig bewegter See. In der gleichen Marschordnung wie am Vorabend, *Prinz Eugen* an der Spitze, *Bismarck* in deren Kielwasser, steuerten wir Südwestkurs und liefen die hohe Fahrtstufe von 28 Knoten. Unten in den drei Turbinenräumen waren jeweils ein Obermaschinist, zwei Maate und sechs Heizer auf Station. Der Obermaschinist, der älteste Maat und ein Heizer

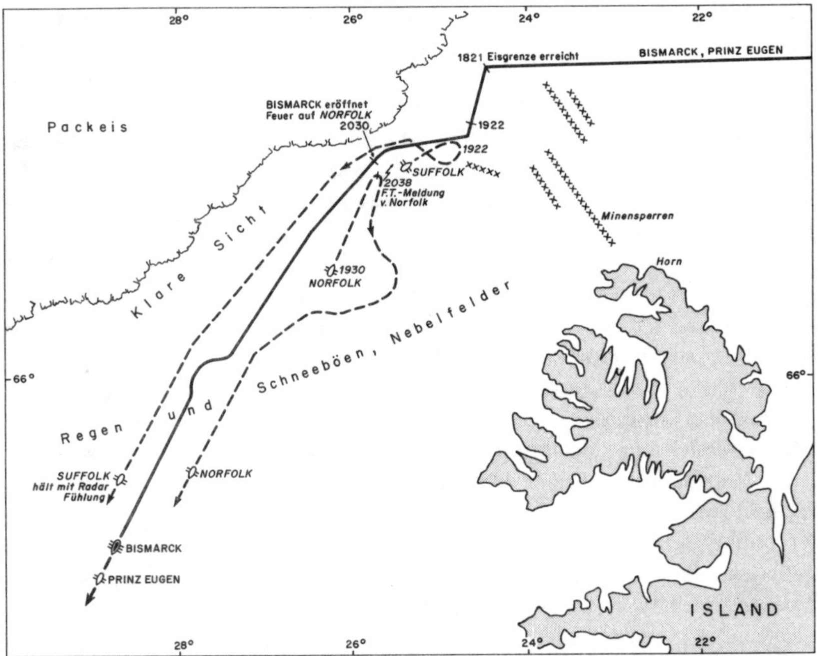


23. Mai 1800 - 2400 Uhr*

*(Deutsche Sommerzeit, MEZ + 1)

Durchbruch durch die Dänemarkstraße. Die britischen Fühlunghalter hängen an und melden die Standorte und Bewegungen der deutschen Kampfgruppe laufend an den Commander-in-Chief der Home Fleet.

standen am Fahrstand, der zweite Maat und fünf Heizer bedienten die Hilfsmaschinen und Frischwassererzeuger. Immer wieder mußte jeder Hebel, jedes Kontrollgerät geprüft werden, um die einhundertundfünfzigtausend Pferdestärken der Antriebsanlage zu bändigen. Bei den hohen Dampfdrücken während der gesteigerten Fahrtstufe, wie wir sie jetzt liefen, konnte der geringste Bedienungsfehler katastrophale Folgen auslösen. Und diese Stunden, das fühlte jeder Mann an Bord, würden große Entscheidungen bringen.

Auf der Brücke und bei allen Ausgucks galt die erhöhte Aufmerksamkeit dem südöstlichen Horizont, auf unserer Backbordseite. Denn von dorther waren mit größter Wahrscheinlichkeit weitere feindliche Einheiten zu erwarten. Und in dieser Erwartung sollten wir auch keineswegs enttäuscht werden.

Bald nach 05.00 Uhr früh nahm die Unterwasserhorchstelle auf *Prinz Eugen* verdächtige Schiffsgeräusche an Backbord auf, und um 05.39 Uhr teilte Gruppe Nord mit, daß die *Suffolk* kurz vor 05.00 Uhr noch einmal unseren Standort,

Kurs und Geschwindigkeit nach Scapa Flow gemeldet habe. Und nun, es muß so gegen 05.45 Uhr gewesen sein, die aufgehende Sonne hatte bereits den Horizont erhellt, kamen an Backbord querab die Rauchfahnen zweier Schiffe in Sicht und danach deren Mastspitzen. Alarm auf *Bismarck*! Alle Mann auf Gefechtsstationen zum Herstellen der vollen Gefechtsbereitschaft des Schiffes! Durch meinen Zielgeber im Achteren Stand blickte ich gespannt auf das Schauspiel in der Ferne. Wie schnell kamen dort die Mastspitzen höher und höher, wurden die Masten in ihrer vollen Länge und dann die Schiffssilhouetten darunter sichtbar. Über das Artillerieleitertelefon hörte ich die Stimme unseres Ersten Artillerieoffiziers, des Korvettenkapitäns Adalbert Schneider. Seine Stunde war gekommen, und wir alle waren jetzt mit unseren guten Wünschen und Gedanken bei diesem wegen seiner fachlichen Kompetenz und seines freundlichen, besonnenen Wesens hoch geschätzten Offizier. Wie hatte doch einmal ein junger Matrose auf *Bismarck*, auch stellvertretend für seine Kameraden, gesagt? »Neben dem Kommandanten galt meine ganze Achtung und mein unerschütterliches Vertrauen dem Ersten Artillerieoffizier, Korvettenkapitän Schneider«! – Ich hörte jetzt Schneiders Zielansprache auf das britische Spitzenschiff und seine Vermutung, daß da wohl zwei Schwere Kreuzer anliefen, hörte die ersten gelinden und dann bestimmteren Zweifel unseres Zweiten Artillerioffiziers im Vorderen Leitstand, des Korvettenkapitäns Helmut Albrecht, an dieser Vermutung und wie dieser vielmehr von Schlachtkreuzern oder Schlachtschiffen sprach. Dann waren die Türme gerichtet, die jeweils achthundert Kilogramm schweren 38-cm-Geschosse in den Rohren angesetzt, *Bismarck* war bereit zum Gefecht, und es bedurfte nur noch der Feuererlaubnis von Seiten des Flottenchefs. Doch sollte diese gar nicht so schnell erteilt werden.

Inzwischen kamen die feindlichen Schiffe rasch näher. Sie würden, so schätzte ich durch meinen Zielgeber, gleich uns etwa 28 Knoten laufen, und ihre ursprüngliche Entfernung von über 300 Hektometer war schon weitgehend abgesunken. Ihr spitzes Anlaufen erschien mir im Hinblick auf unsere eigene Stärke geradezu tollkühn, und innerlich verglich ich es mit dem Ansturm eines wütenden Bullen, der nicht so recht weiß, wen er eigentlich vor sich hat. Aber der britische Befehlshaber wußte es vermutlich sehr wohl, und so überzeugte mich die Vehemenz seiner Annäherung schließlich davon, daß nur artillerietaktische Gründe sein Verhalten bestimmen konnten. Auf niedrigere Entfernungen werden ja die Geschoßflugbahnen immer gestreckter, würden bei 110 Hektometer schon fast horizontal sein – sicherlich wollte der Admiral dort drüben unserer Artillerie eher den Seitenpanzer seines Schiffes exponieren als den Horizontalpanzer[1], wollte steil einfallendem Geschützfeuer aus dem Wege

12 Der Flottenchef, Admiral Günther Lütjens. Er behält seine taktischen Überlegungen und Absichten gern für sich.

13 Kapitän zur See Harald Netzbandt, Chef des Stabes der Flotte.

15 *Bismarck* geht zum erstenmal elbabwärts. Er kollidiert dabei mit dem Kopfschlepper *Atlantik,* erleidet aber dabei keine Beschädigung.

14 *Bismarck* auf dem Weg von Hamburg nach Gotenhafen. Vor dem Kopfschlepper ein Sperrbrecher in Tarnbemalung.

16 *Bismarck* zeigt seine schnittige, moderne Silhouette in der Kieler Bucht, Ende 1940. Durch Wegretouchieren der Funkmeßantenne im Vormars hat ein Zensor das Erscheinungsbild des Schiffes leicht geändert.

17 Luftaufnahme des *Bismarck* im Grimstad-Fjord, gemacht von Flying Officer Michael Suckling vom RAF Coastal Command. Die Aufnahme bestätigt den britischen Verdacht, daß deutsche Überwasserschiffe unmittelbar vor einem Ausbruch in den Atlantik stehen. 21. Mai 1941.

18 Die deutsche Kampfgruppe auf dem Vormarsch. *Bismarck*, von *Prinz Eugen* aus gesehen. Mai 1941 (s. vorhergehende Seite, oben).

19 *Bismarck* und *Prinz Eugen* in den Fjorden bei Bergen. 21. Mai 1941 (s. vorhergehende Seite, unten).

20 Der zur *County*-Klasse gehörende Schwere Kreuzer *Suffolk*, der *Bismarck* mit Radar vom Abend des 23. Mai bis zum frühen Morgen des 25. Mai beschattet. Die Aufnahme zeigt ihn im Tarnanstrich, auf einer Aufklärungsfahrt im Nordatlantik. Frühjahr 1941.

gehen. Solche Überlegungen mußten es wohl sein, aber es blieb wahrhaftig keine Zeit, ihnen in diesen Minuten nachzuhängen. Näher und noch näher heran – diese britische Taktik war für uns jetzt die erregende, einzige Wirklichkeit.

Die Uhr zeigte 05.53, und die Entfernung mußte nach meiner Schätzung bereits unter 250 Hektometer liegen. Da blitzte es drüben zum ersten Male auf. Noch aus spitzem Winkel heraus hatte der Gegner das Feuer eröffnet und zwar zunächst nur mit seinen vorderen Türmen, da die Bestreichungswinkel seiner achteren Türme in dieser Lage noch nicht ausreichten. Und welche Blitze dort beim Abfeuern zuckten – Donnerwetter, das konnte wahrhaftig nicht die Mittelartillerie eines Kreuzers sein. Ich rechnete damit, daß wir jetzt das Feuer auf der Stelle erwidern würden und stellte mich von Sekunde zu Sekunde auf das Kommando »Feuererlaubnis« ein und den danach zu erwartenden Donner der eigenen Geschütze – aber nichts geschah, und etwas verwundert sahen wir uns alle im Achteren Stand an. Ja, warum rühren wir uns denn nicht, hing die Frage im Raum, wo bleibt denn hier unser Prinzip, unverzüglich zu schießen und auch möglichst gleich mit den ersten Salven am Ziel zu liegen? »Frage Feuererlaubnis?«, kam Schneiders Stimme über das Telefon, Schweigen dann. Und wieder Schneider: »Gegner hat Feuer eröffnet«, »Gegnersalven liegen gut« und erneut »Frage Feuererlaubnis?«, und wieder kam diese nicht. In anhaltender Spannung dehnten sich uns die Sekunden zu Minuten, und auf einmal sah ich in meinem Zielgeber, wie der britische Verband nach Backbord drehte und diese Drehung bei dem Spitzenschiff ein riesig langes, zwei schwere Doppeltürme tragendes Vorschiff enthüllte, hörte im Telefon den Ausruf Albrechts: »Die *Hood* – es ist die *Hood*«! Ein unvergeßlicher Moment, die Begegnung mit diesem so berühmten und bisher größten Kriegsschiff der Welt, dem oftmaligen »Schrecken« unserer »Kriegsspiele« in Friedenszeiten. Die nur knappe Drehung der feindlichen Schiffe war rasch beendet, diese hatten sich alsbald auf ihrem neuen Kurs eingesteuert, und jetzt, etwa zwei Minuten nach dem Feuereröffnen der Briten, sprach ein ungeduldiger Lindemann an die Adresse des die Feuererlaubnis anscheinend immer noch herauszögernden Lütjens: »Ich lasse mir doch mein Schiff nicht unter dem A ... wegschießen. Feuererlaubnis!« Und so hatten wir schließlich unsere Feuererlaubnis bekommen – zum laufenden Gefecht an Backbord!

*Bismarck* und *Prinz Eugen* vereinigten zunächst ihre Artillerie auf das Spitzenschiff *Hood*; *Hood* ihrerseits schoß in der irrigen Annahme, daß das deutsche Spitzenschiff *Bismarck* sei, auf *Prinz Eugen*; und das hintere britische Schiff – es sollte sich später als das zur *King George V*-Klasse gehörige Schlachtschiff *Prince of Wales* herausstellen –, dessen Kommandant den Irrtum des Vice Admiral Holland erkannt hatte, schoß entgegen Hollands Befehl, das Feuer auf das deutsche Spitzenschiff zu vereinigen, auf *Bismarck*, blieb aber selbst vorerst unbeschossen. Erst etwa vier Minuten nach Feuereröffnen und nach dem

Schießen von sechs Salven machte *Prinz Eugen* auf Befehl von Lütjens Zielwechsel auf *Prince of Wales*.

Mich hatte inzwischen der Befehl erreicht, die beiden fortgesetzt achteraus stehenden Kreuzer *Norfolk* und *Suffolk*, unsere alten Weggenossen, laufend daraufhin zu überwachen, ob sie vielleicht Torpedoangriffe auf uns ausführten. Ich richtete also meinen Zielgeber in die achteren Bereiche und war nun, was das Artilleriegefecht betraf, ganz auf das angewiesen, was ich im Artillerieleitertelefon hören würde.

Der Feuererlaubnis des Kommandanten war unsere erste schwere Salve ohne Verzug gefolgt, und *Bismarck* war in das Gefecht eingetreten, dessen Geschützlärm bis in die isländische Hauptstadt Reykjavík hinein zu vernehmen sein sollte[2]. Im Telefon hatte ich Schneiders Kommando für die erste Salve und nach Ablauf der Geschoßflugzeit auch seine erste Aufschlagbeobachtung gehört: »kurz«. Schneider verbesserte Entfernung und Schieber[3], kommandierte dann eine Vier-Hektometer-Gabelgruppe. Deren obere Grenzsalve beobachtete er als »weit«, die Standsalve als »deckend«, und umgehend kam sein Kommando: »Vollsalven gut schnell«. Er lag also mit seiner Batterie von Beginn an in hervorragender Weise am Ziel.

Ich selbst blieb mit meinen achteren Zielgebern auf *Suffolk* und *Norfolk* konzentriert, obgleich ich es mir nur schwer versagen konnte, das nunmehr einem Höhepunkt zustrebende Hauptereignis des Morgens auch vor den Augen zu haben. Beide Kreuzer hielten sich etwa zwölf bis fünfzehn Seemeilen achteraus auf ihren Positionen. Sie folgten auf gleichen Kursen, seitlich etwas aus unserem Kielwasser herausgesetzt. Torpedoangriffe ihrerseits waren nicht zu erkennen und im Moment auch kaum zu befürchten. *Suffolk* feuerte allerdings einmal einige wenige Artilleriesalven, die jedoch hoffnungslos kurz fielen. Im wesentlichen schien Wake-Walker auf *Norfolk* das Gefechtsfeld voll dem dienstälteren Holland auf *Hood* überlassen zu haben.

Im Telefon hörte ich weiterhin die ruhige Stimme Schneiders, seine artilleristischen Korrekturen, seine Beobachtungen. »Gegner brennt«, sagte er einmal und danach wieder »Vollsalven gut schnell«. Regelmäßig kündigte ihm die Vordere Artillerierechenstelle das »Achtung Aufschlag« an.

Erwartungsvoll hatte ich mir seit Gefechtsbeginn überlegt, ob ich einkommende Treffer des Gegners im gegebenen Moment wohl von den eigenen Abschüssen würde unterscheiden können – ganz einfach ist dies bei dem Lärm der Geschütze ja nicht immer. Dann hörte ich wieder Schneider: »Nanu, war das ein Blindgänger? Der hat sich wohl reingefressen.« Im Telefon ertönte jetzt immer lauteres und erregteres Stimmengewirr – da schien sich Sensationelles anzubahnen, wenn es nicht gar schon geschehen war! Überzeugt, daß *Suffolk* und *Norfolk* uns zumindest noch für einige Minuten in Ruhe lassen würden, beauftragte ich einen meiner Maaten mit der vorübergehenden Überwachung des achteren Horizontes vom Steuerbord Zielgeber aus und drehte den Backbord Zielgeber in Richtung auf die *Hood*. Und während ich noch kurbelte, hörte ich schon im Telefon den Schrei: »Sie fliegt in die Luft!« »Sie« – das konnte nur die *Hood* sein! Und nun erlebte ich in der Tat einen imposanten und unvergeßlichen Anblick. Von der *Hood* konnte ich zunächst gar nichts sehen, an ihrer Stelle nur eine riesige schwarze, in den Himmel stehende Rauchsäule. Erst allmählich entdeckte ich an deren Fuß das in einem Winkel nach oben ragende Vorschiff des Schlachtkreuzers, ein sicheres Anzeichen dafür, daß dieser bereits in zwei Teile auseinandergebrochen war. Dann sah ich das kaum Glaubliche: in dieser Lage, praktisch schon nach dem Ende der *Hood* als einer Kampfeinheit, blitzte es aus ihren vorderen Türmen noch einmal orangefarben auf! Das »Vorschiff« hatte seine letzte Salve geschossen, und ich fühlte Hochachtung vor den Männern dort drüben, die so bis zum Allerletzten kämpften.

Unsere ständigen Gefechtsbeobachter hatten um 05.57 Uhr auf der *Hood* ein sich schnell vor deren achteren Mast ausbreitendes Feuer wahrgenommen. *Prinz Eugen* hatte mit seiner zweiten Salve dort lagernde Bereitschaftsmunition in Brand geschossen. Dann, um 06.01 Uhr war *Hood* von einer schweren Salve des *Bismarck* mit der Wirkung getroffen worden, daß Flammenberge zwischen ihren Masten emporgeschossen waren und sich ein gelblich-weißer Feuerball bis zu dreihundert Meter Höhe erhoben hatte. Aus dem dann entstandenen schwarzen Rauch waren weiße Sterne, vermutlich glühende Metallstücke herausgeschossen. Dickste Brocken, darunter anscheinend einer der schweren achteren Türme, waren wie Spielzeug durch die Luft gewirbelt worden. Schwimmende Trümmer aller Art hatten die See neben der *Hood* bedeckt, und ein achteraus geschleudertes, besonders auffällig leuchtendes Stück blieb noch lange brennend und stark schwarz qualmend auf dem Wasser liegen.

Ein anderer Gefechtsbeobachter, als Gehilfe des Navigationsoffiziers, Korvettenkapitän Wolf Neuendorff, im Kartenhaus auf Posten, sah und schilderte es später so: »›Deckend‹, dröhnte es aus dem Lautsprecher. Ich stand neben Kapitän Neuendorff vor der Seekarte, auf der wir ständig unsere Kurse eintrugen. Wir ließen unsere Instrumente sinken und liefen zu den Sehschlitzen im Vorderen Kommandostand, sahen hindurch und fragten uns, wieso deckend? Da war doch nichts zu sehen. Was wir aber dann wahrnahmen, verschlug uns beiden die Stimme. Auch eine überspitzte Phantasie kann nicht ausmalen, welches atemberaubende Bild sich dort bot. Plötzlich wurde die *Hood* auseinandergerissen. Tausende von Tonnen Stahl wurden in Sekundenschnelle in die Luft geschleudert. Über tausend Menschen mußten sterben. Die Entfernung betrug in diesem Moment vielleicht noch 180 Hektometer. Trotzdem war der Feuerball, der sich dort bildete, wo eben die *Hood* noch gewesen war, zum Greifen nahe. So nahe, daß ich für Sekunden die Augen schloß, sie aber dann, wenn auch nur aus Neugierde wieder öffnete. Es war, als ob ein Orkan losbräche. Ich spürte den Druck der Detonation mit jedem Nerv. Wenn ich einen Wunsch verspürte, so den, daß meinen Kindern ein solches Erlebnis erspart bleiben möge.«

In meinem Zielgeber sah ich jetzt auch das Achterschiff der *Hood* allein für sich dahintreiben und dann schnell wegsacken. Langsamer sank danach das Vorschiff, und bald war nichts mehr an der Stelle zu sehen, wo eben noch der ganze Stolz der Briten, die 41 000 Tonnen große *Hood (The mighty Hood)* so plötzlich von dem Schicksal ereilt worden war, das Admiral Holland den beiden deutschen Schiffen zugedacht hatte. Nur sechs Minuten hatte es gedauert, bis eine Granate *Bismarcks* den Panzerschutz der *Hood* an einer bis heute nicht einwandfrei geklärten Stelle durchschlagen und über einhundert Tonnen Schießpulver in einer der achteren schweren Munitionskammern mit der Wirkung zur Detonation gebracht hatte, daß das ganze Schiff schlagartig auseinandergerissen wurde. Welche Erinnerung an das Schicksal der Schlachtkreuzer *Queen Mary, Indefatigable* und *Invincible* in der Skagerrakschlacht des Jahres 1916! Es war für *Hood* ein Tod mitten im Kampf gewesen, und ehrlicherweise muß ich zugeben, daß wohl niemand auf *Bismarck* mit einem derart raschen Ende für sie gerechnet hatte, auch kaum damit hatte rechnen können. Nur drei Überlebende hatte sie in dem eiskalten Wasser jener nördlichen Breiten hinterlassen, und diese drei wurden später von einem britischen Zerstörer in Reykjavík gelandet.

Nach dem Ende der *Hood* hatten wir uns nun der bisher in deren Kielwasser fahrenden, von unserer Verbandsführung bis auf weiteres allerdings noch als *King George V* angesprochenen *Prince of Wales* voll zuzuwenden. *Prince of Wales,* noch in einer von Vice Admiral Holland in letzter Minute befohlenen Kursänderung um zwanzig Grad nach Backbord begriffen, hatte im Moment alle Mühe, den so plötzlich aufgetretenen Wrackteilen ihres verschwundenen Vordermannes auszuweichen. »Zielwechsel links auf *Prince of Wales*«, war jetzt der Befehl für die Schwere Artillerie auf *Bismarck,* und das bedeutete Feuervereinigung mit *Prinz Eugen,* denn dieser hatte ja gleich unserer eigenen Mittelartillerie bereits seit Minuten auf dieses Ziel geschossen.

Auf ihren Gefechtsstationen waren unsere Männer durch die Schiffswachdienstanlage ständig über den Gefechtsverlauf unterrichtet worden. Alles hatten sie mitgehört: »Feind in Sicht« – »Gegner eröffnet Feuer« – »eigene Artillerie eröffnet Feuer« – und dann hatten sie auf unsere eigenen Abschüsse gewartet. Einige Sekunden später war es losgegangen, Vollsalven waren geschossen worden, und bei jeder hatte es unten im Schiff einen kräftigen Ruck gegeben. Salve auf Salve hatte *Bismarcks* Rohre verlassen, die Turbinen waren ungestört weitergelaufen, und dann hatten die Männer mit angehaltenem Atem die weiteren Meldungen gehört: »*Hood* brennt« und, wenig später, »*Hood* explodiert«. Sie hatten sich sekundenlang ungläubig angestarrt, dann hatte sich der erste Schock gelöst, der Jubel keine Grenzen gekannt. Sie hatten sich auf die Schultern geschlagen, gegenseitig die Hände geschüttelt, Freude und Stolz über den Sieg hatten sie übermannt. Nicht ohne Mühe konnten die Vorgesetzten sie wieder zur Ordnung rufen, sie mahnen, daß der Kampf noch nicht beendet sei und jeder einzelne seine Pflicht weiter zu erfüllen habe.

Da *Prince of Wales* ungefähr in gleicher Entfernung stand und gleichen Kurs steuerte wie vorher die *Hood,* konnte Schneider jetzt das Gefecht mit den eingestellten Schußwerten unverzüglich fortsetzen. Aufgrund der konvergierenden Kurse nahm die Gefechtsentfernung bis auf 140 Hektometer ab, und *Prince of Wales* wurde in kürzester Zeit von deutschem Granathagel förmlich überschüttet. Während ich selbst nun wiederum *Norfolk* und *Suffolk* auf Torpedogefahr hin überwachte, hörte ich Schneiders weitere Feuerleitung im Telefon mit an. Doch sollte das Gefecht nicht mehr lange andauern. *Prince of Wales* zeigte deutlich Wirkung und drehte im Schutz eines selbst gelegten Nebel- und Rauschschleiers ab. Als die Entfernung wieder auf 220 Hektometer gestiegen war, ließ Lütjens das Feuer auf die nunmehr in südöstlicher Richtung ablaufende *Prince of Wales* einstellen.

Diese mußte also schwer getroffen worden sein, wie schwer, konnten wir in jenen Minuten natürlich nicht wissen, aber es sei an dieser Stelle die erst später bekanntgewordene Trefferwirkung eingeblendet. Von *Bismarck* hatte *Prince of Wales* vier 38-cm-Treffer und von *Prinz Eugen* drei 20,3-cm-Treffer erhalten. Eine 38-cm-Granate war durch die Brücke geschlagen und hatte das gesamte Brückenpersonal mit Ausnahme des Kommandanten und des Obersignalmeisters getötet. Die zweite hatte den Vorderen Leitstand für die Mittelartillerie außer Gefecht gesetzt und die dritte den Flugzeugkran getroffen. Nummer vier war unter der Wasserlinie eingedrungen und, ohne zu detonieren, in der Nähe eines Dieseldynamoraumes liegen geblieben. Zwei 20,3-cm-Granaten hatten die Schiffswand achtern unter der Wasserlinie durchlöchert und einige Räume, darunter einen Wellentunnel, vollaufen lassen, wodurch insgesamt etwa sechshundert Tonnen Seewasser in das Schiff eingedrungen waren. Die dritte 20,3-cm-Granate war in einen 13,2-cm Geschoßbeladeraum gedrungen und dort, ohne zu detonieren, liegen geblieben. Außer durch diese Treffer hatte *Prince of Wales* darunter gelitten, daß in den damals erst seit zwei Monaten in Betrieb genommenen schweren Türmen während des Gefechtes immer häufiger mechanische Störungen aufgetreten waren, so daß fast keine Salve mit ihrem vollen Geschoßgewicht herausgegangen war.

In den Sternen stand damals, daß der durch die Brücke der *Prince of Wales* geschlagene, aber erst außerhalb derselben detonierte Treffer mir später noch die Freundschaft mit einem seiner Opfer einbringen sollte. Der Oberleutnant der Royal Naval Volunteer Reserve Esmond Knight, von Beruf Schauspieler

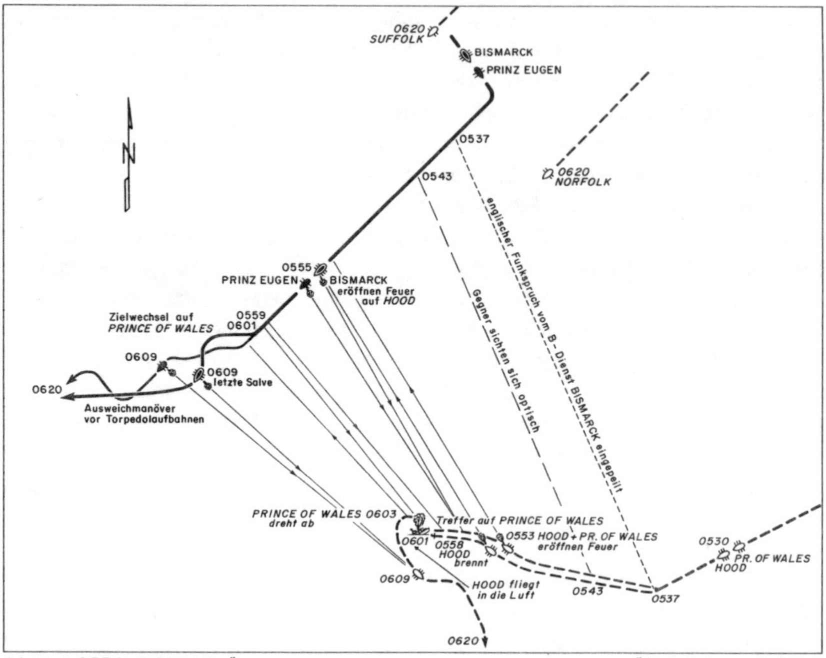


24. Mai 0530-0620 Uhr * | * (Deutsche Sommerzeit, MEZ+1)

Das Island-Gefecht.

und aus Passion Kunstmaler und Ornithologe, hatte, lediglich unter dem Schutz eines Stahlhelms, von dem ungeschützten Flakleitstand oberhalb der Brücke aus mit seinen deutschen Zeissgläsern Ausguck gehalten. Dann hatte er plötzlich so etwas wie »einen anstürmenden Zyklon« und danach die Kommandos Umstehender gehört: »Eine Tragbahre her, Platz machen!« Er hatte das Gefühl von lauter Toten um sich herum gehabt und Blutgeruch empfunden. Helfer waren an ihn mit der Frage herangetreten: »Was ist Ihnen denn geschehen?«, und er hatte sie ansehen wollen und doch nichts gesehen – Granatsplitter hatten ihn erblinden lassen. Später, im Jahr 1948, schrieb er mir in einem Brief: »Ich war einige Jahre lang blind, bin aber jetzt wieder in meinem alten Beruf beim Theater, was mich sehr glücklich macht.« 1957 nahm ich in London an einer Esmond Knight gewidmeten BBC-Fernsehsendung *Dies ist Ihr Leben* als Überraschungspartner teil, damals begegneten wir uns zum ersten Mal persönlich, und die freundschaftliche Verbindung hält seither an.

Doch nun wieder zurück zum *Bismarck,* wo der Befehl zum Abbruch des Gefechtes mit *Prince of Wales* anscheinend nicht ganz so glatt ausgeführt, wie er gegeben worden war.

Wir kommen hier zu einer Phase der »Rheinübung«, bei der ich mir ebenso wie bei den kurz danach zutage getretenen sukzessiven Entschlüssen des Flottenchefs, die Unternehmung unmittelbar fortzusetzen und dann das doch wieder nicht zu tun und statt dessen einen französischen Hafen anzulaufen, in ganz besonderem Maße wünschte, die Überlegungen Lütjens', seine Beratungen innerhalb des Flottenstabes und seine Gespräche mit Lindemann miterlebt oder wenigstens durch direkte Überlieferung erfahren zu haben. Doch ist seinerzeit nichts davon bis zu mir in den Achteren Artillerieleitstand gedrungen. Ich kann hier nur registrieren, daß späteren Äußerungen Überlebender zufolge Meinungsverschiedenheiten zwischen Lütjens und Lindemann über die Zweckmäßigkeit des Abbruchs des Gefechts mit *Prince of Wales* bestanden haben. Anscheinend war Lindemann für eine Verfolgung und Vernichtung des ja ganz offensichtlich schwer angeschlagenen Gegners eingetreten, und Lütjens hatte dieses abgelehnt. Möglicherweise hatte Lütjens befürchtet, durch eine Weiterführung des Gefechtes gegen den in östlicher Richtung ablaufenden Gegner in eine Richtung gezogen zu werden, aus der weitere schwere britische Einheiten im Anmarsch sein mochten. Er wird darin vermutlich die Gefahr neuer Gefechtsverwicklungen und weiteren Munitionsverbrauches, ja auch eigener Trefferschäden erblickt haben – alles dieses Perspektiven, die ihm angesichts seiner Hauptaufgabe »Krieg gegen die britischen Zufuhren« grundsätzlich unwillkommen sein mußten. Eindeutige Ergebnisse der deutschen Luftaufklärung über die Verteilung der britischen Heimatflotte zu jenem Zeitpunkt lagen ihm auch nicht vor, so daß er es, alles in allem, als geboten angesehen haben wird, der taktischen Forderung des Augenblicks zugunsten der übergeordneten Strategie langfristigen Handelskrieges zu widerstehen und die sicherlich auch ihn stark verlockende Vernichtung eines weiteren britischen Schlachtschiffes hintanzustellen. In charakteristischer Schweigsamkeit hat er es aber wohl unterlassen, Lindemann gegenüber seine Entscheidung zu begründen. Nach niemals ganz deutlich gewordenen Äußerungen einiger Überlebender ist es über die Frage des Gefechtsabbruches sogar zu Auseinandersetzungen zwischen Flottenchef und Kommandant gekommen. Nun, Meinungsverschiedenheiten haben in der Regel »Auseinandersetzungen« zur Folge. Wenn mit diesem Wort hier aber lautstarke Streitereien vor Unbeteiligten gemeint sein sollten, so wird solche Andeutung kaum der Wirklichkeit entsprechen. Rein äußerlich haben sich derartige »Auseinandersetzungen« ganz gewiß unter Wahrung der militärischen Formen vollzogen – davon dürfen wir bei den beteiligten Persönlichkeiten überzeugt sein. Konkret ist hierzu überhaupt nur ein einziger Vorgang indirekt überliefert worden, und nichts an ihm deutet auf spektakuläre Begleitumstände. Ein zufälliger Ohrenzeuge hatte mitangehört, wie der Erste Offizier, Fregattenkapitän Oels, am Telefon in der Kommandozentrale von einem Offizier des Flottenstabes erfuhr, daß Lindemann vergeblich versucht habe, Lütjens zur Verfolgung der *Prince of Wales* und zur Fortsetzung des Gefechtes zu bewegen. Nach sonstigen späteren Aussagen hat auf der Brücke in jenen Minuten »dicke Luft« geherrscht. Wahrscheinlich haben sich die »Auseinandersetzungen« überhaupt mehr im Atmosphärischen als im Austausch von Worten abgespielt.[4]

Jedenfalls hat es damals auch die Männer unter Deck lebhaft bewegt und unbefriedigt gelassen, daß nach der Vernichtung der *Hood* der Kampf gegen *Prince of Wales* nicht fortgesetzt wurde – es erschien ihnen unverständlich.

Das Gefecht bei Island war beendet und unser Munitionsverbrauch erstaunlich niedrig geblieben: 93 Schuß der Schweren Artillerie (38 cm) auf *Bismarck* und 179 Schuß der Schweren Artillerie (20,3 cm) auf *Prinz Eugen*. Glücklicherweise war unser von Aufschlägen oft dicht umgeben gewesener *Prinz* nicht getroffen worden, aber *Bismarck* hatte von *Prince of Wales* drei 35,6-cm-Treffer erhalten. Im allgemeinen Gefechtslärm hatte ich sie in meinem hochgelegenen Stand gar nicht wahrgenommen, aber in den unteren Schiffsräumen hatten sie von den eigenen Abschüssen wohl unterschieden werden können. »Plötzlich«, so schrieb später ein Maschinenmaat über das Einkommen des ersten Treffers von der *Prince of Wales,* »spürten wir einen anderen Stoß, ein anderes Beben durch den Leib unseres Schiffes gehen: ein Treffer, der erste Treffer!«

Der erste Treffer hatte in Abteilung XXI, vor dem vorderen Panzerquerschott, das Schiff oberhalb der Wasserlinie, aber unterhalb der Bugwelle von Bordwand zu Bordwand durchschlagen. An der Stelle seines Austrittes an Steuerbord hatte er ein Loch von eineinhalb Meter Durchmesser hinterlassen. Die Schottwände zwischen den Abteilungen XX/XXI und XXI/XXII waren beschädigt. Nach und nach strömten fast zweitausend Tonnen Seewasser in das Vorschiff.

Der zweite Treffer war in Abteilung XIV unterhalb des Gürtelpanzers in das Schiff gedrungen und auf dem Torpedolängsschott detoniert. Er hatte einen Wassereinbruch im Backbord vorderen Turbinenkraftwerk (Kraftwerk Nr. 4) und Risse in den Schottwänden zu zwei diesem Kraftwerk benachbarten Räumen bewirkt, dem Kesselraum Backbord 2 und dem Kesselhilfsmaschinenraum. Bei steigendem Wasser konnte das Kraftwerk noch ordnungsgemäß abgestellt, mußte aber dann verlassen werden. Erst etwas später wurde bemerkt, daß dieser Treffer auch einige Heizöl führende Zellen in der Stauung und im Doppelboden aufgerissen hatte.

Der dritte Treffer war ein glatter Kaliberdurchschuß durch den Vorsteven eines Verkehrsbootes gewesen. Die Granate war danach, ohne zu detonieren und ohne sofort erkennbare weitere Beschädigungen anzurichten, an Steuerbord ins Wasser gegangen. Die in der Nähe ungeschützt stehenden Flakbedienungen hatten großes Glück gehabt. Holztrümmer des durchschossenen Bootes waren durch die Luft geflogen, hatten aber niemanden verletzt.

Während des ganzen Gefechtes waren glücklicherweise Personalverluste nicht eingetreten. An Bord bemühten sich nunmehr die Leckwehr-[5] und Maschinengefechtsgruppen, die Bereiche der beiden schwerer wiegenden Treffer genauer abzugrenzen und deren Auswirkungen zu bekämpfen.

Vorn waren inzwischen die unteren Decks in den Abteilungen XX und XXI vollgelaufen und der Bugspillraum ausgefallen. Die Schottwand hinter der Abteilung XX hatte aber nicht nur den dadurch entstandenen statischen Wasserdruck, sondern wegen des großen Loches im Schiffskörper auch noch den Fahrtdruck auszuhalten. Damit sie deswegen nicht brach, wurde sie noch während des Gefechtes von einer Zimmermeistergruppe abgestützt. Unter Leitung des Zweiten Leckoffiziers, Oberleutnant (Ing.) Karl-Ludwig Richter, versuchten Arbeitsgruppen nach dem Gefecht von der Back aus über Notausgänge in das Vorschiff einzudringen, um die nicht mehr intakten Leckpumpen wieder in Betrieb zu nehmen und die Inhalte der vorderen Heizölvorratsbunker in die den Kesselräumen nahe gelegenen Verbrauchsbunker umzupumpen. Doch war die Leckpumpe in Abteilung XX unter Wasser nicht mehr gebrauchsfähig, schafften die Leckpumpen von Abteilung XVII her nur wenig und waren die Schieber der Ölförderleitung im Vorschiff nicht mehr zu bedienen. Die vorn lagernden eintausend Tonnen Heizöl blieben vom Verbrauch abgeschnitten, nachdem auch ein Versuch fehlgeschlagen war, das Öl über das Oberdeck umzuleiten. Den Vorschlag Lindemanns, das Schiff nacheinander nach beiden Seiten zu krängen und die Geschwindigkeit herabzusetzen (niedrigere Bugwelle!), um dann die Schußlöcher in der Außenhaut zuzuschweißen, lehnte Lütjens ohne Begründung ab. Später wurden aber wenigstens doch unter vorübergehender Fahrtverminderung auf 22 Knoten Lecksegel über die Löcher ausgeholt. Dadurch wurde das weitere Eindringen von Seewasser abgebremst. Die vollgelaufenen Decks versuchte man nun, mit tragbaren Leckpumpen zu lenzen.

In Abteilung XIV lief nach und nach das Kraftwerk Nr. 4 voll und fiel dann endgültig aus. Alle Gefechtsstromverbraucher an Bord konnten jetzt zwar auch weiterhin ausreichend versorgt werden, doch war die ursprünglich vorhandene einhundertprozentige elektrische Reserveleistung auf die Hälfte herabgesetzt. Im Kesselraum Backbord 2 und dem Kesselhilfsmaschinenraum machten sich Leckwehr- und Maschinengefechtsgruppen daran, die rissig gewordenen Schottwände mit Hängematten abzudichten. Der Kesselraum hatte inzwischen Wasser gemacht, konnte aber zunächst gehalten werden. Doch stieg trotz aller Schottabdichtungen im Lauf des Tages das Wasser erneut, und die dortigen Heizkessel mußten abgeschaltet werden. Der Kesselraum sollte zwar in der kommenden Nacht noch einmal gelenzt werden, schließlich aber dann doch endgültig verlorengehen.

Als Folge des Wassereinbruchs hatten sich auf *Bismarck* allmählich ein Trimm von drei Grad nach vorn und eine Schlagseite nach Backbord von neun

Grad bemerkbar gemacht. Die Flügelenden der Steuerbord-Schiffsschraube schlugen bereits aus dem Wasser. Auf Befehl flutete jetzt der Leckwehrgruppenführer 1, Stabsobermaschinist Wilhelm Schmidt, die Steuerbord Flut- und Trimmzellen in den Abteilungen II und III. Hiernach war das Schiff wieder einigermaßen ausgetrimmt.

Die Dauerwirkung der Treffer in den Abteilungen XIV und XXI bestand darin, daß, insbesondere wegen des Schottendrucks vorn, die Höchstfahrt *Bismarcks* auf 28 Knoten beschränkt wurde, und das Schiff eine breite, besonders gut aus der Luft zu beobachtende Ölspur hinter sich herzog, die dem Feind die Aufklärung und Verfolgung erleichtern mußte. Das aussickernde Öl entstammte den Verbrauchszellen in der Abteilung XIV, möglicherweise aber auch den Vorratszellen in den Abteilungen XX und XXI.

Nach Aufheben des Klarschiffzustandes gegen 08.30 Uhr fanden sich die kriegswachfreien Offiziere in der Offiziersmesse zusammen, um ihrem Ersten Artillerieoffizier zur Versenkung der *Hood* zu gratulieren und ein Glas Sekt auf ihn zu leeren. Wir waren in froher, unbeschwerter Stimmung um unseren sympathischen und sich wie immer anspruchslos gebenden Schneider versammelt. Sein strahlender Erfolg ließ für einige Minuten alle Besorgnis verblassen, zu der das fortgesetzte Fühlunghalten durch *Suffolk* und *Norfolk* und die erlittenen Treffer vielleicht hätten Anlaß geben können. Keiner von uns überblickte wohl auch schon die Trefferauswirkungen in vollem Umfang. Niemand ahnte, daß dies die letzte größere Zusammenkunft von Offizieren in der Messe während der »Rheinübung« sein würde. Ganz offensichtlich hielt *Bismarck* ja auch den Ausbruchskurs in den Atlantik durch, und den Versammelten erschien es selbstverständlich, daß die Unternehmung, wie vorgesehen, fortgesetzt würde. Falls jemand an der Richtigkeit einer solchen Entscheidung des Flottenchefs gezweifelt haben sollte, in diesen Minuten wurde es jedenfalls nicht sichtbar.

Nach Gefechtsende meldete Lütjens um 06.32 Uhr an die Gruppe Nord: »Schlachtkreuzer, wahrscheinlich *Hood,* versenkt. Weiteres Schlachtschiff *King George V* oder *Renown* beschädigt abgedreht. Zwei Schwere Kreuzer halten Fühlung.« Dieser Funkspruch sollte aber – wegen schlechter Sendeverhältnisse im Seegebiet um Grönland – erst um 13.26 Uhr in der Heimat aufgenommen werden. Und da er deswegen nicht umgehend bestätigt worden war, ließ Lütjens ihn laufend wiederholen, außerdem aber um 07.05 Uhr durch eine – nun allerdings bei der Gruppe Nord überhaupt nicht angekommene – entsprechende Meldung in kürzerer Fassung ergänzen: »Habe Schlachtschiff versenkt in etwa 63° 10′ Nord, 32° 00′ West.« Um 08.01 Uhr teilte Lütjens der Seekriegsleitung seine Gefechtsschäden mit, bemerkte zusätzlich »Dänemarkstraße fünfzig Seemeilen breit, Treibminen, Feind zwei Funkmeßgeräte« und verkündete als seine neue Absicht: »Einlaufen St. Nazaire, *Prinz Eugen* Kreuzerkrieg.«

## Nach dem Gefecht: Alternativen für Admiral Lütjens

Die Uhrzeit 08.01 des dritten Funkspruchs zeigt an, daß Lütjens sich also schon innerhalb etwa einer Stunde nach dem gegen 06.30 Uhr beendeten Island-Gefecht zu dem bedeutsamen Entschluß durchgerungen hatte, nach St. Nazaire zu gehen. Zu diesem Zeitpunkt wird er einen Überblick über das volle Ausmaß der von *Bismarck* erlittenen Trefferschäden und vor allem über deren Reparaturmöglichkeiten an Bord wohl kaum schon gehabt haben. Und die Zeit seines Funkspruchs zeigt ferner an, daß Lütjens seine neue Absicht der Seekriegsleitung bereits mitgeteilt hatte, als wir mit Schneider noch in der Annahme feierten, daß die Operation planmäßig fortgeführt werde. Erst gegen Mittag, als wir unseren bisherigen Südwestkurs auf Südkurs änderten, und eben in Verbindung hiermit sprach sich die Neuigkeit herum, zur nicht geringen Überraschung der Offiziere.

Bis dahin hatte ich mir, wie die anderen Offiziere auch, nur eigene Gedanken darüber machen können, welchen Entschluß Lütjens wohl fassen würde, sobald sich erst einmal die Trefferfolgen voll herausgestellt haben werden und sobald sich zeigen würde, ob und wie das Feindbild sich grundsätzlich ändert. Mir selbst fehlte natürlich jeder Anhalt über die Folgerungen, die Tovey jetzt für eine Neuverteilung seiner Streitkräfte ziehen mochte. Aber bis zu einem gewissen Grad durfte ich solche Einblicke bei Lütjens schon vermuten. Die Beobachtungsdienste in der Heimat, auf *Bismarck* und *Prinz Eugen* konnten ihm inzwischen Informationen übermittelt haben, die uns jungen Schiffsoffizieren vorerst unzugänglich blieben. Und so würde Lütjens nach meiner Vorstellung jetzt einmal die in Frage kommenden Varianten durchdenken: Unternehmung unmittelbar fortsetzen oder vorübergehend ein Versteck im Atlantik zu Behelfsreparaturen, einen Tanker zur Versorgung aufsuchen oder einen westfranzösischen Hafen anlaufen oder nach Norwegen, wenn nicht gar in die Heimat zurückkehren.

Eindeutig war im Moment nur, daß die Operation ganz anders als gewünscht verlaufen war.

Denn erlebt hatten wir

- keinen unbemerkten, sondern einen freigeschossenen Durchbruch in den Atlantik;
- einen taktischen Sieg über zwei Schlachtschiffe, aber gleichzeitig auch den Verlust des anfänglichen Überraschungselementes für unseren Handelskrieg im freien Seeraum.

Und dazu hingen die Fühlunghalter auch noch nach dem Gefecht als lästige Begleiter an. Würden wir sie je noch abschütteln können – jetzt, mit unserer beschränkten Höchstgeschwindigkeit?

Wird überhaupt, so fragte ich mich jetzt, der Handelskrieg im unmittelbaren Anschluß an unseren Durchbruch vor den Augen des Feindes noch möglich sein? Welche Einheiten würde der Gegner nunmehr auf unsere Kampfgruppe ansetzen, und wie bald würde er es können? Wie waren die Meinungen innerhalb des Flottenstabes? Was dachte Lindemann, was mochte er Lütjens vorgeschlagen haben? Fragen über Fragen, aber eine Antwort war doch von niemandem zu erwarten – diese würde sich wiederum nur an der Ausführung neuer Lütjensscher Entschlüsse ablesen lassen.

Und dieses Mal war also gegen Mittag die Antwort in Form unserer Kursänderung nach Süden, den Kursansatz auf St. Nazaire, gekommen.

Nun hatte sich der Flottenchef also für Westfrankreich entschieden. Aber was hatte den schweigsamen Lütjens überhaupt so plötzlich dazu bestimmt, einen Hafen anzustreben, nachdem er doch eben erst auf die so aussichtsreiche Verfolgung der angeschossenen *Prince of Wales* zugunsten des zu führenden Handelskrieges verzichtet hatte – des Handelskrieges, den er jetzt mit seinem neuen Entschluß so offensichtlich wieder zurückstellte? Und warum ausgerechnet das fast zweitausend Seemeilen entfernte St. Nazaire?

Wir hatten gesehen, daß Lütjens seine Entscheidung für St. Nazaire zu einem Zeitpunkt fällte, als er kaum schon voll hatte überblicken können, wie weit die Gefechtsschäden mit Bordmitteln zu beheben sein würden. Aber die Natur der Schäden wird er rasch als hinreichend geklärt angesehen und gleichzeitig als alarmierend genug empfunden haben: Zwei Löcher und zweitausend Tonnen Seewasser im Vorschiff, Verlust von zwei Knoten Geschwindigkeit, drohender Ausfall zweier Heizkessel, eintausend Tonnen Heizöl in den vorderen Vorratsbunkern vom Verbrauch abgeschnitten, ständiger Brennstoffverlust durch aussickerndes Heizöl, Ausfall eines elektrischen Kraftwerkes. Daß hier mit Bordmitteln nur sehr begrenzt zu helfen war, wird er bald eingesehen und sich dementsprechend zum Aufsuchen eines Hafens entschlossen haben. Denn nur dort konnte er eine Reparatur erwarten, die *Bismarck* seine ursprüngliche und für einen Handelskrieg auch dringend benötigte Höchstgeschwindigkeit von 30,8 Knoten wiedergeben würde. Aber das war noch nicht alles. Es war kein Geheimnis an Bord geblieben, daß Lütjens sehr stark unter dem Eindruck der unerwartet vorhandenen und anscheinend auch ausgezeichnet arbeitenden Funkmeßgeräte auf den britischen Kreuzern stand. Daß *Suffolk* und *Norfolk* auf hohe Entfernungen, durch Regen, Nebel und Schnee hindurch in der Dänemarkstraße Fühlung gehalten hatten, hatte ihm den Eindruck einer hohen technischen Überlegenheit der Briten auf diesem Gebiet vermittelt. Und aus dieser Besorgnis heraus hatte er in seinen Funkspruch an die Seekriegsleitung von 08.01 Uhr auch den Passus aufgenommen »Feind zwei Funkmeßgeräte«. Dazu trat zweifellos seine Enttäuschung darüber, daß am Vorabend nach den doch nur wenigen Salven gegen *Norfolk Bismarcks* vordere Funkmeßeinrichtungen total ausgefallen waren. Eine Reparatur an Bord war offensichtlich nicht möglich gewesen, wenn sie überhaupt versucht worden war.[1]

Und eine weitere unerfreuliche Überraschung sollte Lütjens zuteil werden. Gegen 10.00 Uhr vormittags stellte sich anläßlich eines Winkspruchverkehrs mit *Prinz Eugen* heraus, daß *Bismarck* an den vorhergehenden zwei Tagen einige Funksprüche der Gruppe Nord nicht empfangen hatte. Diese Funksprüche hatten Mitteilungen zur Feindlage im Atlantik enthalten und im wesentlichen die Positionen und Kurse britischer Geleitzüge sowie die Wirkungen deutscher U-Bootangriffe auf diese Geleitzüge betroffen. *Prinz Eugen* mußte diese Nachrichten nun nachträglich auf optischem Wege an *Bismarck* übermitteln. Die Informationslücke mochte Lütjens bis dahin einen operativen Nachteil nicht wirklich eingetragen haben, aber sicherlich belastete auch dieses Vorkommnis ihn innerlich, und er mußte sich Gedanken machen, warum nun sein Flaggschiff, anders als *Prinz Eugen,* diese Funksprüche nicht auf dem ursprünglichen Wege erhalten, vielleicht jemand im Funkraum auf *Bismarck* versagt hatte? Seine eigene, laufend wiederholte[2] Funkmeldung von 06.32 Uhr über die Versenkung der *Hood* schien ja auch nicht in der Heimat anzukommen, und alle diese Faktoren zusammen mögen sein Vertrauen in die funktechnischen Anlagen *Bismarcks* erschüttert haben, auf deren einwandfreies Funktionieren während einer auf mehrere Monate angelegten Operation im Atlantik er entscheidenden Wert legen mußte.

Und warum nun ausgerechnet St. Nazaire?

Zum Aufsuchen eines Stützpunktes standen Lütjens grundsätzlich vier verschiedene Wege zur Wahl.

Der kürzeste führte nach Norwegen zurück, und zwar südlich an Island vorbei bis nach Bergen. Er war elfhundert Seemeilen lang. Ginge man von dort sogleich nach Drontheim weiter, so würden es dreizehnhundert Seemeilen sein. Eine dritte Möglichkeit war die Rückkehr dorthin durch die Dänemarkstraße. Auf diesem Weg lag Drontheim vierzehnhundert Seemeilen entfernt.

Von den Wetterbedingungen her gesehen, hätte sich vorzugsweise wiederum der Weg durch die Dänemarkstraße mit ihrer verbreiteten Unsichtigkeit angeboten. Aber hatte Lütjens es nicht gerade erlebt, daß auch schlechte Sicht den britischen Fühlunghaltern keinerlei Abbruch tat? Könnte ein erneutes Durchlaufen der Dänemarkstraße nicht leicht zu einer bloßen Wiederholung der Verfolgung werden, dieses Mal in umgekehrter Richtung? *Suffolk* und *Norfolk* standen doch weiterhin ganz in der Nähe. Welche Streitkräfte würden sie dieses Mal heranführen können? Jetzt, nachdem die britische Heimatflotte nun schon voll alarmiert war? Wo standen überhaupt im Moment weitere schwere Einheiten Toveys? Irgendwo zwischen ihm und Scapa Flow – mehr wußte Lütjens wohl auch nicht. Und mußte er nicht erneut bedenken, wie unzutreffend er nur zwei

Tage zuvor von seinen Heimatdienststellen über die Feindlage informiert worden war? »Durchbruch vom Feind bisher noch unbemerkt« – »Belegung Scapa Flows mit schweren Schiffen dem Vortag gegenüber unverändert«, hatte es da geheißen. Daß all dies gar nicht stimmte, hatte ihn dann das Auftauchen von *Hood* und *Prince of Wales* gelehrt. Und daß am 23. Mai wegen »Wetterlage« eine Luftaufklärung über Scapa Flow überhaupt nicht möglich gewesen war, hatte ihm noch am gleichen Abend ein Funkspruch der Gruppe Nord mitgeteilt. Keine oder unzutreffende Aufklärung über den Feind, durch Gefechtsschäden verminderte eigene Höchstgeschwindigkeit, über Tag und Nacht durchgehende Helligkeit zu dieser Jahreszeit in den nördlichen Gewässern, die über dem Nordmeer mögliche britische Luftaufklärung, der verräterische Ölstreifen im Kielwasser, die erwiesene gute britische Funkmeßortung, das erneute Risiko eines Ausbruches in den Atlantik nach beendeter Reparatur – nein, es war wahrhaftig keine Vielfalt guter Vorzeichen. Da würde es schon besser sein, auf eine Rückkehr nach Norwegen in dieser Lage zu verzichten.

Erst eine spätere Rekonstruktion der Gesamtlage durch das Oberkommando der Kriegsmarine sollte ergeben, daß die Rückkehr durch die Dänemarkstraße der günstigste Weg für den Flottenchef gewesen wäre. Aber dafür hatte nachträgliches Wissen über die Verteilung der britischen Seestreitkräfte zur Verfügung gestanden, das Lütjens nicht hatte und auch nicht hatte haben können.

St. Nazaire war zwar noch einmal sechshundert Seemeilen weiter entfernt als Drontheim. Aber die Fahrt dorthin würde nach Süden führen, wo es dunkle und auch längere Nächte gab, und in ausgedehntere Seeräume. Dort war die Aussicht größer, den Verfolgern doch noch einmal zu entkommen. Vielleicht konnte man unterwegs auch noch eine Unterstützung durch eigene U-Boote erlangen oder zwischendurch von einem unserer im Atlantik stationierten Versorgungstanker Heizöl übernehmen. Auch gab es in St. Nazaire ein der Größe *Bismarcks* entsprechendes Trockendock. Und schließlich konnte dieser geographisch so günstig am Atlantik gelegene Hafen als ein guter Ausgangspunkt für die späteren Handelskriegsoperationen dienen.

Daß Lütjens die »Rheinübung« nach beendeter Reparatur überhaupt fortsetzen wollte, kann ich zwar auch nur wieder annehmen, aber doch wohl mit einem sehr hohen Grad von Wahrscheinlichkeit. Das gesamte vorangegangene Verhalten des Admirals beweist sein kontinuierliches Festhalten an der Aufgabe: die unmittelbare Fortsetzung der Unternehmung nach dem Tag im Grimstad Fjord trotz der bekanntgewordenen Alarmierung des Feindes – das weitere Durchhalten nach der ersten Begegnung mit den britischen Kreuzern in der Dänemarkstraße, statt Umkehr wie in der entsprechenden Phase einer gleichartigen Unternehmung mit den Schlachtschiffen *Gneisenau* und *Scharnhorst* drei Monate zuvor – der Abbruch der Verfolgung von *Prince of Wales* zugunsten der Hauptaufgabe »Handelskrieg«. All dies spricht für die große Beharrlichkeit von

Lütjens in der Durchführung seiner Mission und mithin dafür, daß St. Nazaire für ihn nur eine Unterbrechung der »Rheinübung« bedeuten, nicht aber deren Ende sein sollte. Daß nach der Reparatur dort die Unternehmung »fortgesetzt« werden sollte, sprach sich dann auch allmählich im Lauf des Tages an Bord herum.

Logischerweise führen uns die Überlegungen zu St. Nazaire nun auch noch einmal kurz zu einer bereits oben erwähnten Meinungsdifferenz zwischen Lütjens und Lindemann zurück. Erinnern wir uns, daß Lütjens den von Lindemann zur Erleichterung von Behelfsreparaturen im Vorschiff gemachten Vorschlag abgelehnt hatte, mit der Fahrt herunterzugehen und das Schiff nacheinander nach beiden Seiten zu krängen. Eine Begründung für diese Ablehnung ist mir niemals bekanntgeworden. Ich kenne auch den genaueren Zeitpunkt nicht, zu dem sich Flottenchef und Kommandant hierüber ausgetauscht haben. Aber sicherlich war dies erst der Fall, nachdem Lütjens sich bereits für das Anlaufen von St. Nazaire entschieden hatte. Denn nunmehr würde jede durch Fahrtminderung bewirkte Verzögerung seinem neuen Ziel raschester Reparatur im Hafen nur noch unnütz im Wege stehen. Gewiß mochte es möglich sein, die beiden Schußlöcher vorn im Zug einer Sofortreparatur in See wieder zuzuschweißen und damit den momentanen Grund für die Beeinträchtigung der Höchstgeschwindigkeit zu beseitigen. Aber würde dies einen Sinn haben, wenn man bedachte, wie leicht der drohende und knapp vierundzwanzig Stunden später auch tatsächlich eingetretene Ausfall der zwei Heizkessel im Backbord vorderen Kesselraum diesen Gewinn auf der Stelle wieder entwerten konnte? Dafür das Risiko einer Senkung der Marschgeschwindigkeit auf eine vielleicht längere Dauer eingehen, und das auch noch in fortgesetzter Sicht der Fühlunghalter, die neue schwere Einheiten heranführen konnten? Nein, ein solches Reparaturmanöver in See würde wohl in mancher Hinsicht auf schwachen Füßen stehen. Und falls Lütjens es so gesehen haben sollte, ich kann es ihm nachempfinden.

## Die Detachierung des Kreuzers *Prinz Eugen*

Kurz vor 10.00 Uhr setzte sich der weiterhin vorn laufende *Prinz Eugen* auf Befehl des Flottenchefs hinter *Bismarck,* um jetzt dessen Ölspur einmal genauer zu überprüfen. Während bei dem Nummernwechsel die Schiffe aneinander vorbeizogen, bat Lindemann seinen Crewkameraden Brinkmann, ihm das Ergebnis seiner Beobachtungen herüber zu signalisieren. Das Öl war immer noch in breiter Front in unserem Kielwasser zu sehen, wobei sich die dort in Verlust geratende Menge wegen ihrer raschen Ausbreitung auf der Meeresoberfläche nicht einmal annähernd abschätzen ließ. Jedenfalls schien der verräterische Streifen mit uns bleiben zu wollen, und in der Tat hatten bereits ein bald nach Gefechtsende von Island gekommenes, über unserem Kielwasser außerhalb Flakreichweite hin und her pendelndes »Sunderland«-Flugboot und die *Suffolk* diese Ölspur wahrgenommen und weiter gemeldet. Gegen 11.00 Uhr kehrte *Prinz Eugen* auf seine Spitzenposition zurück, um mit seinem vorderen Funkmeßgerät weiterhin in vorlicher Richtung für die Kampfgruppe aufzuklären.

Während des Vormittages hielten zunächst *Suffolk* und *Norfolk,* und ab Mittag auch die durch ein Catalina Flugboot wieder herangeführte *Prince of Wales* auf hohe Entfernung Fühlung. Alle unsere Kurs- und Fahrtänderungen wurden weiterhin von ihnen sofort erkannt und als Funkmeldung weitergegeben. Langsam fanden wir uns damit ab, die drei zu unserer ständigen Begleitung zu zählen. Daß wir sie je abschütteln würden, erschien immer weniger wahrscheinlich. Doch litt die Stimmung an Bord darunter nicht, im Gegenteil! Die Besatzung blieb optimistisch, jedenfalls schien es so. Irgendwie würden die Beschatter ja einmal verschwinden.

Gegen 08.30 Uhr teilte die Gruppe Nord, noch in Unkenntnis des Island-Gefechtes[1], Lütjens mit, daß sie es als seine Absicht ansehe, die britischen Fühlunghalter mit dem Ziel wegzudrücken, *Prinz Eugen* eine Ölergänzung in See zu ermöglichen und im übrigen den Gegner auf eigene Unterseeboote zu ziehen. Durch die feindlichen Fühlunghaltermeldungen sei der Befehlshaber der Unterseeboote bereits über den Standort der Kampfgruppe informiert. Die Gruppe bemerkte außerdem, daß ab 12.00 Uhr die operative Führung der »Rheinübung« auf die Gruppe West übergehen werde – was dann auch geschah. Weitere Funksprüche der Gruppe Nord im Lauf des Vormittages übermittelten dem Flottenchef Erkenntnisse des Beobachtungsdienstes über die Erfolge der britischen Fühlunghalter, die ihm die bisherige lückenlose Überwachung seiner Kampfgruppe durch *Suffolk, Norfolk* und *Prince of Wales* nur noch einmal bestätigten.

Gegen 11.00 Uhr wurde das Wetter plötzlich schlechter, Seegang kam auf. Strichweiser Regen begann mit Dunst abzuwechseln, und voraus traten breite Nebelbänke in Erscheinung. Ab und zu brach die Sonne durch, aber nur um rasch wieder hinter dunklen Regenwolken zu verschwinden. Bei dem so wechselhaften Wetter schwankte die Sicht jetzt ständig zwischen achtzehn und zwei Seemeilen hin und her. Die auf etwa dreihundert Hektometer Abstand operierenden britischen Fühlunghalter sollten es entsprechend schwerer haben, aber der Kontakt riß deshalb nicht ab. Gegen 12.30 Uhr ermäßigte *Bismarck* seine bisherige Geschwindigkeit von 28 auf 24 Knoten, um dadurch die im Vorschiff immer noch anhaltenden provisorischen Dichtungsarbeiten zu unterstützen.

Kurz vor 14.00 Uhr meldete Lütjens an die Seekriegsleitung und die Gruppe West: »*King George V* mit Kreuzer hält Fühlung. Absicht: falls kein Gefecht, versuchen nachts abzusetzen.« Dieser Wortlaut läßt erkennen, daß der Flottenchef die *Prince of Wales* noch immer für deren Schwester- und Flottenflaggschiff *King George V* hielt. Und wenn er von nur einem statt der in Wirklichkeit zwei Fühlung haltenden Kreuzer sprach, so kann dies nur anzeigen, daß einer von ihnen – in der Tat die *Norfolk* – über längere Zeit hinweg durch Nebelbänke laufen mußte und dann unsichtbar blieb, was beispielsweise gegen 14.00 Uhr der Fall war.

In einem Winkspruch an *Prinz Eugen* gab Lütjens um 14.20 Uhr die folgenden Einzelheiten zu der – laut Funkspruch von 08.01 Uhr an die Gruppe Nord vorgesehenen – Detachierung des Kreuzers zur selbständigen Kriegführung bekannt: »Beabsichtige Fühlung wie folgt abzuschütteln: während Regenböen läuft *Bismarck* mit Westkurs ab. *Prinz Eugen* hält Kurs und Fahrt durch, solange bis er abgedrängt wird oder drei Stunden nach Ablaufen von *Bismarck*. Anschließend entlassen zum Ölen bei *Belchen* oder *Lothringen*, danach selbständig Kreuzerkrieg führen. Durchführung auf Stichwort *Hood*.«

Seine sonstigen Absichten ergaben sich aus einem kurz danach abgesetzten Funkspruch an den Befehlshaber der Unterseeboote. Dieser wurde angewiesen, seine Westboote in einem südlich der Südspitze Grönlands gelegenen Seeraum in einer Standlinie sammeln zu lassen. Über sie hinweg wollte Lütjens dann am Morgen des 25. Mai die britischen Fühlunghalter ziehen, als Angriffsziele für unsere Unterseeboote. Die relativ weit westlich angesetzte Standlinie zeigt an, daß Lütjens erst noch einmal kräftig in den Atlantik auszuholen beabsichtigte, bevor er sich dann, der feindlichen Luftaufklärung möglichst verborgen, in einem großen Bogen von Südwesten her St. Nazaire näherte. Den Brennstoffvorrat seines Flaggschiffes hat Lütjens demnach zu diesem Zeitpunkt als noch für einen solchen Umweg ausreichend angesehen.

Um 15.08 Uhr meldete Lütjens der Seekriegsleitung und Gruppe West weitere Einzelheiten zum Island-Gefecht: »*Hood* heute früh 06.00 Uhr durch Artilleriegefecht innerhalb fünf Minuten vernichtet. *King George V* nach Treffern dann abgedreht. *Bismarck* Fahrt beschränkt. Tiefertauchung vorn infolge Vorschiffstreffer.«

Etwa um diese Zeit kam plötzlich achteraus ein Flugboot in Sicht. Es wurde zunächst als ein deutsches Dornier-Boot angesprochen, und einige Männer behaupteten später übereinstimmend, daß es auf unseren Anruf sogar mit dem zutreffenden deutschen Erkennungssignal geantwortet habe. Woher diese reichlich fragwürdige Darstellung stammte, habe ich nicht mehr feststellen können. Als die Maschine auf etwa viertausend Meter herangekommen war, erkannte sie jedenfalls der Leiter der Flak an Bord, Kapitänleutnant Karl Gellert – mein guter Kamerad von der Vor-Crew, vertraut von gemeinsamen Artillerieleiterlehrgängen und zusammen verbrachten fröhlichen Stunden – eindeutig als ein Flugboot amerikanischer Bauart. Es war eine Catalina. Auf der

Stelle löste Gellert »Fliegeralarm« aus, fast gleichzeitig fielen unsere Flakbatterien ein. Die Catalina drehte ab. Einige Male danach versuchte sie noch, auf nähere Entfernung Fühlung zu halten, wurde aber jedes Mal wieder durch Beschuß vertrieben. Gegen 16.30 Uhr verschwand sie – wie heute bekannt ist, wegen Motorschadens – endgültig.

Mittlerweile waren wir wieder in eine dichte Regenbö geraten. Die Sicht schwand, und Lütjens hielt den Moment zur Detachierung des *Prinzen* für gekommen. Um 15.40 Uhr ließ er Signal geben: »Ausführung *Hood*«. *Bismarck* drehte unter Fahrterhöhung auf 28 Knoten nach Steuerbord in westlicher Richtung ab, während *Prinz Eugen* Kurs und Fahrt beibehielt. Doch sollte der Versuch nicht gelingen. Die Regenbö war nicht genügend breit. Wir kamen nur zeitweise außer Sicht und stießen zudem sofort auf einen unserer Verfolger. Also blieb *Bismarck* einfach weiter in der Drehung und schloß, mit hoher Fahrt von achtern kommend, gegen 16.00 Uhr wieder beim *Prinzen* auf. Und optisch wurde dieser unterrichtet: »*Bismarck* staffelt wieder heran, da an Steuerbord ein Kreuzer.«

Nach Eintauchen in eine Nebelbank gab Lütjens um 18.14 Uhr erneut das Stichwort *Hood*. *Bismarck* verfuhr wie schon zuvor und trennte sich, nunmehr endgültig, vom *Prinzen*. Zunächst auf Westkurs und dann auf Nordkurs drehend, kamen wir in einer Regenbö außer Sicht, ohne daß der Gegner die Auflösung unserer Kampfgruppe bemerkte.

Der II. Artillerieoffizier des *Prinz Eugen*, der damalige Kapitänleutnant Paul Schmalenbach, schilderte später die Trennung so: »Um 18.14 Uhr folgt zum zweiten Mal das Signal zur Ausführung des Befehls über die Trennung der beiden Schiffe. Wieder legt sich *Bismarck* hart nach Backbord über, während die See ruhiger geworden ist. Regenböen hängen wie schwere Vorhänge von tiefliegenden Wolken herunter. Es ist eine düstere Stimmung, in der ›der große Bruder‹ vorübergehend verschwindet. Dann ist er wieder sichtbar, nur für Minuten, während er mit dem Mündungsfeuer seiner Artillerie See, Wolken und Regenböen blitzartig in ein dunkles Rot taucht. Der nachfolgende braune Mündungsqualm verdüstert das Bild nur noch stärker. Allem Anschein nach dreht das Schiff noch etwas nördlicher.

Im Feuer der achteren Turmgruppe werden noch einmal die Umrisse des mächtigen Schiffes deutlich, der lange Rumpf, der Turmmast mit dem Schornstein, der jetzt wie ein massiger, wuchtiger Aufbau wirkt, der achtere Mast, wo im Topp die Flagge des Flottenchefs wehen muß. Doch ist diese bei der schnell wachsenden Entfernung nicht mehr auszumachen. Darunter weht an der Gaffel die Kriegsflagge, gerade eben noch als Pünktchen zu erkennen.

Dann schließt sich der Vorhang der Regenböen zum letzten Mal. Der ›große Bruder‹ ist verschwunden für die vielen Augen, die ihm vom *Prinzen* aus nachsehen. Mit viel Sorge und mit den allerbesten Wünschen. Befehlsgemäß –

ein Winkspruch hatte es noch angeordnet – verringert *Prinz Eugen* die Fahrt. Wir sollen uns mit gleichbleibendem Kurs und etwas geringerer Fahrt sacken lassen, um so *Bismarck,* der in der Geschwindigkeit herabgesetzt ist, das Entkommen aus der britischen Fühlungnahme zu erleichtern.«

Auch uns auf *Bismarck* fiel der Abschied vom getreuen *Prinzen* schwer. Nur ungern überließen wir ihn einem unabhängigen Schicksal, doch war angesichts der auf *Bismarck* erlittenen Gefechtsschäden die Trennung unausweichlich geworden. Im Rückblick muß sie sogar als eine glückliche Entscheidung angesehen werden, denn gegenüber der Massierung schwerer britischer Einheiten in den kommenden Tagen hätten wir uns gegenseitig wohl auch nicht mehr viel helfen können. Wahrscheinlich hätten wir am 27. Mai dann nicht nur *Bismarck,* sondern auch noch den *Prinzen* dazu verloren. So aber sollte er, vom Gegner nicht bemerkt, am 1. Juni unversehrt den Hafen von Brest erreichen.

## Die Fühlunghalter hängen weiter an
## Direkter Kurs auf St. Nazaire

Das Geschützfeuer auf *Bismarck,* von dem Schmalenbach spricht, rührte von der Bekämpfung der uns ja fortgesetzt folgenden *Suffolk* her, auf die wir im Zug der Drehung gestoßen waren. Auf eine Entfernung von 180 Hektometer hatten wir das Feuer auf den sofort abdrehenden und einen Rauchschleier legenden Kreuzer eröffnet, dem die weiter abstehende *Prince of Wales* mit ihrer schweren Artillerie dann zu Hilfe kam. Noch während dieses Artillerieduells drehten wir wieder auf unseren ursprünglichen südlichen Kurs zurück und führten das Gefecht, schließlich nur noch gegen *Prince of Wales,* im Ablaufen weiter. Bei der hohen Gefechtsentfernung von 280 Hektometer, der durch die Meeresoberfläche verstärkten Blendwirkung der jetzt wieder scheinenden Sonne und wegen Behinderung durch Schornsteinrauch war aber die Beobachtung vom Hauptartillerieleitstand im Vormarsch so schwierig, daß Schneider nur in größeren Zeitabständen einzelne Salven schießen konnte. Da der Gegner achteraus stand, gab er mir schließlich den Befehl, die Feuerleitung von meinem Achteren Stand aus zu übernehmen. Er durfte vermuten, daß ich dort bessere Beobachtungsverhältnisse hatte. Doch war dies nicht der Fall. Bei der hohen Entfernung konnte auch ich nicht verläßlich beobachten, und auf meine entsprechende Meldung an Schneider kam nach einigen von mir geschossenen Salven der Befehl zum Feuereinstellen. Treffer waren bei diesem sporadischen Salvenaustausch von keiner Seite erzielt worden. Um 19.14 Uhr meldete Lütjens an die Seekriegsleitung: »kurzes Gefecht mit *King George V*[1] ohne Ergebnis. *Prinz Eugen* zum Ölen entlassen. Gegner hält Fühlung.«

Seit der Trennung von *Prinz Eugen* drang die Tatsache, nunmehr allein zu sein, erst allmählich voll in unser Bewußtsein, und die allgemeine Spannung im Schiff stieg, welche Überraschungen uns die nächsten Stunden und Tage bringen würden. Einiges konnten wir uns immerhin selbst sagen. Die Briten würden, schon um die Scharte des Verlustes der *Hood* wiedergutzumachen, *alles* aufbieten, um überlegene schwere Schiffe auf unsere Fährte zu setzen. Wie viele und welche das sein würden, wo sie im Moment standen und in welcher Zusammensetzung – dies waren eben die Ungewißheiten, die die Spannung ausmachten und den wichtigsten Gegenstand unserer damaligen Spekulationen an Bord bildeten. Vieles, wenn nicht gar alles würde jetzt darauf ankommen, die Fühlunghalter endlich abzuschütteln und den beabsichtigten großen Bogen nach Westfrankreich möglichst ungesehen zu durchlaufen. Unser Kurs führte weiter nach Süden, die Marschfahrt war aus Rücksicht auf die im Vorschiff abgeschnittenen eintausend Tonnen Heizöl auf wirtschaftliche 21 Knoten heruntergesetzt worden. Wir konnten hoffen, mit Glück unser Ziel St. Nazaire unangefochten zu erreichen.

Die am frühen Vormittag vom Flottenchef an die Heimatdienststellen gefunkte Absichtserklärung, mit *Bismarck* St. Nazaire anzusteuern und *Prinz Eugen* zum Kreuzerkrieg zu entlassen, beantwortete die Gruppe West kurz vor 19.00 Uhr damit, daß sie einverstanden sei und für *Bismarck* entsprechende Vorbereitungen in St. Nazaire und Brest[2] habe treffen lassen.

Von sich aus bezeichnete sie es außerdem als ratsam, daß *Bismarck* sich vorerst einmal in entlegene Seeräume absetze, falls es zuvor gelinge, die feindliche Fühlung abzuschütteln. Ganz offensichtlich erhoffte sich die Gruppe davon eine ermattende Wirkung auf die britischen Verfolger. Der Gedanke erscheint plausibel genug, und es ist durchaus wahrscheinlich, daß auch Lütjens ihn eine Zeitlang erwogen hat. Aber der Gruppe waren die Auswirkungen der Gefechtsschäden auf die Brennstofflage des Schiffes nicht bekannt – sie waren ihr auch gar nicht mitgeteilt worden. Und um so überraschter muß sie gewesen sein, den Funkspruch von Lütjens von 20.56 Uhr zu erhalten: »Abschütteln Fühlung wegen feindlicher Funkmeßgeräte unmöglich. Wegen Brennstoff ansteuere St. Nazaire direkt.«

So unvermittelt, so plötzlich auf den schützenden Umweg durch den Atlantik verzichten?

Warum Lütjens am Abend des 24. Mai die Brennstofflage *Bismarcks* so viel ernster beurteilte als noch am Nachmittag – ich weiß es nicht. Vielleicht war ihm erst nach und nach endgültig klar geworden, daß an das im Vorschiff abgeschnittene Heizöl trotz aller Versuche nicht mehr heranzukommen ist und es für den Verbrauch unwiderruflich abgeschrieben werden muß.

Die Entscheidung des Flottenchefs für »St. Nazaire direkt« hatte eine sofortige wichtige Folge. Der Befehlshaber der Unterseeboote gab die für den Seeraum südlich Grönlands vorgesehene U-Bootstandlinie auf und paßte sich mit ihr dem neuen Kurs *Bismarcks* auf die westfranzösische Küste an. Entsprechende Anweisung erging an die U-Boote *U 93, U 43, U 46, U 557, U 66* und *U 94. U 556* wurde als Aufklärer auf einen passenden Standort befohlen.

## Flugzeuge des Trägers *Victorious* greifen an

Seit dem ergebnislosen Gefecht mit *Prince of Wales* kurz nach 19.00 Uhr hatte *Bismarck* seinen südlichen Kurs unverändert beibehalten. Bald danach war Meldung über die Schiffsfernsprecher gekommen, daß mit der Nähe eines Flugzeugträgers zu rechnen sei. Alle Flakwaffen waren sofort in den vollen Alarmzustand übergegangen.

Da, gegen 23.30 Uhr, es war noch taghell[1], entdeckten wir plötzlich an Backbord voraus mehrere Rotten von Radflugzeugen. Deutlich formierten sie sich an der Unterkante einer Wolkenschicht zu einem Angriff auf *Bismarck*. Es waren, wie wir damals natürlich noch nicht wissen konnten, Maschinen des zum Verbande Toveys gehörenden Flugzeugträgers *Victorious*, dem Verband, der am Abend des 22. Mai mit dem Ziel aus Scapa Flow ausgelaufen war, die deutsche Kampfgruppe südwestlich von Island abzufangen. Dort abzufangen: allerdings nur in dem ursprünglich nicht als wahrscheinlich angesehenen Fall, daß das nach dem Eingreifen des Vice Admiral Holland mit *Hood* und *Prince of Wales* überhaupt noch nötig sein würde. Es war.

Fliegeralarm! Und in Sekundenschnelle waren alle Flakwaffen auf *Bismarck* abwehrbereit. Und dann flogen sie auch schon an, neun Swordfish Flugzeuge, Torpedos unter den Rümpfen, nacheinander, teilweise zugleich, alle von Backbord her kommend, tollkühn mitten hinein in unser Abwehrfeuer, näher heran an den feuerspeienden Berg *Bismarck*, immer näher und noch näher. Im Achteren Stand beobachtete ich die Angriffe durch meinen Zielgeber, der an sich für Seeziele konstruiert war, sehr stark vergrößerte, dafür aber nur ein kleines Gesichtsfeld hatte. So konnte ich niemals das gesamte Geschehen, sondern nur einzelne Szenen beobachten und auch diese nur, soweit vorbeiziehender dunkler Pulverqualm unserer Geschütze es zuließ. Aber was ich sehen konnte, war noch aufregend genug.

Unsere Flakbatterien schossen, was die Rohre hergaben. Hin und wieder feuerte ein 38er Turm, häufiger ein 15er dazwischen, sie zielten vor den Flugzeugen in die See. Da stiegen dann wuchtige Wassersäulen hoch, wie von unten kommende Geschosse. In sie hinein zu geraten, mußte das Ende eines jeden Angreifers bedeuten. Und dann die Flugzeuge selbst, sie schienen geradezu fliegende Anachronismen zu sein, so langsam, als ob sie in der Luft stillständen. Unglaublich, wie die Piloten ihre Angriffe in selbstmörderisch anmutender Weise so anlegten, als ob kein Träger sie je zurückerwarte.

Wir hatten die Fahrt inzwischen auf 27 Knoten erhöht und liefen in starken Zickzackbewegungen. Es galt, den nacheinander ins Wasser klatschenden Torpedos auszuweichen – bei den auf nächste Entfernung und aus niedrigster Höhe abgeworfenen Geschossen eine fast unmögliche, aber vom Kommandanten und dem von der offenen Friedenssteuerstelle aus fahrenden Gefechtsrudergänger, dem Matrosenhauptgefreiten Hans Hansen, immer wieder glänzend gelöste Aufgabe. Einige Maschinen flogen nur noch zwei Meter über der See und auf vier- bis fünfhundert Meter an uns heran, bevor sie ihre Torpedos ausklinkten. In meinem Zielgeber sah es manches Mal so aus, als ob sie nach dem Angriff auch noch über uns hinwegziehen wollten. Der Höhepunkt der Frechheit, dachte ich.

Bei dieser Angriffstaktik steuerten natürlich fortlaufend mehrere Torpedos aus verschiedenen Richtungen zugleich auf uns zu, und einem Torpedo auszuweichen, konnte jetzt leicht bedeuten, in einen anderen hineinzulaufen. *Bismarck* kurvte förmlich hin und her, und auf einmal mischte sich in das Toben unserer Geschütze das übertönende scharfe Geräusch einer Detonation, die *Bismarck* leicht erzittern ließ. Im Moment nahm ich nur wahr, daß sie vorlich meines Standes stattgefunden haben mußte. Und das empfand ich sofort, trotz aller inneren Verwünschung dieses offensichtlichen Torpedotreffers, als noch relativ günstig. Denn dieser zweifellos auf allernächste Entfernung abgeworfene Torpedo hatte sicherlich nicht mehr auf seine eingestellte, uns gefährliche Tiefe steuern können, sondern war vermutlich an oder knapp unter der Oberfläche dort auf unseren Gürtelpanzer geprallt, wo er am stärksten ist: in der Wasserlinie um die Schiffsmitte. Und dieser Panzer, dachte ich, würde schon mit einem kleinen Flugzeugtorpedo fertig werden! Dennoch, ein rascher vorsorglicher Blick auf Fahrtmeß- und Ruderlagenanzeiger. Beide Aggregate zeigten Maschine und Ruder als weiterhin intakt – Gott sei Dank!

Der Matrosengefreite Georg Herzog am Backbord Dritten 3,7-cm-Flakgeschütz hatte kurz vor Beginn des Flugzeugangriffes drei Maschinen an Backbord gesehen. »In 240° Anflug dreier Flugzeuge« hatte er gemeldet und schon bald danach Flugzeuge von allen Seiten auf *Bismarck* zufliegen sehen. Zuerst hatten unsere Flakwaffen geschossen, dann einer der vorderen 38er Türme, und schließlich die Mittelartillerie. »Ich hatte das Gefühl«, sagte er später, »daß die Briten bei diesem Angriff alles versuchten und mit einem unerhörten Schneid darauf losflogen, um ihre Torpedos anzubringen. Mir war es, als seien sie bis auf fünfzehn Meter an das Schiff herangekommen, bevor sie wieder abdrehten.«

Der Matrosengefreite Herbert Manthey am Steuerbord Fünften 2-cm-Flakgeschütz hatte beobachtet, wie die Flugzeuge zunächst einen geschlossenen Angriff an der Backbordseite versucht, sich aber dann auf Angriffe aus den verschiedensten Richtungen verteilt hatten. Auf seine Frage hatte ihm sein Flakabschnittsleiter Oberleutnant zur See Sigfrid Dölker geantwortet, daß insgesamt drei Staffeln Torpedoflugzeuge am Angriff beteiligt seien. Das andauernde Zickzackfahren zum Ausweichen vor den Torpedos hatte natürlich auch an seiner Waffe das Richten sehr erschwert. Und gegen Ende des Angriffs hatte er dann das Detonationsgeräusch an Steuerbord vernommen.

Was war geschehen? Ein Torpedo, es mag der letzte dieses Angriffes gewesen sein, hatte, tatsächlich als Oberflächenläufer, Steuerbord mittschiffs den Gürtelpanzer getroffen und war dort unter Erzeugung einer hohen Wasserglocke detoniert. Ein Flugzeug hatte diesen Angriff nach Trennung von seiner Rotte und unter dem Blendschutz der untergehenden Sonne, von uns unbemerkt, vorgetragen. Der Luftdruck hatte unseren, in der Nähe des Detonationsortes gerade Munition mannenden Oberbootsmann Kurt Kirchberg gegen einen festen Schiffsteil geschleudert, und Kirchberg war sofort tot gewesen: der erste Gefallene auf *Bismarck*. Seine Leiche wurde in Segeltuch eingenäht und in ein Verkehrsboot gelegt. Sein Tod, als Sterben eines einzigen in der Wirkung auf die Umwelt um so stärker, bedrückte besonders alle diejenigen, die ihn im täglichen Dienst als einen zwar strengen, aber tüchtigen und verständnisvollen Vorgesetzten kennengelernt hatten.

Unter Deck hatte sich der Treffer als eine gewaltige Detonation bemerkbar gemacht. Es hatte geschienen, als ob das Schiff mit großer Wucht nach der Seite geschleudert worden war, viel stärker als bei den Granattreffern am Morgen und bei den Abschüssen der eigenen Artillerie. Sofort danach hatten die Leck- und Feuerwachen ihre Bereiche überprüft, und ihre Meldungen waren über die Telefone zur Leckzentrale geschwirrt. In der Rekordzeit von drei Minuten hatte die Schiffsführung über den Zustand aller Räume Bescheid gewußt. Sachschäden hatte es so gut wie gar nicht gegeben, aber einige Personalverletzungen. Das durch den Detonationsdruck des Torpedos verursachte plötzliche Anheben des Schiffes und die dadurch ausgelösten schockartigen Deckserschütterungen hatten bei dem Oberartilleriemechaniker Heinrich Juhl und fünf weiteren Männern zu Knochenbrüchen geführt. Im E-Gefechtsstand im Unteren Plattformdeck der Abteilung IX hatte die Erschütterung den Maschinengefreiten Budich quer durch den Raum bis zur Hauptschalttafel geschleudert. Verdutzte Stille hatte geherrscht. In sie hinein hatte Obermaschinist Barho gefragt: »Aber, Budich, wo wollen Sie denn so eilig hin?«. Befreiendes Gelächter und einlaufende Meldungen hatten die augenblickliche Spannung rasch gelöst.

Überall an Bord war die Stimmung nach dem Angriff, dessen Ende am Abebben und schließlichen Aufhören des Flakschießens leicht abzulesen war, ausgezeichnet. War der Besatzung doch auch noch der Abschuß von fünf feindlichen Flugzeugen bekannt gemacht worden. In Wahrheit war allerdings keines abgeschossen worden.

Aber ganz folgenlos war der sonst glimpflich überstandene Flugzeugangriff für den Zustand des Schiffes doch nicht geblieben. Infolge der bei dem Angriff auf 27 Knoten erhöhten Geschwindigkeit, der damit verbundenen höheren Fahrtdrücke und des kräftigen Hin- und Herkurvens zum Ausweichen vor den Torpedos waren die am Vorschiff angebrachten Lecksegel gerissen. Ein erneuter Wassereinbruch mit dadurch noch einmal verstärkter Tiefertauchung vorn war die Folge gewesen. Außerdem hatten die durch das Abwehrfeuer aller Kaliber bewirkten Erschütterungen die Risse in der abgedichteten Schottwand zwischen dem am Morgen nach dem Artillerietreffer vollgelaufenen Kraftwerk und dem Kesselraum Backbord 2 wieder derart vergrößert, daß dieser nunmehr ebenfalls vollief und endgültig aufgegeben werden mußte. Wieder waren einige hundert Tonnen Seewasser mehr im Schiff. Vorübergehend ermäßigte *Bismarck* die Fahrt auf 16 Knoten, damit die Lecksegel am Vorschiff wieder abgedichtet werden konnten. Der Marsch nach St. Nazaire wurde währenddessen fortgesetzt.

In die Heimat meldete Lütjens nach Mitternacht: »Angriff durch Torpedoflugzeuge. Torpedotreffer an Steuerbord« und, gegen 02.00 Uhr früh: »Torpedotreffer ohne Bedeutung.«

Bald nach dem Flugzeugangriff gerieten wir noch in ein kurzes Seegefecht. *Prince of Wales* war wieder am Horizont aufgetaucht und feuerte auf etwa 150 Hektometer zwei Salven. Schneider erwiderte mit der schweren Batterie zwei oder drei Male. Im nachlassenden Licht war aber die Beobachtung für beide Seiten zu schwierig. *Prince of Wales* drehte ab, und das ergebnislose Intermezzo war vorüber.

## Die Admiralität in London trifft energische Entscheidungen

Mit dem Angriff der *Victorious*-Flugzeuge auf *Bismarck* um die Mitternacht zum 25. Mai war ein Katalog von Maßnahmen zu Ende gegangen, die Tovey noch vor seinem Auslaufen aus Scapa Flow am Abend des 22. Mai getroffen oder eingeleitet hatte. Diese Maßnahmen hatten trotz imponierender Leistungen von *Suffolk* und *Norfolk* im Fühlunghalten nicht zu dem angestrebten Erfolg geführt. Die deutsche Kampfgruppe war weder vernichtet, noch in ihrer Geschwindigkeit so entscheidend herabgesetzt worden, daß es ohne weiteres möglich sein würde, andere schwere Schiffe auf sie anzusetzen. Dazu waren die Einheiten der britischen Flotte im Moment geographisch zu ungünstig verteilt. Und es war nicht nur dieser Fehlschlag, der Tovey und die Admiralität in London bedrückte. Mit *Hood* war nicht irgendein Schlachtkreuzer verloren worden, sondern ein in der Königlichen Marine, ja dem ganzen Volk als leibhaftige Verkörperung britischer Seemacht angesehenes Schiff. Sein Verlust wog doppelt schwer und forderte die Seelords in erhöhtem Maß heraus. Die lakonische Meldung des an die Stelle des gefallenen Holland als örtlicher Seebefehlshaber getretenen Wake-Walker auf *Norfolk:* »*Hood* ist in die Luft geflogen« hatte wie ein Blitz in London eingeschlagen. Und wenn es vorher notwendig gewesen war, *Bismarck* zu versenken, dann war es jetzt, nach dem Verlust der *Hood,* doppelt notwendig.

Mit seinem aus *King George V,* dem Schlachtkreuzer *Repulse,* dem Flugzeugträger *Victorious,* mehreren Kreuzern und Zerstörern bestehenden Verband hatte Tovey am Abend des 23. Mai etwa 550 Seemeilen südöstlich der deutschen Kampfgruppe gestanden. Er hatte einen mittleren nordwestlichen Kurs steuern lassen, um die theoretischen Möglichkeiten abzudecken, daß die deutschen Schiffe nach dem zu erwartenden Gefecht mit dem Verband Hollands entweder durch die Dänemarkstraße zurückgehen oder, zumindest aber schwerwiegend beschädigt, doch noch in den Atlantik ausbrechen. Für beide Fälle hatte er sich gute Abfangchancen ausgerechnet. Nun war alles ganz anders gekommen, und Tovey hatte nur geringe Aussicht, die deutsche Kampfgruppe zu stellen, solange sie mit unverminderter Geschwindigkeit nach Südwesten in den Atlantik weiterlief.

Welche Absichten konnte der deutsche Flottenchef unter den veränderten Umständen haben? Drei Möglichkeiten zeichneten sich für den Chef der britischen Heimatflotte ab: Entweder steuert der deutsche Verband einen Versorgungstanker vor der Westküste Grönlands oder nahe den Azoren an. Oder aber *Bismarck* ist, obwohl Meldungen darüber nicht vorliegen, doch nicht ohne Beschädigungen aus dem Gefecht mit Hollands Schiffen hervorgegangen und muß einen westfranzösischen Hafen zur Reparatur aufsuchen. Die dritte Möglichkeit wäre, daß Lütjens in die Heimat zurückkehrt. Dort könnten etwa notwendige Reparaturen am besten ausgeführt werden, aber wichtiger noch: Die deutsche Propaganda könnte den heimkehrenden Sieger gut für ihre Zwecke gebrauchen – eine Alternative, die Winston Churchill im späteren Rückblick als für die Deutschen damals bestmögliche bezeichnen sollte. Da alle drei Alternativen gleich viel Wahrscheinlichkeit für sich hatten, hatte sich Tovey nunmehr zu einem mittleren Kurs auf die Südspitze Grönlands entschlossen. Mit ihm wollte er vor allem die in seinen Augen gefährlichste Eventualität abdecken: einen Ausbruch der deutschen Schiffe in den Atlantik, dorthin, wo die lebenswichtigen Zufuhrgüter für Großbritannien verkehrten. Und wo *Bismarck* Schäden bewirken konnte, die er sich im einzelnen lieber nicht vorstellen mochte.

Mittlerweile kristallisierten sich in der Londoner Admiralität nach pausenlosen Beratungen seit der Katastrophenmeldung des Morgens gewichtige und weitreichende Entscheidungen heraus. In diesen Tagen verkehrten im Nordatlantik insgesamt zehn, von Schlachtschiffen, Kreuzern und Zerstörern gedeckte

Geleitzüge. Diese nunmehr ihres Schutzes zu berauben, mochte für sie angesichts der jetzt wieder frei operierenden deutschen Kampfgruppe zur tödlichen Bedrohung werden, aber es zählte nicht. Was jetzt zählte, war nur noch der Ansatz aller, wo auch immer im Atlantik befindlichen oder dorthin zu beordernden, Kriegsschiffe von in Frage kommendem Gefechtswert auf *Bismarck,* und sie wurden angesetzt – alle![1]

Die unter dem Befehl des Vice Admiral Sir James Somerville stehende, aus dem Schlachtkreuzer *Renown,* dem Flugzeugträger *Ark Royal,* dem Kreuzer *Sheffield* und sechs Zerstörern zusammengesetzte und in Gibraltar stationierte sogenannte »*Force H*«, im Moment für den Schutz eines Truppengeleites im Atlantik vorgesehen, wurde von dieser Aufgabe entbunden und angewiesen, nach Norden auf die deutsche Kampfgruppe zu operieren. Kreuzer *London,* gerade Geleitschutz auf dem Wege von Gibraltar nach Großbritannien leistend, erhielt – den einige Stunden später allerdings widerrufenen – Befehl, auf Abfangkurs für *Bismarck* und *Prinz Eugen* zu gehen. Kreuzer *Edinburgh,* der kurz zuvor bei den Azoren ein deutsches Handelsschiff aufgebracht hatte, wurde ebenfalls und ohne weitere Rücksichtnahme auf seine Brennstofflage umgehend auf den deutschen Verband angesetzt. Hunderte von Seemeilen im Nordwesten hatte sich das Schlachtschiff *Ramillies* von einem Geleitzug zu trennen und auf Abfangkurs für die deutsche Kampfgruppe zu gehen. Tausende von Meilen im Westen wurde das in Halifax liegende Schlachtschiff *Revenge* angewiesen, den Schutz des von *Ramillies* verlassenen Geleitzuges zu übernehmen. Das im Geleitdienst nach den Vereinigten Staaten und gerade westlich Irlands stehende Schlachtschiff *Rodney* erhielt Befehl, nunmehr ebenfalls auf *Bismarck* und *Prinz Eugen* zu operieren. Für seine neue Aufgabe wurden ihm drei Zerstörer als Sicherung zugeteilt. Zu diesen zählte auch die *Tartar,* auf der der damalige Sub-Lieutenant Ludovic Kennedy am Vorabend als Wachoffizier auf der Brükke aus der Hand eines Signalgasten die erste von *Norfolk* eingegangene Meldung über das Sichten der deutschen Kampfgruppe in der Dänemarkstraße erhalten hatte – Ludovic Kennedy, späterer Autor des Buches *Versenkt die Bismarck* und Sohn des Captain E. C. Kennedy, der als Kommandant des Hilfskreuzers *Rawalpindi* im November 1939 vor unseren Schlachtschiffen *Gneisenau* und *Scharnhorst* einen tapferen Seemannstod gestorben war, als ich, wie jetzt wiederum auf *Bismarck,* Artillerieleiter im Achteren Stand auf *Scharnhorst* gewesen war.

Somit war nur sechs Stunden nach dem Verlust der *Hood* die folgende britische Flottenstärke unmittelbar auf uns angesetzt: vier Schlachtschiffe, zwei Schlachtkreuzer, zwei Flugzeugträger, drei Schwere Kreuzer, zehn Leichte Kreuzer und einundzwanzig Zerstörer. Und es begann eine Verfolgung, die nach der Größe des einbezogenen Raumes, nämlich über einer Million Seemeilen im Quadrat, und nach Anzahl und Stärke der aufgebotenen Schiffe ihresgleichen in der Seekriegsgeschichte kaum finden dürfte. Nach den Fehlschlägen des 24. Mai war Tovey nunmehr ganz auf die Wirksamkeit des gegen die deutsche Kampfgruppe neu ausgelegten, wenn auch vorerst sehr weitmaschigen Abfangnetzes angewiesen.

## Die Fühlung reißt ab
## Zwei Funksprüche des deutschen Flottenchefs

Auf *Bismarck* ahnten wir innerhalb des jüngeren Offizierskorps natürlich so rasch nichts von den neuen britischen Maßnahmen. Erst zum Mittag des 25. Mai, also vierundzwanzig Stunden später, sollte der Flottenchef die Besatzung in allgemeiner Form in die sich so wesentlich ändernde Feindlage einweihen. Bis dahin deckte sich der Wissensstand jedes einzelnen mit seinem persönlichen Vorstellungsvermögen – und meine eigenen Vorstellungen erinnere ich als reichlich schemenhaft. Doch hatte dies zweifellos auch seine gute Seite; denn eine allzu genaue Kenntnis über die sich jetzt zusammenziehende feindliche Armada hätte nicht unbedingt stimmungsfördernd im Schiff gewirkt. Da war es schon nicht nur nachteilig, wenn einiges im Verborgenen blieb, und die Stimmung zwischen Hoffnung und Gleichmut pendeln konnte – sollte dann eine kritische Situation eintreten, so würden wir uns schon, wie bisher, nach besten Kräften mit ihr auseinandersetzen. Zudem war unsere junge Besatzung grundsätzlich optimistisch. Und solchen Optimismus so lange als möglich zu schonen, konnte sicherlich nur gut sein.

Lütjens seinerseits hatte zur Feindlage am Nachmittag des 24. Mai von der Gruppe West auch nicht mehr erfahren, als daß *Renown*, *Ark Royal* und ein Kreuzer der *Sheffield* -Klasse (mit anderen Worten: die »Force H«) am Vorabend mit unbekanntem Kurs aus Gibraltar ausgelaufen seien. Und wenn diese Schiffe auch ursprünglich zum Zweck des Geleits eines Truppentransportes in See gegangen waren – inzwischen galt ihr Einsatz unserer Kampfgruppe. Lütjens wird es von vornherein nicht anders aufgefaßt haben. Ob ihm darüber hinaus die B-Dienstgruppe an Bord noch am gleichen Nachmittag weitere Erkenntnisse zur Feindlage vermittelt hat, weiß ich allerdings nicht.

Inzwischen war die Mitternacht zum Sonntag, den 25. Mai, dem Geburtstag Admirals Lütjens, überschritten. Über die Lautsprecheranlage des Schiffes gratulierte die Besatzung ihrem Flottenchef mit herzlichen Worten. Immer noch liefen wir auf Südkurs weiter, gefolgt von den Fühlunghaltern *Suffolk, Norfolk* und *Prince of Wales*, die in der inzwischen eingetretenen Dunkelheit wiederum ganz besonders auf das höherwertige Funkmeßgerät der *Suffolk* angewiesen waren.

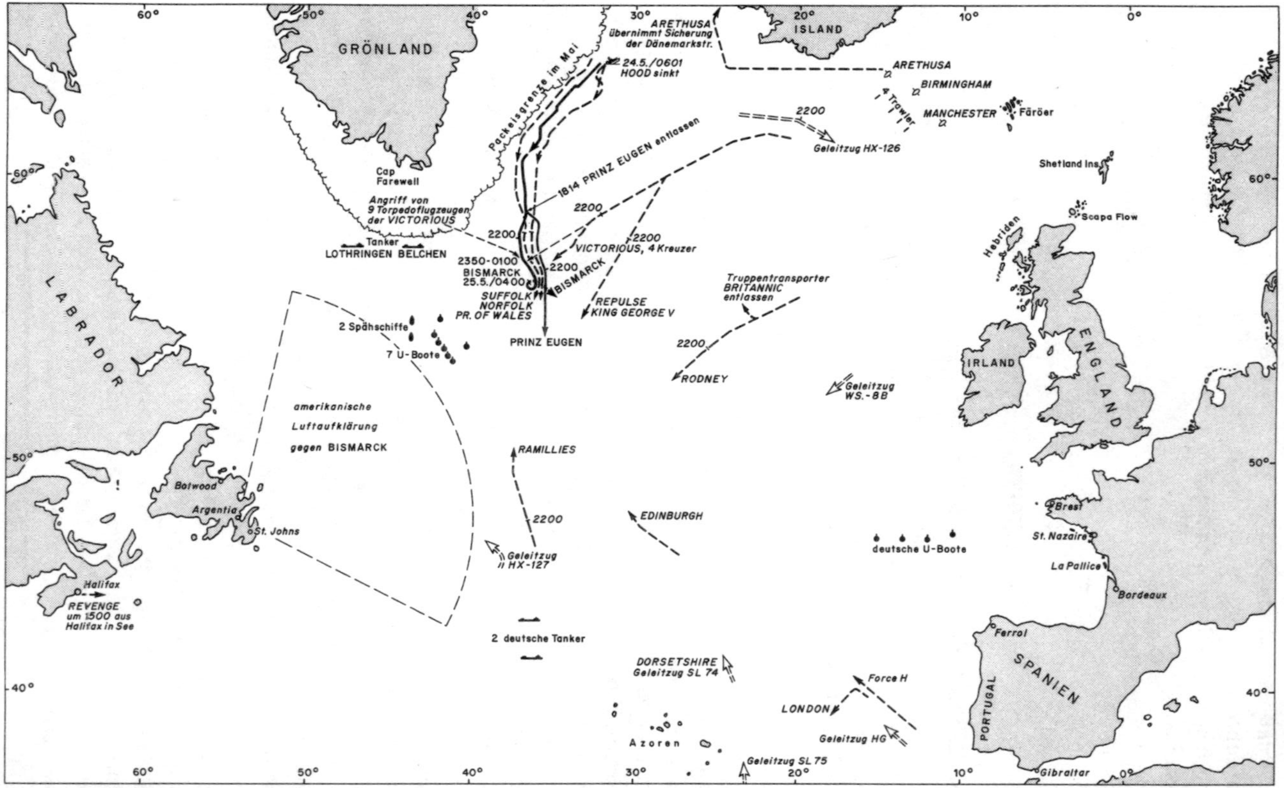


24. Mai / 0600 Uhr – 25. Mai / 0400 Uhr*

*(Deutsche Sommerzeit, MEZ + 1)

Es muß nun bald nach 03.00 Uhr früh gewesen sein, daß *Bismarck* unter Fahrterhöhung nach Steuerbord abdrehte und dann zunächst einen westlichen, danach nordwestlichen und nördlichen Kurs steuerte, bevor das Schiff schließlich unter allmählicher Vollziehung eines fast vollen Drehkreises auf seinen neuen Generalkurs Südost in Richtung St. Nazaire ging. Ich selbst habe dieses Kursmanöver bewußt nicht miterlebt. Entweder hatte ich die allmähliche Drehung in der Dunkelheit von meinem rundum geschlossenen Leitstand aus gar nicht beobachten können oder aber war ich zu der fraglichen Zeit auf Freiwache. Formal gesehen, war das Manöver die Ausführung der bereits am Vortag an die Seekriegsleitung und die Gruppe West gefunkten und seither immer dringlicher gewordenen Absicht: »falls kein Gefecht, versuchen nachts abzusetzen.«[1] Nun, die abendlichen Gefechte mit *Suffolk* und *Prince of Wales* waren längst vorüber, die Flugzeugangriffe von seiten der *Victorious* soeben glücklich überstanden. Ein Gegner war im Moment nicht in Sicht. Der Versuch zum Absetzen war überfällig.

Die drei Führungshalter waren bisher auf unserer Backbordseite gefolgt.[2] Der Abstand zu der uns am nächsten stehenden *Suffolk* war gelegentlich bis auf zehn Seemeilen gesunken. Kein Verfolger hatte sich auf unserer Steuerbordseite befunden, und sicherlich war Lütjens auch bekannt, daß unsere Horch- und Funkmeßgeräte diese Seite vom Feinde frei zeigten. Unser Kursmanöver nach Steuerbord mußte dann also zwangsläufig zu einer Vergrößerung des Abstandes zum Feind und unser allmähliches Vollziehen eines Drehkreises dazu führen, daß dieser achterlich umlaufen wurde. Mit Glück konnte Lütjens darauf hoffen, auf diese Weise die lästigen Anhänger ein für allemal abzuschütteln. Und tatsächlich schien das Schicksal für den Flottenchef ein Geburtstagsgeschenk bereitzuhalten – gegen 03.30 Uhr erwies sich auf *Suffolk* die Fühlung zu *Bismarck* als abgerissen, endgültig abgerissen! Der zur Abwehr möglicher deutscher U-Bootangriffe unausgesetzt Zickzackkurse steuernde Kreuzer war längst daran gewöhnt gewesen, bei seinen den Abstand zu uns vergrößernden Auswärtskursen die Fühlung auf die dann jeweils höhere Entfernung zu verlieren, um sie regelmäßig alsbald auf seinen Einwärtskursen wieder zu erlangen. Dieses Mal aber, um 03.30 Uhr, war die zuletzt um 03.06 Uhr vorhandene und jetzt zur Rückgewinnung fällige Fühlung ausgeblieben. *Bismarck* hatte bereits abgedreht, und welche neuen Suchkurse *Suffolk* auch immer steuern mochte, der Anschluß war und blieb verloren. Lütjens' große Chance zum Entkommen war da!

Aber er erkannte sie nicht. Warum nicht, ist nachträglich nicht mehr restlos aufzuklären. Lütjens sah *Bismarck* trotz seines Kursmanövers weiterhin als von

Bewegungen auf beiden Seiten nach dem Island-Gefecht bis zum Verlust der Fühlung an *Bismarck* in der Frühe des 25. Mai.

den Fühlunghaltern laufend geortet an. Und dementsprechend sah er auch keine Notwendigkeit, wegen der Einpeilbarkeit verschlüsselter Klartextfunksprüche und der daraus für den Gegner möglichen Bestimmung des Standortes von *Bismarck* Funkstille zu wahren oder auf den damals noch nicht einpeilbaren Funkverkehr im »Kurzsignalverfahren« auszuweichen. Seit der ersten Begegnung mit *Suffolk* und *Norfolk* war *Bismarck* nun schon über vierundzwanzig Stunden kompromittiert. Weiteres, selbst länger andauerndes Funken würde dem Gegner also wirklich nichts Neues über den Standort seines Flaggschiffes anzeigen. Anders kann Lütjens kaum gedacht haben.

Denn um 07.00 Uhr früh funkte er an die Gruppe West: »ein Schlachtschiff, zwei schwere Kreuzer halten weiter Fühlung.«[3]

Es sei hier eingeblendet, daß die um 07.00 Uhr von Lütjens als fortgesetzt erfolgreiche Fühlunghalter eingeschätzten Kreuzer *Suffolk* und *Norfolk* bereits seit Stunden in südwestliche und westliche Richtungen gelaufen waren. Sie waren nach dem Verlust der Fühlung der Annahme Wake-Walkers auf *Norfolk* gefolgt, daß *Bismarck* inzwischen nach Westen ausgebrochen sei, und hatten ihre Suchkurse zum Wiederauffinden des deutschen Schlachtschiffes dementsprechend in westlicher Orientierung angelegt. Wenn nun schon gegen 03.30 Uhr für das bis zu 240 Hektometer leistungsfähige Funkmeßgerät der *Suffolk* der Abstand zu *Bismarck* zu groß gewesen war, um wieviel zu groß muß er dann erst um 07.00 Uhr früh gewesen sein, nachdem *Bismarck* inzwischen in divergierender Richtung nach Südosten gelaufen war? Und was das von Lütjens gemeldete Schlachtschiff betrifft, so hatte die *Prince of Wales* bereits gegen 06.00 Uhr den Befehl erhalten, zu *King George V* zu stoßen. Dieser Befehl hatte auch für die *Prince of Wales* einen zu *Bismarck* divergierenden, nämlich südlichen Kurs bedeutet. Auch *Prince of Wales* hatte sich also von *Bismarck* weiter entfernt und kann diesen folglich um 07.00 Uhr kaum noch geortet haben.

Und kurz nach 09.00 Uhr funkte Lütjens – mit einer Sendedauer von über dreißig Minuten – noch die folgende Botschaft an die Gruppe West: »Vorhandensein Funkmeßgerät beim Gegner, Reichweite mindestens 350 Hektometer[4], beeinträchtigt Operationen im Atlantik in stärkstem Maß. Schiffe wurden in Dänemarkstraße in dichtem Nebel geortet und nicht mehr losgelassen. Loslösung mißlang trotz günstigster Wetterbedingungen. Ölübernahme allgemein nicht mehr möglich, wenn nicht durch höhere Geschwindigkeit Absetzen durchführbar. Laufendes Gefecht zwischen 208 und 180 Hektometer. *Hood* durch Explosion nach fünf Minuten vernichtet, danach Zielwechsel auf *King George V*, der nach sicher beobachtetem Treffer unter Schwarzqualmen abdrehte und mehrere Stunden außer Sicht war. Eigener Munitionsverbrauch: 93 Schuß. *King George V* nahm Gefecht danach nur noch auf größte Entfernung an. *Bismarck* zwei Treffer von *King George V*. Davon einer durch Unterschießen

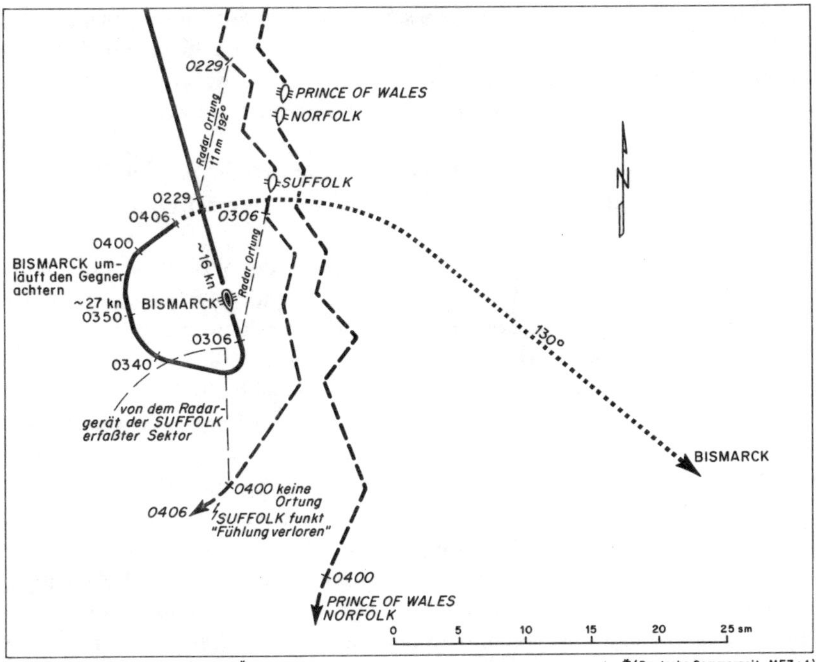


25. Mai 0229 - 0406 Uhr* *(Deutsche Sommerzeit, MEZ+1)

Kursmanöver *Bismarcks*, das zum Verlust der Fühlung führt.

Seitenpanzer Abt. XIII–XIV. Treffer Abt. XX–XXI minderte Geschwindigkeit und verursachte ein Grad Tiefertauchung vorn und Ausfall Ölzellen. Lösung *Prinz Eugen* durch Ansatz Schlachtschiffes in Nebel gegen Kreuzer und Schlachtschiff ermöglicht. Eigenes Funkmeßgerät störanfällig, besonders durch Schießen[5].«

Die ersten vier Sätze dieses Funkspruches, sie zeigen die bestürzende neue Dimension an, die Lütjens während des Marsches durch die Dänemarkstraße für die Operationen unserer schweren Schiffe im Atlantik hatte heraufdämmern sehen.[6]

Einen ganz anderen, nämlich zutreffenden Eindruck von der Szene um *Bismarck* an jenem Sonntagmorgen hatte im Lauf der Stunden hingegen die Gruppe West gewonnen. Die dort ausgewerteten britischen Fühlunghaltermeldungen hatten nach der Auflösung unserer Kampfgruppe zunächst eine gewisse Verwirrung des Gegners erkennen lassen. Noch gegen 22.30 Uhr am 24. Mai war Fühlung an *Bismarck* und *Prinz Eugen*[7], von dann ab bis 02.13 Uhr früh aber nur noch an *Bismarck* gemeldet worden. Danach waren die Fühlunghaltermeldungen erloschen. Und nachdem dieser Zustand einige Stunden angehalten hatte und eindeutig geworden zu sein schien, daß die Fühlung abgerissen war, funkte die Gruppe um 08.46 Uhr an Lütjens: »Letzte Fühlungmeldung Feind 02.13 Uhr *Suffolk*. Danach Anhalten dreistelliger taktischer Funksprüche, aber keine offenen Standortmeldungen mehr. Es besteht Eindruck, daß Fühlung abgerissen.«

Wie unverständlich muß es für die Gruppe gewesen sein, nach 09.00 Uhr die beiden Funksprüche des Flottenchefs über das Anhalten der Fühlung zu empfangen!

Aber wieso eigentlich sah sich Lütjens entgegen der Wirklichkeit und auch dem Eindruck der Gruppe West weiterhin als geortet an? Nur eine von vier denkbaren Erklärungen oder deren Kombination erscheint möglich.

Erstens könnten an Bord weitere Funkmeßimpulse empfangen worden sein, die Lütjens den Eindruck vermittelten, daß die Fühlung fortbestehe. Wir müssen hierzu wissen, daß *Bismarck* über seine drei Funkmeßortungsgeräte hinaus noch mit einem sogenannten Funkmeßbeobachtungsgerät ausgerüstet war. Dieses Gerät war ein bloßer Empfänger, dazu bestimmt, die Ortungsimpulse gegnerischer Funkmeßgeräte aufzunehmen. Bei einer solchen Aufnahme alarmierte das Funkmeßbeobachtungsgerät das Bedienungspersonal auf optischem oder akustischem Wege und ließ, je nach Ausführung, die Wellenlänge, die Impulsfrequenz, die Stärke der empfangenen Energie und die ungefähre Richtung des Senders erkennen. Dessen genauere Einpeilung war damals noch nicht möglich. Wenn nun Funkmeßimpulse morgens um 07.00 Uhr wirklich noch eingegangen sein sollten, so können es aber echte Ortungsimpulse, die zu ihrer Wirksamkeit des Rücklaufes zum Empfangsgerät auf dem betreffenden Fühlunghalter bedürfen, nicht mehr gewesen sein. Denn wenn, wie oben dargestellt, die Entfernung für einen Rücklauf zur *Suffolk* bereits gegen 03.30 Uhr zu groß gewesen war, dann hätte sie angesichts der seither auseinanderführenden Kurse um 07.00 Uhr erst recht zu groß sein müssen. Es könnte sich allenfalls um Impulse gehandelt haben, die über den Wirkungsbereich des britischen Ortungsgerätes – bei *Suffolk* also bis zu 240 Hektometer – hinaus auf *Bismarck* zwar noch aufzunehmen waren, aber, eben wegen der hohen Entfernung, nicht mehr reflektiert wurden. Nicht immer zeigen also aufgefangene Impulse an, daß wirksam geortet wird. Der Funkmeßbeobachter wird in diesen Grenzbereichen besonders sorgfältig zu beobachten und zu werten haben: Ortungsimpulse oder belangloses Echo? Dazu bedarf es natürlich einer guten fachlichen Ausbildung und Praxis – ob bei dem Funkmeßpersonal auf *Bismarck* beide Voraussetzungen erfüllt waren, kann ich aus eigener Anschauung nicht sagen. Ich bin selbst kein Fachmann auf diesem Gebiet. Zu bedenken ist auf jeden Fall, daß das Funkmeßwesen in seiner Gesamtheit damals noch neu und einschlägige Erfahrungen erst noch zu sammeln waren. Doch letztlich lasse ich den Komplex dahingestellt. Ich meine vielmehr, daß um 07.00 Uhr früh am 25. Mai unsere Entfernung zu

*Suffolk, Norfolk* und *Prince of Wales* selbst für das Auffangen von Impulsen jenseits der jeweiligen Suchweiten schon zu groß gewesen sein muß. Das wiederum bedeutet, daß um diese Zeit überhaupt keine Impulse mehr hatten empfangen werden können. Und außerdem: die drei früheren Fühlunghalter hatten doch angenommen, daß *Bismarck* in westlicher Richtung ausgebrochen sei, sie hatten ihre eigenen Suchkurse in entsprechender westlicher Orientierung angelegt. Sollten sie dann ihre Funkmeßgeräte nicht auch vorwiegend nach Westen zu haben suchen lassen, statt nach Osten hin, wo *Bismarck* in Wahrheit stand? Es fällt mir schwer anzunehmen, daß um 07.00 Uhr auf *Bismarck* noch Funkmeßimpulse registriert worden sind.

An nächster Stelle wäre denkbar, daß der Eindruck von Lütjens, weiterhin geortet zu sein, auf der Beobachtung des laufenden feindlichen Funkverkehrs beruht hatte. Möglicherweise waren die auf *Bismarck* wahrgenommenen Funksignale der ehemaligen Fühlunghalter fortgesetzt so lautstark empfangen worden, daß Lütjens eben einfach von ihrer unveränderten Nähe überzeugt war. Die Möglichkeit ist rein theoretisch. Konkret ist mir hierzu nichts überliefert.

Drittens wäre es möglich, daß die B-Dienstgruppe an Bord Lütjens in jenen Stunden Unterlagen geliefert hatte, die dieser als einen Hinweis für fortgesetztes Fühlunghalten verstand oder verstehen mußte. Hatte der Beobachtungsdienst britische taktische Signale oder Operationsfunksprüche irrtümlich interpretiert? Hatte er sonst eine Rolle in diesem Zusammenhang gespielt? – auszuschließen ist das ja nicht. Sollte aber auch dies nicht der Fall gewesen sein, so bliebe als vierte und letzte Möglichkeit nur noch übrig, daß Lütjens sich deshalb als weiterhin geortet ansah, weil er sich, fortgesetzt im Bann der vermeintlichen hohen Überlegenheit der britischen Funkmeßgeräte, anderes gar nicht mehr vorzustellen vermochte. Der Entschluß zur Abgabe seiner beiden Funksprüche am Morgen des 25. Mai wäre dann also nur noch aus Resignation, einer reinen Geistcshaltung heraus zu erklären? Wie gesagt, denkbar. Angesichts der ersten vier Sätze seines zweiten Funkspruches sogár wahrscheinlich. Oder wahr?

Aus vier so selbständigen Alternativen einen überzeugenden Schluß zu ziehen, fällt schwer. Die Alternative eins möchte ich ausschließen. Die Alternativen zwei und drei kann ich weder behaupten noch ausschließen. Für sie fehlt mir das eigene Erlebnis, und überliefert ist nichts. Zur Alternative vier fehlt mir der persönliche, unmittelbare Eindruck von Lütjens während der insoweit kritischen Operationsphase, also vom Beginn der Verfolgung durch *Suffolk* und *Norfolk* in der Dänemarkstraße bis zum Morgen des 25. Mai. Sie kommt daher über den Bereich des Denk-, des Vorstellbaren nicht hinaus.

Aus meiner Sicht muß letztlich ein Schleier darüber bleiben, warum Lütjens damals *Bismarck* als weiterhin geortet und infolgedessen das zu erwartende Einpeilen der verschlüsselten Klartextfunksprüche durch den Gegner nicht als eine neue, ernste Gefahr für das Schiff angesehen hat.

Als dann *Bismarck* ab 10.00 Uhr endlich Funkstille wahrte, wird der Gruppe West klargeworden sein, daß ihr Funkspruch von 08.46 Uhr Lütjens zu guter Letzt über seinen grundlegenden Irrtum aufgeklärt hatte.

Lütjens sollte aber mit seinen beiden Funksprüchen mehr bewirkt haben, als nur Zeugnis über seinen Irrtum im Punkt Fühlunghalten abzulegen. Und auch die Korrektur dieses Irrtums durch das schließliche Einhalten von Funkstille sollte nicht mehr ausreichen, den durch das Absetzen der Funksprüche angerichteten Schaden wiedergutzumachen.

## *Bismarck* – vom Gegner neu eingepeilt

Gegen 10.30 Uhr, also knapp anderthalb Stunden nach dem Absetzen des zweiten und längeren Funkspruches durch Lütjens, erhielt Tovey ein dringendes Signal von der Admiralität in London. Sie teilte mit, daß um 08.52 Uhr die Funkpeilung eines Schiffes, vermutlich des *Bismarck,* aufgenommen werden konnte, und übermittelte ihm die entsprechenden Peilstrahlen. Daß sie nicht sofort das fertige Auswertungsergebnis, also unseren danach berechneten Standort mit angab, beruhte auf einem Wunsch Toveys. Dieser hatte sich schon vor seinem Auslaufen aus Scapa Flow der Admiralität gegenüber grundsätzlich vorbehalten, Auswertungen dieser Art an Bord seines Flaggschiffes vorzunehmen.

Die ihm nunmehr übermittelten Peilstrahlen waren aber alles andere als ideal, weil sie ausschließlich von Stationen in Großbritannien stammten, weitgehend parallel liefen und navigatorisch sichere Schnittpunkte nicht erbrachten. Die auf *King George V* erzielte Auswertung erschien keineswegs eindeutig. Angesichts mehrerer danach für *Bismarck* möglichen Standorte entschied sich Tovey schließlich für den nördlichsten als wahrscheinlichsten.

Er lag in der Tat so weit im Norden, daß Tovey daraus auf die Rückkehr *Bismarcks* in die Nordsee schloß. Als er ihn seinen Einheiten mitteilte und damit den Befehl zu entsprechender Suchfahrt verband, drehten die meisten Schiffe, allen voran *King George V*, auf nördliche oder nordöstliche Kurse, die von der wahren Position *Bismarcks* wegführten.

Wiederum schien sich für uns eine Chance anzubahnen, dem Gegner zu entkommen. Eine zweite Chance, am gleichen Tag, den 25. Mai?

Aber die Admiralität in London ließ sich auf Dauer dann doch nicht von einem nördlichen Kurs *Bismarcks* überzeugen. Am Nachmittag teilte sie als Ergebnis von Nachberechnungen Tovey einen südlicheren und eindeutig auf dem Weg in die Biskaya liegenden Standort *Bismarcks* mit. Auch Tovey hatte mittlerweile seine eigene Peilauswertung noch einmal überprüfen lassen und dabei den schweren Fehler vom Vormittag erkennen müssen. Nach weiterem Gedankenaustausch mit der Admiralität, innerem Zögern und dem vorübergehenden Steuern eines Kompromißkurses nach Osten ließ er sich schließlich vollends davon überzeugen, daß *Bismarck* die westfranzösische Küste ansteuere. Und kurz nach 18.00 Uhr ließ er demgemäß auf Südostkurs drehen. Sieben Stunden lang hatte er Zeit und Seeraum verschenkt, stand jetzt einhundertundfünfzig Seemeilen hinter *Bismarck* in Richtung auf St. Nazaire. Noch um 04.00 Uhr früh hatte er einhundert Seemeilen vorlich in dieser Richtung gestanden! Wie würde die weitere Verfolgung unter den so zu seinem Nachteil veränderten Umständen ausgehen?

## Ein Tag des Schicksals hinter den Kulissen

Um die Mittagsstunde des 25. Mai wandte sich Lütjens mit einer Ansprache an die Besatzung des *Bismarck*. Die Aufforderung, sich an den Lautsprechern zu versammeln, kam kurzfristig und erreichte mich als Kriegswachleiter der Schweren Artillerie im Vorderen Leitstand. Ich entließ das Standpersonal zum Anhören der Rede, blieb aber meinerseits zurück, um die Artillerie nicht ganz ohne Ausguck zu lassen.

Das später rekonstruierte Kriegstagebuch des *Bismarck* enthält den folgenden, auf Angaben von Überlebenden beruhenden Wortlaut der Ansprache von Lütjens[1]:

»Soldaten vom Schlachtschiff *Bismarck!* Ihr habt Euch großen Ruhm erworben! Die Versenkung des Schlachtkreuzers *Hood* hat nicht nur militärischen, sondern auch moralischen Wert, denn *Hood* war der Stolz Englands. Der Feind wird nunmehr versuchen, seine Streitkräfte zusammenzuziehen und auf uns anzusetzen. Ich habe daher *Prinz Eugen* gestern mittag entlassen, damit er eigenen Handelskrieg im Atlantik führt. Ihm ist es gelungen, dem Feind zu entweichen. Wir dagegen haben Befehl erhalten[2], in Anbetracht der erhaltenen Treffer einen französischen Hafen anzulaufen. Auf dem Weg dorthin wird sich der Feind sammeln und uns zum Kampf stellen. Das deutsche Volk ist bei Euch, und wir werden schießen, bis die Rohre glühen und bis das letzte Geschoß die Rohre verlassen hat. Für uns Soldaten heißt es jetzt: Siegen oder Sterben!«

Noch heute sehe ich meinen Ersten Zielgeberunteroffizier mit allen äußeren Anzeichen der Niedergeschlagenheit von den Lautsprechern zurückkehren, höre noch seine Bemerkung, daß es nun wohl aus sei. Er und auch die anderen von der Ansprache zurückkehrenden Männer hielten die Aussicht, noch nach Frankreich durchzukommen, für kaum mehr gegeben. Der Gegner, so gaben sie mir die Ausführungen des Admirals wieder, ziehe seine gesamte Hochseeflotte zusammen, und er hole sie nicht nur aus den Heimatgewässern, sondern auch aus allen Teilen des Atlantik. Angesichts einer solchen Zusammenballung von Macht könne das Schicksal *Bismarcks* nur noch »Sieg oder Untergang« sein.

Deutlich war der Unterton aus den Sätzen der Männer spürbar gewesen. Sie hatten beide Worte ausgesprochen: »Sieg« und »Untergang«. Aber vor sich sahen sie nur den Untergang. Es war nicht leicht, sie zu beruhigen und ausgleichend zu wirken. Ich sagte etwa, daß sich die Dinge vielleicht doch nicht so heiß anlassen würden und erinnerte sie an den Blitzsieg über die *Hood*. Warum sollten wir mit unseren Waffen nicht noch einmal ähnliches leisten? Aber ein Schatten blieb auf der Stimmung der Männer zurück: Schließlich hatte ja der Flottenchef persönlich gesprochen.

Der Turbineningenieur des Schiffes, Kapitänleutnant (Ing.) Gerhard Junack, berichtete später, daß sich nach der Ansprache eine zunehmende Niedergeschlagenheit unter der Besatzung ausgebreitet habe, und zwar deutlich erkennbar von oben nach unten drückend. Offiziere des Flottenstabes hätten nunmehr die Schwimmwesten umgebunden getragen. Ältere Offiziere des Schiffes hätten es im Kreis jüngerer Kameraden offen ausgesprochen, daß sie an keinen Ausweg mehr glaubten. Oberfeldwebel seien mit umgebundenen Schwimmwesten auf ihren Stationen erschienen, obwohl eindeutig deren Tragen im Beutel befohlen gewesen sei. Gegen diese um sich greifende gedrückte Stimmung hätten sich vor allem die Divisionsoffiziere gewandt, denen es auch allmählich gelungen sei, ihre Männer wieder etwas aufzumuntern. Der hohe Gefechtswert, den das Schiff am Vortag bewiesen habe, sei aber unwiederbringlich verloren gewesen.

Junack fährt wörtlich fort: »Ob der Flottenchef sich nur in der Wahl seiner Worte vergriffen oder seine innerste Auffassung der Besatzung aufgeprägt hat, das muß offen bleiben. Ich brauche nicht ausdrücklich festzustellen, daß alle weitergehenden Gerüchte über Gehorsamsverweigerungen usw. aus der Luft gegriffen sind. Die Stimmung war gedrückt, nicht mehr aber auch nicht weniger. Welche taktischen Auswirkungen diese Niedergeschlagenheit gehabt hat, wer will das ermessen?«

Der Leckwehrgruppenführer 1, Stabsobermaschinist Wilhelm Schmidt, sagte: »Es ist verständlich, daß nach dieser Ansprache zunächst eine drückende Belastung auf einem Teil der Besatzung lag. Die Mannschaft war noch so jung, ein Teil von ihr seit der Ankunft aus den Ausbildungsabteilungen erst sechs Wochen an Bord. Da haben wir Unteroffiziere im Vertrauen auf unsere noch verbliebene Kampfkraft und eine rechtzeitige Entlastung durch unsere Fernbomber alles getan, um die Stimmung der Mannschaften wieder zu heben und aufrechtzuerhalten.«

Und noch einige andere Stimmen. Ein Oberleutnant zur See von der Flak: »Der Flottenchef hätte die Sache nicht so kraß ausdrücken sollen.« Ein Matrosengefreiter von der Mittelartillerie: »Die Kameraden erschienen mir niedergeschlagen und sagten, der Flottenchef hätte schön gesprochen, sie hätten aber seinen Worten entnommen, daß wir schon verloren wären.« Ein Maschinengefreiter von der Werkstatt-Abwehrgruppe: »Die Ansprache hatte bei der Besatzung eine gedrückte Stimmung zur Folge. Da diese vor der Rede sehr gut und zuversichtlich gewesen war, herrschte allgemein die Ansicht, daß es besser gewesen wäre, nichts über die Lage des Schiffes zu hören.« Ein Maschinenmaat aus einem Turbinenraum: »Die Worte des Flottenchefs wirkten vollkommen niederschmetternd auf uns, muteten sie uns doch als sicheres Todesurteil an, während wir uns schon ausgerechnet hatten, wann wir in Frankreich sein würden. Keiner schaute den anderen an, um sich keine Schwäche anmerken zu lassen. Tiefe Niedergeschlagenheit bemächtigte sich der ganzen Besatzung.«

Ganz offenbar hatte der Kommandant sofort die Gefahr begriffen, die Wortwahl und Tonfall des Flottenchefs für Stimmung und Geist seiner Besatzung bedeuten mußten. An Bord raunte man bereits von Differenzen zwischen den beiden. Jedenfalls hielt Lindemann gegen 13.00 Uhr über die Lautsprecher eine kurze Ansprache an die Besatzung, bei der er das gerade Gegenteil sagte: es gelte, dem Feind ein Schnippchen zu schlagen, und bald würde ein französischer Hafen erreicht sein. Darüber hinaus trat er in Gesprächen mit einzelnen Besatzungsgruppen der Wirkung der Worte von Lütjens entgegen. Es gelang ihm, die Mißstimmung aufzufangen, die Männer taten wieder mit Lust und Freude ihren Dienst. »Ich sehe heute noch Gesichter«, schrieb mir später ein Überlebender, »die nach der Ansprache des Kommandanten sich aufhellten, Gesichter, die anzeigten, daß die Männer wieder Mut faßten.« Und ein anderer: »Im Rückblick erscheinen die Worte Lindemanns als die fromme Lüge eines erfahrenen Mannes, der vielen Besatzungsangehörigen das Sterben hatte erleichtern wollen. Ehre seinem Andenken!«

Der von Junack unter Deck gewonnene Eindruck, daß nach der Ansprache von Lütjens die Niedergeschlagenheit von oben nach unten drückte, bestätigt nur noch einmal, daß unsere durchschnittlich sehr junge Besatzung von Natur her überwiegend optimistisch eingestellt war. Einige der Jüngeren hatten sich daher zunächst von den Warnungen des Flottenchefs auch gar nicht so sehr bedrücken lassen. Später sagten sie dazu: »Wir waren alle jung und siegesgläubig« oder »Uns ist bei der Ansprache des Flottenchefs zunächst gar keine Spur eines Gedankens gekommen, diesem starken Schiff könne etwas passieren.« Ein anderer mußte erst Zeuge eines nach der Ansprache von Lütjens geführten Gespräches zwischen zwei lebensälteren Bordangehörigen werden, »um zu verstehen, daß uns Schwerstes bevorstand und die nähere Zukunft gar nicht so rosig aussah, wie es uns jungen Soldaten schien«.

Das rekonstruierte Kriegstagebuch *Bismarck* schließt dazu, wie folgt, ab: »Nach dieser Ansprache des Flottenchefs, welcher die Besatzung über die Lage des Schiffes und Absichten der Führung orientierte, soll die bis dahin ausgezeichnete Stimmung der Besatzung eine gewisse Einbuße erlitten haben.«

Die der Formulierung der Ansprache im einzelnen zugrundeliegenden Informationen über die neuesten britischen Flottendispositionen waren Lütjens offenbar im Lauf des Tages von dem heimischen Beobachtungsdienst, vermutlich auch von der B-Dienstgruppe an Bord zugegangen. Er erlangte derartige Informationen auch weiterhin und ließ die Besatzung in Zeitabständen darüber unterrichten. »Überhaupt muß unsere Führung durch aufgefangene und entschlüsselte Funksprüche sehr gut über die britischen Positionen und Absichten orientiert gewesen sein«, sagte später ein Überlebender. So erfuhr die Besatzung unter anderem von dem Anlaufen der Kampfgruppe »H« aus Gibraltar, davon, daß das am 24. Mai von uns im Kampf beschädigte britische Schlachtschiff nicht die *King George V*, sondern die *Prince of Wales* gewesen sei und daß *Bismarck* jetzt von *King George V, Rodney, Ramillies, Repulse* sowie von Kreuzern und Zerstörern gesucht und verfolgt werde, um die Scharte des Verlustes der *Hood* auszuwetzen.

Im Lauf des Tages erhielt Lütjens noch zwei persönliche Botschaften aus der Heimat. Die eine kam von Raeder und lautete: »Herzlichste Glückwünsche zu Ihrem Geburtstag. Mögen Ihnen nach der letzten großen Waffentat im Neuen Lebensjahr weitere solche Erfolge beschieden sein – Oberbefehlshaber der Kriegsmarine.« Die andere, distanziert und dürr, stammte vom »Führer«: »Beste Wünsche zu Ihrem Geburtstag – Adolf Hitler.«

Während meiner Kriegsfreiwache am Nachmittag suchte ich die Schiffsbrücke auf, um, mit wem auch immer, drängende Gedanken über unsere Lage auszutauschen. Auch hoffte ich, dort vielleicht Näheres zu den von Lütjens nur in allgemeiner Form gegebenen Lageumrissen zu erfahren. Als Wachhabenden Offizier traf ich den Divisionsoffizier der 7. (Funktionärs)- Division, Kapitänleutnant Karl Mihatsch, an. Noch heute sehe ich uns nebeneinander in der Steuerbord Brückennock stehen und unser mächtiges Schiff bei achterlichem Wind vor der See herlaufen.

Nun, an Tatsachen wußte Mihatsch auch nicht mehr als ich, und wir konnten daher nur in allgemeiner Form sprechen. Wir meinten beide, daß trotz der verschärften Abfangdispositionen des Gegners der Ausgang unseres Durchbruchversuches nach St. Nazaire nach wie vor zumindest gänzlich offen sei. Ja, daß wir bei unserer vorlichen Stellung zur britischen Hauptmacht und unserem bis zu 28 Knoten Geschwindigkeit intakten Schiff sogar eine bessere als fünfzigprozentige Chance hätten. Gewiß würden jetzt außer den achterlich stehenden Verfolgern und der von vorn zu erwartenden Kampfgruppe »H« weitere Einheiten, wenn nicht gar Verbände, noch aus anderen Richtungen anmarschieren. Aber alles hinge doch davon ab, welche Einheiten es überhaupt und wie schnell sie seien, wo sie im Moment stünden und über welchen Fahrbereich sie zur Zeit noch verfügten. Nur *eines* dürfe nicht geschehen: *Bismarck* dürfe nicht durch irgendeinen Umstand in seiner Geschwindigkeit oder Manövrierfähigkeit herabgesetzt werden. Denn dann würde es auch den vorläufig noch achteraus stehenden, langsameren, aber schwerer bewaffneten britischen Einheiten möglich werden, aufzuschließen und eine artilleristische Gesamtfeuerkraft auf uns zu vereinigen, der wir nicht mehr gewachsen sein konnten. Und dieses *eine* drohe natürlich in erster Linie von einem Flugzeugangriff, wie wir ihn am Abend zuvor von seiten der *Victorious* erlebt hatten. Aber, ob ein anderer Flugzeugträger nahe genug dafür stehe? Das sei doch die große Frage. Von anderer Seite meinten wir etwas sorglos, weniger befürchten zu müssen, und britische Unterseeboote bezogen wir als allenfalls erst dicht vor der französischen Küste drohende, sekundäre Gefahr in unsere Überlegungen nicht ernsthaft ein. Und so endete unser kleiner »Kriegsrat«. Sensationelles hatte er nicht erbracht, aber es war gut gewesen, sich im Gespräch zu erleichtern.

Und wie sah sonst dieser Tag an Bord aus? Nun, *eine* Tatsache hatte sich seit dem späten Vormittag blitzartig herumgesprochen: Die Fühlung ist abgerissen! – abgerissen nach langen, ununterbrochenen einunddreißig Stunden! Es war die schönste Nachricht gewesen, die unter den Verhältnissen denkbar war, eine wahre Wohltat für Zuversicht und Stimmung. Wie diese Überraschung im einzelnen zustande gekommen war, wo die britischen Schiffe im Augenblick genau standen, wir wußten es nicht. Wir wußten nicht, daß gegen 04.00 Uhr früh Toveys Kampfgruppe unseren Kurs einhundert Seemeilen vor uns und zwei Stunden später *Victorious* nebst vier Kreuzern ihn hinter uns geschnitten hatten. Und daß wir gegen 08.00 Uhr nunmehr östlich nicht nur von diesen beiden Verbänden, sondern auch von den uns im Westen suchenden Kreuzern *Suffolk* und *Norfolk* gestanden hatten. Wir hätten all dies wahrscheinlich auch gar nicht so genau wissen wollen und begnügten uns gern mit der Freude über die vorerst glückliche Fügung. Gegenseitig drückten wir uns immer wieder den Wunsch aus, bis St. Nazaire den Gegner nicht wieder zu Gesicht zu bekommen.

Mit wachsendem zeitlichen Abstand von der Ansprache Lütjens' und als der lange Tag in die Nacht überging, wurden dann auch die Gedanken aller nicht laufend und näher in die Feindlage Eingeweihten allmählich wieder mehr von der Vorstellung beherrscht, daß die Fühlung doch wohl endgültig und mit allenfalls nur noch äußerst geringer Aussicht auf ihre Wiederherstellung abgebrochen sei. Dazu hatte auch die mit dem Geschützlärm des Vortages so wohltuend kontrastierende Ruhe des Sonntages beigetragen. Dafür sorgte schließlich auch die menschliche Natur. Sie ließ Negatives rascher verblassen und bot uns Hoffnung als willkommene Stütze.

Und welche Bedeutung hatte dieser 25. Mai im Ganzen? Was hatte er für den Fortgang der »Rheinübung« insgesamt erbracht?

Nun, gemessen an den dramatischen Gefechten des Vortages war er an

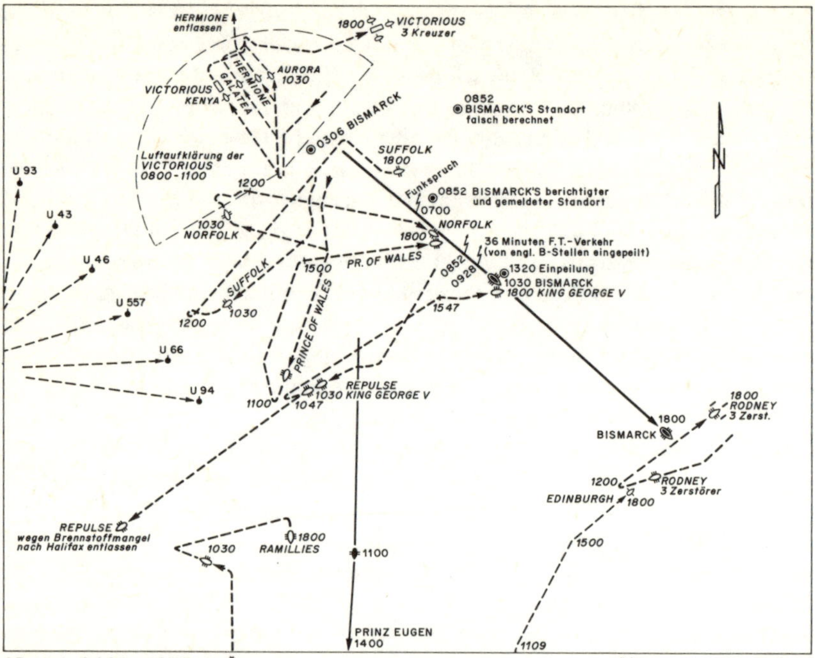


25. Mai 0400 - 1800 Uhr* — *(Deutsche Sommerzeit, MEZ + 1)

Bewegungen auf beiden Seiten nach dem Verlust der Fühlung und den danach von Admiral Lütjens abgesetzten zwei Funksprüchen.

äußerem Geschehen arm geblieben. Es hatte keine erregenden Aktionen gegeben, und bis zum Einbruch der Nacht hatten wir nicht einen einzigen Gegner auf See oder in der Luft erblickt. Auch die Nacht zum 26. Mai über sollte das noch so bleiben. Aber, hinter den Kulissen, im großen Spiel des Ansatzes britischer Seestreitkräfte hätte es spannender und schicksalsträchtiger kaum zugehen können. Wir brauchen nur noch einmal die Ereignisse des Tages stichwortartig aneinanderzureihen:

In der Frühe ging die Fühlung verloren – Lütjens erkannte dies nicht und setzte zwei Funksprüche ab – Gruppe West teilte ihren Eindruck mit, daß Fühlung nicht mehr bestehe – Lütjens übernahm diese Erkenntnis und wahrte Funkstille – seine vorherigen Funksprüche waren aber vom Gegner eingepeilt worden – jedoch wurden diese Funkpeilungen auf *King George V* falsch ausgewertet, und unsere Verfolger fuhren in die verkehrte Richtung – Toveys Verlust an Zeit und Seeraum war unser Gewinn – Nachmittags kam Tovey wieder auf richtigen Kurs – das britische Abfangnetz zog sich weiter zusammen –

Luftaufklärung nach *Bismarck* wurde nach nunmehr zutreffenden Standortvermutungen vorbereitet – unsere Aussicht, St. Nazaire zu erreichen, stieg am Morgen und sank am Nachmittag, blieb aber bei Tagesausklang reell bestehen.

## Eine Schornsteinattrappe. Salzgefahr auf *Bismarck*

Am Nachmittag des 25. Mai wurde nun noch eine kleine Kriegslist an Bord vorbereitet. Wir wollten den Gegner irreführen und bei der nächsten Feindberührung als »britisches« Großkampfschiff mit zwei Schornsteinen in Erscheinung treten. Die auf uns angesetzten Schiffe der *King George V* – Klasse waren ja Zweischornsteinschiffe, die Gleichheit in einem so markanten Unterscheidungsmerkmal ließ auf eine von uns jetzt gewünschte Verwechslung hoffen. Die Anfertigung eines zweiten (Attrappen)-Schornsteins wurde angeordnet.

Zwar würden wir natürlich auch trotz solcher Veränderung beachtliche Verschiedenheiten in der Silhouette gegenüber britischen Schiffen aufweisen, die genauen Beobachtern auffallen mußten. Aber der nächste Gegner würde vermutlich in der Luft auftauchen, von wo das Erkennen eines Schiffstyps ohnehin besonders schwierig ist. Da konnte ein zweiter Schornstein schon gehörige Verwirrung stiften. Mindestens aber würde unsere Tarnung bei der allmählich zu erwartenden Massierung von Kriegsschiffen den feindlichen Erkennungsdienst Zeit kosten, besonders dann, wenn Sichtverschlechterungen hinzutreten sollten. Und so gewonnene Zeit würde kostbar sein. Zeit wurde überhaupt immer wertvoller, unsere Brennstofflage immer prekärer. Da würde es schon ein Gewinn sein, unser Erkanntwerden auf jede nur mögliche Art hinauszuzögern. Und damit gleichzeitig den Moment, in dem *Bismarck,* erkannt, gezwungen sein mochte, zur Abwehr hohe, unseren knappen Brennstoffvorrat noch eher aufzehrende Fahrtstufen zu laufen, wenn nicht gar Ausweichkurse, die Umwege bedeuteten, zu steuern. Alles, wirklich alles zählte – und nicht zuletzt konnten Toveys Schiffe, je länger sie auf ungewissen Suchkursen bleiben mußten, desto eher selbst in Brennstoffnot geraten, so daß vielleicht der eine oder andere unserer Verfolger aufgeben mußte.

Gewiß war die Schornsteinattrappe von vornherein nur ein schwaches Mittel zur Irreführung. Schwach auch schon deshalb, weil wir zu seiner Wirksamkeit die bei Begegnungen notfalls abzugebenden optischen Erkennungssignale der Briten hätten kennen müssen. Ob unsere Schiffsführung sie kannte, weiß ich nicht. Darüber hinaus aber konnte schon das Fehlen jeglichen Zerstörerschutzes um *Bismarck* die feindlichen Aufklärer leicht stutzig machen. Ein im freien Seeraum operierendes britisches Schlachtschiff wurde üblicherweise von Zerstörern begleitet. Aber ein schwacher Versuch war besser als gar keiner.

Wie bitter mag es Lütjens jetzt angekommen sein, eine Beölung im Grimstad Fjord oder aus der *Weißenburg* unterlassen zu haben. Seit Entdeckung der Brennstoffnot am Vorabend, seit nunmehr zwanzig Stunden hatte *Bismarck* eine wirtschaftliche Marschfahrt von nur zwanzig statt der maschinell möglichen achtundzwanzig Knoten laufen müssen. Einhundertundsechzig Seemeilen hätten wir sonst dichter an St. Nazaire heranstehen und sicherlich schon im Schutzbereich der deutschen Luftwaffe sein können.

Unter Verwendung eines Holzgestells, von Blech und Segeltuch wurde nun eine Schornsteinattrappe gebaut und gleich dem Hauptschornstein grau angestrichen. Für die Aufstellung wurde das Flugzeugdeck vorlich der Flugzeughalle vorgesehen. Die Männer der Werkstattgruppe arbeiteten bis zum Eintritt der Dunkelheit mit Schwung und Begeisterung, diese ungewöhnliche Aufgabe war für sie eine belebende Abwechslung von der langen Kriegswachroutine. Auch der Leitende Ingenieur, Korvettenkapitän (Ing.) Walter Lehmann, interessierte sich persönlich für den Fortgang.

Ja, Walter Lehmann würde sich bestimmt selbst davon überzeugen wollen, wie seine Männer einen solchen »Schornstein« zusammenbrachten. Zu ihnen hatte er sich ja von Anbeginn ein besonders enges und vertrauensvolles Verhältnis geschaffen, zu dem sicherlich auch seine sehr persönliche Art beigetragen hatte, »Palaverstunden«, gewöhnlich in der Nähe von Turm »Dora«, abzuhalten, wenn jemand einmal oder wieder einmal etwas »ausgefressen« hatte. Er pflegte dann den betreffenden Mann an der Hand zu nehmen und zu knurren: »Kein Männchen!« – damit also schon von vornherein der »Delinquent« nicht etwa »stillstand« und dadurch vielleicht gehemmt war. Und dann »mußte man«, wie ein Überlebender es später ausdrückte, »mit ihm um den Turm kreisen und konnte reden, wie einem der Schnabel gewachsen war.« Ein junger Heizer hatte in Gotenhafen, während der dem Auslaufen vorangehenden Urlaubssperre, erfahren, daß es mit seiner Mutter zu Ende gehe. Der Junge war regelrecht verstört gewesen, und einer seiner mitempfindenden Kameraden hatte ihn an der Hand stracks zu Lehmann geführt. Vor diesem hatte er dann sein »Männchen« gemacht und gesagt: »Bitte, Papa ...«, und, über sich selbst betroffen, sogleich geschwiegen. »Nun segg schon Papa, is wurscht, was haste auf'm Herzen?«, hatte Lehmann nur gemeint. Und das allein hatte schon geholfen, in diesem großen Kummer. »Papa Lehmann« – diesen Namen hatten ihm seine Männer dann auch sehr bald gegeben.

»Papa Lehmann« kam also und schaute zu. »Nun«, sagte er, »da müssen wir dann wohl noch einige Raucher hineinsetzen, damit das Ding auch ordentlich qualmt.« Seine spaßige Idee wurde sogar von der Schiffsführung aufgenommen und über die Lautsprecher verbreitet: »Freiwache vor der Kammer des Ersten Offiziers Zigarren empfangen zum Rauchen im zweiten Schornstein!« Über diesen »Befehl« wurde natürlich viel gelacht, und er trug auf seine Weise merklich zur Hebung der Stimmung bei. Klar zum Setzen blieb die Attrappe aber vorerst an Deck liegen. Erst auf besonderen Befehl sollte sie errichtet werden. In der Zwischenzeit wurden mehrere Morsesprüche in Englisch zur etwaigen Abgabe im Fall einer Feindberührung vorbereitet. Ich selbst war an der Abfassung dieser Texte beteiligt.

In der Hauptsache galt die Sorge des Leitenden Ingenieurs an diesem Tag nicht so sehr dem im Vorschiff abgeschnittenen Heizöl und der dadurch verschärften Brennstofflage des Schiffes als vielmehr der Salzgefahr. Durch den Wassereinbruch im Kesselraum Backbord 2 war nicht nur der Speisewasserkreislauf des Turbokraftwerkes Nr. 4 versalzen worden, die gleiche Gefahr bedrohte jetzt auch das Kraftwerk Nr. 3. Wenn aber Seewasser über den Speisewasserkreislauf in die Heizkessel gelangt, ist zu befürchten, daß der in die Antriebsturbinen strömende Dampf unverdampftes Wasser mitreißt. Und mitgerissene Wassertropfen können in kürzester Zeit die Turbinenschaufeln zerstören, den gefürchteten »Schaufelsalat« herbeiführen. In allen Turbokraftwerken mußte daher jetzt sofort das Speisewasser gewechselt werden. Die Speisewassererzeugung hielt aber mit den Anforderungen nicht Schritt, denn die Hochdruckanlage verbrauchte zuviel Wasser. Nur noch mit äußerster Kraft konnten die vier Frischwassererzeuger und der behelfsmäßig herangezogene Hilfskessel ausreichend Speisewasser erzeugen. Erst am Abend des 25. Mai war die Gefahr endgültig beseitigt.

Nachmittags ging *Bismarck* zur Erleichterung der im Vorschiff immer noch andauernden Reparaturarbeiten auf 12 Knoten Fahrt herunter. In Taucherkleidung stiegen Männer der Pumpenmeistergruppe in die vorn vollgelaufenen Abteilungen, öffneten unter schwierigsten Bedingungen die Ventile der Ölzellen. So standen wieder einige hundert Tonnen mehr an Heizöl zur Verfügung.

Im übrigen lehnte an diesem Tage die Schiffsführung einen Vorschlag des Marinebaurates Heinrich Schlüter ab, dic vorderen Anker und Ankerketten rauschen zu lassen. Schlüter hatte mit dieser Gewichtserleichterung des Vorschiffes dem seit dem Wassereinbruch während des Island-Gefechtes noch immer anhaltenden Trimm nach vorn begegnen wollen. Die Gründe für die Ablehnung sind mir damals nicht bekannt geworden. Vermutlich rechnete die Schiffsführung mit der Notwendigkeit von Ankermanövern bei dem beabsichtigten Einlaufen in St. Nazaire. Und es wäre sicherlich fatal gewesen, dann kein Ankergeschirr mehr an Bord zu haben.

Mittlerweile war die Nacht zum Montag, den 26. Mai angebrochen, und nichts deutete darauf hin, daß der Gegner einen Anhalt für unseren augenblicklichen Standort wiedergewonnen hatte. Gegen 19.30 Uhr teilte die Gruppe West dem Flottenchef mit, daß für das Einlaufen von *Bismarck* starke Luftverbände zum Einsatz zur Verfügung ständen, Kampfverbände bis 14° West, Aufklärer bis 15° und schwache, weitreichende Aufklärung bis 25° West. Für das Einholen

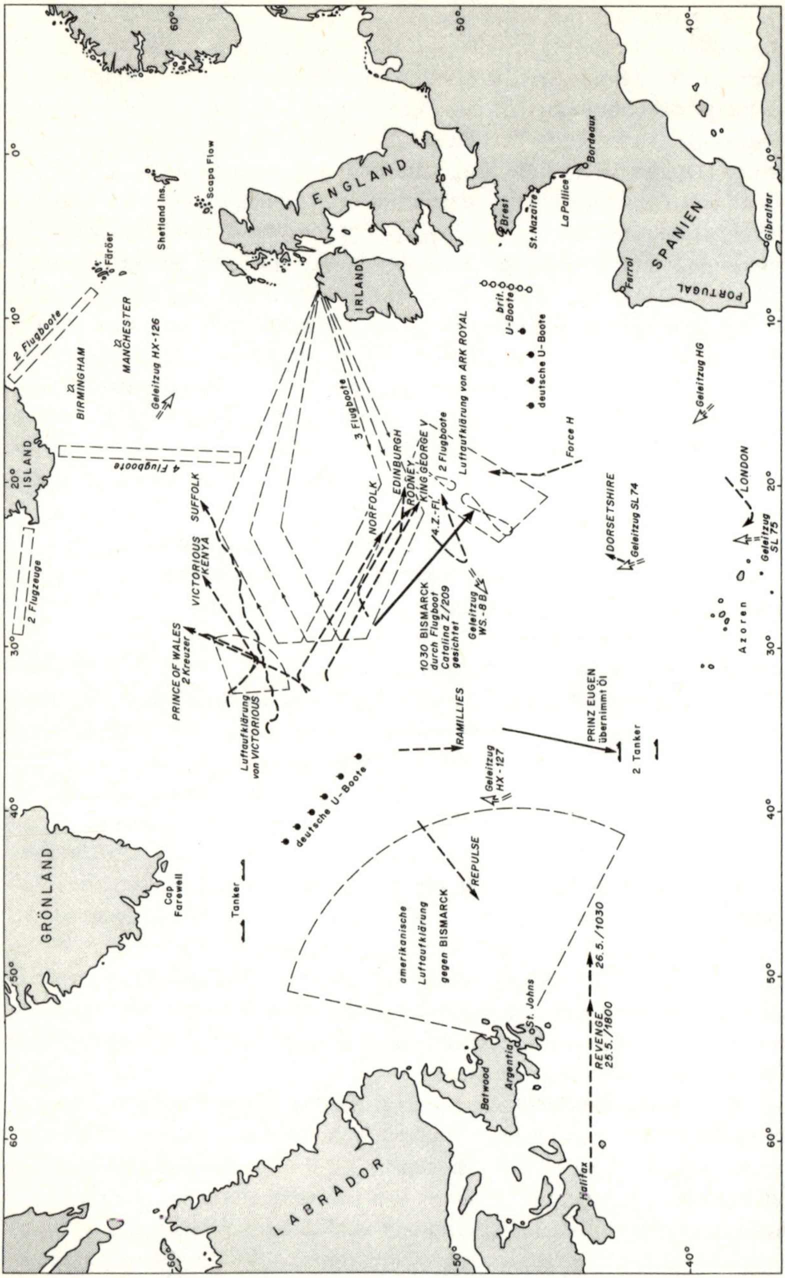


25. Mai /1800 Uhr - 26. Mai /1030 Uhr*

*(Deutsche Sommerzeit, MEZ+1)

ständen drei Zerstörer zur Verfügung. Die Außenwege Brest und St. Nazaire seien unter verschärfter Kontrolle. Notfalls sei ein Anlaufen von La Pallice möglich. Der Flottenchef möge das Überschreiten des Längengrades von 10° West frühzeitig melden.

Auch der Morgen des 26. Mai ließ sich ruhig an. Gegen 04.30 Uhr früh kam von der Schiffsbrücke die Nachricht an alle: »Auf dem Wege nach St. Nazaire haben wir jetzt dreiviertel von Irland passiert. Bis zum Mittag werden wir uns im Operationsgebiet deutscher Unterseeboote und in Reichweite deutscher Flugzeuge befinden. Ab 12.00 Uhr ist mit dem Erscheinen von Kondor-Maschinen zu rechnen.« Die Nachricht löste überall große Freude aus, und die Stimmung im Schiff stieg. An einen schlechten Ausgang der Operation dachte kaum noch jemand.

## Zwei Catalinas starten in Nordirland

Wie alle an Bord ahnte ich nichts von der über Nacht entwickelten Aufklärungstätigkeit des Küstenkommandos der britischen Luftwaffe. Und natürlich ebensowenig von den besonderen Begleitumständen der Aktion, deren Auswirkungen uns in Kürze treffen sollten.

Zu Anfang Mai 1941 waren unter den Bedingungen strengster Geheimhaltung[1] siebzehn Piloten der amerikanischen Marine nach Großbritannien entsandt und dort den Flugbooteinheiten des Küstenkommandos zugeteilt worden. Sie sollten das fliegende Personal der britischen Luftwaffe mit den in den Vereinigten Staaten entwickelten Catalina Flugbooten vertraut machen, von denen der britischen Regierung einige Exemplare im Rahmen des Pacht- und Leihvertrages zur Verfügung gestellt worden waren. Ihrerseits sollten die amerikanischen Piloten operative Erfahrungen zugunsten der amerikanischen Marine sammeln.

Zwei dieser Catalinas mit ihrer Spannweite von 35 Meter und der für die damalige Zeit ungewöhnlich hohen Flugstrecke von 6400 Kilometer waren nun am 26. Mai um 03.00 Uhr früh von ihrem Stützpunkt Lough Erne in Nordirland zu einer weit in den Atlantik reichenden Suchaktion nach *Bismarck* gestartet. Eine von ihnen war die Catalina »Z« aus der Staffel Nr. 209. Ihr Kommandant war der britische Flying Officer Dennis Briggs, Kopilot der amerikanische Ensign Leonard B. Smith. Um 10.15 Uhr sah Smith aus der bei schlechter Sicht und niedrigen Wolken fliegenden Maschine ein Schiff, das er für *Bismarck* hielt.

Nach einem Tag ohne Sichten des Gegners wird *Bismarck* am 26. Mai um 10.30 Uhr wieder entdeckt.

Da ihm das aber noch nicht genügend sicher schien, mußte Briggs die Catalina erst noch in eine bessere Beobachtungsposition manövrieren. Aus siebenhundert Meter Höhe und vierhundertundfünfzig Meter Querabstand sah Smith dann das Schiff durch ein Wolkenloch wieder. *Bismarck*? Minuten später lautete die Funkmeldung der Catalina: »Ein Schlachtschiff in Richtung 240°, fünf Seemeilen Abstand, Kurs 150°, meine Position 49° 33′ Nord, 21° 47′ West, Uhrzeit: 10.30 Uhr.«

Die Meldung zeigte Tovey, wie knapp *Bismarck* am Tag zuvor verfehlt worden war: von *Rodney* und ihren Begleitzerstörern um fünfzig Seemeilen, dem Kreuzer *Edinburgh* um fünfundvierzig Seemeilen. Ein Verband britischer Zerstörer hatte *Bismarcks* Kielwasser in einem Abstand von nur dreißig Seemeilen geschnitten. *King George V* stand nunmehr einhundertfünfunddreißig Seemeilen nördlich, *Rodney* einhundertundfünfundzwanzig Seemeilen nordöstlich und *Renown* einhundertundzwölf Seemeilen ostsüdöstlich des noch etwa siebenhundert Seemeilen von St. Nazaire entfernten deutschen Schlachtschiffes.

## *Bismarck* vom Gegner wieder entdeckt

*Bismarck* hatte Kurs und Fahrt auf die westfranzösische Küste zu unverändert beibehalten. Der vergangenen Nacht gleich waren auch die Morgenstunden des 26. Mai ohne Besonderheiten verlaufen. Um 10.25 Uhr funkte die Gruppe West an Lütjens, daß die eigene Luftaufklärung planmäßig gestartet sei, die Wetterlage in der Biskaya aber zur Zeit einen vorgeschobenen Einsatz von Sicherungsstreitkräften verhindere. Daher werde vorläufig nur eine enge Luftsicherung möglich sein.

Da, plötzlich, um 10.30 Uhr ertönte der Ruf von der Schiffsbrücke »Flugzeug an Backbord!« ... »Fliegeralarm!« Unser aller Augen flogen in die angegebene Richtung, und in der Tat war dort deutlich ein Flugboot zu erkennen, das bei der niedrigen und starken Wolkendecke nur sekundenweise in Sicht kam, bevor es wieder verschwand. Bei dem ersten längeren Wiederauftauchen eröffneten wir ein sofort sehr gut liegendes Flakfeuer. Das Flugboot entzog sich ihm, kam in den Wolken rasch gänzlich außer Sicht und wurde auch nicht wieder gesehen. Wir vermuteten, daß es sich weiter im Schutz der Wolken hielt, um möglichst ungesehen unsere Position fortlaufend zu beobachten und zu melden. Eine Zeitlang wurde auf der Brücke erwogen, unsere Bord-Arados gegen die Catalina anzusetzen. Aber klein[1], wie sie nun einmal waren, wären sie einem so großen und kampfstarken Gegner niemals gewachsen gewesen, und Lindemann ließ ihren Start gar nicht erst zu. Unser Beobachtungsdienst entschlüsselte bald die Aufklärungsmeldung der Catalina, und auch die Gruppe West funkte sie um

11.56 Uhr an Lütjens: »Englisches Flugzeug meldet an 15. Aufklärungsgruppe: 10.30 Uhr ein Schlachtschiff, Kurs 150°, Fahrt 20 Knoten. Mein Standort ist 49° 20′ Nord, 21° 50′ West.«

Wir waren wiederentdeckt.

Offensichtlich war das große Flugboot von einem weit entfernten Landstützpunkt gekommen. Ich nahm daher zunächst an, daß es noch eine geraume Zeit dauern könne, bis dessen Aufklärungsmeldung zu sichtbaren Weiterungen führen würde. Aber meinen Irrtum sollte ich rasch erkennen. Schon gegen 12.00 Uhr, nur anderthalb Stunden nach unserer Begegnung mit der Catalina, funkte Lütjens an die Gruppe West: »Feindflugzeug hält Fühlung; Radflugzeug; mein Standort ungefähr 48° Nord, 20° West.«[2]

Ein Radflugzeug, dachte ich – nun stand also doch schon ein Flugzeugträger ganz in der Nähe. Und bei diesem würden weitere, wahrscheinlich auch schwere Einheiten sein. Bevor wir aber auf diese stoßen, würden wohl erst einmal wieder Kreuzer oder Zerstörer Fühlung aufnehmen? Und würden wir die so glücklich beendete Verfolgung durch *Suffolk* und *Norfolk* jetzt in Neuauflage erleben?

Auf *Bismarck* brach sich die Erkenntnis Bahn, daß sich das Blatt wieder einmal gewendet hatte. Nach einunddreißig Stunden fast ununterbrochenen Fühlunghaltens waren jetzt einunddreißig Stunden abgebrochener Fühlung, vielleicht unwiderruflich, zu Ende gegangen – eine jeweils gleiche Stundenzahl, wie merkwürdig! War das Trägerflugzeug wirklich der Auftakt einer entscheidenden Wendung? Die Stimmung sank um einiges bei denjenigen, die die Hintergründe der neuen Zeichen zu lesen vermochten.

Daß wir mit dem Radflugzeug allerdings mehr vor Augen hatten als einen mehr oder weniger zufälligen Erfolg gegnerischer Aufklärung, das freilich wußten wir innerhalb der Besatzung damals noch nicht. Nichts ahnten wir von der vorwiegenden Ursache dieses Erfolges, der Abgabe zweier Funksprüche durch Lütjens am Vortag, deren Einpeilung durch britische Bodenstationen. Der beiden Funksprüche, deren zweiter und schon durch seine bloße Länge einer Fremdeinpeilung besonders dienliche allenfalls für eine spätere Auswertung in der Heimat interessant sein würde. Die aber beide im Zeitpunkt ihrer Abgabe operativ ohne Konsequenz waren und nur das Schicksal von Schiff und Besatzung besiegeln halfen.

An Bord lag die Schornsteinattrappe immer noch am Ort ihrer Herstellung auf dem Flugzeugdeck. Sie war nicht aufgestellt worden, und ich habe auch niemals authentisch erfahren, warum nicht. Wenn sie überhaupt jemals den ihr zugedachten Sinn hätte erfüllen sollen, dann hätte sie natürlich in der Zeit gesetzt werden müssen, in der die Fühlung abgerissen war. Bei der nächsten Feindberührung wäre *Bismarck* dann sofort als ein Zweischornsteinschiff in Erscheinung getreten. Nun aber hatten wir statt des Versuches, dieses Mittel auszuprobieren, dem Feind im Gegenteil durch unser Flakfeuer sofort unsere

Identität bestätigt. Wie heute bekannt ist, hatten wir ihm damit auch noch die Mühe abgenommen, sich seinerseits erst einmal vollends über uns zu vergewissern! Es hatte also der Verzicht auf die Hilfsmittel der Attrappe und der vorbereiteten Signalsprüche von vornherein bei uns gelegen, und ich konnte mir damals nur denken, daß eine gewisse Stimmung innerhalb des Flottenstabes diese Unterlassung hervorgerufen hatte. Wahrscheinlich hatte sie in der von ihr immer prekärer empfundenen Gesamtlage den Tarnversuch nicht mehr für aussichtsreich gehalten. Aber es war keine Zeit und Gelegenheit, Fragen zu stellen, und ich behielt meine Verwunderung für mich.[3]

Am Nachmittag gesellte sich dem fühlunghaltenden Radflugzeug ein Catalina Flugboot zu. Es war die Rottenmaschine unseres Entdeckers vom Vormittag, der seinerseits aus Brennstoffrücksichten die Operation hatte abbrechen müssen. Sie pendelte längere Zeit außerhalb der Flakreichweite über unserem Kielwasser hin und her. Gelegentlich suchten beide Flugzeuge sich uns zu nähern, wurden aber jedes Mal durch Flakfeuer vertrieben. Von der Brücke kam durch, daß ein Flugzeugträger in der Nähe sei, und alle Ausgucks wurden angewiesen, genau aufzupassen, in welcher Richtung die Radflugzeuge ablösen, damit der Standort des Trägers festgestellt werden könne. Gegen 18.00 Uhr verschwand das Flugboot, doch hielten um diese Zeit bereits Trägerflugzeuge laufend und kurz danach auch der neu ins Bild getretene Kreuzer *Sheffield* Fühlung. Dessen Standort meldete Lütjens der Gruppe West um 18.24 Uhr, wobei er als Kurs der *Sheffield* 115° und als deren Geschwindigkeit 24 Knoten mitteilte.

Um 19.03 Uhr funkte er an die Gruppe: »Brennstofflage dringend. Wann kann ich mit Ergänzung rechnen?« Die Zusatzfrage in diesem Signal mußte die Gruppe sicherlich verdutzen. Denn wie sollte sie bei den vielen Unbekannten in der Lage *Bismarcks* beantworten, wann und wo ein Nachschubtanker inmitten des Operationsgebietes bereitstehen könne? Erst später wurde ihr klar, daß Lütjens im Grunde nur seine kritische Brennstofflage hatte mitteilen wollen. Er hatte, um seine Funkmeldung knapp zu halten, das Kurzsignalheft zur Verschlüsselung verwendet. Und dieses hatte die Meldung über die Brennstofflage nur in Kombination mit der Frage nach dem Zeitpunkt der Ergänzung zugelassen.

## Nur noch *Ark Royal* könnte Admiral Tovey Erfolg bringen

Inzwischen hatten sich auf der britischen Seite einige Schiffe wegen allmählich eingetretener Brennstoffnot ihrer Verfolgungsaufgabe in der neuen Richtung auf die französische Westküste zu nicht mehr gewachsen gezeigt. Das Schlachtschiff *Prince of Wales*, der Flugzeugträger *Victorious*, deren Begleitzerstörer und Kreuzer *Suffolk* waren aus dem Rennen geschieden. Recht günstig stand aber der Kreuzer *Norfolk*. Dieser war durchgehend von der Annahme ausgegangen, daß *Bismarck* Brest ansteuere, und hatte daher die Suchkurse nach Norden zu gar nicht erst aufgenommen. Noch vorteilhafter plaziert war das Schlachtschiff *Rodney*. Es hatte in der gleichen Annahme wie die *Norfolk* taktiert, allerdings auch schon von vornherein so weit südlich gestanden, daß es an eine Verfolgung nach Norden zu niemals mehr Anschluß gefunden hätte. *Rodney* und *Norfolk* standen aber eben auch nur relativ günstig und gleich *King George V* in Richtung auf die westfranzösische Küste viel zu weit achtern, um einem mit nicht wesentlich verminderter Geschwindigkeit weiter laufenden *Bismarck* noch gefährlich werden zu können. Das ursprünglich nicht ungünstig stehende, aber alte und langsame Schlachtschiff *Ramillies* war durch die Admiralität inzwischen von der weiteren Verfolgung *Bismarcks* entbunden und mit anderen Aufgaben betraut worden.

Für einen möglichst raschen Ansatz auf das deutsche Schlachtschiff verblieb Tovey im Moment also nur noch die im Süden stehende Kampfgruppe »H« Somervilles. Diese Kampfgruppe und Toveys eigener Verband waren ja praktisch seit dem 24. Mai aufeinander zugelaufen. Hatte Tovey aber anfänglich noch gemeint, daß Kampfgruppe »H« viel zu weit südlich stehe, um jemals noch in die Verfolgung *Bismarcks* eingreifen zu können, so sah er es jetzt anders. Im Gegenteil, nur noch Somervilles Verband konnte zum Hindernis für *Bismarck* werden, zum einzigen und letzten! Und zwar nicht so sehr durch den Schlachtkreuzer *Renown* und den Schweren Kreuzer *Sheffield*. Nach der Erfahrung mit der *Hood* würde es sich nicht mehr empfehlen, diese beiden Schiffe ohne schwerste Rückendeckung auf *Bismarck* anzusetzen. Aber die Flugzeuge des Trägers *Ark Royal* würden den Erfolg bringen müssen! Diese würden *Bismarck* durch Torpedos lahm zu schießen und die Voraussetzung dafür zu schaffen haben, daß seine eigenen schweren Einheiten zum Entscheidungsgefecht aufschließen können – eine unerläßliche und bei der jetzt gegebenen Annäherung an den Wirkungsbereich der deutschen Luftwaffe umgehend zu erfüllende Voraussetzung! Ihr Eintreten würde durch einen rücksichtslosen Einsatz der Trägerflugzeuge zu forcieren sein. Und in diesen sah Tovey nunmehr auch die einzige ihm noch verbliebene Chance vor der trostlosen Alternative, die tagelange Verfolgung über den Atlantik am Ende erfolglos einstellen zu müssen. Er mußte sich zwar eingestehen, daß der Angriff der Trägerflugzeuge der *Victorious* am 24. Mai erfolglos geblieben war. Aber die Flugzeugbesatzungen dieses Trägers waren jung und unerfahren gewesen. Auf *Ark Royal* hingegen würden die am besten ausgebildeten und erfahrensten Flugzeugbesatzungen der britischen Marine zur Verfügung stehen – hier waren doch von vornherein die Aussichten viel günstiger!

Vice Admiral Somerville war bereits seit dem Vormittag des 25. Mai nach der Annahme verfahren, daß *Bismarck* Brest ansteuere. Aufgrund fortlaufend erhaltener Meldungen über den Standort des deutschen Schlachtschiffes hatte er am Morgen des 26. Mai zehn »Swordfish« Flugzeuge der *Ark Royal* zur Luftaufklärung starten lassen. Ihnen waren sechs weitere, zur Vergrößerung des Flugbereichs mit Zusatztanks ausgestattete »Swordfish« beigegeben worden. Diese sollten *Bismarck* beschatten, sobald er erst einmal gefunden sein würde. Nach ihrem Start gegen 08.30 Uhr hatten die Aufklärer erst einmal zwei Stunden lang geschwiegen. Aber dann plötzlich, gegen 10.30 Uhr, hatten die Funkgasten auf *Renown* und *Ark Royal* eine einkommende Meldung niedergeschrieben, das Aufklärungsergebnis eines Flugzeuges: »Ein Schlachtschiff auf 49° 33′ Nord, 21° 50′ West, Kurs 150°.« Es war zwar nicht, wie man auf dem Träger ehrgeizig gehofft hatte, die Meldung eines »Swordfish« der *Ark Royal*, sondern die der Catalina gewesen. Doch hatte dies den Grad ihrer Willkommenheit um nichts gemindert. Und als dann die Catalina nach ihrem Beschuß durch *Bismarck* die Fühlung wieder verloren hatte, war diese schließlich von einem »Swordfish« der *Ark Royal* wiedergewonnen und auch weiter gehalten worden!

Danach hatte Somerville angestrebt, die »Swordfish« zu Torpedoangriffen gegen *Bismarck* starten zu lassen. Die erste Gelegenheit dazu hatte sich ihm scheinbar am frühen Nachmittag geboten. Um 14.50 Uhr waren trotz schlechten und stürmischen Wetters fünfzehn Maschinen angriffsbereit gestartet. Etwa zur gleichen Zeit hatte Somerville die *Sheffield* zum Fühlunghalten an *Bismarck* entsandt, da es ihm bei der sich laufend weiter verschlechternden Wetterlage zu unsicher erschienen war, nur von der Beobachtung aus der Luft abzuhängen. Der Kommandant der *Ark Royal*, Captain L. E. Maund, hatte aber von dieser Detachierung der *Sheffield* rechtzeitige Kenntnis nicht erhalten. Seinen Piloten hatte er im Gegenteil als Anhalt mitgegeben, daß zwischen *Ark Royal* und *Bismarck* kein weiteres Schiff in Sicht kommen werde. Und daher waren die »Swordfish«, als sie unterwegs im Funkmeßgerät ein Schiff ausgemacht hatten, durch die Wolken heruntergestoßen und hatten ihre Torpedos ausgelöst. Nur drei Piloten hatten im letzten Moment ihr treues altes Übungszielschiff *Sheffield* erkannt und ihre Torpedos zurückgehalten. Doch sollte der Irrtum auch seine guten Seiten gehabt haben. Denn die meisten Torpedos waren infolge Versagens der gewählten Magnetzündung schon beim Auftreffen auf die Wasseroberfläche detoniert. Beim nächsten Angriff würde man daher wieder auf die altbewährte Aufschlagzündung zurückgreifen. Den wenigen Torpedos, die einwandfrei gelaufen waren, hatte *Sheffield* glücklicherweise mit Höchstfahrt ausweichen können. Aber die Flugzeugbesatzungen waren in düsterer Stimmung zur *Ark Royal* zurückgekehrt. Sie wurden damit getröstet, daß der Angriff noch am gleichen Abend wiederholt werden sollte.

Für Admiral Tovey war die Meldung über den ergebnislosen Angriff von der

*Ark Royal* aus eine bittere Nachricht gewesen. Er hatte dann auch nicht mehr so recht daran glauben wollen, daß eine Wiederholung des Angriffes noch am gleichen Abend erfolgreicher verlaufen würde.

Noch einmal hatte er die gesamte Situation überdacht. Sollte *Bismarck* vor Einbruch der Dunkelheit am 26. Mai nicht mehr lahmgeschossen werden, dann würde er in der Frühe des 27. Mai so gut wie entkommen sein. Ein erneuter Angriff der Trägerflugzeuge am Abend würde in der Tat die allerletzte Chance sein. Von Nachteinsätzen der Zerstörer erwartete er bei dem sich laufend weiter verschlechternden Wetter nicht allzuviel. Bliebe aber *Bismarcks* Geschwindigkeit unvermindert, dann würde er auch noch eine andere schwerwiegende Entscheidung treffen müssen. Auf *King George V* und allmählich auch auf *Rodney* drohte der Brennstoffvorrat zur Neige zu gehen. Beide Schiffe näherten sich den Grenzen ihrer Fahrbereiche. Brächten die nächsten Stunden keine drastische Wende, so würde *King George V* aus dem Rennen zu scheiden haben. Und Tovey signalisierte um 18.20 Uhr an Somerville, daß *King George V* zur Ölergänzung werde einlaufen müssen, falls *Bismarck* nicht bis Mitternacht in seiner Geschwindigkeit herabgesetzt sei. *Rodney* könne, allenfalls ohne Zerstörer, die Verfolgung fortsetzen.

Es war Tovey hart angekommen, dieses Signal herausgehen zu lassen. Vier Tage und Nächte lang, über zweitausend Seemeilen hinweg, hatte er *Bismarck* mit einem großen Aufgebot von Schiffen ab der Dänemarkstraße bis fast hin zur Biskaya verfolgt. Sollte diese riesige Anstrengung wirklich umsonst gewesen sein?

Um 17.40 Uhr hatte die von Somerville detachierte *Sheffield* das deutsche Schlachtschiff an der Grenze der Sichtweite ausgemacht. Nach anderthalb Tagen, seit *Suffolk*, *Norfolk* und *Prince of Wales* die Fühlung verloren hatten, hatte nun wieder ein Schiff Sichtverbindung zu *Bismarck*. *Sheffield* vermied alles, um ihrerseits von uns gesehen zu werden. Ihre Rolle sollte es ja nur sein, der zweiten Angriffswelle der Trägerflugzeuge bei dem Auffinden des Zieles zu helfen und selbst die Fühlung zu behalten.

Auf *Ark Royal* waren indes die Vorbereitungen für den zweiten Angriff fieberhaft vorangegangen. Die Torpedos hatten statt der Magnetzünder Aufschlagpistolen erhalten. Es war zwar nicht mehr möglich gewesen, die zunächst beabsichtigte Startzeit von 18.30 Uhr einzuhalten, aber gegen 19.15 Uhr war es dann soweit. Bei niedriger Wolkendecke, wechselnden Sichtweiten und gegen Nordweststurm starteten die fünfzehn »Swordfish«, eine nach der anderen. Gegen 20.00 Uhr erreichten sie den Luftraum über der *Sheffield*. Diese wies die Maschinen ein, aber zunächst fehlerhaft; denn schon nach dreißig Minuten waren sie, ohne *Bismarck* gesichtet zu haben, zurück. Erneut eingewiesen, flogen sie wiederum davon. Und daß die Richtung dieses Mal stimmte, zeigte sich der *Sheffield* durch den bald aufkommenden Lärm deutschen Flakfeuers an.

## Die »Swordfish« der *Ark Royal* greifen an. Ein verhängnisvoller Rudertreffer

Auf *Bismarck* war indes der Tag in den frühen Abend übergegangen. Die Dämmerung wollte herabsinken, und wir konnten uns das Dunkel der Nacht gar nicht eilig genug herbeiwünschen. Trotz aller erlebten Vervollkommnung der gegnerischen Aufklärungsmittel waren wir, zumal als das Objekt einer so intensiven Verfolgung, doch immer noch geneigt, die Nacht als einen gewissen Schutzmantel zu empfinden, der Erleichterung bringen würde. Natürlich, am Vormittag hatte uns eine Catalina wiederentdeckt. Danach hatten Radflugzeuge fast ununterbrochen Fühlung gehalten. Aber die sich dadurch abzeichnende Nähe eines Flugzeugträgers hatte nun auch schon wieder seit acht Stunden, entgegen begründeter Erwartung, zu einem Angriff auf uns nicht geführt. Was konnten wir schon über das Intermezzo der »Swordfish« mit der *Sheffield*, den dadurch bedingten Zeitverlust auf britischer Seite wissen? Vielleicht waren die Radflugzeuge besonders weitreichende Fernaufklärer gewesen? Stand der Träger selbst doch noch zu weit ab für einen Angriff? Und vielleicht würden wir einen solchen heute, am 26. Mai, dann doch nicht mehr erleben?

Auch unter Deck war wieder froher Mut eingezogen, überall war die Stimmung gut. Es hatte sich herumgesprochen, daß uns ein feindlicher Verband in etwa einhundert Seemeilen Abstand folgte, aber ohne wesentlichen Geschwindigkeitsüberschuß, da konnten wir wohl kaum noch eingeholt werden? Anhand von Karten berechneten einige, daß wir am nächsten Morgen zweihundert Seemeilen vor der Küste, im schützenden Bereich der deutschen Luftwaffe stehen würden. Die Meldung kursierte, daß ein Versorgungstanker *Bismarck* bereits entgegenlaufe, alle Brennstoffnot würde ein Ende haben. Hoffnung keimte wieder auf. Noch einmal mußte ich an das Gespräch mit Mihatsch denken: War in der Tat der Ausgang unseres Durchbruchversuches nach St. Nazaire nicht immer noch offen? Warum schließlich sollten wir dem Gegner nicht auch jetzt noch entkommen?

Die Antwort auf diese Schicksalsfrage kam gegen 20.30 Uhr – »Fliegeralarm!«

Meldung lief durch das Schiff, daß sechzehn Maschinen im Anflug seien. Gleich darauf überflogen sie uns in großer Höhe von achtern, unterließen aber jeden Angriff, wollten sich dazu wohl erst einmal richtig formieren. Dann waren sie auch schon wieder außer Sicht, und es hieß: »Freiwache wegtreten, Flakwache Ruhe an den Geschützen.« Ruhe, aber nicht für lange. Schon nach wenigen Minuten gab es erneuten Fliegeralarm und dieses Mal ein anderes Bild. Aus tiefhängenden Wolken stießen Flugzeuge herab, einzeln und in Rotten, und dann flogen sie an, aber wie! Tollkühn und verwegen, noch rücksichtsloser als wir es zwei Tage zuvor bei den Flugzeugen der *Victorious* erlebt hatten. Jeder

Pilot schien zu wissen, worauf es Tovey ankam. Dies war nun die letzte Möglichkeit, *Bismarck* zu treffen und ihn danach den Schlachtschiffen zu überlassen. Und sie nutzten sie.

Wiederum verwandelte sich *Bismarck* in einen feuerspeienden Berg, bellten die Flakgeschütze, schossen die 38er und 15er Türme dazwischen, vor den Angreifern in die See, auf die Blasenbahnen anlaufender Torpedos, und wiederum konnte ich im begrenzten Gesichtsfeld meines Zielgebers und vor lauter Pulverqualm nur jeweils kleine Gefechtsausschnitte sehen. Da hingen sie doch förmlich in der Luft, zum Greifen nah, schienen manches Mal direkt still zu stehen, diese so altertümlich wirkenden »Swordfish«, fünfzehn insgesamt. Offensichtlich war dies kein von allen Richtungen her kommender, synchronisierter Massenangriff, der unsere Abwehr von vornherein hätte aufsplittern und schwächen müssen. Wahrscheinlich hatte die hohe und direkt über uns besonders dichte Wolkenschicht eine solche Taktik gar nicht erst zugelassen. Aber die »Swordfish« kamen so rasch nacheinander und aus so verschiedenen Richtungen, daß unsere Abwehr es auch nicht leichter hatte als gegenüber einem wohlkoordinierten Angriff. Sie flogen tief an, so tief, daß der Gischt der hochgehenden See ihre Radgestelle einhüllte, diese gar die Gipfel der Wellenberge zu streifen schienen. Näher heran, noch näher und mitten hinein in unser Abwehrfeuer aller Kaliber. So, wie jemand fliegt, der den Befehl ausführt: »Erziele Treffer oder kehre nicht zurück!«

In meinem Stand zeigte mir wechselndes Überliegen des Schiffes unsere ununterbrochenen Ausweichbewegungen gegenüber den massenhaft abgeworfenen Torpedos an. Der Ruderanlagenanzeiger kam nicht zum Stillstand, und die Fahrtmeßanlage verriet einen beträchtlichen Geschwindigkeitsverlust aufgrund unserer fortgesetzten Drehungen. An den Fahrständen unten in den Turbinenräumen hatten die Männer alle Hände voll zu tun, es galt, mit allen Sinnen dabei zu sein. »Äußerste Kraft voraus« – »stopp« – »Äußerste Kraft zurück« – »voraus« – »stopp« – dauernd wechselten die Kommandos, mit Ruder- und Turbinenmanövern versuchte Lindemann, den verderbenbringenden »Aalen« zu entgehen.

Gebannt horchte ich, ob sich in den Lärm unserer Abschüsse etwa wieder jenes unangenehme Geräusch eines detonierenden Torpedos mischen würde. Es konnte ja auch einmal schlimmer ausgehen als zwei Tage zuvor. Gewiß, nach dieser Erfahrung mochte ein Treffer vorlich meines Standes hinzunehmen sein, aber in Richtung auf das Heck zu? Denn bei der achterlichen Lage meines Leitstandes im Schiff war es nicht mehr weit bis zu dessen empfindlichen Antriebs- und Steuerorganen. Und daß diese das bevorzugte Ziel der Angreifer waren, ließ sich an der Anflugtaktik der Piloten leicht ablesen. Es waren vielleicht fünfzehn Minuten seit Angriffsbeginn vergangen, als in vorlicher Richtung ziemlich rasch zwei Torpedodetonationen aufeinander folgten. Glück

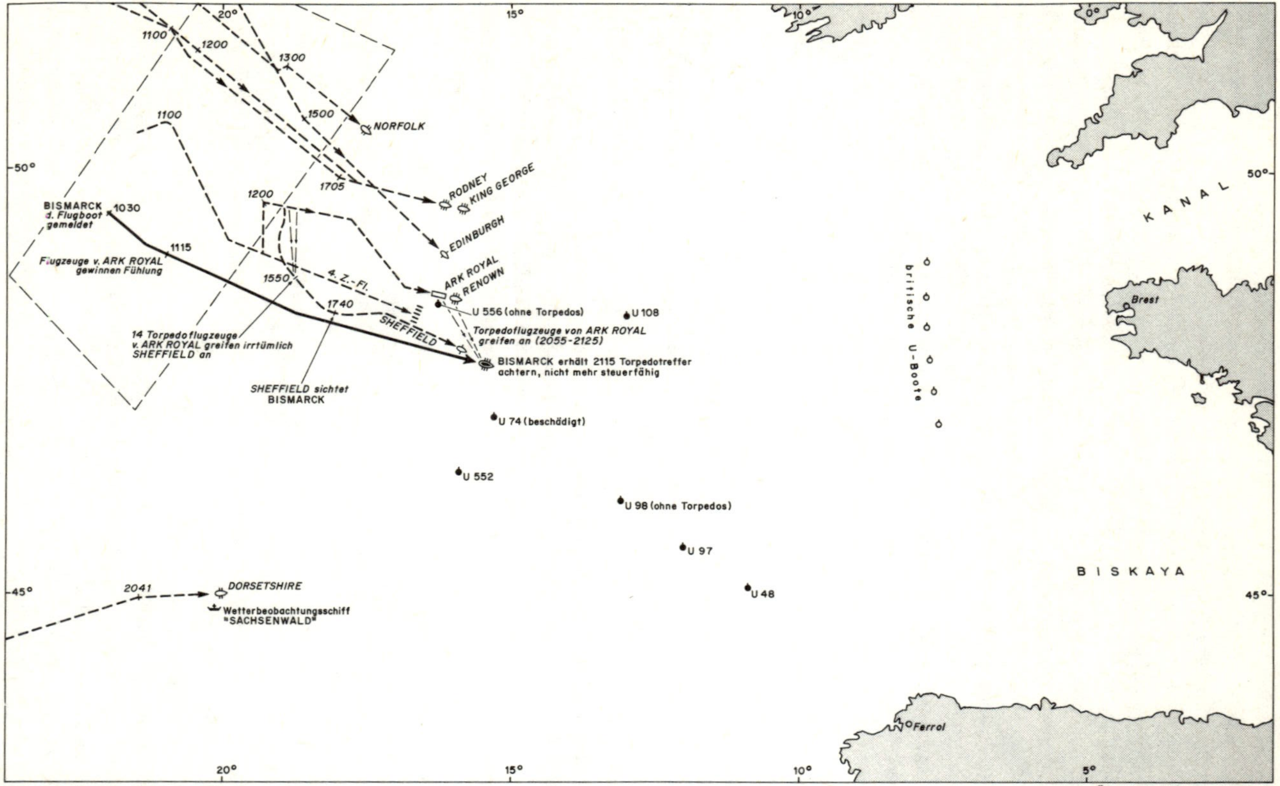


26. Mai 1030 - 2115 Uhr*

*(Deutsche Sommerzeit, MEZ + 1)

im Unglück! dachte ich in relativierender Weise, wenn es nun schon sein muß – diese beiden werden uns hoffentlich wiederum nicht allzusehr geschadet haben, mein Vertrauen auf die Abwehrkraft unseres Gürtelpanzers war unbegrenzt. Aber, wenn es nur dabei bleibt!

An seinem Backbord Dritten 3,7-cm-Flakgeschütz hatte der Matrosengefreite Herzog bald nach dem Alarm drei Maschinen schräg von achtern her im Tiefanflug gesehen. Zugleich hatte der Befehlsübermittler auf seiner Gefechtsstation Anflüge aus weiteren Richtungen gemeldet. Später sah Herzog durch Pulverqualm hindurch wiederum zwei Maschinen anfliegen, von Backbord querab dieses Mal, dann drehten sie nach rechts ab. Gleich danach kamen sie wieder, von achtern, auf zwanzig Meter heran, zu tief für Herzogs Geschütz, nicht mehr erreichbar für andere, Sperrfeuer schießende Flakwaffen, auch für die achteren 15er und 38er Türme nicht mehr aufzufassen. Zwei Torpedos klatschten ins Wasser, steuerten auf das Heck des jetzt in einer Ausweichbewegung nach Backbord befindlichen *Bismarck* zu.

Der Angriff mußte sich bereits seinem Ende genähert haben, als sie kam, die Detonation achtern.[1] Auf der Stelle sank mir das Herz. Mein erster Blick ging zum Ruderlagenanzeiger, der zeigte gerade Backbord zwölf. Nur zufällig, im Moment? Nein – der Zeiger stand, blieb stehen, Backbord zwölf und immer wieder Backbord zwölf. Bald verriet zunehmende Schlagseite nach Steuerbord, daß *Bismarck* in eine anhaltende Drehung gegangen war und einen anscheinend nicht mehr endenden Drehkreis fuhr.

Etwa um diese Zeit hörte ich im Artillerieleitertelefon die Zielansprache Schneiders auf einen Kreuzer. Es war die nach einer längeren Unterbrechung wieder in Sicht gekommene *Sheffield*. Schneider feuerte einige Salven, bereits die zweite lag deckend. Schleunigst drehte die *Sheffield* mit Höchstfahrt und unter Rauchentwicklung ab. An Oberdeck verstummte das Schießen. Der Flugzeugangriff war so rasch zu Ende gegangen, wie er begonnen hatte.

Immer noch zeigte die Fahrtmeßanlage eine durch die lange Drehung stark geminderte Geschwindigkeit an. Immer noch stand der meinen Blick magisch anziehende Ruderlagenanzeiger auf Backbord zwölf. In dieser Lage also klemmten beide Ruder. Auf einen Schlag schien die ganze Welt fatal verändert. Oder – würde die Störung zu beheben sein? Niemand konnte eine rasche Antwort geben. Gespannte Stille herrschte im Stand. In sie hinein sagte ich: »Wir müssen abwarten. Die Männer unten werden schon tun, was sie können.«

Hatten wir wenigstens Flugzeuge abgeschossen? Ich hatte nichts Derartiges beobachtet, nahm es aber zunächst doch an. Eine Abschußzahl kursierte: sieben Maschinen! Wer wußte das schon so genau? Erst Jahre später sollte ich erfahren, daß alle Flugzeuge zu ihrem Träger zurückgekehrt waren.

Bewegungen auf beiden Seiten bis zu dem verhängnisvollen Rudertreffer auf *Bismarck*.

Der Torpedotreffer in die Ruderanlage hatte *Bismarck* so stark erschüttert, daß die Turbinen stehenblieben. Langsam schwang das Schiff aus, ganz deutlich waren die einzelnen Schwingungen wahrzunehmen. Am Fahrstand des Steuerbord-Turbinenraumes war das durch die Erschütterung zugeschlagene Sicherheitsventil sogleich wieder geöffnet worden, und es gab erneut Dampf. Doch regelte sich nunmehr dieses Ventil nicht mehr selbsttätig, so daß es zunächst vom dortigen Telefonposten mittels eines Drahtseiles offengehalten werden mußte. Als auch alle weiteren Versuche zu seiner Normalisierung fehlgeschlagen waren, wurde es schließlich unter Inkaufnahme eines erheblich erhöhten Betriebsrisikos in geöffnetem Zustand mit dem Seil an der Gräting festgebunden. Im Turbinenraum Mitte waren die Flurplatten etwa einen halben Meter hoch geschleudert worden, Wasser drang ein aus dem Backbord-Wellentunnel. Der Raum konnte aber schnell abgedichtet und gelenzt werden.

Als achtern, im Leckwehrbereich 1, der harte und metallische, das Heck abrupt anhebende Schlag ertönte, waren Personalverletzungen dort weitgehend dadurch vermieden worden, daß auf den fürsorglichen Befehl des Stabsobermaschinisten Wilhelm Schmidt die Männer seit Beginn des Flugzeugangriffes auf Hängematten, gegen Erschütterungen abgefedert, gesessen hatten. Nach dem Schlag war das Achterschiff mehrfach auf- und niedergewippt, bevor es wieder zur Ruhe kam. Schmidt meldete an die Leckwehrzentrale: »Vermutlich Torpedotreffer im Achterschiff.« Er befahl dann seinen Leckwehrposten, den Zustand der Räume, Bunker und Zellen zu melden, damit ein Gesamtbild über das Ausmaß der Trefferfolgen möglich wurde. Resultat: In den Schiffsboden war ein so großes Loch gerissen worden, daß alle Räume der Ruderanlage volliefen. Das Personal dort hatte seine Stationen auf der Stelle verlassen müssen. In den Räumen pumpte jetzt das Seewasser im lebhaften Rhythmus der Stampfbewegungen des Schiffes bei Seegang fünf auf und ab.

Um ein Eindringen des Wassers in weitere Räume zu verhindern, wurde das zur Untersuchung geöffnete Panzerluk zur Ruderanlage nun wieder geschlossen. Dann aber brach das achtere Tiefgangspeilrohr, und Wasser strömte auch in das Zwischendeck. Als Folge vermutlich undicht gewordener Schottkabeldurchführungen und von Querschottrissen achtern machten der Obere und Untere Wallgang in Abteilung III auf der Backbordseite und der Mittlere Wellentunnel Wasser. Nunmehr wurde versucht, mittels Leckpumpe einen Handruderraum zu lenzen. Es fiel aber sogleich deren elektrischer Teil aus, so daß auf Ersatzstromkreis umgeschaltet werden mußte. Aber auch danach versagte die Pumpe. Ihr Selbstanlasser im Niedergang zur Ruderanlage war durch Seewasser zerstört. Sie mußte aufgegeben werden.

In Anwesenheit der inzwischen herbeigeeilten Ingenieuroffiziere Kapitänleutnant Gerhard Junack und Oberleutnant Hermann Giese traf nun die Leckwehr mit Unterstützung einer Zimmermeistergruppe weitere Abwehrmaßnahmen. Das Querschott zum Niedergang in die Ruderanlage wurde abgestützt, das gebrochene Tiefgangspeilrohr wieder abgedichtet. Männer der Reparaturgruppen drangen vom Batteriedeck aus durch den Notausgang nach unten bis zum Panzerluk über der Ruderanlage vor. Unter Benutzung von Tauchrettern wollten der Zimmermeister und ein Meistersmaat in das Obere Plattformdeck gelangen, dort die Rudermotorenkupplung ausrücken. Ganz vorsichtig öffneten sie das Luk. Aber da schoß ihnen auch schon Seewasser entgegen, schoß weiter hinauf in den Notausgang, wurde beim nächsten Anheben des Hecks im Seegang reißend wieder abgesaugt, verschwand. Dann, wie ein fallender Stein, schlug das Heck nieder in das nächste Wellental. Wieder schoß Seewasser nach oben, drohte den Notausgang zu überfluten, würde auf dem nächsten Wellenberg wieder abgesaugt werden und verschwinden. Es hatte keinen Zweck. Nichts blieb, als das Panzerluk wieder zu schließen. Niemand konnte in die Ruderanlage eindringen. Und noch viel weniger hätte man sich unten bewegen, dort arbeiten können. Der Versuch war gescheitert.

Erst nach Stunden sollte es gelingen, wenigstens ein Handruder auf das Rudergeschirr einzukuppeln. An die Bedienungsmannschaft des Steuerbord Dritten 15er Turmes erging darauf der Befehl: »Handruderraum besetzen.« Aber die Artilleriemannschaft gelangte gar nicht erst dorthin. Im Handruderraum umherwirbelndes Seewasser und Öl verwehrten jeden Zutritt. Die Turmbedienung kehrte auf ihre Gefechtsstation zurück, meldete das Scheitern ihres Versuches zur Brücke. Danach wurden die Bedienungen des Steuerbord Zweiten und Dritten 15er Turmes angewiesen, von der Schanze aus ein Lecksegel über das Trefferloch in der Außenhaut anzubringen. Aber der hohe Seegang schloß diese Arbeit aus, und auch diese Männer mußten unverrichteter Dinge auf ihre Gefechtsstationen zurückkehren. Anscheinend war die Ruderanlage auch bei bestem Willen nicht wieder funktionsfähig zu machen. Was blieb?

Droben im Achteren Artillerieleitstand konnten wir nicht mehr tun, als unablässig inneren Anteil an der schweren Arbeit der Männer in der Ruderanlage zu nehmen. In Zeitabständen fragten wir immer wieder an, was getan wurde und mit welchem Erfolg. Die einkommenden Antworten beschränkten sich meist auf knappe Mitteilungen wie etwa die, daß etwas Wasser aus dem Schiff gepumpt worden sei. Ob entscheidende Fortschritte gemacht wurden oder in Aussicht standen, ließ sich daraus niemals entnehmen. Ich fühlte die Versuchung, selbst einmal an Ort und Stelle den Schaden zu besehen, unterdrückte sie aber. Mit Ausnahme der beauftragten Gruppen hatte selbstverständlich jedermann auf seiner Gefechtsstation zu verbleiben. Denn, wenn auch der Flugzeugangriff vorüber war, so konnte immer noch ein weiterer folgen, konnten Seestreitkräfte des Gegners auftauchen. Der Alarmzustand hielt an. Die artilleristische Abwehrkraft des Schiffes mußte in jeder Minute voll gewährleistet sein.

Eine Zeitlang wurde dann – an den Vibrationen des Schiffskörpers war es deutlich zu merken – der Versuch gemacht, *Bismarck* mit Hilfe der Schrauben zu steuern. Nach den aufgrund der Ruderstörung unfreiwillig gefahrenen Kreisen waren wir von unserem Südostkurs nach St. Nazaire völlig abgekommen und bewegten uns nun in den Wind hinein in entgegengesetzter, nordwestlicher Richtung. »Backbordmaschine halbe Fahrt voraus, Mittel- und Steuerbordmaschine stopp« – »Backbord- und Mittelmaschine halbe Fahrt voraus, Steuerbordmaschine langsame Fahrt zurück« – »Backbordmaschine große Fahrt voraus, Steuerbordmaschine stopp« – so etwa lauteten die Kommandos Lindemanns auf der Brücke. Maschinenmanöver mit »Äußerster Kraft« folgten. Unten, in den Maschinenräumen, galt es jetzt, die Turbinen genauestens zu regeln. Statt der üblichen zwei mußten jeweils drei Mann an den Fahrständen stehen, einer am Vorwärtsfahr-, der andere am Rückwärtsfahrventil, der dritte mußte zuspringen, wenn die anderen beiden nicht mehr nachkamen. Rücksicht darauf, daß von »Stopp« bis auf »Äußerste Kraft« eine Mindestzeit vorgeschrieben war, gab es nicht mehr. Unter Auf- und Zudrehen der metergroßen Handräder wurde nur noch nach Kesselbelastung gefahren, solange bis der »rote Strich« bei 220 die zulässige Höchstbelastung anzeigte. Aber überschossen wurde er gelegentlich schon, es war einfach unvermeidbar. Und das Ganze in Lederkleidung bei einer infolge anhaltenden »Schotten dicht« – Zustandes allmählich auf 50°C angestiegenen Raumtemperatur!

Doch nichts half. Welche Fahrtstufen, welche Schraubenkombinationen auch immer Lindemann wählte, es gelang nicht, auf Dauer vom Winde abzufallen, wieder auf den früheren Kurs zurückzusteuern. Laufend zunehmender Wind und Seegang erschwerten das Manöver zusätzlich. Dabei mußten wir es noch als einen glücklichen Umstand ansehen, daß die Schiffsschrauben trotz ihrer Nähe zum Detonationsherd überhaupt keinen Schaden gelitten hatten und für solche Kraftmanöver noch ungemindert zur Verfügung standen. Am Ende aber mußte der Schraubensteuerversuch als aussichtslos aufgegeben werden. Die klemmenden Ruder waren zur höheren Gewalt geworden. *Bismarck* drehte von selbst wieder an den Wind, auf nordwestlichen Kurs.

Später, etwa eine Stunde nach dem Torpedotreffer, sprach es sich bis zu uns im Achteren Stand herum, daß ein Vorschlag überlegt werde, die beiden klemmenden Ruder einfach abzuschneiden oder abzusprengen. Das sollte sich praktisch dann so auswirken, als ob die Ruder in Mittschiffsstellung klemmten, was das Steuern mit den Schrauben erheblich erleichtern mußte. Von der Schanze aus untersuchten der Leitende Ingenieur und sein Fachpersonal die in Frage kommenden Möglichkeiten. Auch Lindemann soll sich zeitweise an den dortigen Beratungen beteiligt haben, doch ist dies nicht eindeutig verbürgt. Zu denken war etwa daran, durch Taucher die Ruder abschneiden zu lassen. Oder daran, die Ruderschäfte von innen her nach unten herauszusprengen. Doch schließlich verwarf man beide Gedanken.

Von außen mit Unterwasserschneidegeräten an die Ruder heranzugehen, wurde wegen des Seeganges und der starken Sogwirkung unter dem Heck als von vornherein aussichtslos beurteilt. Zwar hatten sich Freiwillige unter vollem Einsatz ihres Lebens für diese Aufgabe gemeldet. Sie waren bereit, nur durch eine unter dem Heck durchzunehmende starke Leine gesichert, die Ruderschäfte abzuschneiden. Aber konnte sich bei den heftigen Stampfbewegungen des Schiffes, der gegen das Heck schlagenden See dort überhaupt jemand halten? Bevor möglicherweise Menschen geopfert wurden, mußte doch eine erkennbare Erfolgschance bestehen. Eben diese war aber nicht zu sehen. Ein solches Opfer durfte einfach nicht angenommen werden.

Das Absprengen der Ruderschäfte von innen wurde kategorisch abgelehnt, um die davor gelegenen Schiffsschrauben und sonstige Schiffsteile nicht zu gefährden. Es erschien als ein unvertretbares Risiko, die Sprengladung so genau zu bemessen, daß sie nicht weniger, aber auch nicht mehr als den beabsichtigten Erfolg bewirken, im letzteren Fall also noch größeren Schaden anrichten würde.

Eine weitere Arbeitsgruppe stand bereit, das Tor des Flugzeugschuppens aus seiner Halterung zu lösen und Steuerbord achtern an der Außenhaut anzuschweißen, in ausreichender Tiefe und einem Anstellwinkel, der etwa der Ruderlage von Steuerbord 15 entsprechen sollte. Der Gedanke war, hierdurch die Wirkung der in Backbordlage klemmenden Ruder aufzuheben, also das Steuern mit den Schrauben zu erleichtern. Aber auch dieser Versuch wurde von der Schiffsführung als bei der schlechten Wetterlage unausführbar und aussichtslos abgelehnt.

Unsere Rolle in dem ja hoch über der Störungsstelle gelegenen Achteren Stand beschränkte sich jetzt auf diejenige räumlich distanzierter Zeugen von Reparaturversuchen, die nacheinander sämtlich fehlzuschlagen schienen. Wir konnten uns nur Gedanken machen, abwarten und uns gegenseitig Hoffnung und Zuversicht auszusprechen. Der Rudertreffer war schon schlimm genug, aber er war nicht das Schlimmste. Das eigentliche Verhängnis wollte ich den Männern im Stand gegenüber gar nicht aussprechen. Warum sie noch mehr belasten? Es lag darin, daß der *Bismarck* vom Wind aufgezwungene und offenbar durch kein Mittel mehr zu ändernde Generalkurs Nordwest mit jeder Minute ein Stück unseres so glücklich erlangten und eben noch so aussichtsreich erschienenen Wegvorsprunges nach St. Nazaire in sein direktes Gegenteil verkehrte. Und mehr als das. Er führte uns genau auf die *Bismarck* nachlaufende britische Übermacht zu. Ohnmächtig nahmen wir Tovey auf diese Weise auch noch seine Verfolgungsaufgabe ab. Es hatte nun natürlich auch keinen Sinn mehr, unser maschinell noch vorhandenes hohes Fahrtvermögen voll auszunutzen. Eine hohe Geschwindigkeit hätte die unerwünschte Feindberührung nur noch rascher herbeigeführt. Wir liefen nur soviel Fahrt, als zur Vermeidung eines steuerlosen Umhertreibens notwendig war, zwischen fünf und sieben Knoten. Unser Kurs glich einer gegen den Wind gerichteten Schlangenlinie.

Ja, überhaupt der Wind auf dieser Unternehmung! Er blies von achtern auf allen unseren Generalkursen, seit dem Auslaufen aus den Schären Norwegens bis hin zum bitteren Ende. Am 22. Mai hatte er Regenböen mit uns ziehen lassen, uns vor unerwünschter Sicht eingehüllt, sich als eine wahre Wohltat erwiesen. Während der nächsten Tage und Nächte war die Windrichtung ein mehr oder weniger belangvoller Begleitumstand gewesen. Aber an diesem Abend des 26. Mai sollte sie zum Verhängnis werden – der Nordwester, die Nacht über zum vollen Sturm aufbrisend, zwang *Bismarck* unwiderstehlich zum Aufdrehen, dazu, von seinem angestrebten schützenden Hafen fort, seinem eigenen Ende entgegenzulaufen!

Aus der Ruderanlage kamen dann später wieder, wenn auch in großen Zeitabständen, Meldungen über den Stand der anhaltenden Reparaturversuche, die uns neuen Auftrieb gaben. Jemand hatte es tatsächlich fertiggebracht, das Steuerbord-Ruder auszukuppeln – der Maschinengefreite Gerhard Böhnel hatte es von achtern über den Maschinengefreiten Hermann Budich, Befehlsübermittler im E-Gefechtsstand, an den Obermaschinisten Oskar Barho gemeldet. Andere Meldungen besagten Gegenteiliges und dämpften alle Erwartungen. So war man zwar mehrfach auch in die Backbordruderanlage eingedrungen, hatte es aber lange nicht vermocht, die Kupplung zu erreichen. Durch das Loch in der Außenhaut gurgelte das Seewasser herein und heraus. Als es unter unsäglichen Mühen dann einem Taucher doch gelungen war, an die Kupplung heranzukommen, war diese nicht mehr zu bedienen, alle Gestänge waren verklemmt. Einige Taucher waren zusammengebrochen, nachdem man sie aus den Ruderräumen herausgezogen hatte.

Ein eindeutiges Bild über die Erfolgsaussichten der Reparaturversuche war niemals zu gewinnen und, wie es nur natürlich war, sank mit verstreichender Zeit die Hoffnung. Mondlose, finstere Nacht war längst über uns hereingebrochen. Manövrierunfähig schlichen wir der zu unserer Vernichtung anlaufenden Übermacht entgegen – eine grotesk verhängnisvolle, wahrhaft einmalige Lage, ein förmliches Zu-Kreuze-Kriechen. Und die ersterbende Hoffnung auf ein doch irgendwie noch mögliches Lösen vom Feind wurde im Lauf der Stunden von der wachsenden Gewißheit verdrängt, daß wir unter gar keinen Umständen mehr würden entkommen können. Mit der Verbreitung der Meldung nach Mitternacht »Die Arbeiten am Ruder sind eingestellt« wurde diese Gewißheit absolut.

## Der Ruderschaden: Wurden alle Reparaturmöglichkeiten erschöpft?

In der Literatur zum Schlachtschiff *Bismarck* ist seither – ich bin es auch persönlich – wiederholt gefragt worden, ob in jener letzten Nacht an Bord wirklich das Menschenmögliche zur Behebung der Ruderstörung getan wurde oder nicht. Auf diesen Punkt einzugehen, sehe ich ohnehin als geboten an, und die vielen Fragestellungen können mich darin nur bestärken.

In besonders eindringlicher Form ist die Frage zuerst von Junack gestellt worden, der an den Reparaturversuchen zum Teil persönlich beteiligt war und auch sonst auf seiner Unterdeckstation den Dingen als Zeuge räumlich näher gestanden hat. Er sagte: »Man fragt immer wieder, wurde wirklich in dieser Nacht alles getan, jede Möglichkeit erschöpft, um das Schlachtschiff *Bismarck* trotz allem zu retten? Wenn gegen alle Marinetradition der Wachhabende Offizier vom Maschinenleitstand aus gefahren oder der Leitende Ingenieur neben dem Kommandanten auf der Brücke gestanden hätte, mit unmittelbarer Verbindung zum Turbinenmaschinisten? Mit Äußerste-Kraft-Manövern über den Maschinentelegraphen ging es bestimmt nicht. Wenn man im Achterschiff ohne Rücksicht auf die Schrauben doch gesprengt hätte? *Mit* Schrauben und klemmenden Rudern ging es ja auch nicht. Wenn man ein U-Boot zum Kursstabilisieren in Schlepp genommen oder auch nur den Heckanker, an Schwimmkörpern aufgehängt, nachgeschleppt hätte? Drei Schrauben mit 28 Knoten standen noch zur Verfügung, und nichts sollte übrig geblieben sein, als mit kleiner Fahrt auf den Feind zuzulaufen? Wer will ermessen, was bei ungebrochenem Kampfgeist möglich gewesen wäre?«

Die Punkte seien ihrer Reihenfolge nach behandelt.

Wic Junack sich die Funktion des vom Maschinenleitstand aus fahrenden Wachhabenden Offiziers im einzelnen vorstellt, hat er nicht gesagt. Ich selbst kann sie mir nicht vorstellen und meine, daß der Wachhabende Offizier nun einmal grundsätzlich an die Schiffsbrücke gebunden ist. Seine Stationierung unter Deck hätte ihn seiner wichtigsten Aufgabe entzogen, das Schiff mit der unerläßlichen Sicht von oben zu fahren. Was hätte er am Maschinenleitstand besser als auf der Schiffsbrücke bewirken können?

Auch zu dem Gedanken, daß der Leitende Ingenieur neben dem Kommandanten auf der Brücke mit unmittelbarer Verbindung zum Turbinenmaschinisten hätte stehen sollen, sagt Junack nichts über die sich dann etwa ergebenden Vorteile. Zweifellos hätten auch dann die Maschinenkommandos einander gejagt – und daß dabei der Befehlsweg über das Telefon besser gewesen wäre als der über den Maschinentelegraphen, kann ich nicht sehen, nicht ohne weiteres.

Und im Achterschiff ohne Rücksicht auf die Schrauben sprengen? Wir hatten gesehen, daß nach dem Vollaufen der Ruderräume das Wasser dort im Rhythmus des mächtigen Seegangs auf und ab pumpte. Spätere Versuche, zu Reparaturarbeiten dort wieder einzudringen, waren an der Gewalt des Wassers gescheitert. Aus diesem Grunde hatten ja auch die Handruderräume nicht mehr besetzt werden können.

Wenn also alle Räume der Ruderanlage nicht mehr zu betreten waren – wie hätte dann eine, nur von innen her mögliche Sprengung an den Ruderschäften überhaupt vorbereitet und ausgeführt werden können? Hatten nicht sogar Taucher einen so relativ einfachen Handgriff wie das Ausrücken einer Kupplung erst nach stundenlangen Bemühungen, am Rande eigener Erschöpfung ausführen können? Hat Junack irgendwo glaubhaft behauptet, daß es trotz allem möglich gewesen wäre, in die Rudergeschirräume einzudringen, dort Sprengladungen zu montieren? Als besorgter Fragesteller hätte er sicherlich jede solche Möglichkeit aufgespürt, sie in überzeugender Argumentation verwertet. Das hat er aber nicht getan. Der Beweis fehlt, selbst die Wahrscheinlichkeit.

Nehmen wir dennoch, um den Punkt auszudiskutieren, einmal an, daß es möglich gewesen wäre, die Rudergeschirräume zu forcieren und dort »ohne Rücksicht auf die Schrauben« zu sprengen.

Wenn das bedeuten soll, die Sprengladung bedenkenlos so zu dimensionieren, daß, womöglich unter der Begleiterscheinung weiterer Wassereinbrüche, der Verlust der Schrauben hätte in Kauf genommen werden sollen, nur um auf jeden Fall die klemmenden Ruder loszuwerden , so erschiene mir dies als ein bloßer Rat der Verzweiflung. *Bismarck* hätte dann nur noch treiben können und wäre in seinem vom Feind umstellten Seeraum jeder Zufälligkeit ausgesetzt worden. Eine noch für 28 Knoten intakte Antriebsanlage auf diese Weise zur Impotenz reduzieren? Wäre dies ein verantwortliches Handeln gewesen?

Dagegen ließe sich allerdings einwenden, daß die vorlich unterhalb der Ruderschäfte gelegenen Schrauben durch eine Sprengung kaum, wenn überhaupt gefährdet worden wären. Jedenfalls dann nicht, wenn es sich um wohlbemessene Sprengladungen gehandelt hätte. Denn Druckwellen pflanzen sich im Wasser bekanntlich in erster Linie nach oben, in die Zonen geringeren Wasserdruckes fort. Und von den hochgelegenen Sprengzentren an den Ruderschäften her wären mithin die in größerer Wassertiefe befindlichen Schrauben kaum in Mitleidenschaft gezogen worden. Ich weiß zwar heute nicht mehr, mit welchem Grad von Genauigkeit die Sprengladungen an Bord hätten dosiert werden können. Aber nehmen wir an, eine der Lage angepaßte, korrekte Dosierung wäre möglich gewesen.

Dann hätte die Schiffsführung *Bismarck* also doch etwas zur Verbesserung der Lage unterlassen? Ja, aber nur dann, wenn gleichzeitig mit dieser Unterlassung solide Aussichten auf den gewünschten Erfolg verschenkt worden wären. Und wie sah es damit aus? Bei den früheren Probefahrten in der Ostsee war doch bereits deutlich in Erscheinung getreten, wie schlecht *Bismarck* mit den Schrauben allein zu steuern war. Es lag auf der Hand, daß es im aufgewühlten Atlantik am 26. Mai noch viel schwieriger und dabei so gut wie unmöglich sein würde, das riesige Schiff auch noch vor achterlicher See auf Kurs nach St. Nazaire zu halten. Wäre die Sprengung nicht bereits technisch unausführbar gewesen, sie hätte auch ihrer Zielsetzung nach keinen rechten Sinn gehabt.

Ein U-Boot zum Kursstabilisieren in Schlepp nehmen? Dafür hätte doch erst einmal ein solches in erreichbarer Nähe stehen müssen. Es ist aber seither bekannt, daß das nicht zutraf. Und wäre es der Fall gewesen – wie hätte man die Schleppverbindung herstellen und halten sollen? Arbeitete *Bismarck* schon beträchtlich in der bewegten See, um wieviel unruhiger hätte erst einmal ein kleines U-Boot gelegen?! Und dessen Männer hätten dann noch schwere Trossen übernehmen, auf kleinster, glatter Oberdeckfläche mit ihnen arbeiten, sie befestigen und das Boot selbst hätte manövrieren sollen? Und hätte Lindemann, damit all dies bei voller Dunkelheit vor sich gehen kann, vielleicht zur notwendigen Erhellung der Arbeitsplätze an Deck auch noch einen Scheinwerfer anstellen lassen, dem Gegner so noch einen besseren Anhalt für unseren Standort, genauere Schußunterlagen für seine Artillerie und vor allem für seine Torpedowaffe liefern sollen?

Zu der notwendigen, laufenden Überwachung der Schleppverbindung hätte zudem eine ständig zum Eingreifen fähige Mannschaft auf *Bismarcks* Schanze postiert werden müssen. Diese Männer wiederum hätten bei der jederzeit zu erwartenden Notwendigkeit einer artilleristischen Bekämpfung plötzlich auftretender Ziele leicht den verzugslosen Einsatz unserer achteren schweren Türme ausschließen können. Ohne eine geräumte Umgebung hätten diese Türme nicht aus dem ersten Alarm heraus schießen können – schließlich hätte bei achterlichen Schußrichtungen das dort stehende U-Boot auch seinerseits gefährdet und *Bismarck* daher gezwungen sein können, auf seine achteren Türme ganz oder teilweise zu verzichten. Eine solche Einschränkung unserer Abwehrkraft wäre aber schon von vornherein nur unter schwersten Bedenken in Kauf zu nehmen und sicherlich auch kaum durchzuhalten gewesen. Aber selbst, wenn das Herstellen und Halten der Schleppverbindung geglückt wäre, so hätte der über fünfzigtausend Tonnen schwere *Bismarck*, vor dem inzwischen zum Sturm aufgebristen Nordwester herlaufend, kaum jemals von einem, sagen wir, Fünfhundert-Tonnen-U-Boot auf Kurs nach St. Nazaire gehalten werden können. Bei ruhiger See und ohne Feindnähe, vielleicht. So aber halte ich den Gedanken für utopisch, und dies mag darüber hinwegtrösten, daß ein U-Boot, wie gesagt, gar nicht zu Verfügung gestanden hätte.

Den Heckanker, an Schwimmkörpern aufgehängt, nachschleppen? Hier wäre das Mißverhältnis der beiderseitigen Massen noch viel größer gewesen als im Fall eines U-Bootes. *Bismarck* hätte auf den Heckanker überhaupt nicht reagiert. Kein praktikabler Gedanke.

Die Antwort auf Junacks abschließende Frage: »Wer will ermessen, was bei ungebrochenem Kampfgeist möglich gewesen wäre?« folgt aus den Stellungnahmen zu seinen einzelnen Vorschlägen.

Nicht eine der von ihm aufgezeigten Alternativen war auszuführen, und zwar weder einzeln noch in Kombination mit einer anderen. Entweder waren sie an harten Tatsachen gescheitert, wie der Sogwirkung unter dem Heck, der Unzugänglichkeit der Ruderräume und dem Fehlen eines U-Bootes, oder es hatten ihnen vernünftige Überlegungen entgegengestanden, wie bei seinen Gedanken, den Wachhabenden Offizier am Maschinenleitstand oder den Leitenden Ingenieur auf der Brücke zu stationieren, den Heckanker nachzuschleppen und ohne Rücksicht auf Verluste am Ruder zu sprengen. Weder bei der Schiffsführung kann ich ein Versäumnis erkennen, noch anderswo. Und sonstige konkrete Umstände im Sinn seines stillen Vorwurfs hat Junack nicht geltend gemacht, noch weniger belegt. Nein, der Kampfgeist auf *Bismarck* war nicht gebrochen. Schon in der rhetorischen Fragestellung liegt eine Übersteigerung des Anspruchs.

Brennecke[1] erwähnt noch andere, nachträglich von dritter Seite vorgetragene Möglichkeiten der Behebung der Ruderstörung auf *Bismarck*. Danach hätte auch daran gedacht werden können, Trossen oder eine der schweren Ankerketten außenbords zu bringen. Mit deren Hilfe wäre es vielleicht möglich gewesen, vor der achterlichen See den Kurs des Schiffes zu stabilisieren. Der theoretisch möglichen Gefahr, daß Kette oder Trossen in die Schiffsschrauben geraten und so nur noch mehr Unheil stiften, hätte man – so wird hinzugefügt – vielleicht durch eine achtern auf einer Seite über die Bordwand hinausragende Spier begegnen können. Einer anderen Überlegung zufolge hätte die Außenhaut auf der Steuerbordseite »aufgerauht« werden können. Das soll heißen, man hätte durch das Überbordgehen sperriger Teile den Strömungswiderstand für das Seewasser auf dieser Seite erhöhen können. Auf diese Weise wäre es vielleicht möglich gewesen, die Wirkung der Backbordruderlage auszugleichen oder zu mindern.

Aber auch gegen diese späteren Überlegungen dürften die bereits gegen die »Hilfsmittel« U-Boot und Heckanker vorgebrachten Bedenken durchschlagen. Einerseits wären sowohl bei Ankerkette und Trossen als auch bei dem Sperrmaterial die beiderseitigen Massen wiederum viel zu unterschiedlich gewesen. Und andererseits hätten bei der gegebenen Feindnähe auch die Sicherheitsbedürfnisse des Schiffes, die zu fordernde ständige artilleristische Abwehrbereitschaft und das Wahren des Abblendezustandes gegen das auch in diesen Fällen notwendige Postieren von Arbeitsgruppen an Oberdeck und gegen künstliches Arbeitslicht in der nächtlichen Dunkelheit gesprochen.

Auch der bei Brennecke a.a.O. ausgeführte weitere Gedanke, *Bismarck* hätte funktelegraphisch auf dem Weg über die Seekriegsleitung mit Strömungsfachleuten in der Heimat darüber beratschlagen sollen, wie der Ruderstörung am besten zu begegnen sei, dürfte zu sehr vom Schreibtisch her gesehen sein.

Von allen nachträglichen Überlegungen zu der Frage, was *Bismarck* damals hätte tun sollen, erscheinen mir, jedenfalls grundsätzlich, diejenigen von Kapitän zur See a. D. Alfred Schulze-Hinrichs[2] noch als die plausibelsten. Dieser anerkannte Fachmann auf dem Gebiet der Seemannschaft hat die Frage zur Diskussion gestellt, ob *Bismarck* nicht versucht haben sollte, durch ein geschickt arrangiertes, gegenläufiges Drehen seiner drei Schiffsschrauben St. Nazaire über den Achtersteven zu erreichen.

Die interessanten seemännisch-technischen Argumente von Schulze-Hinrichs möchte ich hier im einzelnen nicht behandeln. Eine solche Betrachtung würde eher in ein Fachblatt gehören. Nachdem das seiner Idee entsprechende Manöver seinerzeit gar nicht erst versucht worden ist, kann ich nachträglich darauf ohnehin nur noch nach den gesamten Umständen in jener Nacht, der Feind- und Wetterlage sowie unserer allgemeinen Erfahrung mit den Steuereigenschaften von *Bismarck* eingehen.

Daß die Schiffsführung von solchem Schraubensteuerversuch Abstand genommen hat, wird man schon angesichts ihrer damaligen Bedrängnis durch den Feind verstehen und auch akzeptieren müssen. Ich bezweifle, daß die Feindlage es ihr gestattet haben würde, einem so delikaten Manöver die ja fortgesetzt notwendige, konzentrierte Aufmerksamkeit zu widmen – und das dann auch noch über Stunden, Hunderte von Seemeilen vor sich, in pechschwarzer, keinerlei Kimm anzeigender, kein Gestirn als Orientierungshilfe bietender Nacht! Schließlich war aber auch, wie wir sahen, von den früheren Erprobungen *Bismarcks* in der Ostsee her bekannt, daß das Schiff mit den Schrauben allein nur sehr schlecht zu steuern war. Bei Achterausfahrt pflegte es, darin wohl den meisten anderen Schiffen gleich, eine starke Tendenz aufzuweisen, mit dem Heck in den Wind zu drehen. Am 26. Mai im Atlantik würde dies aber im Effekt den gleichen unerwünschten Kurs nach Nordwesten bedeutet haben, zu dem wir ohnehin schon über den Vorsteven verurteilt waren! Und auch diese frühere Erfahrung mag die Schiffsführung damals veranlaßt haben, in der Atlantikdünung erst recht von vornherein auf den Versuch zu verzichten, St. Nazaire über den Achtersteven anzusteuern. Ausschließen möchte ich aber nicht, daß sie ihn vielleicht doch einmal ausprobiert hätte, wenn ein solches Manöver bei früherer Gelegenheit häufiger, auch bei schlechtem Wetter, geübt worden wäre. Doch hatte die unter den Kriegsumständen verkürzte Gefechtsausbildung dies nicht mehr erlaubt.

Angesichts der tatsächlichen Lage *Bismarcks* in jener Nacht trägt auch der sonst bemerkenswerte Gedankengang von Schulze-Hinrichs einen zu theoretischen Charakter.

Die Frage, ob seinerzeit auf *Bismarck* das Mögliche zur Behebung der

Ruderstörung unternommen wurde, ist also auch unter der Berücksichtigung der nachträglich von dritter Seite vorgebrachten Argumente zu bejahen. Alles in Verantwortung zu Unternehmende, also Sinnvolle, ist damals versucht worden. Auch von daher spricht nichts dagegen, daß der Kampfgeist an Bord ungebrochen war. Ich kann Brennecke, der insoweit gleicher Meinung ist, dann aber differenzierend nach dem vorhandenen Siegeswillen weiterfragt, in dieser letzteren Hinsicht nicht folgen. Was heißt hier »Siegeswille«?[3]

Wie Admiral a.D. Erich Förste zutreffend feststellt[4], konnte es damals Lütjens' Ziel nur sein, einen Hafen zu erreichen und dann nach Reparatur und Brennstoffergänzung die Unternehmung fortzusetzen. Wenn es dann auf dem Weg nach St. Nazaire unvermeidbar zu einem weiteren, in unserer Lage natürlich doppelt unerwünschten Gefecht kommen sollte, so würde auch dieses mit der gebotenen Festigkeit durchgestanden werden. Daß der Kampfgeist wirklich ungebrochen war, dürfte schließlich auch der Verlauf des Endkampfes einen Tag später, am 27. Mai, bewiesen haben. Und zum Geist der Besatzung nach dem Rudertreffer liegt sogar das Zeugnis eines Überlebenden vor. Der Maschinengefreite Hermann Budich vom E-Hilfsgefechtsstand sagte: »Auf unsere Verfassung wirkte sich die Manövrierunfähigkeit des Schiffes nicht einmal sonderlich belastend aus. Wir hatten zwar aufgrund eines Sonderbefehls des Korvettenkapitäns (Ing.) Freytag vom Auslaufen ab ohne personelle Verstärkung in unserem Schaltraum II die Arbeit des E-Gefechtsstandes zu verrichten und waren deshalb völlig übermüdet. Aber wir waren voller Hoffnung und Vertrauen in unseren Kommandanten, dem wir aufgrund seiner Persönlichkeit sehr ergeben waren.«

Nein, die Ursache dafür, daß das einsame Schiff in seiner Manövrierunfähigkeit hilflos im Atlantik bleiben mußte, dürfte nicht in Bordumständen, sondern anderen Zusammenhängen zu suchen sein. Eine wirkliche Hilfe in jenen Stunden hätte nur noch in einer durchschlagenden Einwirkung auf die Feindverbände durch andere deutsche Kampfeinheiten bestehen können. In einer Einwirkung, die den weiteren Ansatz der schweren britischen Schiffe auf *Bismarck* verhindert oder entscheidend verzögert haben würde.

Aber eine solche Hilfe gab es nicht. Die in Brest liegenden Schlachtschiffe *Scharnhorst* und *Gneisenau* waren wegen Kriegsschäden nicht auslaufbereit. Die dortigen Zerstörer konnten gegen den Nordweststurm gar nicht erst auslaufen und sich lediglich in Bereitschaft halten. Bei dem schlechten Wetter hätten sie auf dem Gefechtsfeld ohnehin wenig ausrichten können – sollten wir es in der Nacht zum 27. Mai doch noch erleben, *wie* schwer sich die britischen Zerstörer in der hochgehenden See taten. Von den in letzter Minute zur Hilfeleistung für *Bismarck* befohlenen, in der Biskaya stehenden U-Booten *U73*, *U556*, *U98*, *U97*, *U48*, *U552*, *U108* und *U74* hatten *U556* und *U98* auf vorheriger eigener Unternehmung bereits ihre Torpedos verschossen. *U74* war durch Wasserbombendetonationen beschädigt worden und nur noch beschränkt manövrierfähig. Die intakten Boote erhielten den Befehl zum Sammeln auf *Bismarck*, als sie noch weitab standen. Sie gelangten nicht mehr rechtzeitig auf den Gefechtsschauplatz. Für ein Auslaufen voll ausgerüsteter U-Boote aus einem westfranzösischen Stützpunkt war es ohnehin zu spät. Und sonst? Da gab es noch das Troßschiff *Ermland* und Hochseeschlepper, die zwischen zwanzig und vierzig Stunden gebraucht hätten, um von der Küste aus zu uns zu gelangen. Wie hätten sie auch helfen können? Selbst zur Rettung Überlebender wären sie schon zu spät gekommen.

Unsere Marinedienststellen an Land haben damals sicherlich alle für *Bismarck* überhaupt noch denkbare Hilfe mobilisiert. Was noch getan werden konnte, sie haben es getan. Aber es war zu wenig und zu spät.

Und sonst hätten wohl nur noch unsere in Frankreich stationierten Luftkampfverbände helfen können. Aber natürlich auch nur nach rechtzeitiger Abstimmung und Vorbereitung. Nichts davon war offensichtlich gegeben.

Unvermeidlich klingt an dieser Stelle noch einmal die drei Wochen vor dem Beginn der »Rheinübung« in Berlin zwischen Raeder und Lütjens besprochene Frage des optimalen Zeitpunktes der Operation und vor allem der zweckmäßigsten Zusammensetzung der Kampfgruppe an. Hatte Lütjens damals nichts weniger als seinen vorrangigen Wunsch ausgesprochen, als er zu Raeder bemerkte, daß durchaus gewichtige Gründe dafür sprächen, zumindest die Operationsbereitschaft der noch in Reparatur befindlichen *Scharnhorst,* wenn nicht gar der neuen *Tirpitz* abzuwarten? Hätte nach seinem Empfinden die Entsendung einer größeren Kampfgruppe nicht mit hoher Wahrscheinlichkeit der Einsamkeit vorbeugen können, in der sich sein Flaggschiff in hoffnungsloser Lage jetzt befand? War eine derart verstärkte Kampfgruppe also das, was er im Grunde erstrebt, aber angesichts der von der Seekriegsleitung so offensichtlich gewünschten sofortigen Operation mit nur einem Schlachtschiff nicht allzu sehr hatte betonen mögen? Und dies deshalb nicht, weil er das Drängen Berlins nach möglichst pausenlosen atlantischen Überwasserunternehmungen eben nur zu gut kannte, zum anderen aber auch, um sich als Flottenchef nicht dem etwaigen Vorwurf des Zögerns und mangelnder persönlicher Einsatzbereitschaft auszusetzen? Ich möchte dies vermuten und bin geneigt, in der Entsendung der kleinen Kampfgruppe *Bismarck-Prinz Eugen* ganz überwiegend, wenn nicht ausschließlich das Konzept Raeders, nicht das von Lütjens zu sehen. Doch würden ausgreifendere Untersuchungen hierzu den Rahmen eines Überlebendenberichtes sprengen.

Verabschieden wir uns also von diesen Gedanken mit der Erkenntnis, daß *Bismarck* nach dem Rudertreffer am 26. Mai ein Schicksal aufgebürdet blieb, das er aus eigener Kraft nicht mehr wenden konnte.

## Die 4. Zerstörerflottille wird zur Unterstützung Toveys befohlen

Als Tovey am Nachmittag des 25. Mai erkannt hatte, daß *Bismarck* einen westfranzösischen Hafen ansteuert, war ihm klargeworden, daß mit der Annäherung an die Küste die deutsche U-Bootgefahr für seine Schlachtschiffe in bedrohlicher Weise zunehmen mußte. Es hatte ihn entsprechend bedrückt, daß seine Sicherungszerstörer wegen Brennstoffmangels inzwischen hatten aufgeben müssen und *King George V* nun schon seit dem Morgen ohne Begleitschutz verblieben war. Zwar standen bei der ihm zwischenzeitlich unterstellten, aber noch nicht herangeschlossenen *Rodney* noch drei Zerstörer. Aber es war ganz unklar gewesen, wie lange diese mit ihrem Brennstoffvorrat noch durchhalten würden.

Am Abend hatte Tovey daher bei der Admiralität angefragt, ob *King George V* und *Rodney* ein neuer Zerstörerschutz beigegeben werden könne. Als diese Anfrage eintraf, hatte die Admiralität aber schon von sich aus das Problem erkannt und Dispositionen überlegt. Die bei der Knappheit an Zerstörern nicht leicht zu findende Lösung hatte schließlich im Rückgriff auf die 4. Zerstörerflottille (*Cossack, Maori, Zulu, Sikh* und *Piorun*[1]) bestanden. Diese Flottille, unter dem Kommando des Captain Philip Vian, hatte am Abend des 25. Mai als Schutz für einen Geleitzug etwa dreihundert Seemeilen voraus von *King George V* und mithin so günstig gestanden, daß ihre Vereinigung mit Toveys Schlachtschiffen am frühen Nachmittag des 26. Mai herbeigeführt werden konnte. Und so hatte Vian am 26. Mai um 2.00 Uhr früh den Befehl erhalten, mit *Cossack, Sikh* und *Zulu* zu *King George V* zu stoßen, *Maori* und *Piorun* zur Vereinigung mit *Rodney* zu entsenden. Umgehend hatten die Zerstörer den Geleitzug verlassen. Unterwegs hatte Vian dann die Meldung der Catalina über die Wiederentdekkung *Bismarcks* mitgelesen, dessen Standort als südöstlich von ihm selbst ausgemacht, sich vor der Frage gesehen, ob er dem Befehl der Admiralität weiterhin strikt folgen oder einfach auf den Feind zuhalten solle. Er hatte sich für das letztere entschieden. Vielleicht konnten auch seine Zerstörer noch mithelfen, *Bismarck* auf dem Marsch nach Frankreich abzufangen. Mit Höchstfahrt hatte er auf Verfolgungskurs abdrehen lassen, aber bei dem Sturm und der hohen See von achtern hatte die Geschwindigkeit nicht gehalten werden können. Gegen 22.00 Uhr hatte er dann die kurz zuvor von *Bismarck* beschossene, nun nach Norden ablaufende *Sheffield* gesichtet und sich von dieser noch einmal die genaue Peilung *Bismarcks* geben lassen. Und gegen 22.30 Uhr war es soweit gewesen: zunächst hatte *Piorun*, danach *Zulu* den *Bismarck* entdeckt. Die Operationen seiner Zerstörer gegen das deutsche Schlachtschiff konnten beginnen.

# Die letzte Nacht auf *Bismarck*

## *Die Nacht der Zerstörerangriffe*

Um *Bismarck* herum war nach dem Flugzeugangriff die engere Kampfzone für etwa anderthalb Stunden verwaist gewesen, als wir vor 23.00 Uhr das Auftauchen der Zerstörer bemerkten. Alarm! Und in gewohnter Weise waren unsere 38er und 15er Türme in Sekunden abwehrbereit. »Feuererlaubnis« – und heraus gingen die Salven beider Kaliber auf den am nächsten stehenden Zerstörer, die *Piorun*, wie ich später erfuhr. Unsere Artillerie lag anscheinend sofort sehr gut, denn der Gegner drehte ab und lief außer Reichweite.

Wie viele Zerstörer jetzt um uns herum standen, wenige, die immer wieder neu auftauchten, oder viele und welche überhaupt, wir wußten es damals nicht. In der pechschwarzen Nacht und den vielen Regenböen konnten wir Genaues nicht erkennen, und schon gar nicht die Einzelheiten von Silhouetten. Klar war uns nur, daß wir laufend Torpedoangriffe zu erwarten hatten. An Bord kam es daher auf äußerste Wachsamkeit und ein tadelloses Entfernungsmessen an. Soweit wir es im Lauf der Zeit erkannten, griffen aber die Zerstörer niemals synchronisiert, also zu gleicher Zeit aus verschiedenen Richtungen an. Eine solche Taktik hätte uns zu Batterieteilungen gezwungen, die Abwehr erheblich erschwert – gut, daß sie nicht angewendet wurde. Wahrscheinlich behinderten Sturm und Seegang, die schon *Bismarck* zu schaffen machten, die Zerstörer in noch viel stärkerem Maß. Allein brückenhoher Gischt und überkommende Seen – ich kannte das ja von deutschen Zerstörern her – zwangen ihnen vermutlich des öfteren niedrigere Geschwindigkeiten auf, sicherlich auch gerade dann, wenn sie aus taktischen Gründen hohe Fahrt hätten laufen müssen. So aber trugen sie je nach Lage, und soweit Wind und Wetter es ihnen erlaubten, ihre Angriffe auf uns einzeln vor.

Unsere Funkmeßortung arbeitete ganz ausgezeichnet. Von 80 bis herunter auf 30 Hektometer wurde jeder Zerstörer erfaßt und laufend gemessen. Mit großer Spannung nahmen wir in unserem Stand die kontinuierlich einkommenden Entfernungen auf: 70 Hektometer... 65... 40... und wie sie wieder wuchsen. Aber auch in meinem Zielgeber konnte ich trotz der Finsternis der Nacht die Bewegungen der schwarzen Angreiferschatten verfolgen. Wie sie näher und näher kamen, zum Torpedoangriff aufdrehten – »jetzt zischen die Torpedos aus den Rohren«, dachte ich dann jedes Mal – und wieder abliefen. Immer setzte im rechten Moment unsere Artillerie schlagartig ein. Ihre Salven lagen – auch nach späterem britischen Zeugnis – so rasch am Ziel, daß die Zerstörer sich niemals länger in der Nähe hielten. Und dabei hatte unsere Feuerleitung die Nachteile gelegentlich heftigen Schlingerns bei quer einkommender See, vor allem aber unserer Manövrierunfähigkeit zu überwinden. Ein

Artilleriegefecht setzt ja auch voraus, daß das schießende Schiff einen einigermaßen geraden Kurs steuert. *Bismarck* aber kurvte infolge seiner klemmenden Ruder fortlaufend hin und her, zwischen Nordwesten und Nordosten, um achtzig Kompaßgrade schwankten seine Kurse. Die auf die kurze Entfernung ohnehin schon rasche Seitenauswanderung der Ziele wurde dadurch noch mehr beschleunigt, und so manches Mal wanderte während ein und desselben Abwehrgefechts, auch durch Schraubenmanöver bedingt, der Gegner von einer Schiffsseite auf die andere. Für Albrecht im Vorderen Stand bedeutete das bei den auf die Steuerbord- und Backbordseite des Schiffes verteilten 15er Türmen immer wieder einen Batteriewechsel. Erschwerend für ihn und Schneider im Vormars war aber auch die wegen der vielen ziehenden Regenböen verschlechterte Beobachtung. Dazu traten die Massen von Pulverqualm, die bei den auf so niedrige Entfernungen kurzen Geschoßflugzeiten im Moment des Aufschlags oft noch nicht abgezogen waren, nicht abgezogen sein konnten. Ich selbst, ständig auf Übernahme einer Teilbatterie vorbereitet, beobachtete natürlich mit und sah gelegentlich erhebliche Flammenwirkung beim Gegner. Treffer konnte ich aber niemals zweifelsfrei erkennen. In so gespannten Momenten ist die Gefahr von Wunschbeobachtungen ja immer groß, sie locken, und man muß sich vor ihnen hüten, wenn man es vermeiden möchte, sich selbst zu täuschen.

Wenn die Männer in den Turbinenräumen nach den Erfahrungen zweier Flugzeugangriffe gemeint haben sollten, schon unter vollster Beanspruchung der Maschinen gefahren zu sein, so wurden sie jetzt eines Besseren belehrt. Bei den Versuchen, mit Hilfe der Schrauben den Torpedos der Zerstörer auszuweichen, erfuhren sie jetzt, was aus den Turbinen herauszuholen war. Von »Äußerste Kraft voraus« ging es nun ohne Übergang auf »Äußerste Kraft zurück«, war das Vorwärtsfahrventil kaum geschlossen, als schon zwei Mann das Rückwärtsventil aufrissen. Noch nachträglich will es kaum möglich erscheinen, daß die Maschinen eine solche Belastung aushielten.

Den Männern selbst hatte es auch gereicht. Der Schweiß brach ihnen aus allen Poren, alle hatten sie kaum noch einen trockenen Faden am Leib. Um den Kopf ein Schweißtuch, im rechten Mundwinkel eine Zitronenscheibe, im linken eine Zigarre oder Pfeife – da mögen sie schon komisch ausgesehen haben, und so war ihnen auch zumute.

Einmal, gegen 01.00 Uhr, nach einem erneuten Zerstörerangriff, wurde der Steuerbord Turbine »Stopp« befohlen – für drei Minuten, vier Minuten. Aber was war das? Die Umdrehungsanzeiger der Mittel- und Backbord Turbine zeigten für beide Maschinen »Fahrt voraus« an. Die Steuerbord Turbine hätte also, durch den Fahrtstrom bedingt, leer mitdrehen müssen, das tat sie nicht. Also kam Befehl, doch einmal kurz anzustoßen. Der zweite Maat gab Dampf für »Voraus«, erst zwei, dann drei, vier und fünf Atmosphären. Nichts! Die Turbine stand. Auch bei zehn, zwanzig und dreißig Atmosphären sprang sie nicht an.

Nun Meldung an den Maschinenleitstand, daß die Turbine nicht mehr dreht. »Versuchen Sie das Äußerste!«, lautete der neue Befehl, und dann hieß es eben »Dampf rauf, auf Biegen und Brechen«. Vierzig – achtundfünfzig Atmosphären, nun war eine Düse auf, wurden die Laufräder der Turbine einseitig belastet – mit achtundfünfzig Atmosphären Druck bei etwa 400°C und an der Gräting festgebundenem Sicherheitsventil! Weiter Dampf! Jetzt bekam die zweite Düse Druck: fünf, zehn, zwanzig Atmosphären, und siehe da, bei dreißig sprang die Turbine an, ohne Bruch, ohne Schaufelsalat. Von dann ab hat sie sich bis zum Moment des Untergangs am Vormittag weiter gedreht.

Bei dem offensichtlich so hinderlichen Seegang konnte es uns auf *Bismarck* nicht wundern, daß zwischen den einzelnen Angriffen längere Pausen entstanden. Entweder strebten die Zerstörer dann neuen Angriffspositionen zu, oder sie beschränkten sich darauf, uns zu beschatten. Aber wir empfanden diese Pausen doch jedes Mal wieder als willkommene Momente der Ruhe, wenn auch nur einer sehr scheinbaren. Immer keimte dann, wider alle Vernunft, neue Hoffnung auf, daß die Fühlung doch noch einmal abreißen würde, wir trotz allem doch noch einmal entkommen könnten. Nach St. Nazaire? Auf unserem Zwangskurs nach Nordwesten? Aber dann waren sie doch immer wieder zur Stelle, die Zerstörer, wurde der Lärm unserer Geschütze wieder zur unverrückbaren Gegenwart. Und so ging es über Stunden: wir sichten den Gegner; dieser greift an; unsere Artillerie tritt in Abwehr; das Bewußtsein der Manövrierunfähigkeit belastet uns, wir befürchten Torpedotreffer; wir haben noch einmal Glück gehabt; der Gegner kommt außer Sicht, und wieder die Hoffnung.

Nach 01.00 Uhr früh kam eine neue Variante in das Spiel. Plötzlich hing eine von einem Zerstörer abgefeuerte Leuchtgranate am Himmel, und ihre bloße Erscheinung wirkte wie ein Menetekel. Es war eine Granate, die hoch oben in der Luft krepierte, wonach ein an einem Fallschirm hängender Leuchtkörper langsam hernieder schwebte und die Szene in weitem Umkreis erhellte. Dann aber meinten wir, daß sie doch noch recht weit ab war und dem Gegner kaum helfen würde, unseren Standort genau zu bestimmen. Die nächsten Leuchtgranaten lagen nicht viel besser. Aber allmählich, wenn auch in lang erscheinenden Zeitabständen, änderte sich das. Bis schließlich eine ganz in der Nähe hing, wie ein Ausrufungszeichen: »Halt, Ihr entkommt uns nicht!« Weitere folgten und belebten Angriffe und Abwehr aufs neue. Und trotzdem riß zwischendurch, wenn Dunkelheit herrschte, die Fühlung wieder ab – oder dachte ich das nur? Plötzlich erschien, nach längerer Pause, eine Leuchtgranate ziemlich genau über uns, sank auf das Schiff zu, immer weiter. »Feuer auf der Back«, war der nächste Ruf an Bord, und ein Trupp lief eiligst nach vorn, um es zu löschen. Die dort »gelandete« Leuchtgranate hatte kräftig weitergebrannt.[1] Wir fühlten uns nun wiederentdeckt, aber auch nur vorübergehend, und das Suchen und Finden sollte sich fortsetzen.

Daß ab 2.30 Uhr früh das periodische Schießen von Leuchtgranaten auf einem besonderen Befehl Toveys beruht hatte, sollte ich erstmalig nach meiner späteren Rettung von dem Kommandanten des Kreuzers *Dorsetshire*, Captain B.C.S. Martin, erfahren. Tovey hatte sich darüber gesorgt, daß die navigatorischen Standortberechnungen seiner Schlachtschiffe allzusehr von denen der Zerstörer abweichen könnten. Und so hatte er sich von diesem Aufklärungsmittel eine bessere laufende Vergewisserung über die Position *Bismarcks* erhofft.

Dennoch erstarb aber schon gegen 03.00 Uhr das Leuchtgranatenschießen. *Bismarck* hatte den jeweils feuernden Zerstörer unter sofortigen Beschuß genommen, mit offensichtlich durchschlagender Wirkung. Das Risiko für die Zerstörer, die die Leuchtgranaten ja nur auf eine relativ nahe Entfernung schießen konnten, war zu hoch geworden.

»Als meine Aufgabe«, schrieb Vian später an Tovey, »sah ich es an, Ihnen unter allen Umständen den Feind zu übergeben, und zwar zu dem von Ihnen gewünschten Zeitpunkt. Zweitens wollte ich versuchen, *Bismarck* in der Nacht durch Torpedos zu versenken oder zum Stoppen zu bringen, vorausgesetzt, daß diese Angriffe nicht zu schweren Verlusten unter den Zerstörern führen.«

Nun, bei der offensichtlich hoffnungslosen Lage *Bismarcks* hatte er eine fortgesetzt zu hohe Selbstgefährdung seiner Boote sicher nicht mehr für nötig gehalten und das Schießen von Leuchtgranaten einstellen lassen. Uns war es recht, daß dann wieder Dunkelheit herrschte, auch die Fühlung wieder abriß. Jedenfalls dem Anschein nach, denn ich konnte lange keine Zerstörer mehr in meinem Zielgeber beobachten.

Erst bei aufkommendem Tageslicht kurz vor 06.00 Uhr entdeckte ich sie wieder auf ihren Positionen um *Bismarck* herum. Die dann einsetzende Dämmerung verlief, als ob ein Vorhang nach dem anderen fortgezogen würde, ein jeder fast schlagartig weitere Sicht freigab. So schienen die Zerstörer ihre gefährliche Nähe zu *Bismarck* recht plötzlich zu entdecken. Mit hoher Fahrt gingen sie auf »gebührenden« Abstand und fanden dabei Schutz in den immer noch zahlreichen Regenböen. Dann kamen sie rasch außer Sicht und blieben verschwunden.

Und das Ergebnis der nächtlichen Gefechte?

Über Lautsprecher war bekanntgegeben worden, daß wir einen Zerstörer versenkt und zwei weitere in Brand geschossen hätten. Aber es sollten Wunschbeobachtungen gewesen sein, verständliche, wie sie im Krieg auf allen Seiten immer wieder vorkommen. Um 07.00 Uhr früh war das Ergebnis jedenfalls: kein Torpedotreffer auf *Bismarck*[2], keine direkten Artillerietreffer auf den Zerstörern trotz vieler deckender Salven. Nur wußte damals noch keiner der Gegner um die auf der anderen Seite ausgebliebene Wirkung.

Die Zerstörer habe ich am gleichen Tag nicht wiedergesehen. Sie kümmerten mich auch nicht mehr. Sie hatten uns nachts erfolgreich beschattet, viele

Torpedos auf uns abgeschossen und sicherlich am Morgen Tovey noch einmal unseren letzten Standort gemeldet. Unsere Gedanken und Aufmerksamkeit galten jetzt schon ausschließlich den britischen Schlachtschiffen. Deren Stunde schien gekommen, und mit ihrem Erscheinen rechnete ich von Minute zu Minute. Die Episode der Zerstörer war vorüber.

### *Die Nacht der letzten Funksprüche*

Um 19.54 Uhr funkte die Gruppe West an Lütjens, daß das im benachbarten Seeraum stehende *U 48* Befehl erhalten habe, mit Höchstfahrt auf den Kreuzer *Sheffield* zu operieren.

Über die Flugzeugangriffe meldete Lütjens um 20.54 Uhr an die Gruppe West: »Angriff von Trägerflugzeugen.«

Seine weiteren Meldungen lauteten:

21.05 Uhr: »habe Torpedotreffer achtern«
21.15 Uhr: »Torpedotreffer mittschiffs«
21.15 Uhr: »Schiff nicht mehr steuerfähig«
21.40 Uhr an das Oberkommando der Kriegsmarine und Gruppe West: »Schiff manövrierunfähig. Wir kämpfen bis zur letzten Granate. Es lebe der Führer.«

Wir hatten gesehen, daß zur Zeit der Abgabe des letzten Funkspruches, eine halbe Stunde nach dem Treffer achtern, die Versuche an Bord zur Reparatur des Ruderschadens noch keineswegs abgeschlossen waren. Man kann sich daher fragen, was Lütjens zu dieser insofern vorzeitigen, seinen Stab und die Funkmannschaft sicherlich zusätzlich bedrückenden Meldung gebracht hatte. Die Frage ist nicht mehr authentisch zu beantworten, andererseits aber zuzugeben, daß ihr Inhalt letztlich zutraf.

Um 22.05 Uhr teilte die Gruppe West Lütjens mit, daß die in der Nähe stehenden (8) U-Boote Befehl erhalten hätten, auf *Bismarck* zu sammeln.

Um 23.25 Uhr meldete Lütjens: »Bin umgeben von *Renown* und leichten Streitkräften.«

Tatsächlich war der Schlachtkreuzer *Renown* an den Aktionen der Zerstörer gar nicht beteiligt. Ich erinnere mich auch nicht, ein Schiff seiner Größenordnung in der Nacht jemals gesehen zu haben. Entweder war Lütjens hier einer optischen Täuschung unterlegen oder aber hatte seine B-Dienstgruppe irrtümlicherweise die *Renown* in der Nähe festgestellt.

Die Nacht hindurch tat die Schiffsführung alles, um die Besatzung über die wichtigsten Geschehnisse auf dem laufenden zu halten. Nachrichten wurden, so oft es nur ging, über Lautsprecher und Telefone an alle Stellen gegeben. Kurz nach Mitternacht wurden die vorstehenden Funksprüche verlesen. Mit der Bekanntgabe des weiteren Funkverkehrs wurde dies fortgesetzt:

23.03 Uhr Gruppe West an Flotte: »Lückenlose Luftaufklärung am 27. Mai zwischen 46° und 48° 30′ Nord und Sektor von Brest Nordwest. Frühestmöglicher Start 04.30 Uhr, Kampfverband 06.30 Uhr.«

23.58 Uhr Flottenchef an den Führer des Deutschen Reiches Adolf Hitler: »Wir kämpfen bis zum Letzten im Glauben an Sie, mein Führer, und im felsenfesten Vertrauen auf Deutschlands Sieg.«

23.59 Uhr Flotte an Gruppe West: »Schiff ist waffenmäßig und maschinell voll in Takt. Läßt sich jedoch mit Maschinen nicht steuern.«

00.04 Uhr Oberbefehlshaber der Gruppe West an Flottenchef: »Unsere Wünsche und Gedanken sind bei den siegreichen Kameraden.«

00.14 Uhr Oberbefehlshaber der Kriegsmarine an Flottenchef: »Alle unsere Gedanken sind bei Ihnen und Ihrem Schiff. Wir wünschen Ihnen Erfolg in Ihrem schweren Kampf.«

01.13 Uhr Gruppe West an Flotte: »Schlepper werden in Marsch gesetzt. Drei Focke-Wulf 200 bei Hellwerden Nähe *Bismarck*. Drei Kampfgruppen Start zwischen 05.00 und 06.00 Uhr.«

Bald nach der Bekanntgabe dieses Funkspruches kursierte die Nachricht im Schiff, daß bei Tagesanbruch einundachtzig Junkers 88-Maschinen in Frankreich starten würden, um uns durch Bombenangriffe auf die britische Flotte zu entlasten. Wo diese so genauen Angaben herstammten, habe ich nie mehr erfahren können. Aus dem Wortlaut des zitierten Funkspruches lassen sie sich allenfalls indirekt folgern. Vielleicht hatte der Luftwaffenoffizier im Flottenstab, Hauptmann Fritz Grohé, Lütjens gegenüber die Stärke einer Kampfgruppe auf siebenundzwanzig Flugzeuge beziffert, so daß Lütjens dann auf dieser Grundlage die Besatzung unterrichtet hatte. Grohé wäre dann also von der normalen Sollstärke einer Kampfgruppe ausgegangen, hatte aber nicht berücksichtigt und wohl auch nicht berücksichtigen können, daß die effektive Einsatzstärke geringer war. Jedenfalls verbreitete die Nachricht große Hoffnung unter der Besatzung und gab ihr starken Auftrieb.

Und weiter der Funkverkehr:

01.47 Uhr Gruppe West an Flotte: »*Ermland*[3] ausläuft 05.00 Uhr La Pallice zur Hilfeleistung.«

01.53 Uhr Adolf Hitler an Flottenchef: »Ich danke Ihnen im Namen des ganzen deutschen Volkes.« – Und an die Besatzung Schlachtschiff *Bismarck*: »Ganz Deutschland ist bei Euch. Was noch geschehen kann, wird getan. Eure Pflichterfüllung wird unser Volk im Kampf um sein Dasein stärken.«

02.17 Uhr Flottenchef an Oberbefehlshaber der Kriegsmarine: »Beantrage Verleihung Ritterkreuz an Korvettenkapitän Schneider für Versenkung *Hood.*«

02.21 Uhr Gruppe West an Flotte: »0 und 30 Minuten jeder Stunde für jeweils fünf Minuten Peilzeichen senden für U-Boote auf 852 Meter.«

02.35 Uhr Oberbefehlshaber der Gruppe Nord an Flottenchef und *Bismarck*: »Wir gedenken Ihrer aller in Treue und Stolz.«

03.51 Uhr Oberbefehlshaber der Kriegsmarine an Korvettenkapitän Schneider, nachrichtlich Flottenchef: »Der Führer hat Ihnen für Versenkung Schlachtkreuzer *Hood* Ritterkreuz verliehen. Herzlichen Glückwunsch[4].«

04.19 Uhr Gruppe West an Flotte: »Für Luftwaffe zweistündlich Wettermeldung mit Wolkenhöhe. Erste Meldung sofort erwünscht.«

04.43 Uhr Gruppe West an Flotte: »Für Kampfflugzeuge Peilzeichen senden um 15 und 45 Minuten jeder Stunde, jeweils für fünf Minuten auf 443 Khz. Erstmalig ab 06.15 Uhr.«

05.00 Uhr Flotte an Gruppe West: »halb bedeckt, Untergrenze 600 Meter, Nordwest 7.«

05.42 Uhr Gruppe West an Flotte: »Zwei Focke-Wulf 200 gestartet 03.30 Uhr. Aufklärung 04.45 bis 05.15 Uhr. Drei Kampfgruppen 05.30 Uhr.«

06.52 Uhr Flotte an Gruppe West: »Lage unverändert. Windstärke 8–9.«

07.45 Uhr Gruppe West an Flotte: »51 Kampfflugzeuge 05.20 Uhr bis 06.45 Uhr gestartet, eintreffen ab 9.00 Uhr.«

08.35 Uhr Gruppe West an Flotte: »Heute, etwa 11.00 Uhr auslaufen El Ferrol vorsorglich zur Hilfeleistung (zum Standort *Bismarck*) spanischer Kreuzer *Canarias* und zwei Zerstörer. Fahrt 20 bis 22 Knoten.«

Eine Bekanntgabe des letzten Funkspruches an Bord erinnere ich nicht mehr. Bei seinem Eingang muß *Bismarck* bereits in dem um 08.47 Uhr begonnenen Endkampf gegen *King George V* und *Rodney* gestanden haben. Das Entgegenkommen des neutralen Spanien beruhte auf einem Ersuchen, das der Chef des Stabes der Seekriegsleitung, Admiral Otto Schniewind, über den deutschen Marineattaché in Madrid, Kapitän zur See Kurt Meyer-Döhner, an die spanische Marine hatte übermitteln lassen.

09.00 Uhr Gruppe West an Flotte: »Für Luftwaffe ist wichtig: Was ist wo in Sicht?«

Dieser Funkspruch wurde von der Flotte nicht mehr beantwortet.

Die Angriffe der Zerstörer, ihre Beschattungsmanöver und ihr Leuchtgranatenschießen bedeuteten für uns an Bord natürlich immer wieder spannungsreiche, erregende Minuten. Sie nahmen unsere Aufmerksamkeit ganz in Anspruch, und wir konzentrierten uns in Handlung und Gedanken voll auf die Abwehr. Auch die von Flottenchef und Schiffsführung an die Besatzung durchgegebenen Nachrichten beschäftigten uns intensiv, lenkten von unserer im Grunde aussichtslosen Lage ab, hoben die Stimmung und belebten sinkende Hoffnungen. Aber im großen und ganzen blieben Zerstörerabwehr und Nachrichtenverkehr mit der Heimat doch nur kurze Episoden, denen lange, ja endlos erscheinende Perioden äußerlicher Inaktivität folgten. So hatten wir Zeit, uns auf unseren Gefechtsstationen zu unterhalten oder unseren Gedanken nachzuhängen.

In den Abwehrpausen, die uns die Zerstörer ließen, liefen wir meist nur sehr geringe Fahrt. Verschiedentlich lagen wir auch schon mal gestoppt. In solchen Momenten kam *Bismarck* quer zur See zu liegen und schlingerte ganz erheblich. Mit Ausnahme der Zerstörerabwehr kam es freilich auch nicht mehr darauf an, ob wir Fahrt machten oder nicht. Toveys Schlachtschiffe würden uns bei Tageslicht am 27. Mai so oder so finden. Eine gewisse Mindestgeschwindigkeit sollte uns nur noch vor dem Treiben bewahren, auch war sie aus maschinellen Gründen nötig.

In meinem Stand befanden sich außer dem dort eingeteilten Fähnrich zur See, den Zielgeberunteroffizieren und einem Artilleriemechanikersgasten noch einer der besonders für die »Rheinübung« eingeschifften Kriegsmarineberichter und zwei Prisenoffiziere. Ein Journalist, der gleich seinen an Bord befindlichen Kollegen nach acht Tagen in See bereits so viel an dramatischem Stoff für die Öffentlichkeit daheim hatte ansammeln und nun seine Berichte niemals mehr würde schreiben können. Und Prisenoffiziere, denen es das Schicksal bereits verwehrt hatte, jemals ein aufgebrachtes feindliches Handelsschiff mit wertvoller Ladung in einen deutschen Hafen zu überführen. Wir unterhielten uns, wie konnte es anders sein, über die Aussichten, unsere Lage doch noch zum besseren zu wenden. Sie waren recht hoffnungsfroh und gaben sich überzeugt davon, daß wir Frankreich noch irgendwie erreichen würden. Obwohl ich ihre Hoffnungen nicht teilte, stimmte ich ihnen zu. Auch der Besatzung im Stand gegenüber war solcher zur Schau getragene Optimismus notwendig. Sie alle hatten die Hilfszusagen der Heimat gehört und lebten in der Erwartung ihrer Erfüllung. »Unsere Bomber werden in der Frühe schon aufräumen«, meinten sie. Negative Äußerungen hätten da niemandem gedient, auch galt es ja, für das bevorstehende Endgefecht die Kampfmoral intakt zu halten. Wie ich persönlich unsere Lage einschätzte, war freilich eine andere, in mir selbst auszutragende und trotz innerlich drängender Sorge keinem Dritten mitzuteilende Sache.

Als eine Gefechtspause es erlaubte, es mir allmählich auch etwas eng im Stand geworden war, trat ich einmal nach draußen auf den offenen achteren Scheinwerferleitstand. In der Dunkelheit waren die Umrisse der Schiffsaufbauten gerade noch zu erkennen, auf See nichts zu sehen. Es war zufällig ein Moment, in dem wir quer zur See gestoppt lagen und kräftig schlingerten. In einiger Entfernung war unter mir an Oberdeck ein schweres Schott nicht geschlossen, hart und metallisch schlug es mit den Bewegungen des Schiffes auf und zu, schier endlos, es konnte einem auf die Nerven gehen. Symptom einer sich auflösenden Disziplin? Aber natürlich nein. Symbol eines Totengonges für unser Ende am kommenden Morgen? Schon eher. Gnädig schloß es endlich jemand aus der Nachbarschaft.

Gedanken stürmten auf mich ein. Da waren wir nun, vierhundert Seemeilen westlich von Brest im Atlantik, das modernste und stärkste deutsche Schlachtschiff seiner Zeit. Ein hochgezüchtetes technisches Werk, wie es seinesgleichen damals in der Welt kaum gegeben haben dürfte. Ein kleiner Schiffsteil nur, das Ruder, war die Ursache für unsere Lage. Es war doch merkwürdig, unser Prinzip, für wichtige Schiffseinrichtungen Reserven zu führen, schien für das Ruder nicht zu gelten. Es hatte sich als eine wahre Achillesferse erwiesen. Sonst war *Bismarck* noch hinreichend intakt, die Waffen und die Antriebsanlage voll, und der Schiffskörper soweit, um noch einen Hafen zu erreichen. Hätten wir doch nur irgendein Reserveruder, ein Bugruder oder ein in tiefem Wasser aus dem Kiel nach unten ausfahrbares Ruder gehabt! Ja, hätten wir! Dann hätten wir uns vielleicht in dieser mondlosen Nacht noch unbemerkt vom Gegner lösen und entkommen können. Doch was nutzte schon diese hypothetische Betrachtung? Sie war nur Wunschdenken, eine Illusion, geboren aus der Fülle der Zeit, der Ohnmacht im Handeln.

Die ganze Nacht über nahm der Nordwestwind ständig zu, jagte niedrige Regenwolken immer schneller über die See. Daß am nächsten Morgen Tanker und Schlepper Entlastung bringen könnten, hielt ich für ausgeschlossen. Und die Luftwaffe, die angeblichen einundachtzig Junkers 88? Bei solchem Wetter und an der Grenze ihrer Reichweite? Nicht einmal finden würden sie uns. Aber auch hierzu behielt ich meine Zweifel für mich. Plötzlich briste es geradezu stoßartig auf. In Sekundenschnelle schienen zwei oder drei Windstärken hinzugekommen zu sein, Windstärke 9 mußte es jetzt wohl sein. Ausgerechnet, dachte ich, auch noch diese Erschwerung. Jaulend fuhr der Sturm durch die Signalleinen. Bevor ich in den Stand zurücktrat, warf ich noch einen Blick nach oben zum Flakleitstand »C« des Leutnants zur See Hans-Joachim Ritter, wo ein Ausguck Wache hielt. Wie zugig mußte es dort erst sein! Kamerad dort oben, schoß es mir merkwürdigerweise durch den Kopf, für uns beide wird das Ende am 27. Mai gekommen sein. Jetzt stand es fest. Im Morgengrauen würden die britischen

Schlachtschiffe erscheinen, lange bevor eigene Unterstützung auch nur in unsere Nähe gelangen konnte.

Aber bis dahin sollte es noch dauern. Vorerst schlichen die Minuten förmlich dahin. Sie schien niemals enden zu wollen, diese unheimliche Nacht des Wartens – nichts als Warten auf das Ende. Diese Nacht, so bedrückend durch ihre aufgezwungene Untätigkeit und die Gewißheit des bevorstehenden Untergangs. Das Ende mußte und würde ja kommen, aber es kam in quälender Zeitlupe. Nur noch Aktion konnte vor der fast unerträglichen Spannung befreien.

Und wie empfanden die Männer die Situation? Auch sie lebten ja nun schon seit Tagen nur noch auf ihren Gefechtsstationen, in kleinen Gemeinschaften, waren in ihren Abteilungen und Türmen von der großen Mehrheit der Kameraden abgeschlossen und weitgehend mit sich allein. Auch sie mußten sich über ihr Schicksal in hohem Maße eigene Gedanken machen. Zwar hatten sie alle, zwei Tage zuvor, die Ansprache von Lütjens gehört. Dessen Schilderung der Lage ihres Schiffes hatten sie als gemeinsames Erlebnis erfahren. Aber die düstere Art des Flottenchefs hatte bei ihnen etwas zurückgelassen, mit dem sie nun wiederum selbst fertig werden mußten. Sicherlich hatten die nachfolgenden Worte Lindemanns getröstet, hatte die Zeit seither vieles kuriert – aber doch nur solange, bis der Rudertreffer ein bedrückendes neues Signal gesetzt hatte. Zwar wurden sie über alle Versuche zur Reparatur des Schadens unterrichtet, aber in unvermeidlich knappster Form und nur in längeren Zeitabständen. Viel Positives hatten sie da nicht heraushören können und ihr sich jetzt abzeichnendes Schicksal erneut innerlich verarbeiten müssen. Als dann nach Mitternacht die Durchsage kam: »Die Arbeiten am Ruder sind eingestellt«, schwanden letzte Hoffnungen, begriffen besonders die Älteren die Nachricht als das sichere Todesurteil für Schiff und Besatzung. Und auch das mußte jeder mit sich selbst abmachen, jeder einzelne auf seine Weise. Einige gerieten in eine Stimmung, in der ihnen alles gleich war, sie nichts mehr erschüttern konnte.

Später in der Nacht gab die Schiffsführung alle Proviantvorräte frei. Jedermann durfte sich soviel geben lassen,wie er mochte. Auch dies ein deutliches Zeichen, daß die Schiffsführung das Ende als gekommen ansah. Und um so mehr klammerten sich nun die Männer, vor allem die jüngeren, an die Funksprüche aus der Heimat, die zugesagten Hilfen, die Flugzeuge, die U-Boote, den Tanker und die Hochseeschlepper. Immer wieder kam es über die Bordlautsprecher: »auf eigene Flugzeuge achten« – »auf eigene U-Boote achten.« Immer wieder schöpften viele von daher neue Hoffnung.

Hoffnung, so nützlich und so zerbrechlich, wie oft war sie gekommen und gegangen in diesen Tagen und Nächten?

Unten in den Turbinenräumen, wo während der Zerstörerangriffe Äußerstes geleistet worden war, war es morgens etwas ruhiger geworden. Die ungeheure Spannung und seelische Belastung der letzten Stunden wich einer verständlichen

Erschlaffung und Müdigkeit. Viele Heizer an den Pumpen konnten sich kaum noch auf den Beinen halten, legten sich, wo sie standen, schliefen den Schlaf der Erschöpfung. Vier Tage lang ohne Schlaf waren zuviel gewesen, und dann diese zermürbende Nacht! An sich war es verboten zu schlafen, aber die Übermüdung war nicht mehr zu beherrschen. Einige sollten erst vom Lärm der eigenen Abschüsse und einschlagenden feindlichen Granaten während des Endkampfes am Vormittag hochgerüttelt werden.

## Das Kriegstagebuch der Flotte und *U 556*

In der Frühe des 27. Mai entschloß sich Lütjens dazu, das Kriegstagebuch der Flotte nach Frankreich in Sicherheit bringen zu lassen. Dieser Entschluß war eine Folge aus der unvermeidlichen Erkenntnis, daß *Bismarck* den bevorstehenden Endkampf nicht mehr überstehen werde. Es mußte nunmehr sowohl für die Seekriegsleitung als auch für jede spätere Auswertung der »Rheinübung« von unschätzbarem Wert sein, die Lagebeurteilungen, Überlegungen und Entscheidungsprozesse des Flottenchefs in den kritischen Operationsphasen wenigstens als Vermächtnis auf dem Tisch zu haben. Die Nachwelt würde dann authentisch wissen, warum Lütjens

- im Atlantikkrieg erfahrener und erfolgreicher Flottenchef, den ihm am Abend des 21. Mai von Reichard vorgelegten Funkspruch der deutschen Beobachtungsleitstelle über die Alarmierung des Gegners nicht auch als Warnzeichen für eine verstärkte britische Aufklärung in der Dänemarkstraße aufgefaßt und sein weiteres Verhalten danach eingerichtet hat (oder hatten die Funksprüche der Gruppe Nord vom 22. Mai über den anscheinend unbemerkt angetretenen Weitermarsch aus Norwegen etwaige solche Zweifel in ihm wieder gelöscht? Hatte er diese Funksprüche bedenkenlos als die volle Wahrheit angesehen?),
- bei der ersten Begegnung mit *Suffolk* und *Norfolk* nicht umgehend kehrtmachte und die »Rheinübung« verschob, so wie er es in der entsprechenden Phase seiner Operation mit *Gneisenau* und *Scharnhorst* drei Monate zuvor erfolgreich getan hatte,
- wenn er nun schon durchhielt, die Vernichtung der Fühlunghalter nicht in rücksichtsloserer Offensive angestrebt hat,
- die Verfolgung der offensichtlich schwer angeschlagenen *Prince of Wales* aufgegeben und damit die Aussicht auf einen vermutlich leicht zu erzielenden weiteren und bedeutenden Sieg verschenkt hat,
- schon so rasch nach dem Island-Gefecht die »Rheinübung« unterbrochen und mit *Bismarck* einen Hafen angestrebt hat,

– die Brennstofflage *Bismarcks* am Abend der 24. Mai unvermittelt als so kritisch angesehen hat, daß St. Nazaire *direkt* angesteuert werden mußte, das heißt auf kürzestem Weg und unter Verzicht auf jedes, vielleicht rettende Ausholen in den Atlantik,
– sich bis in den Vormittag des 25. Mai entgegen der Wirklichkeit als weiterhin vom Gegner geortet angesehen hat.

Bekannt wäre dann auch, wann genau in der Nacht zum 25. Mai und in welcher zeitlichen Abfolge *Bismarck* jene allmähliche Kursänderung nach Steuerbord vollzogen hat, die zum Abreißen der bis dahin durch *Suffolk* gehaltenen Fühlung führte.

Um das Kriegstagebuch zu befördern, wurde zwischen 05.00 und 06.00 Uhr eines der Bordflugzeuge auf das Katapult gesetzt und startklar gemacht. Bei unserer Entfernung zur westfranzösischen Küste mochte die Reichweite einer Arado 196 gerade langen. *Bismarck* manövrierte mit äußerster Maschinenkraft, um das Steuerbordende des Katapultes in den Wind zu drehen. Und dann sollte es losgehen. Aber der Startmechanismus funktionierte nicht. Es wurde entdeckt, daß sich die Preßluftleitung zum Katapult verbogen hatte. Nach einem weiteren vergeblichen Versuch zeigte sich, daß auch die Gleitvorrichtung, ja der Kran selbst unbrauchbar waren. Mit Bordmitteln war das nicht zu reparieren, und nach Beratung wurde auf den Start verzichtet. Die Arado konnte natürlich nicht auf dem Katapult stehenbleiben, wo sie im Gefecht die Brandgefahr nur noch erhöht hätte. So wurde sie bis an dessen Ende geschoben und mit beigeklappten Flügeln über Bord gekippt. In ihre Schwimmer hatte man vorher noch Lecks geschlagen. Auf den Flügeln treibend, sah ich sie entschwinden.

Wann und wodurch war die Katapultanlage beschädigt worden? Ich weiß es nicht. Vermutlich war der Schaden eine spät entdeckte Folge des Treffers durch das nah dem Katapult festgezurrte Verkehrsboot während des Island-Gefechtes.[1]

Inzwischen war es nahe an 06.00 Uhr und schon recht hell geworden. Welch anderen Weg, das Kriegstagebuch in Sicherheit zu bringen, würde es in der bis zum Endkampf verbleibenden, kurzen Zeit noch geben?

Um 07.10 Uhr funkte Lütjens an die Gruppe West: »U-Boot schicken zum Wahrnehmen Kriegstagebuch.« Es sollte sein letzter Funkspruch in die Heimat gewesen sein.

Ein U-Boot schicken! Dies war jetzt die letzte Hoffnung, die letzte vage Möglichkeit, das Kriegstagebuch doch noch zu retten. Mit dem Versagen der Katapultanlage waren die Eigenmittel *Bismarcks* insoweit erschöpft. Und nach der Abgabe des Funkspruches konnte Lütjens für die Erfüllung seines Wunsches nichts weiteres mehr tun, als auf den erbetenen Dienst von außen zu warten. Warten und warten.

Doch ist ein U-Boot im Lauf des Vormittags nicht mehr erschienen. Das Kriegstagebuch sollte mit dem Schiff versinken. Vermutlich, so dachte ich damals, hatte eben kein Boot nahe genug gestanden oder aber wegen Brennstoffnot einen Umweg in Kauf nehmen können.

Zunächst freilich durfte Lütjens durchaus auf das Eintreffen eines U-Bootes hoffen. Um 08.01 Uhr teilte ihm die Gruppe West mit: »*U 556* abholt Kriegstagebuch.«

Ja, wenn es so war, warum kam das Boot dann nicht?

Um es zu verstehen, blenden wir um einen Tag zurück. Verfolgen wir ab dann den Weg von *U 556*.

Am 26. Mai waren im Zuge unterstützender Dispositionen für den in immer kritischere Lage geratenden *Bismarck* neue Weisungen auch an die in der Biskaya befindlichen U-Boote ergangen. Eines von ihnen war *U 556* gewesen und dessen Kommandanten, Kapitänleutnant Herbert Wohlfarth, befohlen worden, nahe dem neuesten Standort von *Bismarck* aufzuklären und zu operieren. Wohlfarth hatte sich im Moment auf der Heimkehr von einer eigenen Operation befunden, zu der er am 1. Mai ausgelaufen war und bei der er bereits alle seine Torpedos auf britische Geleitzüge verschossen hatte. Sein Brennstoffvorrat war dementsprechend verbraucht, und es war ihm klar, daß er auf den jetzt für *Bismarck* zu fahrenden Umwegen mit dem Restbestand äußerst sparsam werde verfahren müssen.

In die engere Kampfzone um *Bismarck* war Wohlfarth auf seinen neuen Kursen dann schon am Abend des 26. Mai geraten. Gegen 19.50 Uhr hatte er von achtern her und mit hoher Fahrtstufe aus dem Dunst heraus Schlachtkreuzer *Renown* und den Flugzeugträger *Ark Royal* in Sicht bekommen – das Gros der Kampfgruppe »H«! Alarm! und nichts als weggetaucht! »Gegner Bug rechts, Lage zehn, ohne Zerstörer, ohne Zickzackkurs«, so schilderte Wohlfarth es später. Nicht einmal mehr anlaufen hätte er müssen zum Torpedoschuß! Er hatte schon vorlich und ganz richtig gestanden. Nur noch sich zwischen *Renown* und *Ark Royal* legen, dann schießen, auf beide fast gleichzeitig! Ja, wenn er noch Torpedos gehabt hätte! Vielleicht hätte er *Bismarck* helfen können. Ja, vielleicht – so hat er es damals empfunden. Auf dem Flugdeck des Trägers hatte er übrigens deutlich Betrieb erkannt. Es war der Betrieb *nach* dem Start der zweiten und entscheidenden Angriffswelle auf *Bismarck* gewesen. *Nach* dem Start! Wohlfarth hätte uns vor dem Rudertreffer also auch dann nicht mehr bewahren können, wenn er noch Torpedos gehabt hätte. Die »Swordfish« hatten längst nahe der *Sheffield* gekurvt, unmittelbar vor dem erfolgreichen Angriff auf *Bismarck* gestanden!

Was blieb, war dennoch eine verpaßte einzigartige Gelegenheit zu einer Torpedierung zweier schwerer Schiffe! Dreißig Minuten später, um 20.39 Uhr, war Wohlfarth aufgetaucht und hatte Funkmeldung erstattet: »Feind in Sicht, ein Schlachtschiff, ein Flugzeugträger, Kurs 115°, Feind läuft hohe Fahrt, Position 48° 20′ Nord, 16° 20′ West.« Mit der Meldung hatte er nebenher bezweckt, daß seine Kameraden auf nahestehenden Booten unterrichtet werden und zu Angriffen heranschleichen konnten. Dann war er über Wasser mit äußerster Kraft hinter *Renown* und *Ark Royal* hergelaufen. Deren Kurs hatte fast genau mit seinem eigenen auf *Bismarck* zu übereingestimmt. Zwischendurch hatte er getaucht, Horchpeilungen der beiden genommen, aber nach 22.00 Uhr nichts mehr hören können. Das Rennen zwischen seinem kleinen Boot und den großen Pötten war dann doch eine zu ungleiche Sache.

Um 23.30 Uhr hatte Wohlfarth, vierhundertundzwanzig Seemeilen westlich von Brest, erneut Alarm gegeben. Aus dem Dunst war ein Zerstörer herangebraust. Also wieder rasch getaucht. Dreißig Meter Tiefe hatte er erreicht, als der Gegner vorbeirauschte. Teuflisch, diese Schraubengeräusche! Erleichtert hatte er im Kriegstagebuch vermerkt: »Da war der Daumen wieder dazwischen, keine Wasserbomben!«

Welcher Zerstörer hatte ihn so beunruhigt? Wohl einer aus Vians Flottille. Aber diese war im Moment wahrlich nicht auf deutsche U-Boote aus gewesen. Sie hatte voll mit *Bismarck* zu tun, ihn zu beschatten, zu torpedieren.

Und weiter aus Wohlfarths Kriegstagebuch: »27. 5., 00.00 Uhr, Nordwest 5, Seegang 5, Regenböen, mäßige Sicht, sehr dunkle Nacht. Aufgetaucht. Was kann ich nur für *Bismarck* tun? Ich beobachte Leuchtgranatenschießen und Abwehrfeuer von *Bismarck*. Es ist ein schreckliches Gefühl, in der Nähe zu sein und nichts tun zu können. Ich kann jetzt nur noch aufklären und Torpedoträger heranführen. Ich halte an der Grenze der Sicht Fühlung, melde Standort und sende Peilzeichen, um die anderen Boote heranzuholen.«

Um 03.52 Uhr: »Ich ziehe mich an der Ostseite nach Süden, um in der Richtung des Treibens zu stehen. Bald ist die Grenze dessen erreicht, was ich aus Brennstoffgründen noch tun kann. Ich komme sonst nicht mehr nach Hause.«

04.00 Uhr: »Die See wird immer höher. *Bismarck* kämpft immer noch. Für Luftwaffe Wetter gemeldet.«

Gegen 06.30 Uhr hatte Wohlfarth dann *U 74*, eines der anderen alarmierten Biskaya-Boote, in der Nähe gesichtet. Dessen Kommandanten, Kapitänleutnant Eitel-Friedrich Kentrat, hatte er optisch und per Megaphon die Aufgabe zum weiteren Fühlunghalten übertragen: *Bismarck* steht nach meinen nächtlichen Leuchtgranatenbeobachtungen ungefähr in der und der Richtung. Habe ihn nicht direkt gesehen. Übernehmen Sie weiter die Fühlung. Ich habe keinen Brennstoff mehr.« Und nach einem Kentrat zugewinkten Gruß hatte Wohlfarth abgedreht.

In das Kriegstagebuch trug er ein: »Um 06.30 Uhr letzte Fühlunghaltermeldung abgegeben, *U 74* gesichtet, optisch an *U 74* Aufgabe des Fühlunghaltens abgegeben. Ich kann mich mit Elektromaschinen bei kleiner Fahrt noch am besten auf der Stelle halten. Über Wasser brauche ich Brennstoff und muß Rückmarsch laufen.«

Bei seiner prekären Brennstofflage hatte Wohlfarth die Überwasserfahrt danach auch sofort abbrechen müssen. Er war dann sechs Stunden unter Wasser geblieben, hatte den zwischen 07.00 und 08.00 Uhr an ihn gefunkten Befehl zum Abholen des Kriegstagebuchs *Bismarck* eben seines Tauchzustandes wegen gar nicht mehr empfangen können! Er erhielt ihn erst beim Wiederauftauchen um 12.00 Uhr mittags, einer Zeit, zu der Funksprüche regelmäßig wiederholt wurden. Auf der Stelle bat er den Befehlshaber der Unterseeboote durch Gegenfunkspruch, diese Aufgabe doch Kentrat zu übertragen, da er selbst keinen Brennstoff mehr habe.[2] Daß *Bismarck* inzwischen gesunken war, wußte er ebensowenig wie die Heimatdienststellen um diese Stunde. Er hatte zwar unter Wasser im Lauf des Vormittags eine Reihe von Detonationen hören können. Aber diese hatte er nicht voll ausdeuten können.

Kentrat hat den durch Wohlfarths Gegenfunkspruch ausgelösten Funkbefehl dann auch noch erhalten. »U-Kentrat Kriegstagebuch *Bismarck* abholen«, so lautete er. Aber auch Kentrat konnte ja in dieser Lage nur noch vergeblich suchen.

Noch heute möchte ich mehr als einen bloßen Zufall darin sehen, daß der in den Morgenstunden des 27. Mai erteilte Befehl, das Kriegstagebuch von *Bismarck* abzuholen, ausgerechnet an *U 556* ergangen war. Denn *U 556* war für uns an Bord kein beliebiges U-Boot gewesen, nicht irgendeines von vielen. Im Gegenteil, es hatten ganz besondere, enge Bande zwischen dem kleinen Boot und dem Schlachtriesen bestanden. Beide waren bei »Blohm & Voß« entstanden und im Sommer 1940 so manches Mal dort auch Liegeplatznachbarn gewesen. Zum Beispiel bei der Indienststellung von *U 556*. Da hatte der mächtige Bug von *Bismarck* hoch und weit über das kleine Boot hinweggeragt. Und Wohlfarth, in Marinekreisen als »Ritter Parzival« bekannt, war eine Idee gekommen. Er hatte gemeint, daß zu einer richtigen Indienststellung ja auch eine Schiffskapelle gehöre. Und eine solche hatte ein U-Boot ja nun gewiß nicht an Bord. Was hätte also näher gelegen, als sie bei dem großen Nachbarn auszuborgen? Aber als Wohlfarth dann Lindemann deshalb aufgesucht hatte, war er nicht als bloßer Bittsteller erschienen. Im Austausch hatte er *Bismarck* die »Patenschaft« seines Bootes angeboten. Gern hatte Lindemann sie angenommen. Wohlfarth hatte seine Kapelle bekommen, und auf *Bismarck* hatte seitdem die von ihm künstlerisch entworfene Patenschaftsurkunde gehangen.

Lindemann und Wohlfarth waren Freunde geworden. Zu Anfang 1941 hatten sich *Bismarck* und *U 556* bei Artillerieschießübungen in der Ostsee wiedergetroffen und dabei einmal sogar ein und dieselbe Zielscheibe benutzen wollen. *U 556*, dem Lindemann bei den Anläufen den Vortritt gelassen hatte, hatte mit zehn Treffern die Scheibe so schwer zerstört, daß *Bismarck* sie am gleichen Tage gar nicht mehr verwenden konnte. Aber Lindemann hatte das überhaupt nicht übelgenommen und Wohlfarths Besorgnis über eine ungnädige Reaktion rasch zerstreut: »Ich gönne Ihnen das herzlich gern und wünsche Ihnen, daß Sie im Atlantik genau so viel und schnell Erfolg haben und das Ritterkreuz dazu.« Erleichtert hatte Wohlfarth geantwortet: »Hoffe, daß wir gemeinsam das Ritterkreuz im gemeinsamen Kampf im Atlantik erhalten.«

Auf seiner jetzigen Operation hatte Wohlfarth am 24. Mai über den Funk von der Versenkung der *Hood* erfahren. Erst hatte er es gar nicht glauben wollen, so überraschend war die Nachricht gekommen. Und nun, zwei Tage später, war *Bismarcks* Lage so gänzlich anders, fast schon hoffnungslos. Wie hatte es doch noch in seiner Patenschaftsurkunde geheißen? »Wir *U 556* (500 Tonnen) erklären hiermit vor Neptun, dem Herrscher über Ozeane, Meere, Seen, Flüsse, Bäche, Teiche und Rinnsale, daß wir unserem großen Bruder, dem Schlachtschiff *Bismarck*(42 000 Tonnen) in jeder Lage zu Wasser, zu Lande wie in der Luft beistehen wollen. Hamburg, den 28. Januar 1941. Kommandant und Besatzung *U 556.*« Die eine der begleitenden Zeichnungen hatte gezeigt, wie »Ritter Parzival« mit dem Schwert in der rechten Hand angreifende Flugzeuge und mit dem linken Daumen Torpedos von *Bismarck* fernhält. In der anderen Zeichnung war *Bismarck* im Schlepp von *U 556* zu sehen.

Ja, gerade der Hilfe bei der Abwehr von Flugzeugen und Torpedos, und danach des Abschleppens hatte *Bismarck* bedurft, als er, ausgerechnet er, der Pate Wohlfarth ihm jetzt so nahe war. Fast könnte man an Wohlfarths Sehergabe glauben, in jener Stunde, als er die Urkunde angefertigt hatte. Aber als die Wirklichkeit dann mehr und mehr seinen Zeichnungen glich, hatte er tatenlos abwarten müssen. Keine Torpedos mehr, kaum noch Brennstoff, und sein »Schützling« von allzu vielen Gegnern umstellt. Nein, es gab wirklich nichts, was er für *Bismarck* noch hätte tun können. Schwer lastete das Gefühl schicksalhafter Ohnmacht auf ihm.

## Ein letzter Besuch auf der Schiffsbrücke

Allmählich war es 08.00 Uhr und längst taghell geworden. Ich wunderte mich und konnte es kaum verstehen, daß von den feindlichen Schlachtschiffen noch nichts zu sehen war. Hatten sie über Nacht nicht genügend Zeit gehabt, an uns heranzukommen? Wo blieben sie nur?

Da im Moment besondere Befehle der Schiffsführung nicht vorlagen, und nichts Wesentliches meine fortgesetzte Anwesenheit im Achteren Artillerieleitstand erforderte, wollte ich mich noch etwas umhören und ging zunächst einmal in die Offiziersmesse. Erst beim Eintreten dort kam mir so recht zum Bewußt-

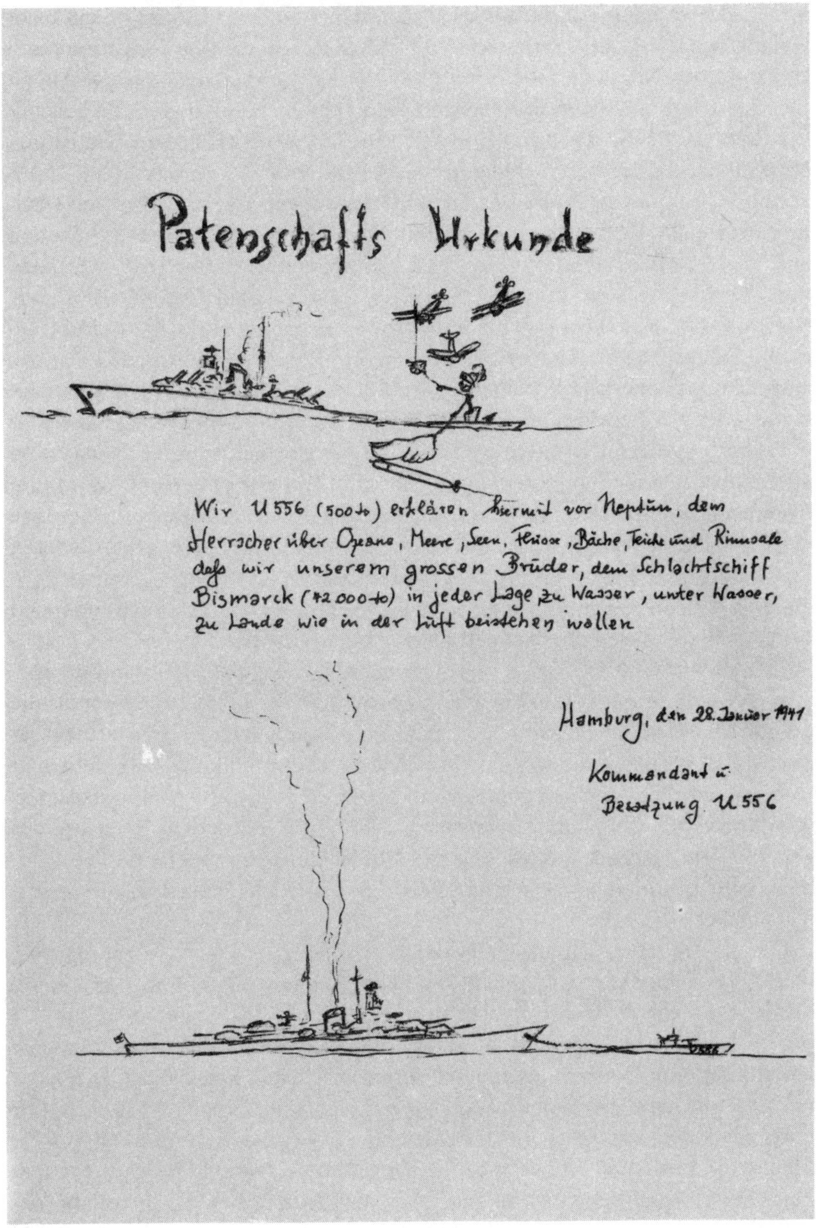

Patenschafts Urkunde

Wir U 556 (500 to) erklären hiermit vor Neptun, dem Herrscher über Ozeane, Meere, Seen, Flüsse, Bäche, Teiche und Rinnsale daß wir unserem grossen Brüder, dem Schlachtschiff Bismarck (42 000 to) in jeder Lage zu Wasser, unter Wasser, zu Lande wie in der Luft beistehen wollen

Hamburg, den 28. Januar 1941

Kommandant u. Besatzung U 556

»Patenschaftsurkunde« des *U 556* für *Bismarck*.

sein, daß wir Schlagseite nach Backbord hatten. Innerhalb dieses geschlossenen Raumes wirkte sie, eigenartig, sehr viel stärker als vorher. Um einen Tisch saßen einige wenige Offiziere, als dienstältester der Korvettenkapitän (Ing.) Wilhelm Freytag. Die Namen der anderen sind mir entfallen. Auf der gegenüberliegenden Seite der Messe stand eine hohe Terrine. Ihre Schöpfkelle hing in eine süße Mehlsuppe, die mit dem Schlingern des Schiffes hin und her schwappte. Jeder konnte sich bedienen. Am Tisch herrschte Schweigen, unterbrochen von jeweils hingeworfenen Bemerkungen, einsilbig, ohne Hoffnung. Wie hätte es auch anders sein sollen? Waren wir doch in kleinstem Kreis unter uns – wozu also noch Versteck spielen? Über das Kommende gab es keine Zweifel, nichts mehr war fraglich. Schließlich sagte einer: »Heute wird meine Frau Witwe, sie weiß es nur noch nicht.« Die Luft erschien nunmehr vollends schwer wie Blei, und wer vielleicht noch etwas hatte bemerken wollen, dem blieb jetzt das Wort im Halse stecken. Es war bedrückend. Zu bedrückend, um länger dort zu bleiben.

Weiter ging ich auf die Schiffsbrücke, die mir ziemlich verlassen vorkam. Es schien aber nur so, denn die Männer ruhten in den Winkeln aus. Im Vorderen Kommandostand stand Lindemann. Er trug seine Schwimmweste in aufgeblasenem Zustand, und ich mußte zweimal hinschauen, um es zu glauben.[1] Sein Steward Arthur Meier reichte ihm gerade das Frühstück und während er es einnahm, schien er in merkwürdiger Weise von seiner Umgebung isoliert zu sein. Denn er hatte mich wohl kommen sehen, aber er erwiderte meinen Gruß nicht, auch dann nicht, als ich diesen verlängerte und ihn in der Hoffnung auf ein Wort von seiner Seite intensiv ansah. Nein, er erwiderte den Gruß nicht, sagte auch kein Wort, vermied es überhaupt, mich noch einmal anzublicken. Und dabei blieb es. Es berührte und verwunderte mich doch sehr. Schließlich war ich früher sein persönlicher Adjutant gewesen, und unsere Lage erschien mir doch außergewöhnlich genug für eine Bemerkung. Viel hätte ich um ein Wort von ihm gegeben, ein klärendes, eines, das die Entwicklung der Operation aus seiner Sicht beleuchtete. Aber es gab nur Schweigen, und ich blieb allein mit meinem Versuch, es zu deuten.

Das war in dieser Stunde nicht der Lindemann, den wir alle kannten. Ich mußte zurückdenken. Im Jahr zuvor hatte Lindemann mich in vertrauteren Gesprächen wissen lassen, wie sehr er sich immer das Kommando über ein großes Schlachtschiff gewünscht hätte. Und wie besonders er sich über seine Ernennung zum Kommandanten des *Bismarck* gefreut hatte. Zwar, so hatte er hinzugefügt, hätte das Kommando über ein Flaggschiff seinen Wünschen nicht eben am vollkommensten entsprochen. Einen Admiral an Bord haben – das konnte in kritischen Situationen zu Differenzen führen, die es auf einem »braunen«[2] Schiff eben nicht gab. Natürlich hing das weitgehend von den beteiligten Charakteren ab. »Wie geht es denn mit Lütjens?« hatte ihn Anfang 1941 einmal ein Crewkamerad gefragt. »Nicht einfach«, war seine knappe

Antwort gewesen. Aber wenn, so hatte Lindemann mir weiter gesagt, sein Schiff, das Flaggschiff des Flottenchefs, jemals vermeidbar in Gefahr gerate, nun, dann werde das dem Admiral und nicht ihm zur Last fallen. Klar und deutlich kehrten diese seine Worte zu mir zurück, als ich ihn jetzt so sah: War dieser Fall nun eingetreten? Wollte er durch sein ganzes Gebaren seine innere Distanzierung von der Verantwortung für die durch Lütjens herbeigeführte Lage seines Schiffes anzeigen? Hätte er nicht dann, wenn im Verlauf der »Rheinübung« neue Führungsentschlüsse herausgefordert waren, zumindest teilweise anders entschieden, unter den jeweiligen Alternativen anders ausgewählt als Lütjens? Beispielsweise nach der Meldung der deutschen B-Leitstelle über die Alarmierung des Gegners am 21. Mai, nach dem ersten Auftreffen auf *Suffolk* und *Norfolk*, in der Frage der Fortsetzung des Gefechtes gegen *Prince of Wales* am Morgen des 24. Mai? Nur eine einzige Entscheidung, am Anfang anders getroffen, und der weitere Verlauf der Operation, man weiß es ja, hätte ein vielfach anderer sein können. Gewiß – auch das keine Garantie gegen Rückschläge und Verluste. Aber das Ende *Bismarcks* wäre doch nicht *so* gekommen – nicht in so zehrender Endlosigkeit!

Sicherlich hatten auch Unterschiede im Naturell beider Seeoffiziere eine Rolle gespielt. Lütjens war von der vermeintlichen hohen Funkmeßüberlegenheit der Briten stark beeindruckt, wohl auch zwischen Draufgängertum und Niedergeschlagenheit hin- und hergerissen worden. Lindemann hatte nüchterner geurteilt und war der Niedergeschlagenheit des Flottenchefs entgegengetreten, bis er schließlich in soldatischem Gehorsam kapitulierte.

Einen ganz ähnlichen Eindruck von Lindemann hatte übrigens damals auch Junack gewonnen. Gegen Morgen, so hat er es vom Mittleren Turbinenraum aus später geschildert, hätten allmählich die »Äußerste Kraft«-Maschinenkommandos aufgehört, und es sei etwas ruhiger im Schiff geworden. Da habe Lehmann ihn zum Maschinenleitstand gerufen, um dort für kurze Zeit die Wache zu übernehmen. In diesem Moment sei von der Brücke das Kommando gekommen: »Alle Maschinen stopp.« Da danach längere Zeit kein weiteres Kommando gefolgt sei, habe er befürchtet, daß sich die Turbinen nach den voraufgegangenen Überbeanspruchungen durch Wärmespannungen verziehen könnten. Er habe daher den Kommandanten an den Fernsprecher gebeten, ihm seine Bedenken gemeldet und ein Maschinenkommando für »kleine Fahrt« erbeten. »Ach, machen Sie, was Sie wollen«, hatte dieser geantwortet. Nein, auch das war nicht der Lindemann gewesen, den Junack kannte.

Nur vier Stunden zuvor hatte Lindemann noch ganz anders auf seine Umgebung gewirkt. Gegen 04.00 Uhr früh hatte er, zunächst schweigsam, in einer Brückennock neben Schneider gestanden. Dann war er fortgegangen, aber nur um sogleich zurückzukehren und, herzliche Freude verratend, auf Schneider zuzugehen. Es war soeben der Funkspruch über die Verleihung des Ritterkreuzes an Schneider eingegangen, und Lindemann gratulierte seinem Ersten Artillerieoffizier! Ruhig und gelassen, wie immer – nichts an ihm hatte seine schweren Sorgen verraten. Doch nun, am Vormittag, hatte er seit dem Rudertreffer, Zerstörerangriffen ausgesetzt, auch schon wieder elf ununterbrochene Stunden auf der Brücke seines hilflosen Schiffes gestanden. Es war zuviel gewesen, in jeder Hinsicht.

Empfand er die Dinge so, wie es den Anschein hatte? Hatte ihm Lütjens durch seine Art der Unternehmensführung den *Bismarck* vorzeitig aus der Hand geschlagen? Die Antwort darauf hat er zwei Stunden später mit sich genommen.

Bevor ich weiterging, warf ich einen letzten Blick auf Lindemann und den immer noch vor ihm stehenden Meier. Den guten Arthur Meier, der früher einmal Geschäftsführer eines Lokals in Hannover gewesen war. Täglich war ich ihm während meiner Zeit als Adjutant Lindemanns begegnet, wenn er seinen Kommandanten umsorgte, ihm seine bevorzugten »Three Castles«-Zigaretten brachte. Zu einem kleinen Schwätzchen war Meier immer aufgelegt gewesen. Ja, er hätte sich Schöneres vorstellen können als Krieg und Kriegsdienst, aber irgendwo, so hatte er resignierend gemeint, müsse man ja dienen. Und da war ihm seine Verpflichtung auf den *Bismarck* doch schon sehr recht gewesen. So ein großes Schiff und solch ein starker Panzer! Da könne ihm wohl so leicht nichts passieren. Wie oft hatte er es gesagt. Und nun war sein letzter Morgen angebrochen.

Vom Kommandostand aus ging ich den schmalen Niedergang hinunter in das Schiffskartenhaus. Fast gespenstisch wirkte es, als ich eintrat. Eine grelle Lampe bestrahlte die vereinsamte Seekarte, auf der es keine große Navigation mehr zu betreiben gab. Der Rest des Raumes lag im Dunkel, anscheinend war niemand anwesend. Dort, auf der Seekarte, war der Ort markiert, wo wir am Vorabend den Rudertreffer erhalten hatten. Dort hatte der Kurs nach St. Nazaire geendet, danach zeigte eine Schlangenlinie den pendelnden Kurs *Bismarcks* nach Nordwesten an, in den Wind hinein. Sie endete dort, wo wir jetzt etwa stehen mußten. Navigatorisch war alles auf dem laufenden. War wirklich niemand auf Station? Doch – in einem Winkel unten an Deck ruhten zwei Männer. Nun, sie hatten ja im Moment wirklich nichts Besseres zu tun. Rasch verließ ich den Raum.

Innerhalb des Mastes stieg ich hinab und kam auf dem Aufbaudeck wieder ins Freie. Auf meinem Weg an den schweren Flakgeschützen vorbei, zurück zu meiner Gefechtsstation, erblickte ich plötzlich Lütjens. Seit dem Beginn der »Rheinübung«, dem 19. Mai, hatte ich ihn überhaupt nicht mehr gesehen. Das fortgesetzte Leben auf den Gefechts- und Kriegswachstationen, die nur kurzen Ruhepausen dazwischen, hatten das so mit sich gebracht. Und nun auf einmal in dieser Situation! Was würde er zu mir sagen? Begleitet von seinem II. Admiralstabsoffizier, Fregattenkapitän Paul Ascher, kam er mir direkt entgegen, ganz

21 Korvettenkapitän Adalbert Schneider, Erster Artillerieoffizier auf *Bismarck*. Von seiner Station im Vormars aus leitet er das Feuer, das zur Versenkung der *Hood* und Beschädigung der *Prince of Wales* führt.

22 Die *Hood* ist in die Luft geflogen. Eine gewaltige Rauchsäule und Trümmer auf der Meeresoberfläche zeigen den ehemaligen Standort des Schlachtkreuzers an. Links davon ist Geschützqualm der *Prince of Wales* zu sehen.

23 *Bismarck* hat während des Island-Gefechtes nach Steuerbord gedreht. In Schußrichtung Backbord achteraus hat er soeben eine Salve gefeuert. Rechts zieht Mündungsqualm seiner vorherigen Salve ab, wiederum rechts davon ist die Wassersäule nach einem Geschoßaufschlag der *Prince of Wales* zu sehen. Die Wassersäulen schwerer Geschoßaufschläge können eine Höhe von 70 Meter erreichen.

24 *Bismarck* hat während des Island-Gefechtes nach Backbord zurückgedreht und soeben eine Salve auf die Kampfgruppe des Vice Admiral Holland abgefeuert. Die weiße Bugwelle und der aus dem Schornstein hoch in die Luft gejagte dünne Dampfstrahl bezeugen die hohe Geschwindigkeit des deutschen Schlachtschiffes.

25 Links am Horizont brennen noch an zwei Stellen die Überreste der *Hood*. Rechts davon liegt inzwischen *Prince of Wales* unter dem Feuer der deutschen Kampfgruppe. Bei *Prince of Wales* Geschoßaufschläge und nach recht abziehende Qualmwolken.

26 Der mächtige Schlachtkreuzer HMS *Hood*, zwei Jahrzehnte lang der Stolz der Royal Navy. Die eleganten Linien des Schiffes treten auf dieser Aufnahme vom April 1938 klar hervor. Im Mai 1941 sieht *Hood* ziemlich ähnlich aus, allerdings hat man alle 5,5-Zoll-Geschütze von Bord genommen, oben sind zahlreiche Fla-Geschütze montiert worden, und das Schiff ist mit einem dunkleren Grau angestrichen

27 Während des Island-Gefechtes feuert *Bismarck* eine Salve etwa in Schußrichtung Backbord querab (nächste Seite, oben).

28 In Schiffsrichtung 310° feuert *Bismarck* mit den beiden achteren Geschütztürmen auf die *Prince of Wales.* Zu beachten ist auch die Stellung der Vormarsdrehhaube. Inzwischen hat *Prinz Eugen* das Feuern mit seiner Schweren Flak gegen *Prince of Wales* eingestellt, da die Entfernung zu groß geworden ist. Die Flakgeschütze befinden sich in »Zurrstellung«, ihre Bedienungen in Feuerlee (nächste Seite, unten).

31 Korvettenkapitän (Ing.) Walter Lehmann, Leitender Ingenieur, von seinen Männern in freundschaftlicher Verehrung »Papa Lehmann« genannt.

32 Kapitänleutnant (Ing.) Emil Jahreis, Turbineningenieur und während der »Rheinübung« Erster Leckwehroffizier. Seinen Freunden als »Seppel« bekannt.

29 Nach dem Island-Gefecht hat *Bismarck* wieder in das Kielwasser von *Prinz Eugen* eingeschwenkt und den Abstand verringert. Die Geschütztürme stehen wieder auf »Null«. 24. Mai 1941 (vorhergehende Seite, oben).

30 *Bismarck* an Backbord von *Prinz Eugen* während des Nummernwechsels nach dem Island-Gefecht. Lange Dünung im Atlantik. *Prinz Eugen* soll die Ölspur überprüfen, die *Bismarck* als Folge zweier Artillerietreffer von der *Prince of Wales* hinter sich her zieht. Letzte Aufnahme des *Bismarck* von deutscher Seite (vorhergehende Seite, unten).

offensichtlich auf dem Weg zur Admiralsbrücke. Der Platz zum Passieren war eng, ich blieb also stehen und grüßte. Lütjens sah mich an, kurz, aufmerksam, nicht anders als im friedlichen Alltag, und erwiderte den Gruß. Aber auch von ihm kein Wort, kein erhofftes Wort, kein Zeichen über die Besonderheit unserer Lage – obwohl wir fast auf Tuchfühlung aneinander vorbei mußten. Und schon hatten beide Herren passiert. Ich wußte, daß ich sie nicht wiedersehen würde und blickte ihnen nach, bis sie hinter den Aufbauten verschwanden.

Günther Lütjens, Flottenchef und mein früherer Kommandant auf dem Kreuzer *Karlsruhe* während dessen Auslandsreise nach Nord- und Südamerika 1934/35. Welche Erinnerungen verkörperte er doch!

Auf *Karlsruhe* war ich als Leutnant zur See Entfernungsmeßoffizier und Zugoffizier in einer seemännischen Division gewesen. Lütjens hatte damals weit häufiger, als ich es bei anderen Kommandanten je erlebte, und stets mit hoher Aufmerksamkeit dem Divisionsunterricht durch Offiziere beigewohnt. Als früherer Leiter des Marinepersonalamtes im Reichswehrministerium (1931 bis 1934) hatte er sich fortgesetzt ein besonderes Interesse für die Leistungen seiner jüngeren Offiziere auch auf diesem Gebiet bewahrt, sich immer wieder davon überzeugen wollen, wie diese ihre Mannschaften ausbildeten. 1936 war er sogar Chef des Personalamtes im Oberkommando der Kriegsmarine geworden.

Weitere Bilder tauchten auf. Die schlanke, hohe Gestalt, die gemessenen Bewegungen des *Karlsruhe*-Kommandanten, wenn er auf Besuchen im Ausland als ein würdevoller Abgesandter seines Landes bei repräsentativen Anlässen auftrat. Im großen und ganzen freilich war er kein Kommandant gewesen, den die jüngeren Offiziere mehr als nötig von sich aus aufgesucht hätten. Dafür war er etwas zu reserviert, fast düster erschienen. Dennoch hatten wir erkannt, daß das so eigentlich gar nicht zutraf. Im Grunde strahlten seine Erscheinung, sein ganzes Wesen hohe Lauterkeit und Vertrauenswürdigkeit aus.

Und jetzt als Flottenchef? Dienstlich hatten sich unsere Wege nicht direkt berührt, hatte ich ihn nicht unmittelbar erlebt. Aber daß er das Vertrauen Raeders in hervorragendem Maß besaß, das wußten wir im Offizierskorps. Über seine kurz zuvor beendete Unternehmung mit *Gneisenau* und *Scharnhorst* sollte Raeder später schreiben: »Die Führung des Verbandes im Atlantik durch Admiral Lütjens war in jeder Beziehung überlegen. Er beurteilte die Lage immer richtig und hatte entsprechende Erfolge.«

Lütjens und Ascher waren längst entschwunden, und ich sah auf die Uhr. 08.30 Uhr vorbei. Und nun schon mehr als zwei Stunden taghell. Zu merkwürdig, wo blieben nur die Briten? Spätestens zur Morgendämmerung hätten sie doch da sein müssen? Ihr scheinbares Zögern war wirklich nicht mehr zu verstehen. Aber kaum hatte ich dies gedacht, als schrill die Alarmglocken gellten. Sie gellten und wollten gar nicht mehr aufhören.

Auf zum letzten Gefecht für *Bismarck!*

## Admiral Tovey bestimmt den Zeitpunkt des Endkampfes

Auf *King George V* hatte Tovey nach dem Ende des zweiten Flugzeugangriffes gegen *Bismarck*, etwa um 21.30 Uhr, von dem Führer der Angriffswelle, Lieutenant-Commander Tim Coode, die Meldung erhalten: »Vermutlich keine Treffer.« Es war für ihn eine bittere Nachricht gewesen, die seine letzte Hoffnung begraben wollte, das deutsche Schlachtschiff doch noch zu stellen. Als eigenartig hatte er es allerdings empfunden, daß *Sheffield* ihm noch kurz zuvor als neuen Kurs *Bismarcks* 340° gemeldet hatte. Kurs Nordwest, auf seinen eigenen Verband zu? Sehr unwahrscheinlich, und eigentlich auch schon unglaubwürdig. Mit der Fehlanzeige Coodes war dann einer so einschneidenden Kursänderung *Bismarcks* auch noch jeder vernünftige Grund entzogen worden, und Tovey hatte, etwas beißend, zu seiner Umgebung geäußert: »Larcom ist wohl dem Klub der Reziproken beigetreten?!«[1] Aber kaum hatte er dies gesagt, als auch schon neue Aufklärung kam, dieses Mal aus der Luft: »*Bismarck* steuert Nordkurs.« Wirklich? Hatte Larcom doch recht gehabt? Und dann, neun Minuten später, hatte weitere Luftaufklärung *Bismarck* wiederum auf nördlichem Kurs beobachtet. Schließlich hatte auch *Sheffield* das noch einmal bestätigt. Also doch? Also doch!

Aber wenn *Bismarck* einen Torpedotreffer nicht erhalten hatte, warum in aller Welt dann dieser selbstmörderische Kurs auf sein Gros zu? Also mußte *Bismarck* doch getroffen, sogar schwer beschädigt worden sein! Eine andere Erklärung war doch gar nicht mehr möglich gewesen. Nun liefen also die Gegner mit fast vierzig Knoten aufeinander zu. Ein Gefecht mußte sogar noch vor Einbruch der Finsternis am gleichen Abend möglich sein. Und Tovey hatte *King George V* und *Rodney* auf Südkurs, *Bismarck* entgegen, drehen lassen.

Erst gegen 22.30 Uhr waren alle Flugzeuge der zweiten Angriffswelle auf *Ark Royal* zurückgekehrt. Die Vernehmung ihrer Besatzungen durch den Kommandanten des Trägers, Captain L. E. Maund, hatte erbracht, daß doch ein Treffer auf *Bismarck* beobachtet worden war, und zwar mittschiffs. Eine entsprechende Meldung war kurz darauf an Tovey abgegangen. Aufgeklärt hatte sie die Situation allerdings nicht. Denn wenn der Treffer wirklich mittschiffs erzielt worden war – wie sollte er dann *Bismarcks* Ruder beschädigt haben?

Nach und nach war volle Dunkelheit hereingebrochen. Tovey hatte erkannt, daß die letzten Luftaufklärer wohl inzwischen zur *Ark Royal* hatten zurückkehren müssen, und weitere Meldungen aus dieser Quelle nicht mehr zu erwarten seien. Aber er hatte sich damit getröstet, daß Vians Zerstörer an *Bismarck* weitere Fühlung halten würden. Und deren spätere Meldungen hatten ihn dann auch voll davon überzeugt, daß *Bismarck* viel zu schwer beschädigt war, um jemals wieder seinen jetzigen Generalkurs zu ändern. Ganz offensichtlich stand das Schiff unter dem Zwang, gegen den Wind zu laufen, und dieser – welch glücklicher Umstand! – blies von Toveys Standort her auf *Bismarck* zu.

Nein, nun würde ihm sein deutscher Gegner nicht mehr entkommen. Und er hatte entschieden, das Gefecht nun doch nicht mehr unverzüglich, sondern erst zur Dämmerung am kommenden Morgen herbeizuführen. Denn die abendlichen Positionen sowohl *Bismarcks* als auch der ebenfalls im Süden stehenden Kampfgruppe »H« waren ihm immerhin als nicht so eindeutig geklärt erschienen, als daß nicht doch bei plötzlichen Schiffsbegegnungen mit unliebsamen, gar fatalen Zwischenfällen zu rechnen war, zumal in dieser pechschwarzen Nacht. Und um den für die Verschiebung des Gefechtes jetzt erforderlichen Umweg herauszufahren, war er mit *King Georg V* und *Rodney* gegen 22.30 Uhr auf Kurs Nordnordost und später auf nördliche und westliche Kurse gegangen. Er hatte damit erreichen wollen, in der Frühe, von Nordwesten her kommend, *Bismarck* als dunkle Silhouette vor dem östlichen, helleren Morgenhorizont und damit günstigste Verhältnisse für die britische Artilleriebeobachtung zu haben.

Kaum war die erste Kursänderung ausgeführt, als neue Aufklärung von Somerville eingetroffen war. Ihr zufolge hatte *Bismarck* wahrscheinlich sogar noch einen zweiten Treffer erhalten, und zwar Steuerbord achtern. Steuerbord *achtern!* Es war die Meldung gewesen, die Tovey sich nun schon so lange ersehnt hatte. Zeigte sie doch endlich klar an, daß *Bismarck* an Ruder oder Schrauben beschädigt, so gut wie manövrierunfähig war. Nun würde gar nichts mehr das Gefecht am 27. Mai verhindern können, das Gefecht, dessen Stunde er jetzt selbst bestimmen konnte. Und er hatte das folgende Handschreiben an den Kommandanten seines Flaggschiffes, Captain W. R. Patterson, gesandt: »An KGV: Die Versenkung des *Bismarck* kann eine Auswirkung auf den Krieg als Ganzes haben, die für den Feind weit mehr bedeutet als nur den Verlust eines Schlachtschiffes. Möge Gott mit Ihnen allen sein und Ihnen den Sieg gewähren. T.26/5/41.«

Schließlich hatte Tovey dann noch kurz vor 01.00 Uhr die letzte Aufklärungsmeldung von *Ark Royal* erhalten. Danach hatte *Bismarck* unmittelbar nach dem Flugzeugangriff zwei volle Drehkreise geschlagen, war dann auf Nordkurs gestoppt liegengeblieben. Wenn es überhaupt noch letzte Zweifel an der Manövrierunfähigkeit des deutschen Schlachtschiffes gegeben haben sollte, jetzt waren auch diese beseitigt. Und unermeßlich war die Erleichterung Toveys und seines Stabes nach langen Tagen und Nächten der Hochspannung gewesen. Nur sieben Stunden zuvor hatte er die Hoffnung, *Bismarck* noch zu stellen, so gut wie aufgegeben. Die Vorzeichen dagegen hatten wie »tausend zu eins« gestanden. Nur ein Wunder hatte den Erfolg noch bescheren können. Ein Wunder, das ihm jetzt erlauben würde, den Zeitpunkt des Endkampfes fast auf die Minute zu diktieren und dem verkrüppelten Gegner gegenüber die eigene Gefechtstaktik nach Belieben zu wählen.

Was allerdings das Kalkulieren mit minimalen Erwartungen betrifft, so hatte nicht nur Tovey am 26. Mai seinen Tag gehabt. Seiner schon fast geschwundenen Hoffnung hatte auf unserer Seite eine nur äußerst geringe Befürchtung entsprochen, jemals einen Treffer ausgerechnet in die Ruderanlage zu bekommen. Wie wahrscheinlich war das denn überhaupt? Da war in der Ausbildungszeit doch verschiedentlich das Gefechtsbild »Treffer in der Ruderanlage« geübt worden. Man hatte unterstellt, daß dort zwei oder drei Abteilungen voll Seewasser gelaufen seien. Dabei hatten die Männer in den »vollgelaufenen« Abteilungen verbleiben müssen. »Aber wie«, so hatten sie damals ihren Ausbildungsoffizier gefragt, »ist denn das im Ernstfall? Wenn dort ein Treffer einschlägt, sind wir doch gar nicht mehr am Leben?!« »Na ja«, hatte der Offizier gemeint, »Ihr solltet Euch eigentlich tot stellen. Setzt also die Mützen verkehrt herum auf! Dann geltet Ihr als Tote.« Und nach einer Gedankenpause hatte er noch bemerkt: »Aber die Aussicht, einen solchen Treffer zu erhalten, steht eins zu hunderttausend, sie ist praktisch gleich Null.«

Und nun waren innerhalb einer Sekunde eine schon halb begrabene britische Hoffnung fast zu einem Wunder, und auf deutscher Seite ein unwahrscheinliches Risiko zu einer Katastrophe geworden!

Kurz nach Erhalt der Meldung, daß *Bismarck* zwei volle Drehkreise geschlagen habe, war Tovey dann doch wieder auf einen etwas südlicheren Kurs gegangen. Sonst hätte sein Abstand zum Gegner vielleicht zu groß werden können, das hatte er verhindern wollen. Somerville hatte er befohlen, sich mit seiner Kampfgruppe mindestens zwanzig Seemeilen entfernt von *Bismarck* zu halten. Das würde nahe genug für weitere Flugzeugoperationen der *Ark Royal*, andererseits aber weit genug sein, um *Renown* nicht der überlegenen Artillerie *Bismarcks* auszusetzen. Gegen 02.30 Uhr hatte Tovey dann, wir wissen es schon, Vian angewiesen, seine Zerstörer zur besseren laufenden Überwachung der Position *Bismarcks* periodisch Leuchtgranaten schießen zu lassen. Aber als Vian diese Form der Aufklärung nicht lange hatte durchhalten können, war das ein besonderer Verlust für Tovey auch nicht gewesen. In den vielen Regenböen hatte von *King George V* aus ohnehin kaum jemand die Leuchtschirme sehen können.

Später, während der Morgendämmerung, hatte Tovey sich aber wieder unsicherer über den genauen Standort *Bismarcks* gefühlt. Daher und wegen der anhaltend dürftigen Sichtverhältnisse hatte er sich entschlossen, das Gefecht nun doch nicht mehr unverzüglich herbeizuführen, sondern noch ein bis zwei Stunden nach Eintritt des vollen Tageslichtes vergehen zu lassen.

Und so sollte es schließlich 08.43 Uhr werden, bis *King George V* und *Rodney* ihren Feind sichteten. 08.43 Uhr am 27. Mai!

Das war sozusagen der vierte Termin, den Tovey während der letzten Tage für diese Begegnung erstrebt hatte. Der erste, 09.00 Uhr vormittags am 25. Mai, hatte verstreichen müssen, da wenige Stunden zuvor die Funkmeßfühlung der *Suffolk* an *Bismarck* abgerissen war. Der zweite, am Abend des 26. Mai, war verstrichen, da *Bismarck* den entscheidenden Torpedotreffer nicht mehr rechtzeitig erhalten hatte. Die Morgendämmerung am 27. Mai hatte aus Navigations- und Wetterrücksichten vergehen müssen. Nun wurde es also der Vormittag des gleichen Tages. Toveys Verschiebungen seit dem Abend des 26. Mai waren jeweils wirklich nur geringfügig gewesen – aber mir sind sie damals wie Ewigkeiten erschienen.

Außer *King George V, Rodney* und der Kampfgruppe »H« strebten in jenen Morgenstunden aber noch zwei weitere britische Schiffe der Szene des kommenden Endkampfes zu.

Von Norden her war es die *Norfolk*, unsere alte »Freundin« aus der Dänemarkstraße. Trotz zunehmender Brennstoffnot hatte sie den ganzen 26. Mai über noch Anschluß an der Verfolgung halten können. Nun wollte sie natürlich auch bei der Entscheidung dabei sein. Sie sichtete uns bereits um 07.53 Uhr, im Südosten, in einem Abstand von neun Seemeilen. In anfänglicher Annahme, hier auf die *Rodney* gestoßen zu sein, befahl ihr Kommandant, Captain A. J. L. Phillips, die Abgabe des optischen Erkennungssignals. Dann begriff er, daß er mit zwanzig Knoten Geschwindigkeit direkt auf *Bismarck* zulief. Sofortiges, hartes Abdrehen brachte sein Schiff aus der Gefahr. Im Ablaufen sah Phillips dann *King George V* und *Rodney* über den Horizont kommen, half ihnen nun bei der Herstellung der Sichtverbindung zu *Bismarck*. »*Bismarck* peilt 130°, Abstand sechzehn Seemeilen«, signalisierte er an Tovey. Und Tovey erkannte, daß er noch etwas zu weit nördlich stand, änderte seinen Kurs nach Süden.

Von Westen her war es der Schwere Kreuzer *Dorsetshire*, der zuvor einen nach Norden laufenden Geleitzug geschützt hatte. Am 26. Mai, gegen 11.00 Uhr vormittags, hatte er den Funkspruch der Admiralität über die Wiederentdekkung *Bismarcks* durch die Catalina aufgefangen. Den gemeldeten Standort des deutschen Schlachtschiffes hatte der Kommandant, Captain B. C. S. Martin, als dreihundertsechzig Seemeilen nördlich von *Dorsetshire* ausgemacht. Und er hatte sofort seine guten Aussichten erkannt, *Bismarck* abzufangen, falls dieser wirklich die westfranzösische Küste ansteuere. Ohne jeden Befehl von oben, ausschließlich auf eigene Initiative, hatte Martin sich dann zum Eingreifen entschlossen, war mit hoher Geschwindigkeit auf östlichem Abfangkurs vor achterlicher See auf *Bismarck* zugelaufen. Als er dann, unangemeldet und unerwartet, auf dem Kampfplatz eintraf, hielten Toveys Einheiten sein Schiff zunächst einmal für *Prinz Eugen!* Und aus diesem Grunde wäre *Dorsetshire* fast auch noch von der Heimatflotte beschossen worden!

Als Tovey schließlich mit *King George V* und *Rodney Bismarck* entgegensteuerte, tat er es in der Hoffnung, daß der Anblick zweier anlaufender Schlachtschiffe die Nervenkraft der deutschen Artillerieleiter und Entfernungsmesser vollends erschüttern würde. Hatten sie doch schon vier bange Tage und Nächte hinter sich!

## Der Endkampf

Die Alarmglocken läuteten noch, als ich, von der Schiffsbrücke zurückkehrend, wieder auf meiner Gefechtsstation eintraf. Ich nahm das Leitertelefon um, hörte darin die Ankündigung: »Zwei Schlachtschiffe Backbord voraus«, drehte meinen Zielgeber in die angegebene Richtung und: da waren sie auch schon, zwei dunkle, massive Silhouetten, *King George V* und *Rodney*, nicht zu verkennen, Entfernung etwa 240 Hektometer. In Dwarslinie mit geöffnetem Querabstand liefen sie auf uns zu, ganz direkt, auf schnurgeradem Kurs, so unbeirrbar, als ob sie zu einer Exekution schreiten wollten. Über unsere Artillerietelefone liefen die Kommandos, die Sekunden tickten, Spannung und Erwartung im Schiff strebten einem Höhepunkt zu. Aber nicht im Sinne der Hoffnung Toveys. Die Nerven derer zerrütten, die jetzt den Gegner anlaufen sahen, der Führungsstäbe, Artillerieleiter, Geschützführer und Entfernungsmesser? Nein – dafür waren die Voraussetzungen längst nicht mehr gegeben. Nach der letzten, so ausweglosen Nacht konnte jeder Kampf nur noch Erlösung sein. Schon die erste Salve würde sie bringen. Die Zahl der anmarschierenden Schiffe spielte keine Rolle mehr, sie würden eine Übermacht sein, so oder so, und mehr als zusammengeschossen werden konnten wir nicht.

Unseren acht 38-cm-Rohren standen jetzt neun 40,6-cm- und zehn 35,6-cm-Rohre, unseren zwölf 15-cm-Rohren achtundzwanzig 15,2-cm- und 13,3-cm-Rohre gegenüber. Ein britisches Gesamtgeschoßgewicht von 18 448 kg (unter Hinzurechnung der mit sechzehn 20,3-cm-Rohren auch noch eingreifenden Schweren Kreuzer *Norfolk* und *Dorsetshire*: 20 306) gegen ein deutsches von 6904 kg.[1]

Mit gewohnt ruhiger Stimme gab Schneider im Vormars seine Kommandos. Seine Zielansprache galt der *Rodney*, die weiterhin an Backbord voraus stand und dort spitz auf uns zuhielt. An die Schiffsführung meldete er: »Schwere und Mittelartillerie fertig – Frage Feuererlaubnis?« Aber es war die *Rodney*, auf der um 08.47 Uhr die erste Salve fiel. Ihr folgte um 08.48 Uhr die *King George V*. Und um 08.49 Uhr antwortete *Bismarck* mit einer Teilsalve vorn gegen *Rodney*. Für unsere achteren Türme war das Ziel zunächst noch außerhalb der Bestreichungswinkel.

Bei der inzwischen unter 200 Hektometer gesunkenen Entfernung betrugen die Flugzeiten der Geschosse weniger als eine Minute. Doch während ich die

Aufschläge der Gegnersalven erwartete, schienen sie sich auf ein Vielfaches dieser Zeitspanne zu dehnen. Endlich schossen sie hoch, die weißen Pilze, Tonnen von Wasser, die schwere Granaten beim Auftreffen auf die See bis zu siebzig Meter Höhe in die Luft jagen. Noch standen sie aber recht weit von uns ab. Seine eigenen ersten drei Salven hatte Schneider in der Reihenfolge »kurz«, »deckend« und »weit« beobachtet, ein vielversprechender Auftakt, den ich am Telefon miterlebte, als das Hin- und Herkurven *Bismarcks* dem Achteren Stand die Sicht auf den Gegner vorübergehend genommen hatte. Dann wieder sah ich *Rodney* und *King George V*, konnte teilweise erneut mitbeobachten. Schneider feuerte weiterhin auf *Rodney* – *King George V* blieb vorerst unbeschossen. Eine Batterieteilung wurde offensichtlich nicht erwogen.

Während die Granaten im Luftraum aneinander vorbeirasten, konzentrierte ich mich darauf, etwa einkommende Treffer von eigenen Abschüssen zu unterscheiden. Und es war wohl infolge dieser gespannten Erwartung, daß mir die Zeit bis zu den ersten Einschlägen an Bord sehr, fast unverständlich lang vorkam. Waren es zehn Minuten – fünfzehn? Und auch wenn es weniger waren, *Rodney* benötigte *viel* Zeit, um sich einzuschießen. Frühere Messegespräche mit britischen Seeoffizieren über Entfernungsmeßsysteme schossen mir plötzlich in den Sinn. Sie hatten ihre Schnittbildgeräte gepriesen, ich unser Raumbildverfahren. Hatten wir am Ende doch das bessere Prinzip?

Nicht lange nach Gefechtsbeginn drehte *King George V* abschnittsweise, etwas später *Rodney*, dann gleich in einer durchgehenden Bewegung, nach Steuerbord auf Südkurs, um den weiteren Artilleriekampf als Passiergefecht auf unserer Backbordseite zu führen. Die ballistische Entfernung verminderte sich dadurch außerordentlich rasch, und genau darauf schien es Tovey anzukommen. Ja, ein solches Kursmanöver ausführen, Fahrtstufen ändern, den taktischen Verlauf des Gefechtes derart bestimmen, zumindest beeinflussen, das konnte Lindemann mit seinem *Bismarck* nun nicht mehr. Manövrierunfähig, konnten wir weder Kurse wählen, noch Geschoßaufschlägen ausweichen, konnte Tovey vielmehr unseren Zwangskurs in den Wind hinein als ständige und verläßliche Unterlage in seine taktische Rechnung einsetzen. Aber auch diesen Kurs konnten wir nicht einmal zugunsten unserer Artillerie ordentlich steuern. Schwerfällig pendelten wir um ihn als Mittelachse herum. Unsere Türme mußten ihre Seitenrichtungen deshalb laufend auch noch zusätzlich korrigieren.

Die sich nun rapide verringernde Gefechtsentfernung sollte rasch zu einer gewaltigen Massierung des Geschehens führen. Hatte ich zu Beginn des Gefechtes Einschläge an Bord noch »vermißt«, so gab es deren bald übergenug. Allmählich und stetig verwandelte sich unser Oberdeck in einen wahren Hexenkessel. Und konnte ich auch aus dem Inneren meines voll panzerumschlossenen Leitstandes die nähere Umgebung gar nicht beobachten, so war es doch bei den nun fast unaufhörlich einkommenden Treffern nicht schwer sich auszumalen, wie sich das Bild draußen verändern mußte. Je mehr die Kampfentfernung abnahm, desto pausenloser prasselten die Einschläge, erhöhte sich der Gefechtslärm, nahmen die Verwüstungen an Bord zu. Längst hatte auch die beiderseitige Mittelartillerie in den Kampf eingegriffen. Nur für unsere Flakgeschütze ergaben sich keine ihrer Zweckbestimmung entsprechenden Aufgaben. Luftziele waren nicht vorhanden, und für die Seezielbekämpfung kamen sie im Nahkampf der Schlachtriesen nun doch nicht in Frage. Die Flakbedienungen wurden als Reserve für Personalausfälle auf anderen Gefechtsstationen bereit gehalten. Bis sie so gebraucht wurden, hielten sie sich in verschiedenen, als Unterstände vorgesehenen Schutzräumen auf. Aber diese »Schutzräume«, soweit sie an Oberdeck lagen, waren ungepanzert. Schon gegen Geschoßsplitter war ihr Wert beschränkt, von Volltreffern erst gar nicht zu reden.

Seit Gefechtsbeginn waren vielleicht zwanzig Minuten vergangen, und ich suchte von meinem Steuerbord Zielgeber aus den Horizont nach weiteren Gegnern ab. Nach vorn zu entdeckte ich einen Kreuzer – es war die *Norfolk* –, der aber, wohl zufällig, gerade eine Feuerpause hatte. Von uns wurde er ohnehin nicht beschossen, denn Schneider und Albrecht waren fortgesetzt auf den Hauptgegner konzentriert. Ich wollte mich gerade fragen, ob bei der Vielzahl der britischen Schiffe die Schiffsführung nicht allmählich eine Batterieteilung erwägen werde, als ich auch schon eine rasche Antwort erhielt, indirekt. Cardinal kam über das Leitertelefon und sagte, daß der Hauptartillerieleitstand im Vormars außer Gefecht, jedenfalls eine Verbindung mit ihm nicht mehr zu bekommen sei, auch die Türme »Anton« und »Bruno« seien ausgefallen, und ich müsse nun die Leitung der Türme »Caesar« und »Dora« von achtern aus übernehmen. Über die Lage im Vorderen Artillerieleitstand sagte Cardinal nichts. Der, dachte ich, leitete wohl noch die Mittelartillerie, wenn er nicht auch schon, bei der deutlichen Massierung der Treffer im Vorschiff, ausgefallen war. Zeit zu langen Fragen war nicht, eine Zielanweisung erhielt ich auch nicht und hatte nun insofern also völlig freie Hand.

Ich befahl erst einmal »Gefechtsschaltung achtern«[2] und suchte mit dem Backbord Zielgeber, vorn beginnend, den Horizont ab. Merkwürdig, keine Spur von *Rodney*, die ich ja eben an Steuerbord auch nicht gesehen hatte. Offenbar war sie wieder einmal im vorderen, toten Winkel meines Standes. Aber da, etwas achterlicher als querab, war *King Georg V*, auf Gegenkurs, in etwa 110 Hektometer Abstand – zum Greifen nahe, fast wie bei einer Übung in der Ostsee! »Passiergefecht an Backbord, Ziel ist das Schlachtschiff in 250°«, kommandierte ich jetzt der Achteren Rechenstelle[3] und, auf die Fertigmeldung von unten: »Eine Salve«. Rums! ging diese hinaus, und während sie etwa zwanzig Sekunden lang in der Luft sein würde, kommandierte ich ergänzend: »Schlachtschiff Bug links, zwei Dez ab, Gegner Fahrt 20 Knoten«.

Sicht- und Beobachtungsverhältnisse waren ausgezeichnet und mußten das bei dem starken Achterauswandern des Zieles doppelt wichtige rasche Einschießen bedeutend erleichtern – dachte ich. »Achtung Aufschlag«, meldete die Rechenstelle. »Zwei fraglich rechts, zwei rechte Kante, fraglich weit«, beobachtete ich, kommandierte »zehn mehr links, vier zurück, eine Salve«. Rums!... »Achtung Aufschlag«... »Weit Mitte«... »Vier zurück, eine Salve«... »Achtung Aufschlag«... »Kurz Mitte«... und, voll Erwartung: »Zwei vor, gut schnell!« Dann wieder Aufschlag, und die vier Wassersäulen begannen, wie immer, zu steigen... ein Viertel hoch, ein halb... dreiviertel und beobachtungsfähig »Drei weit, einer kurz«, aber die volle Höhe der Wassersäulen sollte ich nicht mehr erleben!

Der Zielgeber war erzittert, meine beiden Unteroffiziere und ich wurden mit den Köpfen hart an die Okulare geschleudert. Was war denn das gewesen? Als ich mein Ziel wieder beobachten wollte, war da nichts mehr, nur noch ein »Blau« zu sehen, ein unnatürliches, umfassendes, totales Blau. Es war dies wohl die Wirkung jenes zur Steigerung der Klarheit des Bildes auf Linsen- und Spiegelflächen aufgedampften »Blaubelages«. Normalerweise trat er für den Beobachter farblich gar nicht in Erscheinung, jetzt aber zeigte er mir die Zerstörung meines Zielgebers an. Verdammt! Eben hatte ich mich eingeschossen und nun dies? Niemand von der Standbesatzung hatte Schaden genommen, nichts war den vielen Geräten anzusehen. Ja, was war denn überhaupt geschehen? Nun, ganz offensichtlich war eine schwere Granate dicht oberhalb unseres Leitstandes passiert, hatte dort alle nach oben herausragenden Gegenstände abrasiert. Ein rascher Blick zur Probe in die verschiedenen Optiken zeigte es: alle Objektive fehlten. Ich trat unter den Einstieg in die Drehhaube, sah hinauf zu den Entfernungsmessern, dem großen Basisgerät. Aber da war nichts mehr. Gar nichts! Die eben noch so volle Gefechtstätigkeit dort oben – spurlos verschwunden. Eine gezackte Ruine gab jetzt den Blick auf trüben Himmel frei. Mitten durch die Drehhaube war die schwere Granate gerast. Von *Rodney?, King George V?* Wer will es wissen? Es war ja jetzt auch gleichgültig. Mein Gott, sagten wir uns, das war knapp. Nur zwei Meter tiefer, es wäre unser Ende gewesen. Gegen einen Volltreffer hätte auch der Panzer unseres Leitstandes nicht geschützt.

Mich persönlich hatte der Ausfall meines Standes in einem vielversprechenden Moment getroffen. Für das Schiff aber bedeutete er den Anfang vom artilleristischen Ende, eine bittere Schwächung seiner noch vorhandenen Abwehrkraft, nach den vorherigen Ausfällen der vorderen Leitstände das Ende jeder zentralen Feuerleitung an Bord. Ich besprach mich mit den beiden Rechenstellen, aber sie konnten eine Leitverbindung vorn nicht wiederherstellen. Es blieb nichts anderes übrig, als die Türme »Caesar« und »Dora« einzeln weiterschießen zu lassen. Ich gab den Befehl dazu und mußte es, blind wie mein Stand jetzt war, den Turmkommandeuren überlassen, sich ihre Ziele selbst zu suchen.

Das taten sie dann auch, aber wie kaum anders zu erwarten,wurde ihr Schießen bald unregelmäßig. Es hielt auch nicht mehr lange an. Trefferschäden zwangen ihnen nach und nach das Ende auf. Zuerst stellte Turm »Caesar« und danach »Dora« ein. Es war 09.31 Uhr, als die Schwere Artillerie auf *Bismarck* endgültig verstummte.

Eingeschlossen in unseren Stand, in der Unmöglichkeit, ihn wegen des rundum tobenden Infernos zu verlassen, wurde es immer schwerer, sich ein zutreffendes Bild von der Lage an Bord, besonders aber in den Befehlszentralen zu machen. War die Schiffsführung noch im Vorderen Kommandostand, hatte Lindemann sie noch inne? Meldungen darüber, Paroleanfragen waren nicht eingetroffen, es war seit Gefechtsbeginn überhaupt nichts von vorn durchgekommen, aber es lag bei der riesigen Zahl der Treffer nahe, daß einschneidende Veränderungen stattgefunden haben mußten. Plötzlich hörte ich im Artillerieleitertelefon die Stimme Albrechts. »Der Vordere Stand muß wegen Gas- und Rauchschwaden verlassen werden«, sagte er. Seine Mitteilung war knapp, und er selbst, jede Rückfrage ausschließend, auch sofort wieder aus der Leitung. Ich war überrascht. Wegen der vorangegangenen Übertragung der Feuerleitung an mich hatte ich den Vorderen Stand längst für ausgefallen gehalten. Hatte Albrecht von dort aus doch noch die Mittelartillerie geleitet? Hatte sein Stand nur noch als Schutzunterkunft gedient? Näheres habe ich nie mehr erfahren.

Die Schlagseite *Bismarcks* hatte sich während des Gefechtes etwas vergrößert. Durch unseren Stand zogen nach 09.30 Uhr Gas und Rauch, so daß wir zeitweise die Gasmasken aufsetzten. Über alle Fernsprechanlagen versuchte ich jetzt, soviel als möglich über die Lage im Schiff zu erfahren, rief, wo ich konnte, an. Es antwortete aber niemand mehr – mit einer Ausnahme. Am Leckfernsprecher meldete sich der »Läufer Leckzentrale«. Ich fragte: »Wer hat und wo ist die Schiffsführung? Sind neue Befehle in Kraft?« Aber der Mann war in äußerster Eile. Er sagte nur, daß Erster Offizier und Leckingenieur soeben die Leckwehrzentrale verlassen hätten. Er sei als einziger noch im Raum und müsse hinterher. Dann hängte er auf, mehr war nicht zu erfahren. Es sollte meine letzte Verbindung mit dem Vorschiff gewesen sein.

Gegen 10.00 Uhr erschienen in meinem Stand immer mehr Männer, die sich von ausgefallenen Gefechtsstationen oder aus zerstörten Schutzräumen dorthin retteten, und für die dieser Stand jetzt zu einer letzten Zuflucht wurde. Zum größten Teil kamen sie über den engen Notausgang, der von der Achteren Artilleriereserveschaltstelle senkrecht herauf führte. Auf dessen Steigeisen kletterten sie nach oben, Gesunde und Leichtverletzte. Aber auch so Schwerverwundete und fast Bewegungsunfähige, daß man nur staunen konnte, wie sie dies fertiggebracht hatten. So geriet mein Stand gegen Ende der Beschießung in eine ganz natürliche Funktion als Unterstand und Rettungsinsel.[4] Und es blieb unser großes Glück, daß er auch weiterhin keinen Volltreffer hinnehmen mußte. Seine beiden nach außen führenden kleinen Luken hatte ich schon vor Ende der Beschießung etwas aufkurbeln lassen. Ich hatte mir gedacht und auch den Männern klargemacht, daß es besser sei, einige Splitter zu riskieren als einen später etwa durch Treffer verklemmten Öffnungsmechanismus. Tatsächlich sind wir von jeder Spreng- und Splitterwirkung verschont geblieben.

Daß um diese Zeit das Versenken und Verlassen des Schiffes bereits angeordnet worden war, wußte ich damals noch nicht. Ein solcher Befehl hat mich auch niemals erreicht. Aber daß er in Kraft sein mußte, war bei der Lage an Bord zwingend anzunehmen. Nichtsdestoweniger hielt ich alle Männer weiter im Stand zusammen, solange noch Granaten auf dem Aufbau- und Oberdeck unaufhörlich detonierten oder Bereitschaftsmunition in die Luft ging. Jeder vorzeitige Aufbruch wäre reiner Selbstmord gewesen. Ich gab den Befehl zum Verlassen des Standes erst, als lange nach dem Verstummen unserer eigenen Artillerie auch der Gegner sein Feuer eingestellt hatte, das Ende der Beschießung als gekommen anzusehen war. Den Männern, die sich bei der jetzt voll erkennbaren Verwüstung der oberen Decks niemals mehr würden geschlossen bewegen können, riet ich, das Oberdeck, Steuerbord achtern, aufzusuchen. Wir hatten inzwischen schwere Schlagseite nach Backbord, und die Steuerbordseite war die Leeseite. Es war klar, daß die Männer nur noch von dort aus relativ ungefährdet in die See würden springen können.

Als letzter trat ich dann selbst aus dem Stand heraus, nach vorn zu, auf den Achteren Scheinwerferleitstand. Oder, besser gesagt, dorthin, wo dieser einmal gewesen war. Gab es hier ein Durchkommen, noch etwas zu tun? Der Anblick, der sich mir bot, war nicht mit einem Mal aufzunehmen, ist sehr schwer zu beschreiben. Es war ein wahres Chaos von Zerstörung und Vernichtung. Keine Spur mehr von den Flakgeschützen und Scheinwerfern, die einmal meinen Stand umgeben hatten. Wo sich Waffen, Geräte, sonstige Einrichtungen befunden hatten, nichts als Leere, auf den bisher freien Stellen des Aufbaudecks lag Schrott. Der Schornstein war durchlöchert, aber aufrecht. Vom Achteren Leitstand bis hin zum Vorderen Gefechtsmast erstreckte sich, einem Bodennebel gleich, eine durchgehende Zone weißlichen Rauches. Sie zeigte Brände an, die unten wüten mußten. Und sie verhüllte alles, was sich sonst noch auf dem Aufbaudeck befunden haben mochte. Aber aus dem Rauch hob sich klar und, dem Anschein nach, äußerlich unbeschädigt, der Gefechtsmast selbst empor. Wie gut er in seiner grauen Farbe doch noch aussieht, dachte ich, merkwürdig, fast so, als ob er an dem Gefecht gar nicht teilgenommen habe. Auch der Vormars und der Obere Flakleitstand sahen so intakt aus, aber ich wußte ja, daß das Gegenteil zutraf. Menschen liefen oben herum – würden sie sich je noch retten, durch das Mastinnere den Anschluß nach unten finden können? Ich entdeckte nun, daß es durch die Trümmer auf dem Aufbaudeck ein weiteres Durchkommen nach vorn nicht mehr gab, und kehrte in den Achteren Stand zurück. Aber nur, um ihn sogleich nach achtern zu wieder zu verlassen. Auch hier war kein Weg mehr. Ich mußte klettern und springen, über Löcher im Deck, herumliegende Schiffsteile aller Art. Auf dem Aufbaudeck sah ich die Leiche eines Stabsoffiziers vom Flottenstab. Er lag friedlich, keinerlei Verletzung war ihm anzusehen. Offensichtlich war er nach dem Befehl zum Verlassen des Schiffes von seiner Gefechtsstation vorn noch im feindlichen Feuer aufgebrochen. Turm »Caesar« wies mit seinen Rohren nach achteraus, äußerlich ganz unbeschädigt, tadellos in Farbe. Wie unwirklich kontrastierte doch sein helles, glänzendes Grau mit der Verwüstung ringsum! Der Ausfall des linken Rohres hatte den Turmkommandanten, Kapitänleutnant Karl Knappe, zum Feuereinstellen gezwungen. Vom Aufbaudeck hangelte ich auf das Oberdeck hinab und sah jetzt Turm »Dora«, tief rauchgeschwärzt, nach Backbord voraus weisend. Sein rechtes Rohr war durch einen Rohrkrepierer zu Zacken zerfetzt, nach diesem Vorkommnis hatte der Geschützführer, Oberbootsmannsmaat Friedrich Helms, mit dem linken Rohr noch zwei Schuß abgefeuert, doch dann war der Mechanikersmaat Ernst Moog aus dem Turminneren gekommen, hatte geschrien »Turm D brennt«, und die gesamte Mannschaft, noch unversehrt, hatte diesen verlassen, der Turm selbst schweigen müssen. Später war dann noch eine Granate, wahrscheinlich im Zwischendeck, detoniert und hatte den Deckel des Munitionsschachtes zur Munitionskammer hochgeschleudert. Durch die nach oben geschossene Stichflamme hatten Helms und andere Verbrennungen an Gesichtern und Händen erlitten.«

Als ich, weitergehend, nach Steuerbord achteraus über die See blickte, prallte ich auf einmal förmlich zurück. Erst wollte ich meinen Augen nicht trauen. Da lag doch, nur etwa fünfundzwanzig Hektometer entfernt – die Artilleristen nennen so etwas »Kartoffelschmeißentfernung« – *Rodney* mit ihren noch mißtrauisch auf uns gerichteten neun 40,6-cm-Rohren. Direkt in ihre Mündungen konnte ich hineinsehen. Wenn das die letzte Gefechtsentfernung anzeigte, dachte ich, dann hatte sicherlich kein Geschoß mehr fehlgehen können. Doch jetzt schwiegen diese Rohre, und ich rechnete auch nicht damit, daß sie noch einmal in Tätigkeit treten würden.

Eine kleine Gruppe Überlebender war bereits an Steuerbord, vorlich von Turm »Dora« versammelt, wartete dort den Moment ab, über Bord zu springen. Offensichtlich war dieser Platz vorläufig der beste Aufenthalt. Weiter nach vorn zu waren die Zerstörungen zu stark, belästigte unerträglicher Rauch. Die Schanze kam nicht mehr in Frage, *Bismarck* war schon zu achterlastig geworden, gleichzeitig hatte sich seine Schlagseite weiter verstärkt, rollten laufend schwere Brecher von Backbord achtern her über das Oberdeck des sinkenden Schiffes. Wehe denen, die versehentlich in diese Richtung sprangen oder dorthin über Bord gespült wurden. Sie wurden unweigerlich von der See gegen harte Schiffsteile zurückgeschleudert, mit meist fatalen Konsequenzen.

Ich unterdrückte eine innere Versuchung, noch einige Privatsachen aus meiner nicht entfernt liegenden Kammer auf der Backbordseite an Oberdeck zu holen, und trat zu der kleinen Gruppe vor dem Turm. Die Männer waren sich nicht ganz schlüssig, wann sie springen sollten, sahen sie doch bereits viele Schwimmer in der See. Aber ich sagte: »Abwarten, noch ist Zeit. Wir sinken langsam. Die See läuft hoch, schwimmen müssen wir noch lange. Wir springen so spät als möglich. Ich werde das Zeichen geben.« Und so warteten wir erst einmal auf den Moment, den uns zweifellos das Schiff selbst bald anzeigen würde.

Noch bevor ich zu der Gruppe getreten war, hatte ich *King George V* und *Rodney* in Kielwasserlinie nach Norden ablaufen sehen, sie damit für die Beteiligung an einer Rettung unserer Überlebenden innerlich abgeschrieben. Aber daß andere Schiffe dies schon übernehmen würden, davon war ich fest überzeugt. Ich sagte den Männern: »Irgendein Schiff wird schon kommen und uns retten.« Aber welches es sein würde, ahnte ich nicht. Hatte ich eine Illusion verbreitet? Würde wirklich noch ein Schiff kommen? Um uns herum sah ich weit und breit nur einen leeren Ozean.

Auf der Gefechtsstation Junacks, dem Turbinenraum Mitte, unter dem Panzerdeck in Abteilung VIII gelegen, kam schon bald nach Gefechtsbeginn viel Wasser durch die Luftschächte. Es war ein Anzeichen dafür, daß das Feuer des Gegners dicht am Schiff lag. Nach einiger Zeit saugten die Lüfter rotgelben Qualm in den Raum, so daß die dortige Besatzung Gasmasken anlegen mußte. Allmählich wurde aber der Gefechtslärm, Abschüsse waren von den Einschlägen gar nicht zu unterscheiden, immer unregelmäßiger, bis es schließlich nur noch vereinzelt krachte. Die Maschinentelegraphen wurden von der Brücke kaum noch bedient. Da erhielt Junack über den Maschinenleitstand den Befehl: »Schiff klarmachen zum Versenken«. Es war der letzte Befehl, der ihn auf *Bismarck* erreichte. Gleich danach fielen alle Befehlsübermittlungsanlagen aus. Jede Verbindung mit der Schiffsführung, dem Maschinenleitstand, war abgerissen. Jetzt wurde die Sprengladung am Kühlwassereintritt angebracht. Als es oben immer ruhiger wurde, schickte Junack seinen besten Unteroffizier zum Maschinenleitstand mit der Frage nach weiteren Befehlen. Der Unteroffizier kam aber nicht wieder. Junack sah sich nun gezwungen, auf eigene Verantwortung zu handeln. Noch ein letztes Mal ging er durch den Raum, ließ alle Schottüren zu den Wellentunneln öffnen. Dann schickte er seine Männer in das Zwischendeck und befahl dem Turbinenobermaschinisten, die – mit neun Minuten Verzögerung arbeitende – Sprengladung zu zünden. Als letzter verließ Junack selbst den völlig klaren, hellerleuchteten Turbinenraum, während die Maschinen noch immer gemäß dem letzten Kommando »kleine Fahrt voraus« liefen.

Auch das Zwischendeck war hell erleuchtet, dort schien richtige Sonntagsstimmung zu herrschen. Erst im Batteriedeck sah er die Auswirkungen des Kampfes, Einschußlöcher und Brände. Als er dort passierte, hörte er nun auch die Detonation der Sprengladung im Turbinenraum.

Nach voraus war kein Durchkommen. Nach achteraus zu stieß Junack auf eine große, ziemlich kopflose Menschenschar, die offenbar auch nicht weiterkam. Er arbeitete sich hindurch und mahnte zur Ruhe; und die Männer reagierten sofort, als sie den Offizier erkannten. Ein Panzerluk klemmte in halboffener Stellung, die Männer konnten sich mit ihren Gasmasken und aufgeblasenen Schwimmwesten nur mühsam hindurchzwängen. Erst als Junack die Schwimmwesten abnehmen und die übrige Gefechtsausrüstung wegwerfen ließ, ging es fließend weiter. Als letzter stieg er dann selbst an Oberdeck.

Dort hatten sich in der Nähe der achteren Türme inzwischen fünf jüngere Offiziere und mehrere hundert Mann versammelt, die sich zum Überbordgehen klarmachten. Der Feind schoß kaum noch. In der Mitte des Schiffes stand eine Rauchwand, niemand konnte erkennen, was davor war. Die Flagge wehte noch immer vom achteren Mast. Nur vereinzelt waren Gefallene zu sehen und ganz wenige Verwundete. Inzwischen sank das Schiff immer tiefer. Bei strahlendem Sonnenschein spülte die See schon über das Achterdeck, und es war deutlich zu spüren, daß *Bismarck* allmählich kentern wollte.

Im Achterschiff nahm der Leckwehrgruppenführer 1, Stabsobermaschinist Wilhelm Schmidt, jeden Abschuß der eigenen Artillerie als eine starke Erschütterung wahr. In seinem Leckwehrbereich kamen im Lauf der Zeit etwa fünf schwere Treffer durch das Oberdeck hindurch in Batterie- und Zwischendeck ein, wo sie heftig detonierten. Ein Treffer schlug in die Abteilung I, ein anderer in das Zwischendeck der Abteilung II, wo er einen riesigen Feuerschein auslöste und zum Eindringen nitroser Gase, durch die geschlossenen Panzerschotten hindurch, in die Nähe des Leckwehrgruppenführerstandes in Abteilung III führte. Der dritte Treffer landete im Batteriedeck der Abteilung III an Steuerbord. Herumfliegende Granatsplitter setzten die Beleuchtung und Zwischendeckslüfter außer Betrieb. Treffer vier und fünf schlugen in die Abteilung IV und rissen dort die Niedergänge weg. Auch hier fiel die Beleuchtung aus, und nur ein Teil der Notbeleuchtung brannte weiter. Verbrennungsgase zogen durch alle Räume. Plötzlich traf ein Läufer aus der Leckwehrzentrale mit dem Befehl für Schmidt ein, einen Teil seiner Mannschaft zur Bekämpfung eines Brandes auf dem achteren Aufbaudeck abzuzweigen. Schmidt entsprach dem Befehl – keiner seiner Männer kehrte zurück. Auch schon vorher hatte seine Leckwehrgruppe durch Granatsplitter Personalverluste erlitten. Später stürzte ein Oberfeuerwerker auf Schmidt zu: »Turm ›Dora‹ sofort fluten, Brand in Turm ›Dora‹«. Und Schmidt stellte die Leckpumpe 2 um, auf Fluten der Munitionskammern im Bereich dieses Turmes.

Auch die weiter entfernt vom Leckwehrbereich 1 einschlagenden Treffer waren zu hören. Immer wieder erreichten Schmidt Meldungen über Brände auf dem Aufbaudeck, in den Batterie- und Zwischendecks der verschiedenen Abteilungen.

Schließlich kam von der Schiffsführung der Befehl an alle Stellen: »Schiff versenken«. Schmidt stellte jetzt die in seinem Bereich noch klaren Leckpumpen auf das Fluten der Räume um. Er hörte später, wie in den Maschinen- und Kesselräumen die Kondensatoreintritte und Bodenseeventile gesprengt wurden. Ein weiterer Befehl kam durch Läufer: »Alle Mann an Oberdeck«. Aber in seiner Umgebung waren im Zwischen- und Batteriedeck alle Panzerluken verklemmt, gab es ja keine Niedergänge mehr. Der Aufstieg an Oberdeck gelang nur noch durch einen Teil der engen Munitionsaufzüge. Einmal oben, traten Schmidt und seine Männer zu den anderen Überlebenden auf der Schanze. Treibend lag *Bismarck* mit Schlagseite in der schweren See. Feuer und beißende Rauchsäulen drangen aus den Aufbauten. Weit und breit war vom Gegner nichts mehr zu sehen, nur einige Radflugzeuge kreisten. Alle Mann legten jetzt ihre Schwimmwesten an, bereit zum Überbordgehen.

Schon bald nach Gefechtsbeginn massierten sich die Treffer auf dem Vorschiff ganz gewaltig, wüteten dort Brände, flogen schwerste Stahl- und Eisenteile durch die Luft. Einige besonders harte Erschütterungen schüttelten *Bismarck*, als es kurz nach 09.00 Uhr bei den vorderen Türmen einschlug, der Vordere Artillerieleitstand getroffen und der Gefechtsmast durchschossen wurde. Bald danach schlug, etwas weiter achterlich, eine schwere Granate in das Deck unter dem Flugzeugkatapult. Es hatte den Bedienungsmannschaften der Schweren Flak als Schutzraum gedient, dort hatte auch Bereitschaftsmunition gelegen. Diese hatte sich nach dem Einschlag entzündet, alle unterstehenden Männer waren gefallen. Später, gegen 9.40 Uhr, war dem in einer Seitenrichtung blockierten Turm »Bruno« die ganze Rückwand weggeblasen worden, war Feuer im Turm ausgebrochen. Kurz vor Ende der Beschießung hatten helle Flammen sekundenlang auf der Geschützplattform von Turm »Anton« gelodert.

Als Angehöriger der dem Achteren Flakleitstand zugeteilten Munitionsmannergruppe für die Schwere Flak hatte Musikmaat Josef Mahlberg seine Gefechtsstation in einer Pulverkammer in Abteilung IX. Nachdem das Gefecht geraume Zeit angehalten hatte, öffnete sich plötzlich das Schott seines Raumes, und herein trat, mit eigenartigem Gesichtsausdruck, der Bootsmaat Rolf Franke von der Achteren Flakrechenstelle. Mahlberg kannte ihn gut, hatten sie doch stets einen großenteils gemeinsamen Weg zu ihren Gefechtsstationen gehabt. Franke rief aus: »Es ist gerade durchgekommen: Schiff verlassen, Schiff wird gesprengt!« Mahlberg und seine Männer versuchten zunächst, über die Munitionshilfheißaufzüge zum Aufbaudeck zu gelangen. Nachdem sich dies als unmöglich erwies, kehrten sie zurück und verließen die Kammer durch die Schottür in Richtung der Decks. Dort war es, im Gegensatz zu ihrer bisher so hell erleuchteten Kammer, sehr dunkel. Nur Taschenlampen brannten hier und dort. Mahlberg und seine Männer verloren sich bald aus den Augen, und jeder war nun auf sich selbst angewiesen.

Mahlberg gelangte zunächst zum Batteriedeck in Abteilung X, wo sich auf dem Weg nach oben Hunderte zusammendrängten. Plötzlich vernahm er die vertraute Stimme des Ersten Offiziers, dieses Mal sehr schroff und bestimmt: »Was drängt Ihr Euch so, geht zum Vorschiff und helft dort mit löschen. Wir sind noch lange nicht verloren. Ist denn hier kein Offizier, der dies regeln kann?« Aber nach vorn war kein Durchkommen, und Mahlberg erreichte schließlich irgendwie die Steuerbordseite des Oberdecks in Höhe des Flugzeugkranes. Erst jetzt erkannte er die Lage des Schiffes voll. Nichts war zu sehen außer Trümmern, nichts mehr von dem einst so stolzen Schiff. Er versuchte nun, zum Vorschiff zu kommen, scheiterte damit aber bei dem Mittleren 15-cm-Turm. Überflutendes Wasser in der dortigen Decksbucht versperrte ihm den weiteren Weg, und er kehrte um in Richtung Schanze, vorbei an Turm »Dora«. Einige Männer dieses Turmes saßen oder lagen mit schweren Verbrennungen an Oberdeck. Da die Schanze teilweise schon unter Wasser stand, stieg Mahlberg auf die Turmdecke hinauf. »Seht Euch nur meinen Turm an!«, sagte zu ihm der gerade dort oben sitzende Oberstückmeister Friedrich Alfred Schubert, der selbst starke Verbrennungen aufwies, »geht fort, gleich wird er in die Luft fliegen!«, und Mahlberg kletterte wieder zur Schanze herunter.

Der Maschinenmaat Wilhelm Generotzky im Steuerbord Turbinenraum nahm Einschlag auf Einschlag wahr, während unsere eigenen Geschütze nur noch sehr unregelmäßig schossen. Er und seine Männer wußten noch nicht, wie es inzwischen auf den oberen Decks aussah, aber, daß das Ende bevorstand, das hatten sie nicht mehr übersehen können. Waidwund, wie eine Zielscheibe, schien *Bismarck* dem Feuer des Gegners ausgeliefert zu sein. Der zweite Maat seiner Wache, im Gesicht weiß wie eine Kalkwand, rief ihm im Vorbeigehen zu: »Es ist vorbei, alles vorbei!« Er kannte den jung und glücklich verheirateten Maaten gut, es war schon bitter. Noch einmal rief er jetzt die einzelnen Posten seiner Gruppe an, und von jedem kam ein »Alles klar« zurück. Nirgendwo war in seinen Raum oder auch sonstwo unter Panzerdeck eine Granate eingedrungen, sollte es auch bis zum Ende nicht, und Generotzky war noch einmal so recht stolz auf deutsche Schiffbaukunst und deutsche Wertarbeit.

Aus den zu den Dieselmaschinen hinunterführenden Lüftungsschächten hörte er ein Poltern, als ob Erbsen auf einer Trommel tanzten. Es waren Granatsplitter, die an Oberdeck in wahren Schauern niedergingen.

Plötzlich kam von Steuerbord ein Heizer herüber und rief in höchster Erregung: »Herr Maschinenmaat, Umformerraum I brennt. Sie sollen hinuntergehen!« Generotzky setzte seinen Flottenatmer in Betrieb, faßte einen Feuerlöschschlauch und stieg den Niedergang hinunter. Unten öffnete er vorsichtig das Schott zum Umformerraum – nichts, weder Qualm noch Feuer schlug ihm entgegen. Weiter – das Schott öffnen zum Dieselraum, auch hier war alles klar. Dennoch, hatte er beim Abstieg nicht Rauch bemerkt? Aber woher? Jetzt kontrollierte er alle am Niedergang gelegenen Räume, darunter eine 10,5-cm-Granat- und Pulverkammer. Als er ihr Schott aufriß, kam ihm beißender gelber Qualm entgegen, sah er einen rötlichen Schein. In Windeseile riegelte er das Schott wieder zu, sauste hinauf aufs Deck, zum Ferngestänge des Flutventils, das an der Wand befestigt war und sich nur mittels der sogenannten Knarre oder Ratsche drehen ließ. O Gott, wie lange dauerte das nur, eine halbe Umdrehung hin, eine halbe her – und unter ihm die brennende Munition! Endlich auf! Nun schnell hinüber zur Leckpumpe. Schieber »Von See« aufdrehen, Schieber »Nach Flutleitung« etwa drei Gang auf und Leckpumpe anstellen! Nun den Schieber zur Flutleitung weiter aufdrehen. Halt, das ging ja nicht, der Wasserdruck lastete ja davor! Also Leckpumpe nochmals abstellen, Schieber öffnen und Pumpe schließlich wieder anlaufen lassen. Endlich, endlich rieselte das Wasser über die brennende Munition. Ihm zitterten Hände und Knie, Schweiß lief ihm in Strömen vom Gesicht. Nun schnell dem Leckwehrführer den Vollzug melden. Gerade als er die Meldung abgab, kam sein Divisionsoffizier von der Maschinenleitung und befahl, Flutgruppe 4 zu fluten. Im gleichen Augenblick aber berichtete ein Maat von der Leckgruppe 4, daß die Gruppen 4 und 5 schon geflutet seien. Es hatte in mehreren Munitionskammern gebrannt. Generotzky und seine Männer wußten ja noch nicht, daß alle 10,5-cm-Geschütze wegrasiert, alle 15er Türme von Treffern durchlöchert, deren Rohre fast sämtlich weggeschossen waren!

Als dann der Befehl zum »Schiff verlassen« kam, stieg Generotzky nach oben in das Batteriedeck der Abteilung X, wo etwa schon sechzig Mann standen, die gleich ihm den Niedergang zum Oberdeck benutzen wollten. Von dort aus waren die Einschläge oben schon deutlicher zu hören. *Bismarcks* Artillerie schwieg längst. Am Niedergang standen der Erste Offizier und der Divisionsoffizier der 11. Division, Kapitänleutnant (Ing.) Albert Hasselmeyer. Fregattenkapitän Oels sagte: »Kameraden, geht hier nicht hoch. Es ist Euer sicherer Tod. Geht lieber ins Vorschiff, helft die Brände löschen!« Aber das war ja sinnlos! Die Zündungen für die Sprengladungen an den Kühlwasserleitungen waren doch längst abgezogen, die Detonationen mußten jeden Augenblick folgen.

Generotzky stand jetzt etwa noch fünf Meter vom Niedergang entfernt, vor ihm eine Mauer wartender Kameraden. Da schlug sie ein, die Granate, unmittelbar am Niedergang – ein Feuerschein, ein dröhnender Knall, und er wurde hochgeschleudert, landete hart auf dem Rücken. Über ihn stolperten Kameraden, einer half ihm auf, und beide rannten nach achtern zur Abteilung VIII, fanden aber nur einen verklemmten Niedergang zum Oberdeck. Da machte der Maschinenmaat Heinrich König den Hilfsmunitionsförderschacht der dortigen 10,5-cm-Granat- und Pulverkammer klar. Es war die Kammer, die Generotzky selbst kurz vorher geflutet hatte. Vierzig Mann, einer hinter dem anderen, warteten nun darauf, durch den schmalen Förderschacht, nur 50 cm breit, nach oben zu gelangen. Die Beleuchtung war jetzt ausgefallen, einzelne hatten Taschenlampen in den Mund gesteckt. Alle warteten geduldig. Kein Vordrängeln, keine Unbeherrschtheiten. Der Vordermann wurde von dem jeweils folgenden hochgehoben, bis er die erste Sprosse der Steigeisen fassen konnte. Von unten trieben die dumpfen Detonationen der Sprengladungen zu äußerster Eile. Endlich war auch Generotzky an der Reihe. Er wurde am Hosenboden gepackt, ins Rohr hineingeschoben, erreichte die Sprossen, hangelte hinauf. Sein erster Griff an Oberdeck war in eine Blutlache. Dann stand er oben, Tote ringsum inmitten völlig zerstörter Aufbauten. Aber, er war herausgekommen, aus dem furchtbaren Sarg, zu dem *Bismarck* geworden war. Hier oben war Licht, zeigten weiße Schaumkronen des Meeres wieder das Leben. Doch immer noch vergrößerten Einschläge das Chaos, türmten weitere Leiber von Gefallenen aufeinander, und er hoffte jetzt, in der Flugzeughalle Schutz zu finden, die durch ein riesiges Loch aufgerissen war. Aber als er dort ankam, prallte er vor den vielen Toten zurück; zu viele schon hatten dort Deckung finden wollen, umsonst. Vom Aufbaudeck sprang er nun auf das Oberdeck hinunter, auch dort Tote, zu dreien und vieren übereinander, wie sie gefallen waren. Weiter lief er, nach achtern, wo aber die See bereits das Oberdeck überspülte, kletterte wieder hinauf zum Aufbaudeck. Endlich stellte der Feind das Feuer ein. Er blickte jetzt in etwas mehr Ruhe um sich und sah »ein Bild des Schreckens, einen grausigen Tummelplatz aller entfesselten Kräfte einer hochgezüchteten Kriegsmaschinerie«.

Auf dem Weg nach oben begegnete der Maschinengefreite Bruno Zickelbein von der Maschinenleckwehrgruppe VI im Batteriedeck der Abteilung XIII dem Ersten Offizier. »Kameraden«, hörte er Oels ausrufen, »unsere Artillerie kann nicht mehr schießen, außerdem haben wir keine Munition mehr. Unsere Stunde ist gekommen. Wir müssen unser Schiff verlassen. Es wird von uns versenkt. Alle Mann an Oberdeck.« Im Gefolge von Oels gingen Zickelbein und einige Kameraden nach achtern zur Abteilung IX weiter, von wo Verwundete an Oberdeck zu bringen waren. Acht Männer hatten jetzt vier Verwundete zu transportieren und gingen zum Niedergang bei dem Flugzeugkatapult, der als einziger passierbar war. Aber als Zickelbein mit seiner Last bereits halb oben war, schlug eine Granate ein und schleuderte ihn in das Batteriedeck zurück. Ein weiterer Treffer tötete einige Männer, auch die Verwundeten. Jetzt war der Niedergang zertrümmert, und durch ein breites Loch im Boden sah Zickelbein bis in das Zwischendeck hinunter. »Hier liegen sie alle«, sagte der Maschinenmaat Erich Vogel zu ihm, »nur wir beide sind übrig geblieben.« Sie machten jetzt keinen weiteren Versuch mehr, dort an Oberdeck zu kommen, und gingen statt dessen zur Abteilung X. Da traf Befehl ein: »Maat Silberling mit seiner Gruppe sofort zum Maschinenleitstand!« Hans Silberling gab Zickelbein die Hand und sagte: »Wir sehen uns nicht wieder, denn das ist das Ende! Grüß die Heimat von mir.« Beide hielten für einen Augenblick einander die Hände, Tränen rollten über ihre Backen. Zickelbein war damals erst neunzehn Jahre alt, und Silberling mit seinen fünfundzwanzig Jahren ihm eine Art väterlicher Freund gewesen. Aber es nutzte nichts, Silberling führte seinen letzten Befehl aus.

Weitere Einschläge kamen, das Licht fiel aus. Taschentücher vor Mund und Nase zum Schutz gegen den starken Rauch, versuchten Zickelbein und seine Kameraden nunmehr, den Niedergang bei der Mannschaftskantine hochzugehen. Auch hier sollten zuerst wieder Verwundete nach oben gebracht werden. »Laßt sie unten, hier können sie besser einschlafen«, hörte er jetzt aber den Marinestabsarzt Dr. Arvid Thiele sagen. Jeder wußte, daß das Ende gekommen war. Da zerfetzte eine Granate auch den Kantinenniedergang, tötete Umstehende. Weiter vorn schienen alle Niedergänge unbrauchbar zu sein, und so stauten sich die Kameraden jetzt nach achtern zu. Alle wollten versuchen, über den zerstörten Niedergang an Oberdeck zu gelangen. Die See strömte schon von oben herein. Bis zum Bauch stand Zickelbein im Wasser, als er den Niedergang erreichte.

Der Maschinenobergefreite Hans Springborn vom Kraftwerk 2 im Unteren Plattformdeck der Abteilung VIII kontrollierte kurz vor dem Sprengen des Schiffes noch einmal die Generatoren und die Dieselmotoren. Die Lichtversorgung mußte bis zum Schluß intakt bleiben, und sie blieb es auch. Später sah er auf dem Oberdeck, inmitten all der Verwüstung, Verwundete in Transporthängematten. Eigentlich hatten sie noch weiter transportiert werden sollen, zu den Verbandsplätzen unter Deck, aber die massierten Einschläge hielten an, und die Zeit wurde immer knapper. Ärzte liefen umher und gaben Beruhigungsspritzen.

Oben glich *Bismarck* jetzt einem Schrotthaufen, Brände an allen Ecken und Enden. Unter Treffern liefen Kameraden hin und her, suchten Hilfsmittel zur Rettung. Aber die Beiboote, Rettungsinseln und Flöße waren längst zerstört, alle.

Der Maschinengefreite Hermann Budich, Befehlsübermittler im E-Gefechtsstand im Unteren Plattformdeck der Abteilung IX, wurde verwundet zum Achteren Gefechtsverbandsplatz gebracht. Als nur leicht Verletzten legte man ihn in ein Deck davor. »Nur die schweren Fälle bleiben im Raum«, hatte er einen Arzt noch sagen hören. Dann gab es einen fürchterlichen Knall, ein Volltreffer war in den Verbandsplatz gefahren. Nichts mehr rührte sich dort. Ganz knapp war Budich ihm entgangen.

Als Oels und Jahreis die Kommando- und Leckzentrale im Oberen Plattformdeck der Abteilung XIV verließen, muß dort kurz zuvor der Befehl der Schiffsführung eingetroffen sein, das Versenken des Schiffes einzuleiten. Die bisherige Aufgabe dieser Offiziere war nun beendet. Es galt jetzt nicht mehr, Treffer zu registrieren, ihre Auswirkungen zu umgrenzen, zu bekämpfen. Das Gegenteil war zu tun: zerstören, was nicht mehr zu halten war. Und *Bismarck* hatte schon seit 09.31 Uhr nicht mehr kämpfen können, Ausfälle und Munitionsmangel hatten das Ende signalisiert. Jetzt waren die Vorbereitungen zum Sprengen des Schiffes zu überwachen, nachzusehen, wie die Männer durch das Chaos in Zwischen- und Batteriedecks nach oben gelangen, sich retten konnten.

Über das weitere Schicksal von Jahreis liegen Zeugnisse nicht vor, vermutlich hat er den Weg aus dem Vorschiff heraus nicht mehr gefunden.

Oels und einige Männer aus seiner Zentrale erreichten das Batteriedeck in der Abteilung VIII, stießen dort auf etwa dreihundert Männer, eine wogende Menschenmenge, sich drängend und schiebend, hin zu den Aufgängen nach oben. Gelbgrüne, beißende Verbrennungsgase zogen durch das Deck, Erstikkungshusten schüttelte all die, die keine Gasmaske zur Hand hatten. In der Mitte klemmte das Ausstiegsluk nach oben. »Los, los«, rief Oels mit heiserer, sich überschlagender Stimme, »alle Mann aus dem Schiff. Das Schiff ist gesprengt. Nach vorn kann keiner mehr durch. Vorn brennt alles.« Und kaum waren diese Worte verhallt, da zischte eine grüne Erscheinung vorbei, zerplatzte zu einem Feuerball, detonierte mit Donnergetöse. Männer taumelten, wurden hochgeschleudert, fielen hart zu Boden, über hundert waren tot, auf einen Schlag. Auch Oels lebte nicht mehr. Zwischen Kantine und Niedergang hatte er gestanden, als der Einschlag kam. Von überall her drang das Stöhnen und Wimmern der Verletzten.

Einige Männer konnten das Schiff nicht mehr verlassen. Luken nach Oberdeck zu ließen sich nicht mehr öffnen, weil sie klemmten oder schwerste Trümmer auf ihnen lagen. In Abteilung XV bei der Vorderen Kantine im Batteriedeck waren zweihundert Mann unter klemmenden Luken gefangen. Dann tötete ein Treffer sie alle. Brände schnitten das gesamte Vorschiff ab. An einem 15er Turm an Steuerbord hatten Treffer die Zugangsluken verklemmt. Alles Rütteln von innen und außen nützte nichts. Der Turm war für seine Besatzung zum Sarg geworden. Weiter achtern fielen zwei Männer, die schon an Oberdeck gelangt waren, in dichtem Rauch durch Löcher im Deck wieder in die Brände nach unten. Beispiele, dies nur...

Andere wollten nicht aussteigen. Junge Soldaten, Unteroffiziere, auch Männer der Prisenkommandos, erfahrene Seeleute. Es habe ja doch keinen Zweck mehr, meinten sie.

Und als unsere Waffen, eine nach der anderen, schweigen mußten und immer mehr Verwundete der Versorgung bedurften, da war auch die Stunde der Ärzte und Sanitäter gekommen – und in welcher Dimension! Hunderte von Verletzten – sie lagen, wo es sie getroffen hatte, im Vormars, auf den Brücken, Leitständen, an den Geschützen, an Oberdeck, in Batterie- und Zwischendeck. Krankenträger, darunter Angehörige des zivilen Personals, brachten sie im Granathagel vom Oberdeck – Ärzte und Sanitäter, wieviel mehr konnten sie bei diesen Zahlen überhaupt noch tun als lindernd einzugreifen, Morphium zu geben? Kein Zeuge hat überlebt, der länger beobachten konnte, was sie auf den Verbandsplätzen und Verwundetensammelstellen im einzelnen geleistet haben.

Als nach und nach die Gefechtstationen zerstört wurden und deren Überlebende an weiteren Kampfhandlungen nicht mehr teilnehmen konnten – als die große Mehrzahl der Besatzung nach dem Befehl zum »Schiff verlassen« zur eigenen Rettung schreiten konnte und durfte, da wuchs den Ärzten und Sanitätern ihre Aufgabe erst so richtig zu. Von Minute zu Minute drängte und forderte sie mehr – band sie unsere ärztlichen Helfer immer unverrückbarer an ihren Platz, ließ es gar nicht zu, daß sie überhaupt noch an sich selbst denken konnten. Und was sie leisteten, sie taten es unter den fortgesetzten schweren Einschlägen, gegen die der Zitadellpanzer des Batterie- und Zwischendecks einen Schutz nicht bieten konnte. An jedem Verwundeten erfuhren sie das um sie selbst tobende Grauen in der Verdoppelung, ihr eigenes Schicksal im voraus. Sie erlebten in konzentriertester Form, was damalige britische Gefechtsbeobachter so empfunden und formuliert haben: »Wie es im Innern von *Bismarck* aussehen mußte, das war schon in der Vorstellung nicht zu ertragen; seine Geschütze zerstört, Brände überall, die vielen Verwundeten, und sicher ähneln sich alle Menschen, wenn sie verwundet sind« und »möge Gott mich niemals wissen lassen, was die im Innern von *Bismarck* detonierenden Geschosse angerichtet haben«.

Und sie durchlebten auch die unerbittlichen fünfundvierzig Minuten der Kanonade, nachdem unsere eigenen Geschütze schon hatten schweigen müssen. Die Phase, von der der Kommandant der *Rodney*, Captain F.H.G. Dalrymple-Hamilton, sagen sollte: »Ich kann nicht behaupten, daß mir dieser Teil meiner Aufgabe noch sehr zusagte, aber ich konnte nichts anderes tun.« Auch Captain W. R. Patterson auf *King George V* hätte sein Feuer eher eingestellt, wenn er das Inferno auf *Bismarck* früher erkannt hätte. Aber die unaufhörlich dichte Wand von Geschoßaufschlägen an *Bismarcks* Backbordseite habe eine Feststellung dessen erschwert, was nun auf dem deutschen Schlachtschiff in Wahrheit vor sich ging.[5]

Sie durchlitten sie und halfen solange, bis sie selbst einem Treffer zum Opfer fielen. Wann und wie sie starben, ich weiß es nicht. Überliefert ist der eine schwere Einschlag in den Achteren Gefechtsverbandsplatz.

Des Marineoberstabsarztes Dr. Hans-Günther Busch, der Marinestabsärzte Dr. Hans-Joachim Krüger und Dr. Arvid Thiele, des Marineassistenzarztes der

Reserve Dr. Rolf Hinrichsen, ihrer Sanitäter und Hilfsmannschaften sei hier mit besonderem Respekt gedacht.[6]

Soweit der Endkampf des *Bismarck*, wie ich ihn nach eigenem Erleben und anderen Zeugnissen rekonstruieren kann. Wir Überlebenden, die wir die Möglichkeit, ja auch die Pflicht zur Berichterstattung haben, können nur in schwachen Worten das schwere Schicksal von über zweitausend deutschen Seeleuten am 27. Mai 1941 andeuten. Vieles muß der Vorstellung überlassen bleiben. Alles Erlebte, alle Überlieferung beweist, daß die Besatzung bis zum bitteren Ende ihre Pflicht erfüllt hat. Deutlich tritt die schon anfängliche Massierung von Treffern im Vorschiff hervor, läßt sich so die frühzeitige Lähmung des Führungsmechanismus auf *Bismarck* verstehen. Mir selbst wurde erst nachträglich so recht klar, warum damals seit Gefechtsbeginn kein Befehl, keine einzige Durchsage der Schiffsführung zu mir in den Achteren Stand gedrungen ist. Mochten uns Teilnehmern damals die einzelnen Gefechtsphasen subjektiv auch viel, viel länger erschienen sein, als es der Wirklichkeit entsprach – so waren doch eben schon zwischen 09.02 und 09.10 Uhr, reichlich fünfzehn Minuten nach dem Fallen der ersten Salven, die entscheidenden Ausfälle vorn eingetreten: des Vormars, des Vorderen Artillerieleitstandes, der Türme »Anton« und »Bruno« – und das heißt von über fünfzig Prozent unserer Artillerie. Von diesen vorderen Gefechtsstationen hat niemand überlebt; mein Bericht, von achtern aus gesehen, kann nur ein Bruchstück sein.

Kein Überlebender hat während des Endkampfes den Flottenchef gesehen. Ich nehme an, daß Admiral Lütjens und sein Stab auf ihren Gefechtsstationen gefallen sind.

## Der Endkampf aus britischer Sicht

*King George V* und *Rodney* hatten die Szene des kommenden Gefechtes mit Kurs 110°, 19 Knoten Fahrt, in Dwarslinie, Querabstand zwölfhundert Meter, *Rodney* auf der Backbordseite von *King George V*, angesteuert. Um 08.43 Uhr war im Südosten auf 230 Hektometer der auf 10 Knoten Fahrt geschätzte, Nordwestkurs steuernde *Bismarck* in Sicht gekommen, und *Rodney* hatte, darin eine Minute später von *King George V* gefolgt, das Feuer eröffnet. Eine weitere Minute später hatte *Bismarck* geantwortet.

Die erste gegen *Rodney* gefeuerte Vierersalve *Bismarcks* hatte sechshundert bis neunhundert Meter kurz gelegen. *Bismarcks* zweite Salve war deckend angekommen, wobei zwei Granaten in Höhe der Brückenaufbauten *Rodneys* etwa zwanzig Meter kurz, und die beiden anderen etwa dreihundertundfünfzig Meter weit ins Wasser gegangen waren. Sprengstücke der beiden Kurzgänger hatten *Rodneys* Brückenaufbau an drei Stellen und die Außenhaut an einer

Stelle oberhalb des Seitenpanzers durchschlagen. Die dritte deutsche Salve hatte weit gelegen.[1] *Rodney,* von Tovey taktisch nicht so starr geführt, wie *Prince of Wales* drei Tage vorher von Vice Admiral Holland, hatte nach jeder deutschen Salve auf deren Aufschlagsentferung zugedreht – in der sicheren Annahme, daß die nächste Salve *Bismarcks* mit einer Standkorrektur fallen, ihr Ziel dann also verfehlen werde.

Die unterdes ihr Feuer auf *Bismarck* fortsetzende *King George V* war unbeschossen geblieben. Um 08.54 Uhr hatte auch die an Steuerbord voraus von *Bismarck* stehende *Norfolk* mit ihrer 20,3-cm-Batterie auf 200 Hektometer in das Gefecht eingegriffen. Wenige Minuten später war *Rodneys* Mittelartillerie miteingefallen. Und danach hatte *Bismarck* unter dem konzentrierten Feuer dreier Schiffe gestanden. Diese Massierung hatte die Feuerkraft der deutschen Artillerie so stark beeinträchtigt, daß *Rodney* bald nicht mehr ernstlich durch sie gestört worden war.

Später wurde erkannt, daß die Ursache für die so rasch zutage tretende Schwäche der deutschen Artillerie der Ausfall des Hauptleitstandes im Vormars, vermutlich um 09.02 Uhr oder kurz danach gewesen war. Jedenfalls hatte *Rodney* um diese Zeit einen spektakulären Treffer auf dem Vorschiff von *Bismarck* beobachtet. Und danach war der Kampf für die britische Seite fast zu einem ungestörten Scheibenschießen geworden.

Um die gesamte Batterie der zunächst spitz angelaufenen *King George V* zur Geltung zu bringen, hatte Tovey sein Flaggschiff noch vor 09.00 Uhr bei einer Gefechtsentfernung von einhundertundfünfzig Hektometer sukzessive auf Südkurs drehen lassen. Dieser neue Kurs hatte zu einem Passiergefecht an Backbord geführt. *Rodney* hatte sich etwas später diesem Kurs angeschlossen, und danach hatten alle schweren Türme beider Schiffe freies Schußfeld gehabt.

Inzwischen war auch *Dorsetshire* auf dem Gefechtsfeld angelangt und hatte um 09.04 Uhr auf eine Entfernung von 180 Hektometer in das Gefecht miteingegriffen. Mit geringen Unterbrechungen, bedingt durch schwierige Beobachtung infolge der Vielzahl der Geschoßaufschläge, hatte *Bismarck* ab dann unter Beschuß aus allen Richtungen gestanden.

Um 09.10 Uhr hatte sich *King George V* erstmalig unter dem deutschen Feuer gesehen. Ihr hatten ja jene Salven gegolten, die ich nach dem Ausfall unserer vorderen Leitstände von achtern aus geleitet hatte. Lieutenant-Commander Hugh Guernsey hatte auf diesem Schiff meine vierte und letzte Salve noch heranheulen hören und sie mit »ein Aufschlag kurz, drei weit« genau so beobachtet wie ich selbst. Er hatte sich gefragt, ob die nächste deutsche Salve wohl treffen würde, und war unwillkürlich einen Schritt zurück unter Splitterschutz getreten. Aber dann hatte er rasch eingesehen, daß dieser gegen einen Volltreffer doch nicht verfangen würde, und war auf seinen früheren Platz zurückgekehrt.

Auf dem Südkurs hatte der Wind den Pulverqualm von *King George V* und *Rodney* auf *Bismarck* zugetrieben und die britische Artilleriebeobachtung behindert. Gleichzeitig war bei der nunmehrigen Gefechtsentfernung zwischen *King George V* und *Bismarck* von nur noch 110 Hektometer *Bismarck* sehr stark achteraus gewandert. Um 09.16 Uhr hatte daher *Rodney*, und um 09.20 Uhr *King George V* auf nördlichen Kurs gedreht. Noch davor hatte *Rodney* auf etwa einhundert Hektometer sechs Torpedos auf *Bismarck* geschossen, die aber alle fehlgelaufen waren, ebenso wie die vier Torpedos, die *Norfolk* etwa zur gleichen Zeit auf einhundertundfünfzig Hektometer gefeuert hatte.

Auch auf dem nördlichen Kurs hatten die schweren Batterien beider Schlachtschiffe wiederum freies Schußfeld gehabt. In den Türmen auf *King George V* waren dann allerdings vorübergehend Störungen aufgetreten, wie drei Tage zuvor auf dem Schwesterschiff *Prince of Wales*. Doch war *Bismarck* zu dieser Zeit bereits so geschwächt, daß dem Flaggschiff nachteilige Konsequenzen daraus erspart geblieben waren. Andererseits hatte dessen Mittelartillerie inzwischen in das Gefecht eingreifen können. Für die jetzt an *Bismarck* näher heranstehende *Rodney* war die Entfernung mittlerweile auf 75 Hektometer gesunken.

Auf dem nördlichen Kurs war die zuvor hinter *King George V* stehende *Rodney* zum Spitzenschiff geworden. Grenfell hat hieran die Vermutung geknüpft, daß *Bismarck* vielleicht aus diesem Grunde sein Feuer wiederum auf *Rodney* verlagert habe.[2] Dies trifft aber nicht zu. Durch den Ausfall aller Optiken im Achteren Stand »blind« geworden, hatte ich den Turmkommandeuren »Caesar« und »Dora« eine Zielanweisung gar nicht mehr geben können, ihnen vielmehr die Auswahl des Zieles selbst überlassen müssen. Weshalb nun hatten sie *Rodney* gewählt? Vermutlich deshalb, weil *King George V*, längere Zeit als *Rodney* Südkurs steuernd, inzwischen mit immer schmalerer Silhouette weiter ab stand und die jetzt nähere *Rodney* als Ziel viel leichter aufzufassen und zu halten war.

Das letzte Schießen der deutschen achteren Türme hatte nicht schlecht gelegen, einige Geschosse waren dicht um *Rodney* herum eingeschlagen. Und dann hatte, um 09.27 Uhr, einer der vorderen Türme auf *Bismarck*, »Anton« oder »Bruno«, noch einmal eine Salve, seine letzte, geschossen.[3] Danach hatte die schwere Batterie vorn für immer geschwiegen, und *Norfolk* hatte noch die beiden Rohre von »Anton« in die tiefste Senkstellung fallen sehen, wie etwa nach einem Treffer in die Höhensteuerungsanlage. Die Rohre des in einer Seitenrichtung erstarrten Turmes »Bruno« hatten hoch in die Luft gewiesen. Zwischen 09.19 und 09.31 Uhr hatte auf *Bismarck* nur noch Turm »Caesar«[4] geschossen. *Bismarcks* allerletzte Salve war um 09.31 Uhr beobachtet worden. Danach hatte das deutsche Schlachtschiff geschwiegen.

Etwa von 09.36 Uhr bis zum Einstellen ihres Feuers um 10.16 Uhr hatte sich

*Rodney* ständig vorlicher als querab von *Bismarck* gehalten und – auch mit Rücksicht auf U-Bootgefahr – Zickzackkurse entlang dem Generalkurs *Bismarcks* gesteuert. Dementsprechend hatte sie abwechselnd nach Backbord und Steuerbord feuern müssen. Auf 63 Hektometer hatte sie noch einmal zwei Torpedos geschossen, die aber nicht trafen. Dann war die Entfernung zu *Bismarck* immer weiter gesunken, bis herunter zu 25 Hektometer. Im Durchschnitt hatten sich schließlich die Schußentfernungen zwischen diesem Wert und 41 Hektometer bewegt, und *Rodney* und *King George V* hatten mit Unterstützung von *Norfolk* und *Dorsetshire* während der letzten sechsunddreißig Minuten der Beschießung mit allen Seezielkalibern auf *Bismarck* gehalten. In den Worten des Gefechtsbeobachters auf *Rodney* liest sich das so: »Von ungefähr 09.36 Uhr bis zum Feuereinstellen um 10.16 Uhr dampfte *Rodney* bei *Bismarck* auf Entfernungen zwischen 41 und 25 Hektometer auf und ab und feuerte während dieser ganzen Zeit Salve auf Salve mit ihren 40,6 und 15 cm Geschützen.« Die Flugbahnen der Geschosse waren jetzt fast gestreckt und die Verwüstungen auf *Bismarck* gut zu beobachten gewesen. Mehrere Brände wüteten auf dem deutschen Schlachtschiff, die hintere Wand des Turmes »Bruno« fehlte. Die Aufbauten waren zerstört, Männer waren an Deck hin und her gerannt und hatten sich, dort vergeblich Deckung suchend, dem Feuerhagel nur noch durch Überbordspringen entziehen können.

Gegen 10.00 Uhr war *Bismarck* nur noch als ein Wrack erschienen. Seine Geschützrohre hatten in alle Himmelsrichtungen gewiesen, schwarzer Rauch aus dem Schiffsinneren war mit dem Wind gezogen. Glühende Flammen der Brände in den unteren Decks *Bismarcks* hatten durch Löcher in Oberdeck und Zitadellpanzer hindurch geleuchtet.

Tovey war es fast unglaublich erschienen, daß *Bismarck* nach 10.00 Uhr noch schwamm. Als immer dringender empfand er die Notwendigkeit, ihn unter Wasser zu bringen, denn jeden Moment rechnete er mit dem Erscheinen deutscher Fernkampfbomber oder deutscher U-Boote. Zudem war die Brennstofflage seines Flaggschiffes, aber auch auf *Rodney* inzwischen alarmierend geworden. Wiederholt hatte er Patterson aufgefordert: »Näher heran an *Bismarck*, näher heran! – ich kann nicht genügend Treffer sehen.« Um das Ende *Bismarcks* zu beschleunigen, hatte *Rodney* zuletzt mit ihrer 40,6-cm-Batterie in Vollsalven, drei bis vier Treffer pro Salve, und auf 27 Hektometer, auch noch ihre letzten beiden Torpedos auf *Bismarck* geschossen. Auch *Norfolk* hatte, auf 36 Hektometer, noch ihre vier letzten Torpedos gefeuert – trotz allem, *Bismarck* schwamm.

Auch die Flugzeuge der *Ark Royal* hatten noch in den Kampf eingreifen wollen. Um 09.26 Uhr waren zwölf »Swordfish« vom Träger gestartet. Als sie auf der Gefechtsszene eingetroffen waren, hatten sie aber erkennen müssen, daß ein Angriff auf *Bismarck* für sie selbst viel zu riskant sein würde. Vier Schiffe hatten dort von mehreren Seiten zugleich das deutsche Schlachtschiff auf kürzeste Entfernung beschossen. Und eine so niedrige Entfernung bedeutete natürlich flache Geschoßbahnen. Bei der notwendigen geringen Operationshöhe war es da wohl besser gewesen, einen Angriff zu unterlassen.

Tovey irritierte es mittlerweile mehr und mehr, daß *Bismarck* absolut nicht sinken wollte. Das Schiff hatte einen Granathagel ertragen, wie er es sich nicht vorzustellen vermocht hatte. Wieviel mehr würde es noch hinnehmen? Aber wieviel weitere Zeit würde das auch ihn selbst noch kosten? Und eben die hatte er nicht. Sein Brennstoffvorrat war fast erschöpft, jedes längere Verweilen am Ort würde seine eigene Rückkehr gefährden. Noch einmal musterte er *Bismarck* scharf durch sein Doppelglas. Tief und schwerfällig lag er im Wasser, würde niemals mehr, das schien jetzt gewiß, einen Hafen erreichen. Und diese Überzeugung mußte ihm nunmehr genügen. Um 10.15 Uhr befahl er *Rodney,* sich auf nordöstlichem Kurs mit 19 Knoten Fahrt in Kiellinie an *King George V* anzuhängen. Es war Kurs Heimat.

Lesen wir jetzt noch das Protokoll des Gefechtsbeobachters auf *Rodney* im Wortlaut. Dieser oberhalb der Navigationsbrücke stationierte Offizier hatte während des Endkampfes keine andere Aufgabe, als dessen Verlauf festzuhalten. Gerade in seiner knappen Ausdrucksweise ist das Protokoll recht eindrucksvoll:

Bericht über das Gefecht zwischen *H.M.S. Rodney* und dem deutschen Schlachtschiff *Bismarck* am Dienstag, den 27. Mai 1941:

08.44 Uhr Feind in Sicht, 5° an Steuerbord voraus
08.47 Uhr *Rodney* feuert erste Salve
08.48 Uhr *King George V* feuert erste Salve
08.49 Uhr *Bismarck* erwidert, Aufschläge 300 Meter kurz
08.52 Uhr Aufschlag von *Bismarck* 300 Meter weit
08.53 Uhr Aufschlag von *Bismarck*, kurz, dicht an Steuerbord von *Rodney*
08.54 Uhr Aufschlag von *Bismarck*, weit, dicht an Backbord von *Rodney*
08.56 Uhr Aufschläge von *Bismarck*, weit
08.57 Uhr Aufschläge von *Bismarck*, weit
08.58 Uhr *Rodney* in deckender Salve von *Bismarck. Bismarck*, beständig feuernd, zieht sich quer vor dem Bug von *King George V* vorbei. *Rodneys* Mittelartillerie feuert. Schwere und Mittelartillerie *Rodneys* beschießen die Backbordseite *Bismarcks*
09.02 Uhr Treffer auf dem Oberdeck von *Bismarck. Bismarcks* Aufschläge kurz
09.05 Uhr Aufschlag von *Bismarck*, 300 Meter weit
09.06 Uhr Aufschlag von *Bismarck*, 50 Meter weit
09.10 Uhr Geschlossener Salvenaufschlag von *Rodney* achteraus von *Bismarck. Bismarck* dreht ab und beschießt *King George V*[5, 6]

09.13 Uhr Gute Deckendlage auf *Bismarck,* der dabei völlig verdeckt wurde
09.14 Uhr *Rodneys* Aufschläge fallen weit
09.15 Uhr *Bismarck* passiert an *Rodneys* Backbordseite
09.16 Uhr *Rodney* dreht hart Steuerbord, *Bismarck* passiert das Heck *Rodneys*
09.17 Uhr Gute Deckendlage auf *Bismarck,* ein Treffer beobachtet. *Bismarck* schießt nur noch selten und ungenau
09.19 Uhr *Bismarck* schießt eine Salve mit den achteren Türmen
09.21 Uhr Gute Deckendlage auf *Bismarck*
09.22 Uhr *Bismarcks* achtere Türme beschießen *Rodney. Rodneys* Steuerbordseite nur knapp verfehlt
09.23 Uhr Treffer auf *Bismarck*
09.24 Uhr *Bismarck* feuert noch mit den achteren Türmen
09.24 Uhr *Bismarck* dreht auf *Rodney* zu
09.26 Uhr Deckendlage auf *Bismarck*
09.27 Uhr Salve aus *Bismarcks* vorderen Geschützen
09.28 Uhr *Bismarck* dreht auf *Rodney* zu. Ein Treffer schlägt auf *Bismarck* achterlich vom Schornstein ein
09.29 Uhr *Bismarck* auf Parallelkurs, wird erneut getroffen
09.30 Uhr Treffer auf *Bismarck*
09.31 Uhr Die achteren Türme auf *Bismarck* schießen eine Salve
(Parallel hierzu berichtete Lieutenant-Commander (US) Wellings[7]:

»Um 09.02 Uhr wurde ein Treffer auf dem Vorschiff *Bismarcks* beobachtet. *Bismarck* hatte bis dahin regelmäßig gefeuert, bis zwischen 09.02 und 09.08 Uhr sein Feuer ungenau wurde und zeitweilig aussetzte. *Bismarcks* Türme »A« und »B« müssen in dieser Zeitspanne beschädigt worden sein, denn nur eine einzige Salve dieser vorderen Türme wurde später noch beobachtet, und zwar um 09.27 Uhr. Von etwa 09.19 bis 09.31 Uhr schoß auf *Bismarck* nur noch Turm »C«, anscheinend unter seinem Turmkommandeur und sehr erratisch. Seine letzte Salve überhaupt feuerte *Bismarck* um 09.31 Uhr.«)

09.32 Uhr *Bismarck* weiterhin auf Parallelkurs zu *Rodney,* Entfernung 3700 Meter
09.37 Uhr In Richtung 40° an Steuerbord kommt ein Schiff in Sicht, das Feuer eröffnet, wahrscheinlich *Dorsetshire*
09.38 Uhr *Bismarck* passiert achteraus, erscheint auf der Backbordseite von *Rodney,* Entfernung immer noch 3700 Meter
09.40 Uhr Brände im Vor- und Achterschiff von *Bismarck*
09.41 Uhr Vorschiffstreffer auf *Bismarck. Bismarck* dreht auf *Rodney* zu
09.42 Uhr Feuer im Turm »B« auf *Bismarck*

| | |
|---|---|
| 09.44 Uhr | *Bismarck* passiert achteraus von *Rodney*. *Rodney* dreht nach Steuerbord und beschießt *Bismarcks* Steuerbordseite |
| 09.46 Uhr | Mindestens vier Treffer auf *Bismarck* während dieses Passierens an Steuerbord. *Bismarck* hat nicht gefeuert |
| 09.48 Uhr | Dieselbe Taktik. *Bismarck* passiert achteraus von *Rodney*. Zwei weitere Treffer auf *Bismarck* während der letzten zwei Minuten |
| 09.49 Uhr | *Rodney* dreht hart Backbord. Backbordseite von *Bismarck* wird beschossen |
| 09.51 Uhr | Gefecht an Backbord wird fortgesetzt[8] |
| 09.55 Uhr | Torpedo an Backbordseite gefeuert. Kein Ergebnis beobachtet |
| 09.57 Uhr | Torpedo an Backbordseite gefeuert, läuft zwei Drittel seines Weges über Wasser |
| 09.58 Uhr | Torpedotreffer Steuerbord mittschiffs auf *Bismarck*[9] |
| 09.59 Uhr | *Bismarck* dreht nach Steuerbord |
| 10.00 Uhr | Gefecht an Steuerbord, *Bismarck* dreht ab |
| 10.02 Uhr | »County Class« Kreuzer, vielleicht *Norfolk*, Steuerbord voraus von *Rodney* stehend, greift *Bismarck* an. *Dorsetshire* (?) Backbord voraus von *Rodney* |

(Der Schwere Kreuzer *Dorsetshire* nahm von 09.04 bis 09.13 Uhr und von 09.20 bis 09.24 Uhr am Gefecht teil. Danach schoß er wieder von 09.35 bis 09.38 Uhr und von 09.54 bis 10.18 Uhr auf *Bismarck*. Insgesamt verfeuerte er 254 Granaten. Die jeweiligen Unterbrechungen beruhten auf der Schwierigkeit, bei der Vielzahl von Aufschlägen um das deutsche Schlachtschiff herum die eigenen zu identifizieren und auszuwerten. Während der Unterbrechungen leistete *Dorsetshire* den Schlachtschiffen *King George V* und *Rodney* Beobachtungshilfe. In seinem späteren Gefechtsbericht nahm der Kommandant der *Dorsetshire*, Captain B.C.S. Martin, vor 10.02 Uhr keinen Treffer für sein Schiff in Anspruch. Es muß bezweifelt werden, daß die Artillerie der *Dorsetshire* wesentlichen Schaden auf *Bismarck* anrichtete.)

| | |
|---|---|
| 10.03 Uhr | Pause im Gefecht. *Bismarck* brennt überall. Schwarze Rauchwolken von den Bränden achtern |
| 10.05 Uhr | *Bismarck* dreht langsam herum und passiert unter schwerer Rauchentwicklung *Rodneys* Steuerbordseite in einer Entfernung von 2700 Meter |
| 10.06 Uhr | Treffer auf *Bismarcks* Steuerbordseite mittschiffs. *King George V*, fünf Seemeilen achteraus, feuert bei Gelegenheit |
| 10.07 Uhr | *Bismarck* passiert achteraus. *Rodney* dreht hart Backbord, setzt Gefecht auf Backbordseite fort. Viel schwarzer Rauch auf *Bismarck* |

10.11 Uhr Eine Salve *Rodneys* bricht Stücke aus dem Heck von *Bismarck*[10] und erzeugt Brände mit grauweißem Rauch

10.12 Uhr *King George V* voraus von *Bismarck*

10.13 Uhr Eine Salve von *Rodney* detoniert mittschiffs auf *Bismarck*

10.14 Uhr Drei Sekunden lang schlagen große Flammen aus Turm »A« auf *Bismarck.* Widerschein einer detonierenden Granate auf dem Vormars von *Bismarck*

10.16 Uhr *King George V* nähert sich *Rodney* von Backbord her, dreht auf Parallelkurs und feuert mit Turm »Y« auf *Bismarck*

10.19 Uhr Schwere Rauchentwicklung auf *Bismarck.* Bestreichungswinkel der Türme *Rodneys* reichen nicht aus

Um 10.22 Uhr befahl Vice Admiral Somerville, mit Kampfgruppe »H« außerhalb Sichtweite im Süden stehend, der *Dorsetshire, Bismarck* zu torpedieren. Aber deren Kommandant hatte bereits in eigener Initiative gehandelt. Auf dreitausend Meter hatte Captain Martin um 10.20 Uhr zwei Torpedos gegen *Bismarcks* Steuerbordseite geschossen. Ein Treffer in Brückenhöhe war beobachtet worden, der andere weiter achtern. Danach ging *Dorsetshire* nach Backbord herüber und torpedierte um 10.36 Uhr auf zweitausendzweihundert Meter *Bismarck* ein drittes Mal. Dieser Torpedo war das letzte aller am 27. Mai gegen *Bismarck* abgefeuerten Geschosse.

## *Bismarck* sinkt. Als Schwimmer im Atlantik

Während unsere kleine Schar vorlich von Turm »Dora« abwartete, war *Bismarck* achterlastiger geworden, hatte seine schon vorher beträchtliche Schlagseite nach Backbord zunächst fast unmerklich, dann deutlicher erhöht. Mehr und mehr trat die Außenhaut der Steuerbordseite aus dem Wasser. »Es wird Zeit«, sagte ich, »Schwimmwesten aufblasen, klar zum Springen.« War es bisher darauf angekommen, nicht zu früh über Bord zu gehen, so durfte es wegen des allmählich heraufkommenden Schlingerkiels und des bald zu erwartenden Soges auch nicht zu spät werden. Der Moment war da. »Einen Gruß an die gefallenen Kameraden«, rief ich, wir rissen die Hand an die Mütze, richteten den Blick zur Flagge – und sprangen. Glücklicherweise frei von allen Hindernissen.

In der See fanden wir uns in dichten Ballen gedrängt wieder, wie die Korken auf- und niedergehend. Wir schwammen zunächst in kräftigen Stößen vom Schiff fort, um erst einmal Abstand zu gewinnen, dem Sog des sinkenden Schiffes zu entgehen. Dann hielt ich an und drehte mich um, um *Bismarck* noch

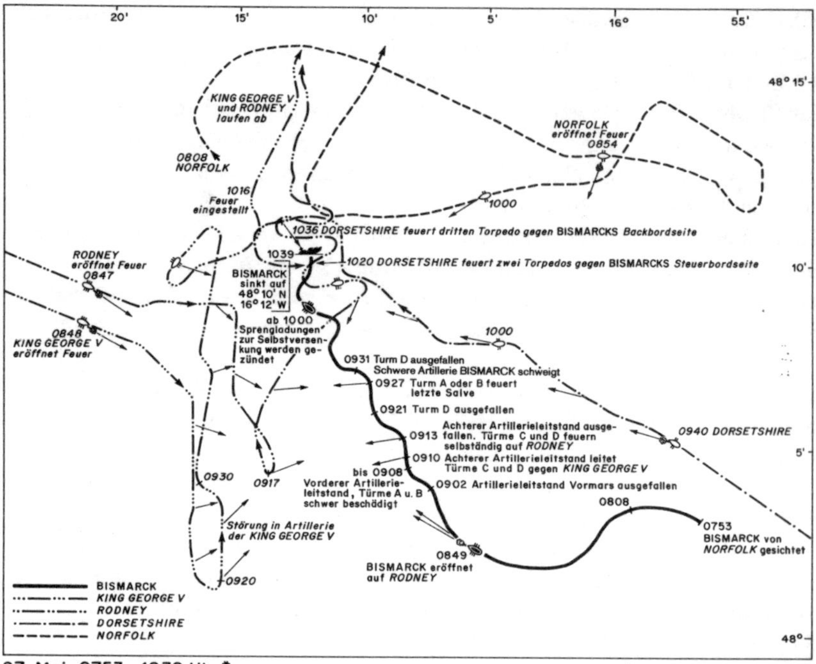


27. Mai 0753 - 1039 Uhr*

*(Deutsche Sommerzeit, MEZ + 1)

Der Endkampf am Vormittag des 27. Mai 1941.

einmal zu sehen und genau zu beobachten. Ich war jetzt etwa einhundertundfünfzig Meter von ihm entfernt.

*Bismarck* hatte inzwischen seine Schlagseite weiter vergrößert, legte sich immer mehr über, es gab kein Halten mehr. Auch seine Achterlastigkeit hatte noch zugenommen, immer steiler trat der Vorsteven aus dem Wasser. Die gesamte Steuerbordaußenhaut war jetzt zu sehen, klar und deutlich – bis hin zum Kiel. Intensiv suchte ich sie nach Gefechtsschäden ab, aber nicht eine Spur davon konnte ich entdecken. Sicherlich, die Backbordseite hatte die Hauptlast des Kampfes getragen, dort mochte es anders aussehen. Aber, daß die Steuerbordseite derart intakt erscheinen würde, hatte ich mir nun doch nicht vorgestellt.

In diesen Minuten, nur den noch ganz nah am Schiff befindlichen Schwimmern erkennbar, stand Lindemann vor Turm »Anton« auf der Back. Sein Gefechtsläufer, ein Matrosengefreiter, war bei ihm. Gegen das sich weiter aufrichtende Vorschiff gingen beide nach vorn, immer steiler bergan. Die Gesten Lindemanns zeigten an, daß er auf seinen Läufer eindrang, über Bord zu gehen, sich zu retten, wie es die anderen taten. Aber der wollte nicht und blieb bei seinem Kommandanten, bis sie die Gösch erreichten. Dann trat Lindemann hinüber auf den immer weiter nach oben heraus und flacher zu liegen kommenden Steuerbord Vorsteven, verharrte dort, nahm die Hand an die weiße Mütze.

Noch mehr legte sich *Bismarck* jetzt über, lag schon ganz auf der Seite, noch stärker war sein Heck abgesackt, ragte der Vorsteven fast senkrecht empor. Dann ging das Schiff langsam, langsam mit dem grüßenden Lindemann in die Tiefe. Wer von uns wußte in diesem Moment schon, daß sich hier die dämonisch anmutende Jugendsehnsucht eines Mannes erfüllte, der im Alter von 13 Jahren eine Versessenheit auf die Marine entwickelt und es damals im Kreise seiner Brüder und Freunde wiederholt als seinen »höchsten Wunsch« geäußert hatte, einmal sein eigenes Schiff zu kommandieren und auf ihm »mit wehender Flagge unterzugehen«? »Ich dachte immer«, schrieb später ein Maschinengefreiter, der dies beobachtet hatte, »so etwas stehe nur in den Büchern, und nun habe ich es selbst erlebt.«

Der Anblick des sinkenden *Bismarck,* der Gedanke an die vielen gebliebenen Kameraden schnitten mitten ins Herz.

Auch daran mußte ich denken, daß in diesem Moment ein Lenbach-Original vom Fürsten mit dem Schiff versank. Das Porträt des Reichsgründers und Namenspatrons hatte vor den Räumen des Kommandanten gehangen, dort, wo der »Posten Kajüte« seine Wache zu gehen pflegte. Lindemann war das Mitführen dieses Bildes auf einer Atlantikoperation persönlich zuwider gewesen, und er hatte vor der Ausfahrt dessen Vonbordgabe beantragt. Doch war dieser Antrag abgelehnt und das Verbleiben des Gemäldes auf *Bismarck* ausdrücklich angeordnet worden. Kurze drei Wochen zuvor hatte Lindemann Hitler während dessen Besuches an Bord auf diese »Leihgabe« noch besonders hingewiesen. In seinen Worten war deutliche Sorge über deren mögliches Kriegsschicksal angeklungen. Aber Hitler hatte abgewinkt. »Wenn dem Schiff wirklich einmal etwas zustoßen sollte«, so hatte er gemeint, »nun, dann mag auch das Bild verloren sein.« Jetzt war es soweit.

Für uns im Wasser wechselten die Bilder schnell. Schwimmer, die eben noch in Gruppen zusammen waren, fanden sich bald auseinandergerissen und in neuen Gruppen wieder. Auch diese blieben jeweils nur kurz beieinander. Auf die Entfernung sah ich die vertrauten Gesichter von Kapitänleutnant (Ing.) Werner Schock (Divisionsoffizier der 12. Division und Zweiter Leckingenieur) und Oberleutnant (W) Gerhard Hinz (Divisionsoffizier der 8. Division und Artillerietechnischer Offizier des Schiffes). Aber auch nicht längere Zeit, dann waren sie außer Sicht, für immer. Plötzlich entdeckte ich neben mir den Artilleriemechanikergasten meiner früheren Gefechtsstation. »Vorsicht, Vorsicht«, rief er mir zu, »kommen Sie mir nicht versehentlich zu nahe, ich habe einen Fuß verloren.« »Hören Sie«, erwiderte ich, »wir werden gleich auf einem Briten einsteigen. Dort wird man sich um Ihre Verletzung kümmern.« Doch bald danach war auch er in der Dünung verschwunden, und ich habe ihn niemals wiedergesehen.

Wie Spielbälle trieben wir nun auf dem aufgeregten Atlantik. Nur von den Wellenbergen aus konnten wir jeweils sekundenlang den Horizont sehen. Waren irgendwo britische Schiffe? Würden sie sichtbare Anstalten treffen, uns zu retten? Vorerst war da gar nichts. Aber innerlich war ich ganz sicher, daß sie kommen würden. Immer wieder rief ich nahen Schwimmern zu: »Zusammenbleiben; sobald ein Schiff kommt, schwimmen wir darauf los und gehen an Bord.« Es war den Männern nur ein schwacher Trost, aber, dachte ich, besser als gar keiner.

Noch heute, wenn ich an dieses Schwimmen im Atlantik denke, kommt es mir merkwürdig vor, daß ich die Wassertemperatur damals überhaupt nicht empfunden habe. Sie betrug 13° Celsius, kühl genug. Aber die volle Kleidung war doch ein guter Wärmeschutz. Und, wichtiger noch, äußere Begleitumstände traten zurück hinter der anhaltenden Spannung und Erregung: Wie geht es weiter, was kommt nun? Nichts anderes spielte in unserer Hilflosigkeit eine Rolle. Da vergingen die Minuten wie im Flug, und die Wassertemperatur war für mich ohne Bedeutung.

Ein allerdings nicht zu übersehender, ja scheußlicher Umstand war das Heizöl unseres gesunkenen *Bismarck*. Es trieb in breiter und hoher Schicht auf dem Meer, und sein Geruch stach geradezu widerlich in die Nasen. Es verschmierte und verklebte die immer schwärzer werdenden Gesichter, drang in Augen, Nasen und Ohren. Welch ein Glück, dachte ich, daß es nicht auch noch brennt, obwohl bei dem schweren Öl diese Gefahr kaum wirklich gegeben war. Meine Armbanduhr war auf 10.31 Uhr stehen geblieben – Salzwasser und Heizöl, diese Kombination war meiner Tissot nun doch zuviel geworden. Und so schwammen, trieben wir weiter in hoher Dünung. Immer noch war von britischen Schiffen nichts zu sehen.

Über die Schlußphase und das Sinken *Bismarcks* sagt das Protokoll des Gefechtsbeobachters auf *Rodney*:

| | |
|---|---|
| 10.21 Uhr | *Bismarck* recht achteraus von *Rodney* |
| 10.23 Uhr | In Schiffspeilung 215° sechs Flugzeuge[1] |
| | Heftiger Regenguß von Backbord voraus |
| | In Schiffspeilung 215°: ein nicht identifiziertes Schiff beschießt die Flugzeuge[2] |
| 10.26 Uhr | *Dorsetshire* in 130° Schiffspeilung. *Bismarck,* noch schwer rauchend, passiert achteraus auf die Backbordseite |
| 10.27 Uhr | Plötzlicher roter Feuerschein an *Bismarcks* Heck |
| 10.28 Uhr | *Bismarck* jetzt etwa fünf Seemeilen achteraus |

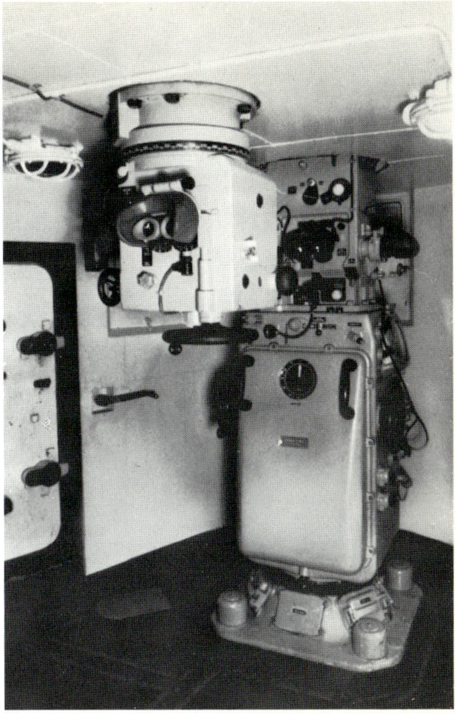

33 Das Innere eines Seezielfeuerleitstandes auf *Bismarck*, das einen Eindruck von der Gefechtsstation des Verfassers im Achteren Leitstand vermittelt. Vorn an der Decke, in heller Farbe, das Beobachtungsgerät für den Entfernungsmeßoffizier. Das dunklere große Gerät dahinter ist ein Zielgeber.

34 Flying Officer Dennis Briggs, Pilot und Flugzeugkommandant des Catalina Flugbootes, das *Bismarck* am 26. Mai wieder auffindet. Diese Entdeckung stellt eine Fühlung wieder her, die einunddreißig Stunden lang verloren gewesen ist.

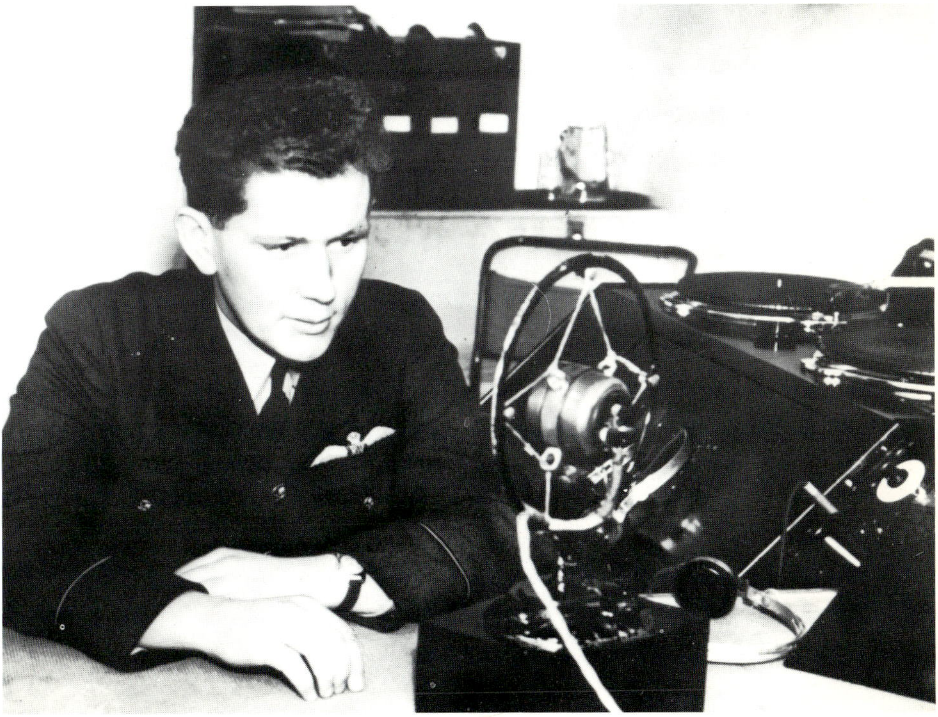

35 Ein Torpedo-Aufklärungsflugzeug vom Typ »Swordfish« kehrt nach einem Torpedoangriff auf *Bismarck* zur *Ark Royal* zurück. Zum Torpedoangriff fliegt die Maschine mit 75 Knoten Geschwindigkeit und in einer Höhe von 16 Meter oder niedriger an.

36 Das Kielwasser des *Bismarck* verläuft in Schlangenlinien, nachdem das deutsche Schlachtschiff am Abend des 26. Mai einen Torpedotreffer in die Ruderanlage erhalten hat.

37 Die beiden zur »Achillesferse« gewordenen Ruder des *Bismarck*. Dahinter sind die drei Schiffsschrauben zu sehen.

38 »Swordfish«-Torpedoflugzeuge über Schlachtschiff *King George V* am Vormittag des 27. Mai. Die *Ark Royal* hat zwölf Maschinen zu einem erneuten Angriff auf *Bismarck* gestartet. Dieser Angriff unterbleibt jedoch, nachdem die Piloten erkennen, daß das Artilleriefeuer der schweren Schiffe ihren eigenen Maschinen gefährlich werden kann.

39 Während des Endkampfes am 27. Mai feuert *King George V* in bewegter See eine Salve auf *Bismarck*. Zur Linken zeigen eine Rauchfahne und Geschoßaufschläge die Position *Bismarcks* an.

40 Während des Endkampfes feuert *Rodney* eine Salve auf *Bismarck*. 27. Mai 1941.

41 Schlachtschiff *Rodney* feuert eine Salve auf *Bismarck* während des Endkampfes am 27. Mai.

42 *King George V* und *Rodney* im Salvenaustausch mit *Bismarck* während des Endkampfes am 27. Mai.

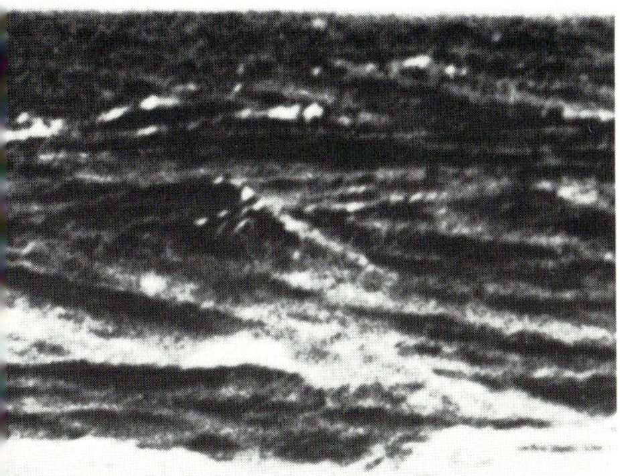

43 Der Verfasser als Leutnant zur See auf dem Kreuzer *Königsberg,* 1934.

44 Kapitänleutnant (Ing.) Gerhard Junack, während der »Rheinübung« Turbineningenieur, auf Gefechtsstation im Mittleren Turbinenraum. Junack beteiligt sich am Abend des 26. Mai 1941 an den Versuchen zur Reparatur der Ruderanlage. Er ist einer der wenigen Überlebenden. Nach dem Kriege dient er in der Bundesmarine, wo er den Dienstgrad eines Kapitän zur See erreicht. Das Bild stammt aus der Zeit bei der Bundesmarine.

10.29 Uhr *Bismarck*, eine rauchende Masse, in langsamer Fahrt voraus. *Dorsetshire* geht um seinen Bug herum
10.38 Uhr *Bismarck* verschwindet in einer Rauchwolke, sinkt, Bug oder Heck ragt zeitweilig aus dem Wasser empor
10.39 Uhr *Bismarck* gesunken

Um 10.34 Uhr meldete Martin an Tovey: »*Bismarck* sinkt« und um 10.39 Uhr: »*Bismarck* gesunken«. Um 11.07 Uhr ergänzte er: »Ich torpedierte *Bismarck* auf beiden Seiten, bevor er sank. Er lag gestoppt, aber seine Flagge wehte noch.« Und Tovey meldete um 11.01 Uhr der Admiralität in London: *Bismarck* auf 48° 09′ Nord, 16° 07′ West gesunken.«

Auch an Lütjens waren um diese Zeit, noch bis zum Mittag, Funksprüche unterwegs, alle von der Gruppe West.
10.35 Uhr: »nach Funkaufklärung haben ein *King George* und ein Kreuzer, die seit Gefecht Dänemarkstraße Fühlung hielten, *Bismarck* in Sicht«.[3]
11.06 Uhr: »BE 2979 durch Luft gesichtet ein Träger, ein Kreuzer, zwei Zerstörer. 30°, hohe Fahrt. Versuch Kampfverband heranzuführen.«
11.33 Uhr: »1. Möglichst Meldung über in Sicht befindliche Feindkräfte für Luft. 2. 11.00 Uhr ein Zerstörer BE 6218, Ost, hohe Fahrt.«
12.06 Uhr: »11.00 Uhr Flugzeugmeldung BE 5337 mit Kurs 40°: zwei Schlachtschiffe, ein Träger, hohe Fahrt. 11.00 Uhr meldete FX 5 Bombenangriff BE 3774, desgleichen Schwerer Kreuzer 1 UY ohne Standort.«
12.57 Uhr: »für Ansatz weiterer Kampfverbände melden, welche Feindstreitkräfte in Sicht sind.«
13.22 Uhr: »Reuter meldet: *Bismarck* versenkt, sofort Lage melden.«

Aber dort, wo bisher solche Funksprüche empfangen und beantwortet wurden, war jetzt nur noch die blanke See.

Endlich, nach weiterem Schwimmen erblickte ich von der Höhe eines Wellenberges aus einen Kreuzer mit drei Schornsteinen, die Flagge steif im Wind, die *Dorsetshire*. Ich ermunterte meine Nachbarschaft, darauf zuzuhalten, rief: »Los, dort werden wir nun einsteigen.« *Dorsetshire* steuerte die dichteste Ansammlung Schwimmender an und stoppte kurz davor. Bald lag sie quer zur See, trieb mit dem Wind und schlingerte ganz gewaltig. Ich selbst hatte noch ein gut Stück Weges bis zu ihr hin. Meinen Nachbarn riet ich, unter allen Umständen die

45 Überlebende des *Bismarck* werden von der *Dorsetshire* übernommen. Die Gesamtzahl der zur «Rheinübung» auf *Bismarck* Eingeschifften beträgt 2221. Nur 115 werden gerettet.

Backbordseite des Schiffes, die Leeseite, zu gewinnen und auch ja dort zu bleiben. Schließlich hatte ich es geschafft und war dicht am Kreuzer. Durch dessen Treiben wurde die ohnehin schon starke Ölschicht weiter zusammengeschoben und verdickt. Gegen ihr Eindringen in Augen, Nase, Mund und Ohren gab es jetzt kaum noch eine Abwehr.

Zur Rettung hatte *Dorsetshire* Taue herabgelassen, die unten frei pendelten. Einige von ihnen trugen einen Palstek, das heißt eine feste Schlinge, in die man hineinfassen konnte. Aber alles Tauzeug wurde durch das treibende Öl so glitschig, daß man es nur schwer ergreifen, kaum damit hantieren konnte. Andere Rettungsmittel gab es nicht – meiner Phantasie erschien jetzt das Wunschbild eines breit herabhängenden Netzes, in dem viele zugleich, wie in Wanten, hochsteigen konnten. Aber es blieb ein Wunschbild. Schließlich jedoch ließ *Dorsetshire* eine viereckige Holzinsel herab. Mit ihr konnten wir uns zwar nicht retten, aber zum Verpusten daran festhalten.

Um mich herum sah ich vorwiegend Männer der technischen Divisionen, von ihrer Ausbildung her kaum mit dem Gebrauch von Tauwerk vertraut. Da sich mit den Tauen, soweit sie Knoten oder Schlinge nicht trugen, selbst für einen erfahrenen Seemann wenig anfangen ließ, gab ich also, wo ich konnte, durch Zuruf den Rat, solche mit Palstek zu wählen, sich dann in die Schlinge zu setzen oder zu stellen. Aber auch das war leichter gesagt als getan. Erschwerte schon die aalige Glätte des Tauzeugs den Zugriff, so hingen auch noch infolge des heftigen Schlingerns der *Dorsetshire* die Tauenden einmal ins Wasser hinein, Sekunden später aber schon wieder so weit über ausgestreckten Händen, daß sie nicht mehr zu fassen waren. Es gehörte also schon ein beträchtliches Geschick dazu, im richtigen Moment »einzusteigen«. Bald stellte sich aber heraus, daß allen gutgemeinten Ratschlägen eine Grenze gesetzt war. An einigen Stellen bildeten sich Menschentrauben, jeder einzelne schien ausgerechnet an das gleiche Tau zu wollen, nicht weit davon blieben Taue unbeachtet. Ich selbst wollte noch etwas warten, fühlte mich auch kräftig genug dazu. Dann jedoch entdeckte ich, daß einige Taue fast ständig frei blieben. Ich machte andere darauf aufmerksam und schwamm selbst zu einem, das einen Palstek trug. Wie viele Versuche ich machen mußte, um in diesen einzusteigen, heute weiß ich es nicht mehr. Wie oft hatte ich nicht für den Bruchteil einer Sekunde die Schlinge vielversprechend in Fußnähe und gleich danach wieder hoch oben außer Reichweite. Ich wollte den Versuch schon für aussichtslos halten, aber dann hatte ich Glück. Genau in der Umkehrphase einer Schlingerbewegung bekam ich einen Fuß fest in die Schlinge, umschloß mit beiden Händen das bereits wieder aufschlingernde Tau und gab den beiden britischen Seeleuten oben das Zeichen zum Heißen. Sie taten es, und langsam, langsam ging es höher, ruckweise, an grauer Außenhaut entlang, an Bullaugen vorbei – wie hoch kann doch solch ein Schiff sein – bis Oberdeckshöhe erreicht war. Mit einer Hand griff ich nun nach der Relingskette, wollte mich festhalten, an Bord klettern. Gedacht, aber nicht getan. Mein Griff löste sich, die Kraft nur eines Armes reichte nicht mehr für den Halt am Tau, ich fiel zurück ins Wasser. Glücklicherweise niemandem auf den Kopf. Nicht, daß es weh tat, ich hatte mich nicht verletzt, aber es deprimierte doch. Hatte ich mich so über meine Kraftreserven getäuscht? Also, mit dem zweiten Versuch nicht erst lange warten! Nach kurzem Verschnaufen suchte und fand ich wiederum ein Tau mit Palstek. Ein Blick nach oben, und? Dieselben beiden Seeleute! Ganz zufällig war ich an das gleiche Tau geraten! Und dann heißten sie mich wieder. Dieses Mal aber löste ich keine Hand mehr, sagte nur: »Bitte, zieht mich an Bord«. Sie taten es, und dann stand ich an Oberdeck, achterlich des Backbord zweiten Kutters, kriegsgefangen, in ölverschmierter Uniform. Als erstes ein langer Blick über See, zu den noch schwimmenden Kameraden. Da waren ja noch Hunderte von ihnen, Hunderte der gelben Schwimmwesten, so deutlich zu sehen. Vielleicht noch achthundert, schätzte ich rasch. Das würde ja noch eine gute Weile dauern, sie alle an Bord zu nehmen. Und gerettet werden würden sie alle, daran zweifelte ich nicht. Aber lange konnte ich nun dort nicht verweilen, andere waren jetzt die Herren meiner Zeit. Auch hatten ja die britischen Seeleute ihr Rettungswerk fortzusetzen.

Einer von ihnen, Tom Wharam, damals junger Funkgast, führte mich auf Befehl eines Offiziers nach unten, in die Fähnrichsräume. Als er mich dort verließ, ahnte ich nicht, daß er knapp ein Jahr später selbst ein Überlebender der von japanischen Sturzbombern im Indischen Ozean versenkten *Dorsetshire* sein würde. Er ist mir nach dem Kriege ein guter Freund geworden, ganz im Sinn jener übergreifenden Kameradschaft, die, wie er mir einmal schrieb, die Männer vereint, die damals auf beiden Seiten kämpften.

Unter Deck sah ich einige vor mir an Bord gekommene Kameraden. Sie waren in verschiedenen Stadien des Umkleidens. Trockenes und warmes Zeug war ihnen sofort zur Verfügung gestellt worden. Auch ich bekam meinen Anteil, den Zivilanzug eines offenbar sehr großen und breitgebauten Offiziers. Schnell schlüpfte ich in ihn hinein.

Als *Bismarcks* Backbordschlagseite immer mehr zunahm, ging Obermaschinist Wilhelm Schmidt über das Heck ins Wasser. Etwa drei- bis vierhundert Mann waren um ihn herum, von ihren Schwimmwesten anscheinend gut getragen. In einhundert Meter Abstand sah er *Bismarck* kentern, den Kiel nach oben kommen, letzte Luftblasen von unten aus dem Schiff aufsteigen – dann versank es. Nach längerem Schwimmen tauchten am Horizont Mastspitzen auf. Sie gehörten zur *Dorsetshire,* die sich, quer zur See liegend, langsam auf die Schwimmer zutreiben ließ. Mit vielen anderen zusammen befand sich Schmidt bald an der Backbordseite des Kreuzers, der Leeseite. Mittschiffs entdeckte er eine dicke Manilaleine, mit einem Auge am unteren Ende. Einige Kameraden waren schon geheißt worden, als es auch ihm gelang, Halt an der Leine zu finden und nach oben zu kommen.

Musikmaat Josef Mahlberg sah *Bismarck* auf etwa einhundert Meter Abstand kentern. An der Steuerbordaußenhaut des Schiffes konnte er weder Spuren von Torpedotreffern noch sonstige Gefechtsschäden entdecken.

Maschinenmaat Wilhelm Generotzky, noch auf dem Aufbaudeck stehend, sah viele Kameraden ins Wasser springen, darunter auch seinen besten Freund. Er sah auch, wie Fliegerfeldwebel sich an der Reling erschossen, hörte die Worte eines Obermaschinisten: »Ja, wenn ich jetzt eine Pistole hätte, ich täte dasselbe.« Dann plötzlich ertönten Schreie »Schiff sinkt« und »Turm Dora fliegt in die Luft.« Er merkte, wie das Aufbaudeck eigenartig unter ihm weggleiten wollte. Das Backbord Seitendeck stand ja voll unter Wasser! Er und andere sprangen nun nach Steuerbord hinunter, auf das Oberdeck, von dort gleich weiter in die See. Und noch fast im gleichen Moment kam die Steuerbordseite des Schiffes ganz heraus, legte sich das Schiff auf den Rücken. Mancher mußte bei diesem Sprung sein schnelles Ende gefunden haben. Generotzky selbst war tief unter Wasser gekommen, ruderte in kräftigen Stößen nach oben, dachte: »nun muß es doch bald hell werden« – und es wurde endlich hell. Oben schoß er mit seinem Körper halb aus dem Wasser, sog tief die köstliche Luft in die leeren Lungen. In etwa einhundert Meter Entfernung trieb jetzt *Bismarck* kieloben. Aus den Kühlwassereintritten am Rumpf stiegen zischend bis zu fünfzig Meter hohe Wasserluftfontänen empor. Dann sackte das Heck weiter durch, der Bug richtete sich auf, wie zu einem letzten Gruß, und mit gurgelndem Geräusch glitt *Bismarck* schräg nach unten.

Nun waren da nur noch Hunderte hilfloser Menschen, die einen letzten verzweifelten Kampf mit den Elementen ausfochten, solange bis die Kräfte erlahmten und auch dieser Kampf ein stilles Ende fand. An Rettung dachte Generotzky überhaupt nicht. Er spürte, wie die Kälte allmählich tiefer in seinen Körper drang. Die Strümpfe hatte er verloren, und langsam entwich seinen Beinen das Gefühl. Auf Gesicht und Händen brannte das treibende Heizöl, drang versehentlich auch in seinen Mund. Nach etwa vierzig Minuten war er vor dem Bug der *Dorsetshire*, geriet dort auf die Steuerbordseite, wurde durch eine Welle nach der Backbordseite geworfen, sah die vielen Taue. Endlich erwischte er eines. Er ließ sich von der nächsten Welle heben und hielt sich fest. Aber im Wellental rutschte er wieder ab, kraftlos nach dem kalten Bad. Noch einige Male versuchte er es, vergeblich. Mehr und mehr Kameraden kamen jetzt ans Schiff, ein Kampf ums Überleben entbrannte. Oft hingen zwei oder drei Mann am gleichen Tau, dann schaffte es keiner. Im allgemeinen Durcheinander trat ihm jemand auf den Kopf, er wurde von einer Welle unter Wasser gegen den Schiffsrumpf geschleudert, erlitt eine schwere Prellung am Bein. Jetzt ließ er sich nach achtern zu treiben, sah wie die britischen Seeleute auf den guten Gedanken kamen, Augen in noch mehr Taue einzuarbeiten. In einem solchen hing er plötzlich mit dem Fuß fest, klammerte sich mit beiden Händen an das Tau. Seeleute zogen ihn an Bord.

*Bismarcks* Steuerbordseite war schon weit aus dem Wasser getreten. Der Maschinenobergefreite Hans Springborn sah viele Kameraden mit einem Kopfsprung von Bord gehen, am Schlingerkiel aufschlagen und mit gebrochenem Genick ins Wasser fallen. Das sollte ihm nun nicht geschehen, und er rutschte vom Oberdeck die Außenhaut hinunter bis zum Schlingerkiel, sprang von dort in die nahe See. Als Wärmeschutz hatte er sein Lederzeug anbehalten. Als *Bismarck* sich ganz auf die Seite legte, zogen ihn plötzlich Strudel nach unten. Erst nach kraftvollem Drehen unter Wasser gelangte er wieder nach oben und beeilte sich jetzt, vom Schiff fortzukommen. Um sich herum sah er Hunderte von Kameraden.

Nach etlicher Zeit tauchte über den Wellenbergen ein britischer Zerstörer, die *Maori*, auf. Springborn hatte das Glück, genau mittschiffs angetrieben zu werden. Nach mehreren Versuchen konnte er sich an einer ausgeworfenen Leine festhalten. Zwei Seeleute packten ihn, brachten ihn in Sicherheit.

## Kriegsgefangen auf *H.M.S. Dorsetshire* und *H.M.S. Maori*. *U 74* und *Sachsenwald* retten fünf Überlebende

Ich war mit dem Umkleiden noch nicht fertig, als der Schiffskörper der *Dorsetshire* auf einmal heftig zu vibrieren begann. Was war denn das? Lief der Kreuzer etwa schon ab, und auch noch mit äußerster Maschinenkraft?

Jetzt, mitten im Rettungsmanöver? Drohte plötzlich Gefahr? Aber woher? Deutsche Unterseeboote sind doch wohl nicht zur Stelle? Denn daß sie es nicht sind, hatten wir es nicht noch auf *Bismarck* zur Genüge erlebt? War nicht noch morgens das zum Abholen des Kriegstagebuches angeforderte U-Boot ausgeblieben? Wenn das kein gültiges Anzeichen dafür war, daß U-Boote nicht in der Nähe standen! Auch nachts über und während der Dämmerung hatte doch zu keiner Zeit irgendein U-Boot zugunsten *Bismarcks* eingegriffen, war nicht einmal eine Meldung über beabsichtigte U-Bootansätze bis zu mir in den Achteren Leitstand gedrungen. Nein, ein U-Boot konnte diesen überstürzten Aufbruch kaum ausgelöst haben. Was aber sonst? Deutsche Flugzeuge? Aber diese hätten ja an Bord Fliegeralarm ausgelöst, und davon war nun wirklich keine Rede. Ich zerbrach mir den Kopf, aber nichts blieb als hilfloses Entsetzen über dieses Todesurteil für unsere Männer im Wasser, Hunderte, unter deren Augen *Dorsetshire* jetzt buchstäblich in letzter Minute fortlief. Mein Gott, wie knapp war ich selbst diesem Schicksal entgangen. Nichts gab es, was ich in der Ohnmacht eines Kriegsgefangenen tun konnte.

Nach einer gewissen Zeit wurden alle Geretteten in die Offiziersmesse geführt zu heißem Tee. Wir saßen um den großen Tisch, noch benommen und nicht gerade sehr gesprächig. Das Getränk tat jedenfalls gut. Danach wurden wir zur Unterbringung an Bord neu verteilt. Die Mitglieder der Offiziersmesse kamen in ein achteres Deck, Unteroffiziere und Mannschaften nach vorn. Achtern fanden wir uns dann zu vieren wieder: Kapitänleutnant (Ing.) Junack, Oberfähnrich zur See Hans-Georg Stiegler, der Nautische Assistent Lothar Balzer und ich. Vier von neunzig Mitgliedern der Offiziersmesse auf *Bismarck*. Vorn trafen sich einundachtzig Unteroffiziere und Mannschaften. Die *Maori* hatte fünfundzwanzig Mann übernommen. Von der über zweitausend Mann starken Besatzung *Bismarcks* waren also einhundertundzehn gerettet, ungefähr fünf Prozent.

Captain Martin meldete an Tovey:

10.56 Uhr: »nehme Überlebende auf. Zu stürmisch, um Beiboote zu verwenden. Hunderte von Männern im Wasser.«

11.46 Uhr: »während der Aufnahme Überlebender wurde ein verdächtiges Objekt gesichtet. Es hätte ein getauchtes Unterseeboot sein können. Daher schloß ich mich mit *Maori* Ihnen wieder an.«

Nachmittags ruhten wir uns in unseren Quartieren aus. Ich lag auf meiner Koje, in einem merkwürdigen Zustand zwischen Schlafen und Wachen. Die letzten Stunden lagen wie hinter einem Dunstschleier, konnten nicht recht in das Bewußtsein eindringen. War alles überhaupt Wirklichkeit gewesen? Vom Verstand her war es gar nicht möglich gewesen, das vernichtende Stahlgewitter zu überleben. Es wollte mir nicht gelingen, die schrecklichen Erlebnisse zu sortieren und zu verarbeiten. So viele ausgezeichnete Männer waren gefallen. Warum sie und nicht ich? Von nirgendwo kam eine Antwort.

Als dienstältester Überlebender erhielt ich am Morgen des 28. Mai einen handschriftlichen Brief des Kommandanten der *Dorsetshire*:

»Lieber von Müllenheim, es würde mich freuen, wenn Sie heute vormittag zusammen mit meinem Ersten Offizier Ihre Männer besuchen und danach mit ihm zu mir auf die Brücke kommen würden.

Lassen Sie es mich bitte wissen, falls Sie irgend etwas für Ihre persönlichen Bedürfnisse benötigen.

Ich hoffe, daß Sie gut geschlafen haben und daß Ihr Schwimmen Ihnen nicht geschadet hat. Aufrichtig Ihr B. C. S. Martin.«

Und so geschah es. Geleitet vom Ersten Offizier, Commander C. W. Byas, überzeugte ich mich von der sehr ordentlichen Unterbringung der Männer. Sie wurden und fühlten sich auch gut behandelt. Sofort nach dem Anbordkommen hatten sie alle warme und trockene Sachen zum Anziehen bekommen. Einige hatten nach dem Schwimmen einen Schüttelfrost gehabt. Besonders Geschwächte waren sofort in weißbezogene Kojen gesteckt worden. Und alle erhielten das gleiche Essen wie die Besatzung, fünf Mahlzeiten am Tag und von hervorragender Qualität. Dazu gab es für die Raucher zwanzig Zigaretten.

Auf *Maori* war es nicht anders. Die Männer dort wurden umgehend versorgt, der Bordarzt sah nach den Verletzten.

Auf der Brücke begrüßte mich Captain Martin in offener und nicht unfreundlicher Manier und stellte mir erst einmal einen Whisky hin. Ich empfand seine Geste als sehr positiv, war aber innerlich noch viel zu sehr von seinem vorzeitigen Aufbruch während der Rettungsaktion am Vortage erfüllt, um recht darauf einzugehen. »Warum«, so drängte es aus mir heraus, »haben Sie Ihre Rettungsmaßnahmen so plötzlich abgebrochen und Hunderte unserer Männer dem Tode des Ertrinkens überlassen?« Martin antwortete, daß ein deutsches U-Boot gesichtet, ihm jedenfalls gemeldet worden sei. Da habe er selbstverständlich nicht länger gestoppt liegen und sein Schiff aufs Spiel setzen können. Ich hatte hierzu meine Überlegungen ja bereits angestellt und widersprach. Alle Erfahrung auf *Bismarck* in der Nacht auf den 27. Mai und in der Frühe dieses Tages habe, so hielt ich ihm entgegen, gegen die Nähe, jedenfalls die operative Nähe von U-Booten gesprochen. Weiter entfernt, vielleicht, aber auf Schußentfernung zur *Dorsetshire*? Niemals! Schließlich sagte ich noch, daß man im Krieg ja oft Dinge sieht, mit denen man, selbst wenn nur unbestimmt, rechnet, die aber nicht wirklich da sind. So ging das Gespräch hin und her, aber wir konnten uns über diesen Punkt nicht einig werden. »Überlassen Sie«, so schloß Martin unsere Auseinandersetzung kurz ab, »das mal mir. Ich bin ja wohl der Ältere und fahre länger zur See. Ich kann das besser beurteilen.« Ich schwieg. Was hätte ich auch noch sagen können? Schließlich war er der Kommandant und für sein Schiff verantwortlich.

Vermutlich hatte er irgendein treibendes Objekt als Sehrohr oder einen Schaumstreifen auf der See als Torpedolaufbahn angesprochen. Dergleichen kann im Krieg vorkommen. Wie es nun in diesem Fall gewesen war, das konnte ich mir damals nur ungefähr vorstellen. Seither bin ich aber davon überzeugt, daß Martin in kritischer Verantwortung für sein Schiff so gehandelt hat, wie er es tat. Bei aller Trauer um unsere so plötzlich ihrem Schicksal überlassenen, ihrer Rettung scheinbar schon so nahen Männer wird ihm ein gültiger Vorwurf für sein Verhalten kaum zu machen sein.

Bis heute ist allerdings nicht erhärtet, daß ein deutsches U-Boot gegen Mittag des 27. Mai tatsächlich auf Angriffsentfernung zu *Dorsetshire* gestanden hat. Von den – mir damals noch unbekannterweise – in eine Standlinie zum Schutz *Bismarcks* befohlenen U-Booten mögen *U 556* (Wohlfarth) und *U 74* (Kentrat) ihr relativ noch am nächsten gestanden haben. Aber eben nur relativ. Absolut war ihre Entfernung zu hoch. Nicht einmal am fernen Horizont haben *U 74* und

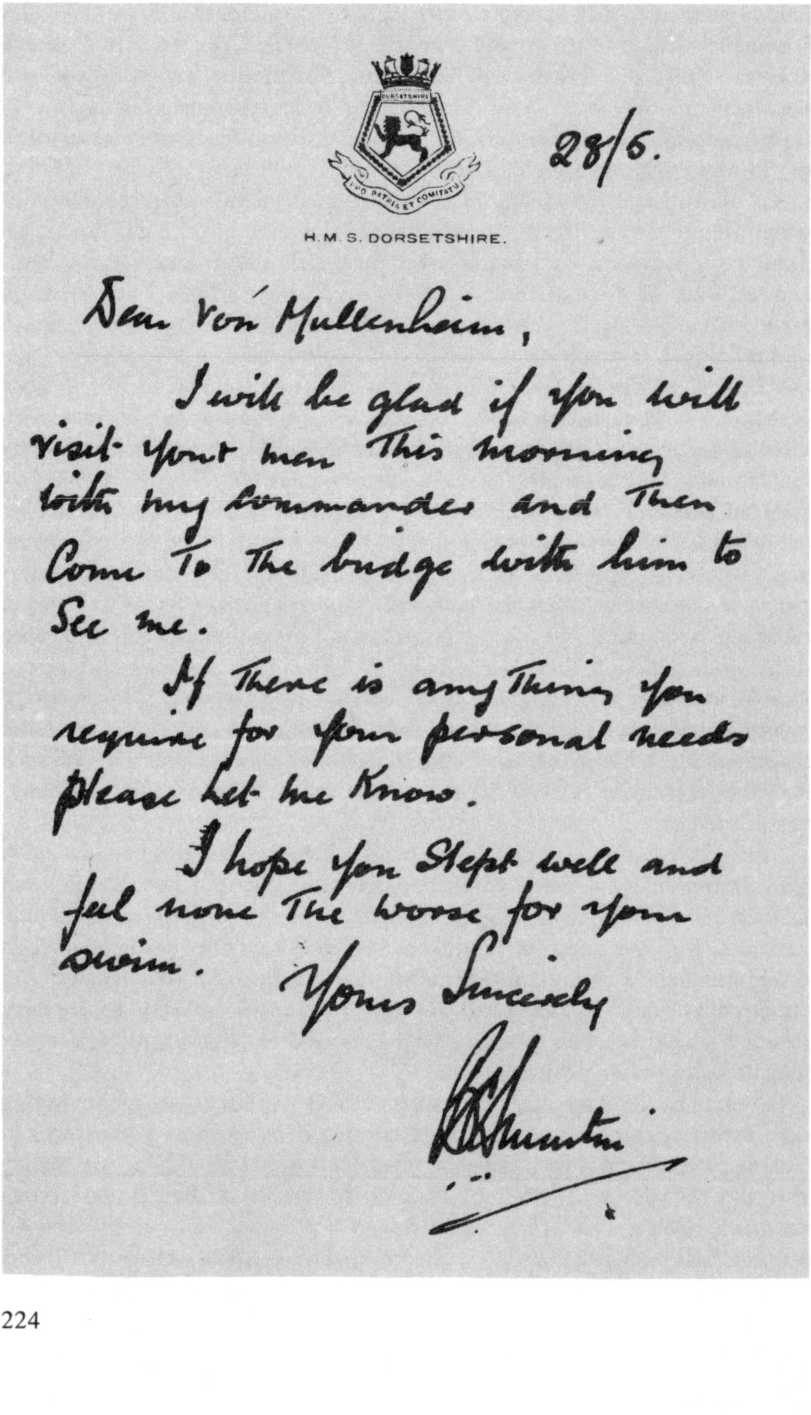

DORSETSHIRE

PRO PATRIA ET COMITATU

28/6.

H.M.S. DORSETSHIRE.

Dear von Mullenheim,

I will be glad if you will visit your men this morning with my Commander and then come to the bridge with him to see me.

If there is anything you require for your personal needs please let me know.

I hope you slept well and feel none the worse for your swim.

Yours Sincerely

B C S Martin

*U 556* damals die *Dorsetshire* zu Gesicht bekommen. Wohlfarth, der ja selbst *Bismarck* am 26. und 27. Mai nicht ein einziges Mal direkt gesehen hatte, schrieb mir im Februar 1978: »Ich glaube nicht, daß ein deutsches U-Boot in der Nähe der *Dorsetshire* gewesen ist, denn, da alle Boote[1] heimgekehrt sind, wäre dies doch irgenwie gemeldet worden und heute bekannt. Die Briten müßten es ja eigentlich wissen, da sie sämtliche Kriegstagebücher der U-Boote im Besitz haben.«

Und Kentrat hatte nach dem Eingang des Funkbefehls: »Nach Überlebenden suchen. Mit dem Untergang *Bismarcks* ist zu rechnen« den restlichen Tag über verzweifelt gesucht. Aber bis 19.00 Uhr hatte er nichts gesehen. Weder Freund, noch Feind. Noch Feind – also auch keine *Dorsetshire*.

Captain Martin berichtete später auf dem Dienstweg über seine Maßnahmen nach dem Untergang des *Bismarck*:

»Nachdem *Bismarck* gesunken war, ging ich dicht an den Untergangsort heran. Hunderte von Männern waren im Wasser zu sehen.

Dann forderte ich eines der gerade in der Nähe befindlichen Flugzeuge der *Ark Royal* auf, intensive U-Bootüberwachung um mich herum zu fliegen, während ich Überlebende aufnahm.

Zu dieser Zeit stand H.M.S. *Maori* in der Nachbarschaft, und ich befahl ihr, nach Luv von mir zu gehen und bei der Rettung der Männer zu helfen.

Diese Operation war nicht leicht, da das Schiff bei sehr hohem Seegang stark schlingerte. In vielen Fällen konnten sich die Überlebenden selbst nicht helfen. Viele von ihnen starben längsseit des Schiffes.

Als ungefähr achtzig Überlebende gerettet waren und ich mich gerade in der Backbord Brückennock zur Leitung der Operation auf dieser Seite befand, erhielt ich eine Meldung des Lieutenant-Commander Durant vom Kompaßdeck, daß an Steuerbord querab, in etwa zwei Seemeilen Abstand, eine verdächtige Rauchentwicklung beobachtet werde.

Ich ging zum Kompaßdeck und sah dieses selbst.

Mir schien, daß die Erscheinung durch ein U-Boot verursacht sein konnte, und daher und wegen anderer Anzeichen, daß feindliche U-Boote und Flugzeuge höchstwahrscheinlich in der Nähe operierten, sah ich mich widerstrebend gezwungen, einige hundert Männer des Feindes ihrem Schicksal zu überlassen.

Ich befahl »Äußerste Kraft voraus«, unterrichtete *Maori* über das Sichten eines verdächtigen Objektes, und sie folgte meinen Bewegungen.«[2]

Am gleichen Tag, um 11.00 Uhr vormittags, berichtete Churchill im Unterhaus über den Endkampf gegen *Bismarck*. »Heute morgen«, so sagte er, »wurde kurz nach Tageslicht der fast gestoppt liegende und auf sich allein gestellte

Brief des Captain Martin von *H. M. S. Dorsetshire* an den Verfasser, 28. Mai 1941.

*Bismarck* von den ihn verfolgenden britischen Schlachtschiffen angegriffen. Ich kenne den Ausgang des Gefechtes noch nicht. Es scheint aber im Moment so, daß *Bismarck* nicht durch Artilleriefeuer versenkt wurde, sondern noch torpediert werden wird. Ich nehme an, daß dieses gerade vor sich geht und daß es bis zur Vernichtung dieses Schiffes nicht mehr lange dauern kann. Wie groß auch der Verlust der *Hood* für uns ist, *Bismarck* muß als das mächtigste ebenso wie das neueste Schlachtschiff der Welt betrachtet werden.« Kaum hatte Churchill sich wieder gesetzt, als ihm ein Zettel überreicht wurde. Er erhob sich noch einmal und verkündete, daß *Bismarck* gesunken sei. »Das Haus schien zufrieden«, schrieb er später dazu.

Und an Roosevelt telegraphierte er einen Tag später: »Ich werde Ihnen später den genauen Bericht über den Kampf gegen *Bismarck* zusenden. Er war ein gewaltiges Schiff, eine Meisterleistung im Kriegsschiffbau. Sein Verschwinden erleichtert die Lage unserer Schlachtschiffe, da wir sonst *King George V, Prince of Wales* und die beiden Schiffe der ›Nelson‹-Klasse praktisch an Scapa Flow hätten binden müssen, um uns gegen Ausbrüche von *Bismarck* und *Tirpitz* zu schützen; denn diese hätten ihre Zeit frei wählen können, während wir ständig einem unserer Schiffe Gelegenheit zur Überholung hätten bieten müssen. Jetzt ist es anders.«

Nach dem Gespräch mit Captain Martin hielt ich mich noch eine Zeitlang auf der Brücke der *Dorsetshire* auf.[3] Bereitwillig zeigte man mir auf meinen Wunsch die Seekarte im Navigationsraum. Vor dem dort markierten Untergangsort des *Bismarck* stand ich kurz mit meinen Gedanken allein. Von Martin erwirkte ich dann die Erlaubnis, unsere Männer täglich einmal in ihren Quartieren zu besuchen und mich um ihre Belange zu kümmern. Diese Besuche habe ich dann auch regelmäßig abgestattet.

Unter den Geretteten hatte sich auch der Maschinengefreite Gerhard Lüttich befunden. Er war schwer verwundet auf die *Dorsetshire* gelangt. Er hatte einen Arm eingebüßt und trug die Spuren furchtbarer Brandverletzungen. Es war uns allen ein Rätsel, wie er es überhaupt fertig gebracht hatte, an Bord zu kommen. Er lag im Schiffslazarett, war aber zu keiner Zeit mehr vernehmungsfähig. Schon am 28. Mai starb er. Am folgenden Tage gewährte ihm das Schiffskommando ein militärisches Begräbnis. Der Bordpfarrer amtierte, und eine Ehrenwache schoß drei Salven. In feierlicher Weise wurde sein Körper der See übergeben.

Die Erkennungsmarke Lüttichs sollte viele Jahre später auf einem recht ungewöhnlichen Weg an mich gelangen. Zu Ende der sechziger Jahre war ich Generalkonsul der Bundesrepublik in Toronto. Bei einem gesellschaftlichen Zusammentreffen übergab sie mir der damalige Assistant Editor der Financial Post, Philip Mathias – mit dem freundlichen Gruß seines Vaters Arthur, der im Mai 1941 als Master-at-Arms auf *Dorsetshire* für die Überwachung der Kriegsgefangenen an Bord verantwortlich gewesen war. Nach dem Tod Lüttichs hatte er dessen Erkennungsmarke erst einmal an sich genommen.

Während *Dorsetshire* und *Maori* mit uns einhundertundzehn Überlebenden an Bord nach Norden liefen, trieb weit entfernt im Süden ein Schlauchboot auf dem Atlantik. Seine Insassen waren die Matrosengefreiten Georg Herzog, Otto Höntzsch und Herbert Manthey. Diese drei Männer hatten gegen Ende der Beschießung Schutz vor den Einschlägen hinter Turm »Dora« gesucht. Dort hatten sie ein herumliegendes Schlauchboot erblickt und es mit Hilfe anderer Kameraden hinter den Turm gezerrt. Bald darauf wurden sie und auch dieses Schlauchboot, so sagten sie später, durch Wassermassen, die der Kurzaufschlag einer Granate ausgelöst hatte, über Bord gerissen. Das Schlauchboot hatte nicht allzu weit von ihnen getrieben, und die drei waren darauf zugeschwommen. Nach etwa fünfzehn Minuten hatten sie es erreicht und sich an Bord gezogen. Ganz in ihrer Nähe hatten sie ein Floß mit einem Verwundeten und einem anderen Kameraden an Bord entdeckt. Ihr Schlauchboot war dann ins Treiben geraten und *Bismarck* nur noch für jeweils kurze Sekunden von Wellenbergen aus sichtbar gewesen, dann aber bald ganz entschwunden. Statt dessen waren zwei britische Einheiten erschienen, die, noch feuernd, auf den letzten Standort *Bismarcks* zugehalten hatten.

Im Lauf der Zeit war dann das Floß mit den zwei Kameraden außer Sicht gekommen und die Sonne allmählich in den Zenit gerückt. Die drei hatten eine deutsche Kondor oder Focke-Wulf 200 gesichtet und ihr zugewinkt – umsonst. Herzog war am Fuß verletzt, alle waren sehr müde, ihre Hoffnung auf Rettung war immer mehr gesunken. Dann aber, gegen 19.30 Uhr gewahrten sie in der Nähe ein U-Boot.

Das unter dem Kommando des Kapitänleutnants Eitel-Friedrich Kentrat stehende *U 74* gehörte zu den am Abend des 26. Mai zwecks Hilfeleistung für *Bismarck* alarmierten Biskaya-Booten. In einer sehr dunklen Nacht mit stark wechselnder Sicht, bei immer stärker auffrischendem Wind und immer höher werdender Dünung hatte Kentrat zwischen 00.00 und 04.00 Uhr am 27. Mai am Horizont Artillerieschießen, darunter Leuchtgranaten beobachtet und darauf zugehalten. Er war Zeuge der nächtlichen Zerstörerabwehr durch *Bismarck* geworden. Auf Kreuzkursen hatte er dann versucht, sich *Bismarck* zu nähern, war aber kaum gegen die schwere Dünung angekommen. Seine Kommandobrücke hatte andauernd unter Wasser gestanden, so daß er so gut wie keine Beobachtungsmöglichkeit mehr gehabt hatte. Gegen 04.30 Uhr hatte er auf der Gegenseite von *Bismarck* in etwa einhundert Hektometer Entfernung eine Silhouette – er hatte sie für einen Großen Kreuzer oder gar ein Schlachtschiff gehalten – in spitzer oder stumpfer Lage ausgemacht. Kentrat hatte sofort darauf zugedreht, aber bei der schlechten Sicht das Objekt wieder verloren »Es ist eine scheußliche Nacht. Bei dieser Dünung kann kein Torpedo laufen«, hatte er im Kriegstagebuch vermerkt. Um diese Zeit hatte er auch drei Detonationen im Boot verspürt, davon eine besonders heftig. Später, gegen 06.30 Uhr, hatte er optische Verbindung mit Wohlfarths *U 556* bekommen, und Wohlfarth hatte ihm – wir wissen es bereits – die Aufgabe des Fühlunghaltens an *Bismarck* übertragen. Eine Stunde danach hatte er vor zwei, auf fünfzig Hektometer direkt von vorn aus einer Regenbö herausstoßenden Schiffen, einem Kreuzer und einem Zerstörer, Alarm geben und tauchen müssen. Von 09.00 bis 09.40 Uhr hatte Kentrat laufend schwere und mittlere Detonationen gehört, aber beim Wiederauftauchen um 09.22 Uhr optisch nichts ausgemacht. Die Detonationen hatte er zunächst als eine Folge des Eingreifens der angemeldeten deutschen Luftkampfverbände angesehen, später aber dann zutreffend im Kriegstagebuch vermerkt: »Es muß der Endkampf des *Bismarck* gewesen sein.«

Für 12.00 Uhr mittags zeigt das Kriegstagebuch von *U 74* die Eintragung: »Abholen Kriegstagebuch *Bismarck* kann nicht mehr durchgeführt werden.« Danach hatte Kentrat gemäß einer Funkweisung des Befehlshabers der Unterseeboote die Suche nach Überlebenden des *Bismarck* aufgenommen.

Etwa sieben Stunden später, gegen 19.30 Uhr, wurden von *U 74* aus drei Überlebende in einem Schlauchboot gesichtet. Kentrat ließ sie an Bord nehmen, ein bei der hohen Dünung und der schweren See nicht einfaches Unterfangen. Und kaum waren Herzog, Höntzsch und Manthey im Turmluk verstaut, als ein Flugzeug an Steuerbord passierte. Kentrat wartete ab, die Maschine entfernte sich wieder, nach achtern zu. Dann setzte er die Suche nach weiteren Überlebenden fort, ging mit langsamer Fahrt auf Nordwestkurs, um bei Helligkeit am 28. Mai die Untergangsstelle *Bismarck* anzusteuern und von dort aus wieder die See abzusuchen.

Gegen 01.00 Uhr früh trat starker Heizölgeruch auf, um 03.00 Uhr sah der Wachhabende Offizier nach Südosten zu, aber noch unter der Kimm, einen roten Stern. »Diese Meldung«, vermerkte Kentrat im Kriegstagebuch, »wird von mir nicht aufgenommen, da ich übermüdet bin. Schade, vielleicht hätten wir noch einige Kameraden retten können.« Nach der vorangegangenen, riesigen Anspannung kein Wunder, diese Übermüdung. Die weitere Suche verlief ohne Erfolg. Zusammen mit *U 48* und *U 73* sollte *U 74* noch einen Suchstreifen bilden, aber die beiden anderen Boote kamen zu der erwarteten Zeit gar nicht in Sicht, auch von *Bismarcks* Untergang wurde eine weitere Spur nicht mehr entdeckt. Kentrat mußte annehmen, die Untergangsstelle navigatorisch verfehlt zu haben. Am Nachmittag sah er treibende Leichen, Trümmer, Bretter und Flöße, aber keine Überlebenden mehr. Bis 24.00 Uhr hielt er die Suche noch durch, dann trat er den Rückmarsch an. Für den 28. Mai, 24.00 Uhr sagt sein Kriegstagebuch: »Das Wetter ist inzwischen langsam abgeflaut, die Dünung wird immer ruhiger. Als wäre die Natur mit ihrem Vernichtungswerk zufrieden.

Der 27. und 28. Mai wird für mich immer eine bittere Erinnerung sein. Machtlos und mit gebundenen Händen standen wir gegen die entfesselten Naturgewalten, ohne unserem tapferen *Bismarck* helfen zu können.«

Kentrat steuerte Lorient an, wo Herzog, Höntzsch und Manthey bereits von Abgesandten der Gruppe West erwartet wurden. Sie wurden nach Paris gebracht und erstatteten dort erste Augenzeugenberichte über das Ende des *Bismarck*.

Um die gleiche Zeit wie *U 74* suchte, noch weiter im Süden, das deutsche Wetterbeobachtungsschiff *Sachsenwald* nach Überlebenden von *Bismarck*. Das unter dem Kommando des Leutnants zur See (S) Wilhelm Schütte stehende Schiff hatte sich am 27. Mai, nach fünfzig Tagen Seereise, auf der Heimkehr befunden. Da war an diesem Tage um 02.00 Uhr früh der Funkbefehl gekommen, sofort mit höchster Fahrt in die Nähe von *Bismarck* zu gehen. Das hatte bedeutet, bei Nordnordwest 6 bis 7 direkt gegen die See anzudampfen. Um 06.00 Uhr war ein neuer Befehl eingetroffen, sich nunmehr auf der Stelle zu halten. Zwischen 11.00 und 12.00 Uhr hatte die *Sachsenwald* deutsche Flugzeuge gesichtet und kurz nach 14.00 Uhr Befehl erhalten, eine wiederum andere Position anzusteuern. Wind und Wetter nahmen immer mehr zu. Um 20.10 Uhr erschien an Steuerbord eine britische »Bristol Blenheim«. Aus elfhundert Metern Entfernung beschoß sie die *Sachsenwald* aus einem Maschinengewehr, traf aber nicht.

Noch den ganzen 28. Mai über suchte Schütte nach Überlebenden. Um 13.00 Uhr tauchten dann dünne Ölstreifen auf, denen er auf nördlichen Kursen nachfuhr. Kurz danach kamen die Blechhülse einer deutschen Gasmaske und, Minuten später, zahlreiche Leichen in Schwimmwesten, Wrackteile und leere Schwimmwesten in Sicht. Hin und her durch das Trümmerfeld fuhr die *Sachsenwald*, Überlebende waren aber nicht zu entdecken. Und weiter dampfte Schütte auf und ab, sah aber immer nur wieder Leichen, Wrackteile und Schwimmwesten. Bei Dunkelwerden, gegen 22.30 Uhr, standen plötzlich drei rote Leuchtsterne am nahen Himmel. Als die *Sachsenwald* darauf zudrehte, konnte Schütte durch sein Nachtglas ein Floß mit zwei Mann an Bord erkennen. »Seid Ihr Deutsche?« rief er, als die *Sachsenwald* nahe genug heran war, und zurück schallte es: »Ja, hurra!« Um 22.45 Uhr war das Floß längsseits, und über Jakobsleitern wurden die zwei erschöpften Männer an Bord geholt. Es waren der Matrosengefreite Otto Maus und der Maschinengefreite Walter Lorenzen.

Da nach beider Aussagen noch ein Gummifloß in der Nähe sein sollte, suchte Schütte an Ort und Stelle weiter, sogar noch den 29. Mai über. Große Schläge fuhr er nach Ost und West, bei jeder Drehung ging er, der Richtung von Wind und See folgend, fünf Seemeilen nach Süden. Um 18.00 Uhr wurde ein leeres Schlauchboot entdeckt und übernommen. Maus erkannte, daß es von *Bismarck* stammte.

Am 30. Mai, gegen 01.00 Uhr früh sah Schütte, noch im Suchgebiet stehend, den spanischen Kreuzer *Canarias*.[4] Durch Morsezeichen wurden die Schiffsnamen ausgetauscht. Gleich darauf trat Schütte den Rückmarsch in den Hafen an, der Schiffsproviant war nach der langen Seereise fast ausgegangen, auch versprach weiteres Suchen keinen Erfolg mehr.

Am 1. Juni erreichte die *Sachsenwald* die Gironde und lief weiter nach Le Verdon. Noch auf der Fahrt dorthin wurden Maus und Lorenzen von Bord abgeholt, zur Meldung bei der Gruppe West in Paris.

Der Kreuzer *Canarias* barg am Vormittag des 30. Mai zwei tote Besatzungsangehörige des *Bismarck*. Es wurden anhand von Erkennungsmarken und Kleidung der Musikgefreite Walter Grasczak und der Marinesignalgast Heinrich Neuschwander identifiziert. Beide wurden, eingehüllt in die deutsche Flagge, mit militärischen Ehren am 31. Mai um 10.00 Uhr auf 43° 46' Nord und 08° 34' West seebestattet.

Die Zeit auf *Dorsetshire* verging rasch, und am vierten Tag unseres Anbordseins, den 30. Mai, lief sie in Newcastle ein. *Maori* hatte sich von ihr schon vorher auf See getrennt, um in den Clyde zu gehen.

In unserem letzten Gespräch an Bord wies mich Commander Byas noch darauf hin, daß unsere Behandlung bei der Armee, die uns in Newcastle in Gewahrsam nehmen werde, nicht so gut wie auf der *Dorsetshire* sein würde. Mit dieser Eröffnung überraschte er mich nicht. Von vielen Begegnungen in Friedenszeiten her kannte ich die traditionell guten und kameradschaftlichen Beziehungen zwischen den Angehörigen unserer beiden Marinen. Unterschwellig hatte diese solide Grundhaltung auch im Krieg nicht ganz zu existieren aufgehört und brach sich bei Gelegenheit Bahn. Die Art, wie *Bismarck* bis zum bitteren Ende gekämpft hatte, war von den britischen Seeleuten respektiert und sicherlich als eine solche Gelegenheit empfunden worden. Diese Haltung hatte sich zweifellos in unserer guten Unterbringung und Behandlung an Bord niedergeschlagen. Anlaß zu Beanstandungen hat es nach meiner Kenntnis weder auf *Dorsetshire* noch auf *Maori* gegeben. Vielleicht hatte es auch eine Rolle gespielt, daß Captain Martin selbst während des Ersten Weltkrieges Kriegsgefangener in Deutschland gewesen und dort gut behandelt worden war. Auf seinen Rundgängen zu unseren Männern sagte er immer wieder: »Solange Ihr hier bei mir an Bord seid, werdet Ihr es genau so gut haben.« Und die Haltung seiner Besatzung entsprach dem voll. Stets traten die britischen Seeleute anständig und hilfsbereit in Erscheinung. »Heute Ihr, morgen wir«, sagten sie. Und bis dahin sollte es dann auch gar nicht mehr lange dauern. Am 4. April 1942 wurde die *Dorsetshire* unter ihrem neuen Kommandanten, Captain A. W. S. Agar, südöstlich von Ceylon durch japanische Bomben versenkt.

Am Morgen des 31. Mai wurden zunächst die Unteroffiziere und Mannschaften ausgeschifft und abtransportiert. Danach folgten wir Offiziere. Beim Vonbordgehen erhielten wir die dem Friedenszeremoniell entsprechenden Ehrenbezeugungen. Es wurde Seite gepfiffen, die Schiffswache präsentierte das Gewehr.

Der Weg in die Kriegsgefangenenlager begann.

# Die »Rheinübung« im Rückblick

In der Seekriegsgeschichte lebt das Schlachtschiff *Bismarck* in erster Linie durch seine Artilleriekämpfe am 24. und 27. Mai 1941 fort.

Am 24. Mai bewies es seine hervorragende Schlagkraft. Auf eine durchschnittliche Gefechtsentfernung von knapp zweihundert Hektometer versenkte es im Lauf von nur sechs Minuten und mit einem Aufwand von nur dreiundneunzig schweren Granaten den größten und berühmtesten britischen Schlachtkreuzer seiner Zeit. Dieser blitzartige, sogar die kühnsten Erwartungen übertreffende Erfolg wies *Bismarck* als einen Höhepunkt der deutschen Schiffsartillerie aus.

Am 27. Mai zeigte *Bismarck* eine fast unglaubliche und auch in dieser Beziehung die höchsten Erwartungen übertreffende Standkraft – *Bismarck* erwies sich als ein Höhepunkt auch des deutschen Schiffbaus. Es hatte auf britischer Seite des Zusammenwirkens von insgesamt fünf Schlachtschiffen, drei Schlachtkreuzern, zwei Flugzeugträgern, vier Schweren, sieben Leichten Kreuzern und einundzwanzig Zerstörern bedurft, um *Bismarck* zu stellen und schließlich zu vernichten. Darüber hinaus hatten über fünfzig Flugzeuge des Coastal Command an den Operationen gegen das deutsche Schlachtschiff teilgenommen.

Auf Gefechtsentfernungen, die bis auf fünfundzwanzig Hektometer heruntergingen und dementsprechend hohe Trefferraten erbrachten, wurde am 27. Mai die folgende Munition gegen *Bismarck* verschossen:

ARTILLERIE

| | |
|---|---|
| *Rodney* | 380 40,6-cm-, 716 15,2-cm-Granaten |
| *King George V* | 339 35,6-cm-, 660 13,3-cm-Granaten |
| *Norfolk* | 527 20,3-cm-Granaten |
| *Dorsetshire* | 254 20,3-cm-Granaten |

insgesamt also 2876 Granaten im Lauf von neunzig Minuten.

TORPEDOS

| | |
|---|---|
| *Rodney* | 12, davon Treffer: 1 (beansprucht) |
| *Norfolk* | 8, davon Treffer: 1 (als möglich beansprucht) |
| *Dorsetshire* | 3, davon Treffer: 2 (und möglicherweise ein dritter) |

In den Tagen vor dem und in der Nacht zum 27. Mai waren an Torpedos gegen *Bismarck* verschossen worden:

| | |
|---|---|
| 24./25. Mai | Flugzeuge der *Victorious*: 8, davon 1 Treffer |
| 26. Mai | Flugzeuge der *Ark Royal*: 13, davon 2 Treffer, möglicherweise ein dritter. |

Nacht zum 27. Mai:

| | |
|---|---|
| Zerstörer *Cossack* | 01.40 Uhr: 3, kein Treffer |
| Zerstörer *Cossack* | 03.35 Uhr: 1, kein Treffer |
| Zerstörer *Maori* | 01.37 Uhr: 2, kein Treffer |
| Zerstörer *Maori* | 06.56 Uhr: 2, kein Treffer |
| Zerstörer *Zulu* | 01.21 Uhr: 4, kein Treffer |
| Zerstörer *Sikh* | 01.28 Uhr: 4, kein Treffer |

Mit keiner Granate waren *Rodney* und *King George V* am 27. Mai durch den Gürtelpanzer oder das Panzerdeck in die lebenswichtigen Räume *Bismarcks* eingedrungen[1], und Tovey hatte beim Ablaufen seines Verbandes nach dem Endkampf an Somerville funken müssen: »kann *Bismarck* mit Granaten nicht versenken«.

Später ist viel darüber diskutiert worden, ob *Bismarck* nun als Folge der von *Dorsetshire* in der Schlußphase geschossenen drei Torpedos oder der Selbstversenkungsmaßnahmen an Bord gesunken sei.

Ich persönlich habe, obwohl ich im Zeitpunkt der Schußabgabe der ersten zwei Torpedos der *Dorsetshire*, gegen 10.20 Uhr, noch an Bord war, von den hierdurch ausgelösten Detonationen nicht das mindeste wahrgenommen, sie möglicherweise im allgemeinen Gefechtslärm überhört. Doch sei hiervon einmal abgesehen, da das ja für die Wirkung der Torpedos nichts besagt.

Ganz zweifelsfrei ist meine nach dem Verlassen des Achteren Artillerieleitstandes gegen 10.20 Uhr gemachte Beobachtung, daß *Bismarck* um diese Zeit bereits sank, wenn auch sehr, sehr langsam. Das stark achterlastige Schiff verhielt sich so, als ob ganz allmählich, aber unaufhaltsam eine Abteilung nach der anderen vollief, es zeigte vollkommen die Wirkung an, wie sie nach den – ja auch von mehreren Zeugen bestätigten – Selbstsprengungen und nach dem Öffnen aller Seeventile, etwa ab 10.00 Uhr, zu erwarten war. Tiefgang, Achterlastigkeit und Backbordschlagseite nahmen dann nach 10.30 Uhr rascher zu, und der in dieser Phase nun schon äußerst geminderter Stabilität gefeuerte dritte

Torpedo der *Dorsetshire* dürfte das Ende des *Bismarck* allenfalls beschleunigt, nicht aber verursacht haben. Es ist mein bestimmter persönlicher Eindruck, daß *Bismarck* auch ohne diese Torpedotreffer gesunken wäre, als bloße Folge der Selbstversenkung, nur dann wahrscheinlich noch etwas langsamer.[2]

In seinem späteren Abschlußbericht über die »Rheinübung« schrieb Tovey: »*Bismarck* hat gegen eine riesige Übermacht einen äußerst tapferen Kampf geführt, würdig der vergangenen Tage der Kaiserlich Deutschen Marine, und sie ist mit wehender Flagge untergegangen. «

Und die Wirkung der deutschen Artillerie bei dem Gegner, wenigstens zu Beginn des Endkampfes? »Keine Personalverluste, keine Schäden auf den britischen Schiffen am Vormittag des 27. Mai«, sagte Tovey in seinem Bericht. Dieses Ergebnis mag Wunder nehmen, wenn wir uns an die raschen Deckendlagen des ausgezeichneten Artilleristen Schneider in den ersten zehn Minuten des Gefechtes, zwischen 08.50 und 09.00 Uhr, erinnern. Aber wir müssen dessen eingedenk bleiben, daß sich mit dem verkrüppelten *Bismarck* ein solider Gefechtskurs nicht mehr steuern ließ, das ständig nach Backbord überliegende Schiff statt dessen unberechenbar kurvte und *Rodney* sich den im voraus abzuschätzenden Aufschlaglagen *Bismarcks* durch vorbeugende Kursmanöver entziehen konnte. Und dann waren schon um 09.02 Uhr, knapp fünfzehn Minuten nach eigenem Feuereröffnen, sowohl Schneiders Leitstand im Vormars als auch unsere beiden vorderen schweren Türme »Anton« und »Bruno« durch Trefferwirkung ausgefallen. Anscheinend war um die gleiche Zeit auch Albrechts Vorderer Artillerieleitstand, wenigstens vorübergehend, außer Gefecht gesetzt worden. Insgesamt besagt dies, daß schon zu Beginn des neunzigminütigen Gefechtes fünfzig Prozent unserer schweren Batterie und mit dem Vormars das »Gehirn« unserer Artillerie ausgefallen waren. *Bismarcks* Hauptartillerieleitstand war nicht genügend geschützt. Aber er teilte insoweit nur das Schicksal der Vormarsleitstände auf allen Schlachtschiffen seiner Zeit: aus Stabilitätsgründen ließen sich schwere Panzergewichte nun einmal nicht so hoch oben anbringen. Es war dies eine strukturelle Schwäche im Schlachtschiffbau.

Erinnern wir uns, daß ich ab 09.10 Uhr von achtern aus mit den Türmen »Caesar« und »Dora« bis zum Ausfall meines eigenen Leitstandes insgesamt nur vier Salven hatte feuern können. Der Ausfall war in dem Moment gekommen, als ich auf mein Ziel, die *King George V,* eingeschossen hatte. Danach hatten »Caesar« und »Dora« turmweise weitergeschossen, gut am Ziel gelegen, aber ohne die Hilfe eines Feuerleitapparates Treffer auch nicht mehr erzielen können.

Sicherlich hatte *Bismarck* über eine erstklassige, überlegene und von Schneider und Albrecht hervorragend geleitete Artillerieanlage verfügt. Aber bei der Vielzahl der feindlichen Einheiten, deren dreifachen Überlegenheit im Geschoßgewicht und bei den immer kürzer werdenden Gefechtsentfernungen waren entscheidende Ausfälle auf *Bismarck* rasch und fast gleichzeitig eingetreten.

Wenn an unser drängendes Gewissen eine Frage übrigbleibt, so ist es wohl die nach dem Grund, aus dem Lütjens das immer schrecklichere und schließlich aussichtslose Gemetzel im Endkampf nicht durch ein Sich-Ergeben zu beenden versucht hat, beispielsweise durch das Angebot an Tovey: »Feuer einstellen, *Bismarck* versenkt sich selbst, Sie retten unsere Überlebenden.« Wie Tovey hierauf reagiert hätte, muß ich offen lassen. Für das Verhalten eines deutschen Kriegsschiffkommandanten oder Seeverbandsführers im Kampf, das müssen wir hierzu wissen, galt in solcher Lage ein Erlaß Raeders vom 22. Dezember 1939, der im Auszug besagte: »Das deutsche Kriegsschiff kämpft unter vollem Einsatz bis zur letzten Granate, bis es siegt oder mit wehender Flagge untergeht«, ein Erlaß, dessen Wortlaut etwa das Zeigen der weißen Flagge ausschloß, wie es der Kleine Kreuzer *Emden* im November 1914 in der Endphase seines Kampfes gegen den australischen Kreuzer *Sydney* ohne Minderung seines geschichtlichen Rufes getan hatte. Und ein Erlaß, dem der 21.40-Uhr-Funkspruch Lütjens am 26. Mai fast wörtlich entsprach. Prinzipiell war die Raedersche Weisung gewiß so verbindlich, wie sie sich las, dennoch aber war es wohl letztlich eine Frage der Persönlichkeit des jeweiligen örtlichen Befehlshabers, ob ihr buchstabengetreu entsprochen wurde oder nicht. Ich selbst neige zu der Annahme, daß Lütjens nicht der Mann gewesen wäre, sich über sie hinwegzusetzen, aber uneingeschränkt behaupten kann und will ich das nicht. Es fehlt mir hierzu schon die Kenntnis des genauen Zeitpunktes des Todes oder etwa einer Verwundung von Lütjens, um zu wissen, ob er überhaupt noch physisch in der Lage gewesen wäre, derart zur Beendigung der Beschießung beizutragen. Auch ist mir nicht bekannt, wie rasch beispielsweise Lindemann vom etwaigen Ausfall des Flottenchefs erfuhr, um möglicherweise stellvertretend zu handeln. Insgesamt gesehen, bleibt hier schon faktisch zu vieles im unklaren, so daß ich diesen Komplex letztlich auf sich beruhen lassen muß.

Das rasche Erkennen des Beginns der »Rheinübung« durch den Gegner und die dadurch bedingte frühzeitige, fast durchgehende Feindberührung haben für die deutsche Kampfgruppe ausschließlich zu Begegnungen mit schweren britischen Kriegsschiffen geführt, kulminierend in den spektakulären Seegefechten *Bismarcks*, seinem Blitzsieg am 24. und seinem langsamen, qualvollen Sterben am 27. Mai. Fast könnte die schiere Dramatik des Geschehens vergessen lassen, daß die Vernichtung feindlicher Kriegsschiffe kein erstrangiges operatives Ziel für deutsche Überwasserstreitkräfte im Atlantik war, daß die »Rheinübung«, strategisch gesehen, schon mit dem Auslaufen aus Norwegen zu einem Fehlschlag wurde. Der Erfüllung seiner Hauptaufgabe »Handelskrieg« ist *Bismarck* nicht ein einziges Mal auch nur nahegekommen.

Es erscheint notwendig, hierzu einen Blick auf das von der Seekriegsleitung mit der Entsendung *Bismarcks* eingegangene allgemeine Risiko und die von Lütjens im Verlauf der Unternehmung angenommenen einzelnen Risiken zu werfen.

Hören wir zum allgemeinen Risiko den berufensten Zeugen, den damaligen Chef der Seekriegsleitung, Großadmiral Raeder. Er schrieb später dazu:[3]

»Mit der Entsendung des *Bismarck* stand ich vor einem außerordentlich schweren Entschluß. Die Voraussetzungen, von denen die Seekriegsleitung ursprünglich ausgegangen war, waren zum Teil nicht mehr gegeben. Der Vorstoß von *Bismarck*, der zuerst im Rahmen eines großen operativen Planes gedacht war[4], wurde jetzt zu einer isolierten Einzelunternehmung, bei der der Gegner die Möglichkeit hatte, seine gesamten Kampfmittel auf diese eine Gruppe zu konzentrieren. Das Risiko stieg dadurch erheblich. Dem aber stand gegenüber, daß die Kriegslage ein Zurückhalten und bewußtes Schonen einer so starken Kampfeinheit nicht gestattete. Wenn man mit der Durchführung der Unternehmung warten wollte, bis die Schlachtschiffe *Scharnhorst* und *Gneisenau* wieder fahrbereit waren, konnte das unter Umständen den völligen Verzicht auf die offensive Atlantikverwendung des neuen Schlachtschiffes bedeuten. Nachdem *Scharnhorst* und *Gneisenau* in den nordfranzösischen Häfen den immer wiederholten Angriffen der britischen Luftwaffe ausgesetzt waren, bestand nur geringe Wahrscheinlichkeit, einen Zeitpunkt erfassen zu können, zu dem diese beiden Schiffe voll aktionsbereit sein würden. Tatsächlich sind auch beide Schiffe bis zu ihrer Rückverlegung im Februar 1942 nicht mehr zum Einsatz in See gekommen. Falls aber die Durchführung des Unternehmenes noch weiter hinausgeschoben wurde, bis *Tirpitz* einsatzbereit war, hatte dies mindestens ein halbes Jahr der Inaktivität zur Folge – eine Zeit, in der der Gegner nicht untätig sein und die Lage auf dem Atlantik sich schon durch die Haltung der USA wahrscheinlich verschlechtern würde.

Ein überaus starkes psychologisches Moment für meine Entscheidung war das große Vertrauen, das ich zu der Führung durch Admiral Lütjens hatte. Admiral Lütjens war ein Offizier, der den Seekrieg und seine Taktik genauestens kannte. Bereits als junger Offizier hatte er im Ersten Weltkrieg von Flandern aus eine Torpedobootshalbflottille geführt. Er war später Flottillenchef, Kreuzerkommandant und Führer der Torpedoboote gewesen und war lange Zeit in Stäben verwendet worden. Als mein Personalchef hatte er sich in den Jahren der Zusammenarbeit mein besonderes Vertrauen erworben. Während eines Teils der Norwegenunternehmung hatte er in Vertretung des erkrankten Flottenchefs die schweren Streitkräfte geführt und schließlich bei der Atlantikoperation von *Scharnhorst* und *Gneisenau*[5] sein großes Können bewiesen.

Der Entschluß, den endgültigen Befehl zur Durchführung der Unternehmung zu geben, wurde mir durch Hitlers Einstellung sehr erschwert. Als ich ihn von meinen Plänen unterrichtete, war er zwar nicht ablehnend, doch war ihm anzumerken, daß er damit nicht voll einverstanden war. Aber er überließ mir die Entscheidung. Anfang Mai hatte Hitler in Gotenhafen eine längere Aussprache mit Admiral Lütjens[6], der ihm über seine Erfahrungen bei der Atlantikfahrt der Schlachtschiffe *Scharnhorst* und *Gneisenau* vortrug und seine Ansichten über den taktischen Einsatz von *Bismarck* erläuterte. Der Flottenchef hat hierbei auch von der Gefährdung gesprochen, der das Schlachtschiff durch die feindlichen Flugzeugträger ausgesetzt sein könnte.

Nach sorgfältigster Abwägung aller Umstände befahl ich die Durchführung.«

Es war nun zweifellos im Bewußtsein des durch die Einzelentsendung *Bismarcks* stark erhöhten Risikos, daß Lütjens am 26. April 1941 in Berlin Raeder gegenüber gewisse Bedenken geäußert hatte. Erinnern wir uns an seine damals vorgebrachten Überlegungen, mit der Operation doch vielleicht besser bis zur Wiederherstellung der Kriegsbereitschaft von *Scharnhorst*, ja möglicherweise sogar bis zum Hinzutreten der neuen *Tirpitz* zu warten. Er war zwar danach wieder von sich aus zu dem ursprünglichen Operationsgedanken der »Rheinübung« zurückgekehrt, daß es doch wohl richtiger sei, *Bismarck* und *Prinz Eugen* unverzüglich zu entsenden. Doch nehme ich an, daß er hiermit in erster Linie der Grundeinstellung Raeders entsprechen wollte. Das war es schließlich, was die Seekriegsleitung so deutlich erkennbar anstrebte, und mit ihr wünschte er in Harmonie zu verbleiben. Waren nicht seine beiden Vorgänger als Flottenchef im Unfrieden mit der Seekriegsleitung aus dem Kommando geschieden?[7] Da stellte er eben, so lese ich das Verhalten von Lütjens, seine bessere innere Überzeugung zurück, daß ein sofortiger »teelöffelweiser« Einsatz unserer Schlachtschiffe die deutschen Wirkungsmöglichkeiten auf dem Atlantik nur mindern könne. Und genau so wie er, sahen es später auch die Briten. Grenfell schrieb[8]: »Zu unserem Glück entschlossen sich die Deutschen, ihre Schlachtschiffe in kleiner Münze auszugeben.«

Zum Ausgang der »Rheinübung« schrieb Raeder: »Für den Einsatz des neuesten deutschen Schlachtschiffes trage ich ebenso die Verantwortung wie für alle militärischen Einsätze während der Zeit meiner Tätigkeit als Oberbefehlshaber der Kriegsmarine. Ich trage sie allein. Von niemandem bin ich gezwungen worden, die Unternehmen durchzuführen. Einzig die Notwendigkeit, den Gegner im Kriege mit jedem Mittel und nach allen Regeln der Kriegskunst zu bekämpfen und dafür die eigenen Kräfte einzusetzen, hat meinen Entschluß bestimmt.« Eine persönliche Konsequenz aus so pointiert empfundener Verantwortung hat Raeder allerdings nicht gezogen.

Und nun zu den einzelnen Risiken, die Lütjens im Verlauf der »Rheinübung« in Kauf nahm oder nicht abwenden konnte. Gehen wir sie in zeitlicher Reihenfolge durch:

Der britische Nachrichtendienst hatte im März/April 1941 erfahren, daß *Bismarck* in Gotenhafen einen neuen Satz von Seekarten an Bord nehmen solle. Er war hierdurch in der Annahme bestärkt worden, daß eine atlantische Unternehmung des Schlachtschiffes bevorstehe. Die Admiralität hatte die Heimatflotte entsprechend alarmiert.

Der britische Nachrichtendienst hatte sein Wissen entweder durch eine Agentenmeldung aus Gotenhafen oder die Entschlüsselung eines nur leicht verschlüsselten deutschen Verwaltungsfunkspruches erlangt – ganz eindeutig ist das bis heute nicht.

Eine Bewertung dieses Risikos würde uns in deutsche Verwaltungsfragen hineinführen, wie die Personalbesetzung der Gotenhafener Seekartenausgabestelle oder die Frage, weshalb für eine solche Anordnung der Funkweg statt des Telefons oder Fernschreibers gewählt wurde. Hierzu fehlen mir aber einerseits die eigene Anschauung und zum anderen die Möglichkeit einer nachträglichen Rekonstruktion. Lütjens seinerseits hatte damals derartige Umstände wohl kaum einkalkulieren können. Es war dies ein ihm sicherlich unbekanntes, folglich nicht abzuwendendes Risiko.

In der zweiten Maiwoche 1941 hatten die Briten eine erhebliche Verstärkung der deutschen Luftaufklärung über Scapa Flow bis hin zur Dänemarkstraße festgestellt. Sie hatten in Verbindung hiermit auch einige Funksprüche der deutschen Luftwaffe entziffert und daraufhin einen Ausbruch *Bismarcks* als unmittelbar bevorstehend angesehen. Admiral Tovey hatte die Kreuzer *Suffolk* und *Norfolk* zu intensiver Aufklärung in der Dänemarkstraße angewiesen.

Es war dies ein unvermeidbares Risiko. Mit ihm mußte die Seekriegsleitung leben, wenn sie sich atlantische Vorstöße nicht unangemessen beschneiden lassen wollte. Sicherlich mußte Lütjens in Rechnung stellen, daß unsere verstärkte Luftaufklärung bei den Briten nicht ganz unbemerkt bleiben würde, der Gegner ein gewisses Warnzeichen erhalten hatte.

Unsere Seekriegsleitung wußte seit spätestens Mitte April, und Lütjens müßte es dementsprechend gewußt haben, daß der britische Marineattaché in Stockholm im März 1941 eine Organisation zur Beobachtung der Durchfahrten im Großen Belt eingerichtet hatte.

Ob Lütjens dieses Risiko tatsächlich gekannt hat, muß ich offen lassen. Ein Schaden ist unserer Seekriegführung, soweit ich weiß, durch das Passieren des Belts in der Nacht vom 19. auf den 20. Mai nicht entstanden. Entweder hatten wir Glück gehabt oder aber die Organisation des Gegners war noch zu unvollkommen gewesen.

Am 20. Mai legte der starke Schiffsverkehr im Kattegat die Befürchtung nahe, daß feindliche Agenten die Bewegung der deutschen Kampfgruppe erfassen und weitermelden würden. Das entsprechende Risiko trat, nur noch einmal verstärkt, bei dem Insichtkommen der *Gotland* in Erscheinung.

Wie Lütjens die allgemeine Agentengefahr in den skandinavischen Gewässern beurteilte, ist mir nicht bekannt. Das Auftauchen der *Gotland* wertete er jedenfalls, wie wir ja aus seiner Funkmeldung wissen, als bedenklich. Daß er sonstige Konsequenzen nicht daraus zog, mag der Stellungnahme des Generaladmirals Carls zu dieser Funkmeldung mit zuzuschreiben sein. Im Ergebnis haben dann die Meldung der *Gotland* und deren Weiterleitung nach London zu dem Verlust *Bismarcks* am 27. Mai geführt. Mit dem Passieren des Kattegats am 20. Mai war letztlich das Schicksal des deutschen Schlachtschiffes besiegelt.

Am Abend des 20. Mai hatte der der norwegischen Untergrundbewegung angehörige Viggo Axelssen von der Küste bei Kristiansand aus den Vormarsch der deutschen Kampfgruppe beobachtet. Seine anschließende Funkmeldung hatte der Admiralität in London den vorangegangenen Bericht Denhams noch einmal bestätigt.

Ob Lütjens ein Risiko dieser Art in Rechnung gestellt hatte, entzieht sich meiner Kenntnis. Selbst wenn der Meldung Axelssens der Wert einer Neuheit also nicht mehr zukam, so war sie immerhin auch als Bestätigung für die Admiralität von weitreichender Bedeutung.

Nach dem Einlaufen in die Fjorde um Bergen verblieb die deutsche Kampfgruppe einen Tag lang stationär im Bereich der britischen Luftnahaufklärung. Tovey schrieb hierzu später:[9] »Es gab Anzeichen dafür, daß *Bismarck* und *Prinz Eugen* einen Vorstoß auf die ozeanischen Handelsrouten beabsichtigten, obwohl es, wenn das zutreffen sollte, unwahrscheinlich war, daß sie dann an einem für die Luftaufklärung so bequem gelegenen Platz wie Bergen Halt machen sollten.«

Es war dies ein Risiko, das Lütjens in Kauf nahm. Und so haben dann auch die Briten durch Luftaufklärung um die Mittagsstunde des 21. Mai *Bismarck* und *Prinz Eugen*[10] identifiziert und durch weitere Luftaufklärung am Abend des 22. Mai das Wiederauslaufen der Kampfgruppe aus Norwegen festgestellt.

Bei dem abendlichen Auslaufen aus den Fjorden am 21. Mai erfuhr Lütjens von der Anweisung einer britischen Flugfunkstelle an die britischen Luftstreitkräfte, nach zwei deutschen Schlachtschiffen und drei Zerstörern Ausschau zu halten, die am Vortag auf Nordkurs gemeldet worden waren.[11].

Lütjens setzte, offenbar unbeirrt, seinen Vormarsch fort. Er nahm hier das Risiko in Kauf, daß der einmal alarmierte Feind seine Suchaktionen auch in die von seiner Kampfgruppe zu passierenden nördlichen Breiten ausdehnen würde.

In den Abendstunden des 23. Mai machte Lütjens nach der ersten Begegnung mit der *Suffolk* nicht kehrt. Er hielt auch nach dem späteren Auftauchen der *Norfolk* durch und setzte den Vormarsch, von den beiden Fühlunghaltern gefolgt, weiter fort.

Lütjens hatte es ja bereits im Lauf der Kommandantensitzung auf *Bismarck* am 18. Mai ausgesprochen, daß etwa im Wege stehende feindliche Kreuzer und Hilfskreuzer (nur) unter Umständen anzugreifen, vornehmlich jedoch *Bismarck* und *Prinz Eugen* zu schonen seien, damit sie möglichst lange auf ihrer Unternehmung aushalten könnten. Wenn er diesen Grundsatz im gegebenen Fall zugunsten des kampflosen Durchhaltens seiner Schiffe anwendete, so durfte er hierbei zwar die nach seinen früheren Erfahrungen nicht unbegründete Hoffnung haben, *Suffolk* und *Norfolk* noch im Lauf der Nacht wieder abzuschütteln. Doch trug er unvermeidlicherweise das Risiko, daß ihm das nicht gelang und, im Gegenteil, die Kreuzer auch noch schwerere feindliche Einheiten heranholten.[12]

Am 24. Mai führte die Ausbruchtaktik von Lütjens zu dem Seegefecht bei Island. Es brachte einen brillanten Erfolg, aber die deutsche Kampfgruppe der Erfüllung ihrer Hauptaufgabe nicht näher, es entfernte sie im Gegenteil davon.

Die dem Feind rechtzeitig bekanntgewordene

- Ausgabe neuer Seekarten an *Bismarck*
- verstärkte deutsche Luftaufklärung im Norden in der zweiten Maiwoche
- Bewegung der deutschen Kampfgruppe durch das Kattegat
- Anwesenheit der Kampfgruppe in den Fjorden um Bergen
- Auslaufbewegung der inzwischen identifizierten deutschen Schiffe aus Norwegen
- Passage der deutschen Kampfgruppe durch die Dänemarkstraße,

der gut geheimgehaltene Anmarsch zweier britischer Schlachtschiffverbände auf die Atlantikausgänge um Island –
all dies bewirkte, daß der von der eigenen Luftaufklärung nur unzureichend unterstützte, über die Schiffsbelegung in Scapa Flow an den entscheidenden Tagen irreführend unterrichtete und folglich von der Gruppe Nord zum angeblich ungefährdeten Weitermarsch animierte Lütjens, ohne es zu ahnen, mit seiner Kampfgruppe in ein offenes Messer lief.

Nach dem Island-Gefecht war Lütjens die Freiheit taktischer Entscheidung genommen, wie er sie bis zur Begegnung mit *Suffolk* und *Norfolk* am Vorabend noch besessen hatte. Nunmehr bestimmte die Wirkung der von *Prince of Wales* auf *Bismarck* erzielten Artillerietreffer den weiteren Verlauf der »Rheinübung«. Sie zwang Lütjens zur Unterbrechung der Operation, dazu, mit *Bismarck* auf die westfranzösische Küste zuzulaufen – durch Seeräume, dicht genug an Großbritannien, um noch der feindlichen Luftfernaufklärung ausgesetzt zu sein. Die dann beginnende, an Spannungsgehalt kaum zu überbietende Verfolgung *Bismarcks* auf seinem jetzt noch mehr als siebzehnhundert Seemeilen langen Weg nach St. Nazaire führte für beide Seiten zu erregenden Wechselfällen des Glücks, nacheinander steigenden und fallenden Hoffnungen, dem fortgesetzten Pendeln zwischen hohem Optimismus und abgrundtiefer Enttäuschung. Der Feind verlor die Fühlung an *Bismarck* und gewann sie wieder, die Trefferwirkung von *Prince of Wales* und unterlassenes Nachbeölen in Norwegen oder aus der *Weißenburg* verschärften die Brennstofflage *Bismarcks,* verhinderten das Laufen höherer, vielleicht rettender Fahrtstufen und ein Ausholen in den Atlantik. Es folgten die Verkrüppelung des Schiffes durch den Rudertreffer und der Untergang – am Ende eines Weges, der *Bismarck* seit seiner Entdekkung in Norwegen über insgesamt fast dreitausend Seemeilen hinweg geführt hatte.

Der Verlust des Schiffes und fast seiner gesamten Besatzung war ein bitterer und die Herzen zutiefst bewegender Schlag. Er blieb aber, und das muß um der geschichtlichen Wahrheit willen auch gesagt werden, im Rahmen der damals von der Seekriegsleitung und Lütjens bewußt eingegangenen Risiken, war keine Folge eines unvorhersehbaren Schicksals, auch war er nicht im klassischen Sinne tragisch, nicht in der Persönlichkeit des Flottenchefs angelegt.

Die Folgen des Untergangs von *Bismarck* waren für die Führung des Seekrieges einschneidend. Kurz danach versenkten britische Seestreitkräfte im Anschluß an eine erfolgreiche Suchaktion sechs zur Nachschuborganisation für die deutsche Atlantikkriegführung gehörende Dampfer, die Organisation selbst wurde dadurch entscheidend getroffen. Größere und auf längere Dauer angelegte Operationen unserer Überwasserstreitkräfte im Atlantik waren nun nicht mehr möglich. Toveys Wort vom 26. Mai: »Die Versenkung des *Bismarck* kann eine Wirkung auf den Krieg als Ganzes haben, die für den Feind weit mehr bedeutet als nur den Verlust eines Schlachtschiffes« hatte sich erfüllt.

Es ist fast vierzig Jahre her, seit *Bismarck* um 10.39 Uhr am 27. Mai 1941 sank. Er liegt noch immer auf 48° 10′ Nord und 16° 12′ West, nicht weit und doch eine Ewigkeit von seinem damaligen Ziel St. Nazaire entfernt. Mit seinem Untergang dämmerte schon das Ende des Zeitalters der Schlachtschiffe herauf, das er als ein triumphales Werk der Technik verkörpert hatte und das von ihm und seiner tapferen, gefallenen Besatzung zwar nur kurz, aber doch in unauslöschlicher Weise mit geprägt worden war.

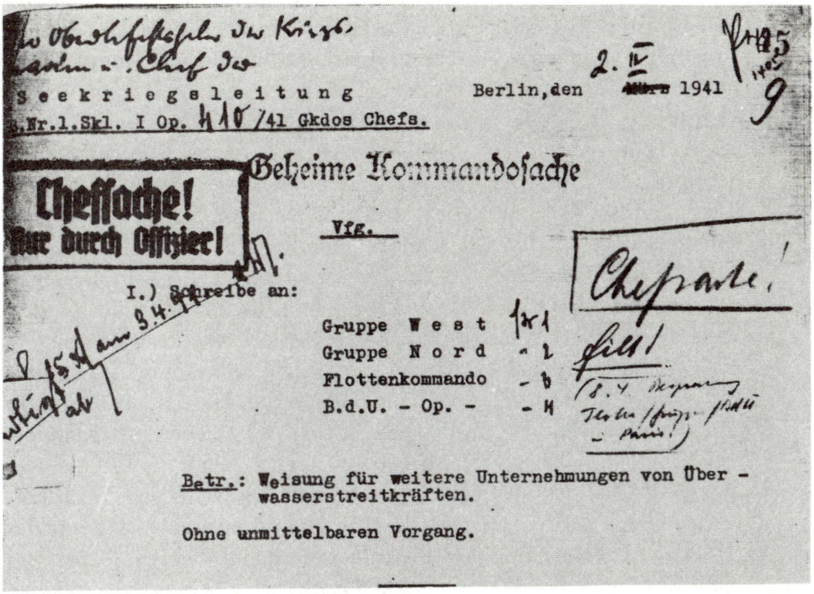

Seekriegsleitung

B.Nr.1.Skl. I Op. 410/41 Gkdos Chefs.

Berlin, den 2. IV 1941

Geheime Kommandosache

Chefsache!
Nur durch Offizier!

Vfg.

I.) Schreibe an:

Gruppe West
Gruppe Nord
Flottenkommando
B.d.U. - Op. -

Betr.: Weisung für weitere Unternehmungen von Überwasserstreitkräften.

Ohne unmittelbaren Vorgang.

I. Die Kriegführung im vergangenen Winterhalbjahr hat sich im wesentlichen entsprechend den Weisungen der Skl. für die Winter-Kriegführung 40/41 abgespielt (Skl. I Op. 2270/41 Chefs.) und in der ersten längeren Schlachtschiffunternehmung im freien Seeraum des Atlantik ihren Abschluß gefunden.

Diese erste Schlachtschiffunternehmung sowie die Unternehmungen des Kreuzers *Hipper* haben neben den beträchtlichen taktischen Erfolgen gezeigt, welche erheblichen strategischen Auswirkungen durch einen derartigen Einsatz der Überwasserstreitkräfte erreicht werden können. Diese strategischen Wirkungen erstrecken sich nicht nur auf den zum Operationsgebiet gewählten Seeraum, sondern greifen auch auf andere Kriegsschauplätze (Mittelmeer, Südatlantik) über.

Es muß das Bestreben der Seekriegführung sein, durch möglichst häufige Wiederholung derartiger Operationen ihre Wirkung zu erhalten und zu vertiefen. Hierzu müssen die bisher gewonnenen Erfahrungen ausgenutzt und die Operationen selbst noch weiter ausgebaut werden.

Als entscheidendes Ziel der deutschen Seekriegführung im Kampf gegen England muß im Auge behalten werden, daß es darauf ankommt, die englische Zufuhr vernichtend zu treffen. Dieses Ziel läßt sich am besten und wirkungsvollsten nur im Nordatlantik erreichen, wo alle englischen Zufuhr-

wege zusammenlaufen und wo die nötigste Zufuhr – auch bei Ausfall von Zufuhrwegen in weiter abgesetzten Meeren – England auf dem unmittelbaren Wege von Nordamerika her immer noch erreichen kann. Der Einsatz und das Operationsgebiet der Schlachtschiffe und Kreuzer muß diesem Gesichtspunkt Rechnung tragen.
Die Erringung der Seeherrschaft im Nordatlantik als umfassendste Lösung dieser Aufgabe ist bei dem augenblicklich auf unserer Seite möglichen Kräfteeinsatz und bei dem Zwang, mit unseren zahlenmäßig geringen Kräften hauszuhalten, vorerst nicht erreichbar, eine örtlich und zeitlich begrenzte Seeherrschaft in diesem Seegebiet ist jedoch anzustreben und schrittweise planmäßig und zielbewußt auszubauen.
Bei der ersten Schlachtschiffunternehmung im Atlantik konnte der Gegner unseren beiden Schlachtschiffen auf den beiden Hauptzufuhrwegen in jedem Falle eines seiner Schlachtschiffe entgegenstellen. Es hat sich jedoch gezeigt, daß er mit diesem Schutz seiner Geleitzüge offenbar an die Grenze des für ihn Möglichen herangegangen ist und daß er eine entscheidende Verstärkung der Sicherung nur vornehmen kann, wenn er für ihn wichtige Positionen (Mittelmeer, Heimat) schwächt oder den Geleitzugverkehr einschränkt. (Geleit durch amerikanische Kriegsschiffe oder aktives Eingreifen der USA werden neue Entscheidungen notwendig machen.)
Es muß also darauf ankommen, den Gegner einerseits durch ständige Änderung der eigenen Kriegführungsmethoden und großräumigen Wechsel der Operationsgebiete zu weiterer Zersplitterung seiner Kräfte zu veranlassen, um andererseits mit zusammengefaßter Kraft gegen die so entstehenden Schwächepunkte des Gegners vorzustoßen.
Sobald beide Schlachtschiffe vom Typ *Bismarck* für den Einsatz zur Verfügung stehen, kann es, soweit heute zu übersehen, möglich werden, den Kampf mit der Sicherung feindlicher Geleitzüge bewußt zu suchen und nach ihrer Vernichtung die Geleitzüge selbst zu zerschlagen. Bis zu diesem Zeitpunkt kann dieser Weg jedoch noch nicht eingegangen werden, doch wird es als Zwischenstufe auch jetzt schon möglich sein, durch Waffeneinsatz des Schlachtschiffes *Bismarck* die feindliche Sicherung zu binden, um gleichzeitig mit den übrigen beteiligten Einheiten auf den Geleitzug selbst zu operieren. Hierbei wird zu Beginn der Operation das Moment der Überraschung eine besonders günstige Rolle spielen, da ein Teil der eingesetzten Einheiten erstmalig in Erscheinung tritt und nach den Erfahrungen aus dem bisherigen Einsatz der Schlachtschiffe der Gegner der Auffassung sein wird, daß zum Schutz der Geleitzüge *ein* Schlachtschiff ausreicht.

II. Die Kriegführung im Sommerhalbjahr 1941 wird in ihren Grundzügen beherrscht durch die Bindungen des Falles »Barbarossa«. Die entsprechen-

den allgemeinen Weisungen sind mit Skl. I op 262/41 Chefs. vom 6.3.41 erteilt.
Schwerpunktlage, Kräftezuteilung in großen Zügen und Aufgabe in den Gruppenbereichen gehen aus dieser Weisung hervor.
Im folgenden wird deshalb nur die Weisung für den nächsten Einsatz von Schlachtschiffen und Kreuzern im Atlantik gegeben.

III. Weisung für den Einsatz der Schlachtschiffe *Bismarck* und *Gneisenau* und des Kreuzers *Prinz Eugen* ab Ende April im Nordatlantik

1.) Zu einem möglichst frühen Zeitpunkt, nach Möglichkeit noch in der Neumondperiode des April, sind unter Führung des Flottenchefs *Bismarck* und *Prinz Eugen* zu einer Zufuhrkriegsunternehmung im Atlantik einzusetzen.
Zu einem durch die Beendigung der augenblicklichen Reparaturzeit gegebenen Zeitpunkt ist *Gneisenau* ebenfalls im Atlantik anzusetzen.

2.) Nach den Erfahrungen der letzten Schlachtschiffunternehmung erscheint eine Vereinigung von *Gneisenau* und der *Bismarck*-Gruppe zweckmäßig, jedoch kann vor dieser Vereinigung ein Diversionsstoß der *Gneisenau* in das Seegebiet zwischen Kap Verden und Azoren vorgesehen werden.

3.) Der Schwere Kreuzer ist im allgemeinen in taktischem Zusammenhang mit *Bismarck* bzw. *Bismarck* und *Gneisenau* einzusetzen.
Die Nachteile, welche durch die Mitführung des Kreuzers mit geringerem Aktionsradius in Kauf genommen werden, werden aufgehoben durch den Vorteil der Vergrößerung der Suchbreite des Verbandes, durch die Verfügbarkeit eines vor allem zum Ansatz gegen leichte Streitkräfte und Fühlunghalter geeigneten Schiffes und das Vorhandensein einer starken Torpedoarmierung, welche sich sowohl beim Angriff gegen stark gesicherte Geleitzüge, als auch beim Absetzen von überlegenen Feindstreitkräften nützlich erweisen kann.
Die Erschwerungen durch den geringeren Fahrbereich müssen durch entsprechende Aufstellung der Tanker bzw. zeitweise Entlassung des Kreuzers zur Beölung, notfalls auch durch Brennstoffabgabe *Bismarck* an den Kreuzer, überbrückt werden.
Eine Entlassung oder Entsendung des Kreuzers zu Sonderaufgaben bleibt der operativen Führung bzw. dem Flottenchef in See freigestellt.

4.) Im Gegensatz zu der bisherigen Weisung für das Schlachtschiff-Treffen *Gneisenau – Scharnhorst* ist es die Aufgabe dieser Kampfgruppe, auch gesicherte Geleitzüge anzugreifen, wobei es jedoch nicht Aufgabe des Schlachtschiffes *Bismarck* sein soll, unter starkem eigenen Einsatz gleich starke Gegner niederzukämpfen, sondern vielmehr, sie nach

Möglichkeit in einem hinhaltenden Gefecht unter möglichster Schonung der eigenen Kampfkraft so zu binden, daß den anderen Schiffen der Kampfgruppe das Anfassen der Schutzobjekte des Geleitzuges möglich ist.

Hauptaufgabe auch dieser Operation ist die Vernichtung feindlichen Schiffsraumes, die Bekämpfung feindlicher Kriegsschiffe nur so weit, wie es die Hauptaufgabe nötig macht und wie es ohne allzu großes Risiko geschehen kann.

5.) Als Operationsgebiet wird der gesamte Nordatlantik nördlich des Äquators mit Ausnahme der Hoheitsgewässer neutraler Staaten (3 sm Grenze) freigegeben.

Mit einer Achtung der amerikanischen Neutralitätszone braucht zum Zeitpunkt der Operation aller Voraussicht nach nicht mehr gerechnet zu werden. Wegen der Gefahr der Beschattung durch USA-Streitkräfte erscheint jedoch die Aufstellung von Troß- oder Tankschiffen in der bisherigen Neutralitätszone, soweit sie im Bereiche der USA liegt, nicht zweckmäßig.

6.) Die bisherigen Erfahrungen haben gezeigt, daß die vorliegenden Kenntnisse über Geleitzugwege und Fahrpläne zu einem zeitlich und örtlich genau bestimmbaren Erfassen von Geleitzügen, wie zu erwarten, in der Weite des Raumes nicht ausreichen. Erschwerend fallen die Wettergegebenheiten des Atlantik durch Sichtbeschränkung und Ausfall der Bordflugzeugverwendung zeitweise stark ins Gewicht.

Der Wirkungsgrad der Operation muß deshalb durch eine Aufklärung in jeder möglichen Form verbessert werden. Hierfür kommen in Frage:

a) U-Boote:

Der Verlauf der letzten Schlachtschiffunternehmung hat gezeigt, daß das gleichzeitige Operieren von Überwasserstreitkräften und U-Booten im gleichen Operationsgebiet für beide Teile Vorteile bringen kann. Hierfür ist eine unmittelbare Nachrichtenverbindungsmöglichkeit zwischen den Überwasserstreitkräften und U-Booten notwendig und in Zukunft vorzusehen. Eine Ergänzung des U-Boot-Kurzsignalheftes und Anbordgabe desselben auf die Schiffe ist vorzunehmen.

Beim Einsatz von U-Booten als Aufklärer für Überwasserstreitkräfte wird es sich im allgemeinen nicht empfehlen, diese gemeinsam mit den Schlachtschiffen in einem Aufklärungsstreifen marschieren zu lassen, da hierdurch die Schiffe zu unbeweglich werden würden. Es wird daher zweckmäßig sein, die U-Boote in dem beabsichtigten Operationsgebiet in Form einer Standlinien-Aufklärung anzusetzen und sie mit unmittelbarer Meldung gesichteter Angriffsziele an die

Schlachtschiffe und weiterem Fühlunghalten bzw. auch Angriff zu beauftragen.
Andererseits wird der Verbandschef durch Abgabe von Fühlunghalter-Meldungen und unmittelbare Ansatzbefehle die U-Boote an von ihm gesichtete Geleitzüge heranführen können.
Für die vorgesehene Operation wird – unter der Voraussetzung, daß die demnächst beabsichtigten, der Vorbereitung der Operation dienenden Besprechungen keine anderen, günstigeren Lösungsmöglichkeiten ergeben – zur weiteren Erprobung dieser Zusammenarbeit deshalb folgendes angeordnet:

1.) Das Süd-Operationsgebiet der U-Boote (Freetown-Bereich) ist während der Operationsdauer mit mindestens 2 Booten besetzt zu halten. Diese Boote bleiben dem B. d. U. unterstellt. Sobald sich jedoch Gelegenheit zum unmittelbaren Zusammenoperieren mit den Flottenstreitkräften ergibt, hat der Flottenchef das Recht, den Booten unmittelbare Einsatzbefehle zu geben.
2.) 2 oder mehr Boote der Nordgruppe werden auf dem Halifax-England-Geleitweg soweit nach Westen herausgesetzt, daß sie ein Operieren des Flottenchefs zwischen 30 und 45° West durch Aufklärung und Angriff unterstützen können.
Unterstellung und Befehlserteilung wie unter 1.).
3.) Durch zusätzliche Ausrüstung der Troß- bzw. Begleitschiffe ist eine Versorgungsmöglichkeit dieser U-Boote sowohl mit Betriebsstoff, als auch mit Proviant und Munition vorzusehen. Steuerung der Versorgung durch B. d. U. bzw. Flottenchef.

b) Aufklärungsschiffe:
Außer dem Einsatz von U-Booten besteht die Möglichkeit des Einsatzes von getarnten Schiffen als Aufklärer für den Flottenverband.
Dieser Einsatz kann sowohl in taktischem Zusammenhang mit dem Kampfverband als auch in besonderen – abgesetzten – Aufklärungsräumen erfolgen. Für erstere Verwendung eignen sich Schiffe, welche, nach Möglichkeit Ölbrenner, über einen genügenden Fahrbereich und eine Dauergeschwindigkeit von mindestens 12 kn verfügen. Für letztere Teilaufgabe kommen auch Schiffe in Frage, welche mangels dieser Eigenschaft für taktische Zusammenarbeit mit der Flotte im Verband nicht eingesetzt werden können.
Es wird angestrebt, 2 geeignete Schiffe für den Einsatz im erstgenannten Sinne bereitzustellen. Auch die Verwendung von während der Unternehmung aufgebrachten Prisen für diesen Zweck kommt in Frage.

Außerdem wird die Gruppe West beauftragt, den Einsatz einiger der als Prisen eingebrachten Walfänger in erstgenanntem Sinne und der Schiffe »13« und »24« in zweitgenanntem Sinne zu prüfen und g. F. vorzusehen.

Die durch neu angefallene Transportaufgaben außerordentlich gespannte Lage bezüglich des Schiffsraumes wird die Bereitstellung weiterer besonderer Schiffe für diesen Zweck kaum möglich machen, doch wird diese Frage, ebenso wie der Einsatz von Schiff »23« und *Togo* für Aufklärungszwecke im Oberkommando der Kriegsmarine geprüft.

c) Flugzeugmutterschiffe:

Die Frage der Bereitstellung derartiger Schiffe (Katapult; zwei bis drei Flugzeuge, Landesegel) wird zur Zeit im Oberkommando der Kriegsmarine geprüft. Die vorhandenen Schleuderschiffe *Friesenland* und *Schwabenland* sind ungeeignet.

d) Troßschiffe:

Der Einsatz der Troßschiffe für die taktische Zusammenarbeit mit dem Flottenverband hat sich bei der letzten Unternehmung außerordentlich nützlich erwiesen. Trotzdem sollten diese Schiffe nur, wenn alle anderen Möglichkeiten versagen, für diese Aufgabe eingesetzt werden, da ihr Verlust nicht nur für diese, sondern auch für spätere Operationen mit größeren Verbänden einschneidend nachteilige Folgen haben würde und außerdem noch wertvollste Ladung (Munition) mit exponiert wird. Mit dieser Einschränkung bleibt dem Flottenchef ihr Einsatz jedoch anheimgestellt.

Das Gleiche gilt für die Begleittanker.

7.) An Troßschiffen steht *Ermland*, an Begleittankern *Heide*, *Weißenburg*, *Brehme*, *Esso*, *Ill*, *Spichern* und *Lothringen* zur Verfügung.

Es ist dafür Sorge zu tragen, daß durch angeordnete Umbauten bzw. Einbauten die erforderlichen Bereitstellungstermine nicht gestört werden. Gegebenenfalls müssen Schiffe, auf denen derartige Arbeiten angeordnet und nicht zeitgerecht beendet werden können, als Reservetanker eingesetzt werden.

*Thorn* und *Egerland* sind, da für andere Zwecke bereitgestellt, vorerst nicht verfügbar.

*Uckermark* kann wegen Einsatz für Kreuzer *Lützow* voraussichtlich nicht verfügbar gemacht werden, weitere Troßschiffe (*Dithmarschen*, *Kärnten*, *Passat*) werden voraussichtlich erst zu späteren Terminen (1. 7., 1. 9., 1. 10.) einsatzbereit.

8.) Die Befehlsführung haben die Gruppenkommandos in ihren Bereichen. Die Führung in See hat der Flottenchef, ihm sind für die Dauer des

Zusammenoperierens die ihm zugeteilten U-Bootgruppen taktisch unterstellt (dem B. d. U. wird die Zuteilung eines U-Boot-Offiziers zum Stabe des Flottenchefs für die Dauer der Unternehmung empfohlen).

9.) Die Gruppen treten baldmöglichst mit dem Flottenkommando und B. d. U.-Op. – bezüglich der weiteren operativen Durchführung der Unternehmung in Verbindung und melden die sich hieraus ergebenden Absichten möglichst 14 Tage vor Operationsbeginn der Skl.

IV. Wie schon unter II. angedeutet, muß es das Bestreben sein, den Gegner durch weiträumigen Wechsel der Operationsgebiete vor neue Lagen zu stellen.

Bei weiterer Bewährung der bisherigen Operationsführung kann es in Frage kommen, die nächstfolgende Unternehmung bis in den Südatlantik auszudehnen.

Eine derartige Verlegung des Operationsgebietes kann sich auch als Folge der durchgeführten und der nächsten Operation als zweckmäßig erweisen, wenn die bisher angegriffenen Nordatlantikwege vom Gegner zunehmend stärker gesichert werden.

Erst wenn auch *Tirpitz* einsatzbereit sein wird, werden Angriffe auch gegen stark gesicherte Geleitzüge auf den Haupt-Zufuhrwegen des Nordatlantik gute Erfolgsaussichten haben.

Nach Fortfall der Bindungen durch die panamerikanische Neutralitätszone werden sich vor allem auf der Kreuzung der Seewege von Nord- und Mittelamerika nach Freetown und Zentralafrika (beträchtlicher militärischer Nachschub) mit der La Plata-Route, aber auch auf der Kap Freetown-Route gute Ansatzmöglichkeiten bieten.

Voraussetzung für eine derartige weit abgesetzte Operationsführung ist der Einsatz einer möglichst großen Zahl von Versorgungsschiffen. Die Skl. wird entsprechende Maßnahmen einleiten.

Der Zeitpunkt für diese Ausdehnung der Operation nach Süden muß vorerst noch offen bleiben. Die Mitteilung der Absicht erfolgt zu dem Zweck, Gruppenkommando West und Flotte die Möglichkeit zu geben, schon jetzt die gewonnenen Erfahrungen im Hinblick auf dieses neue Operationsgebiet auszuwerten.

gez. Raeder

## Allgemeiner Befehl für die Atlantikunternehmung

(Anlage 1 zu Flotte Gkdos 100/41 A1 Chefsache: Operationsbefehl des Flottenchefs für die Atlantikoperation mit *Bismarck* und *Prinz Eugen* – »Rheinübung« – vom 22. 4. 1941).

1.) Ziel der Operation ist eine möglichst große Schädigung des Feindes durch Vernichtung von Handelsschiffsraum und zwar möglichst von dem nach England laufenden.

2.) Die mit den Schlachtschiffen *Gneisenau* und *Scharnhorst* vom Januar bis Mitte März 1941 durchgeführte Unternehmung hat gezeigt, daß es trotz gewisser Anhaltspunkte, die der B-Dienst bezüglich der Auslaufdaten und der Wegeführung der Geleite gibt, in den großen Seeräumen außerordentlich schwierig ist und vom Zufall und Glück abhängt, ob ein Geleitzug mit den wenigen für den Einsatz zur Verfügung stehenden Einheiten gefaßt wird oder nicht.

   Ich beabsichtige daher den Ansatz der Schiffe nicht ausschließlich auf den Angriff von Geleitzügen abzustellen, sondern vielmehr von Anfang an auch Einzelfahrer aufzubringen bzw. zu vernichten. Soweit zeitlich möglich, wird der Ansatz im Operationsgebiet aber so erfolgen, daß dabei die Aussicht besteht, einen Geleitzug zu fassen.

3.) Angriff auf Geleitzüge

   Die bei der Unternehmung der Schlachtschiffe angetroffenen Geleitzüge waren jeweils durch ein Schlachtschiff und in einem Falle zusätzlich durch zwei Kreuzer und zwei Zerstörer gesichert. Mit ähnlich starker Sicherung muß auch in Zukunft gerechnet werden. Die operativen Weisungen der Seekriegsleitung und Gruppe West erlauben den Einsatz von *Bismarck* nur zur Bindung eines zur Sicherung beim Geleitzug stehenden Schlachtschiffes, soweit das ohne vollen Einsatz möglich ist, unter der Voraussetzung, daß für *Prinz Eugen* hierdurch Erfolgsaussichten gegen die Restsicherung oder den Geleitzug eintreten.

   Der Ansatz der beiden Schiffe *Bismarck* und *Prinz Eugen* gegen einen Geleitzug muß dementsprechend von zwei Seiten erfolgen. Ansatz und Angriffsbefehl erfolgt in jedem Fall durch Flottenchef.

   Ohne in Gefechtsberührung zu kommen, wird sich aber im allgemeinen nur durch Einsatz eines Bordflugzeuges die genaue Stärke der bei einem Geleitzug stehenden Sicherung feststellen lassen. Dieser Einsatz ist aber von der taktischen und der Wetterlage abhängig und daher auf der Halifax-England-Route nur in seltenen Fällen möglich. Es muß also damit gerechnet werden, daß *Prinz Eugen* beim Ansatz noch auf eine Sicherung durch Kreuzer trifft, auch wenn es gelingt, das schwere Schiff durch *Bismarck* abzuziehen. Tritt

dieser Fall ein, so ist der Angriff des Kreuzers auf den Geleitzug unter gleichzeitiger Meldung abzubrechen. Aber auch dann, wenn nur ein schweres Schiff allein beim Geleitzug steht, wird der Gegner mit diesem, wenn er sich taktisch richtig verhält, in unmittelbarer Nähe des Geleitzuges bleiben und ihn so nach allen Seiten sichern. In diesem Fall kommt der Angriff des Kreuzers nicht in Frage, sondern nur dann, wenn das schwere Schiff sich durch *Bismarck* so weit von seinem Schutzobjekt abziehen läßt, daß für den Kreuzer die Möglichkeit besteht, auf wirksame Schußentfernung an den Geleitzug heranzukommen.
Stehen die Schiffe im Aufklärungsstreifen und *Prinz Eugen* bekommt einen Geleitzug in Sicht, so meldet er durch Kurzsignal auf Nahzone und hält an der äußersten Grenze der Sicht Fühlung (rauchlos). Mit Rücksicht auf die Notwendigkeit späteren überraschenden Angriffs kann es nicht Aufgabe des Kreuzers sein, die Stärke der Sicherung festzustellen, das muß *Bismarck* überlassen bleiben. Gelingt der Angriff auf einen Geleitzug, so kommt es darauf an, möglichst viele Dampfer unter Wasser zu bringen. Ein schwach gesicherter Geleitzug wird beim Angriff bestimmt vom Geleitzugführer aufgelöst. In diesem Falle muß zunächst eine möglichst große Zahl von Dampfern bewegungsunfähig geschossen werden. (Das Versenken kann später erfolgen.) Hierzu sind alle Batterien mit genauer Zielanweisung auf möglichst geringe Entfernungen – dem Kaliber entsprechend – einzusetzen. (Schwere und Mittelartillerie mit Kopfzünder und Bodenzünder, Schwere Flak mit Kopfzünder ). Erst wenn kein fahrbereiter Dampfer mehr in Sicht des betreffenden Schiffes ist, sind die vorher »lahm geschossenen« Dampfer zu versenken. Hierbei ist zur Munitionsersparnis die Schwere Flak mit Kopfzünder folgendermaßen einzusetzen: Auf 500–300 Meter an das Schiff herangehen und dann mit den besten Geschützführern Einzelschüsse in die Wasserlinie schießen. Feuern nur beim Aufschlingern. Alle Abteilungen des Dampfers leck schießen (Größter Raum ist der Maschinenraum). Mit 3,7 cm Munition sind in den oberen Teil des Dampfers Löcher zu schießen, damit beim Vollaufen der Räume die Luft oben entweichen kann.
*Prinz Eugen* setzt beim Angriff auf einen Geleitzug auch die Torpedowaffe mit ein. Handelt es sich um einen stark gesicherten Geleitzug, so wird, wenn überhaupt, nur kurze Zeit für den Angriff des Kreuzers zur Verfügung stehen. Diese muß weitmöglichst ausgenutzt werden. Es kommt also in diesem Falle ganz besonders auf Beschleunigung an. Die Dampfer sind daher in erster Linie mit Torpedo zu versenken.
Das Vernichtungswerk darf durch Rettungsaktionen nicht verzögert werden.
Die Rettung Schiffbrüchiger, insbesondere derjenigen eines angegriffenen Geleitzuges, kann zu einer starken Gefährdung der eigenen Schiffe durch

feindliche U-Boote oder auch Überwasserstreitkräfte führen. In solchen Fällen ist die Sorge für das eigene Schiff der Rücksichtnahme auf die Rettung Schiffbrüchiger voranzustellen. Gegebenenfalls ist ein kleiner Dampfer zu schonen und mit der Rettung Überlebender zu beauftragen.

4.) Einzelfahrer

Solange ein anderer Befehl nicht gegeben wird, werden alle angetroffenen Einzeldampfer aufgebracht oder vernichtet. Solange die Wetterlage das Aussetzen von Booten zuläßt, werden die Dampfer untersucht und soweit sie selbst wertvoll sind oder entsprechende Ladung haben und fahrbereit sind, eingebracht. (Brennstoffbestand, Proviant usw. prüfen). Tanker, die über 10 Knoten laufen, Kühlschiffe und schnelle Motorschiffe sind, wenn fahrbereit – gleichgültig ob sie beladen sind oder nicht – grundsätzlich aufzubringen und mit einem Prisenkommando auf dem befohlenen Wege in die Girondemündung einzubringen.

Die Erfahrung hat gezeigt, daß es zweckmäßig ist, Prisen nicht sofort nach dem Aufbringen in die Biskaya einzubringen, sondern sie, insbesondere dann, wenn vorher gefunkt worden ist, einige Wochen in einem verkehrsarmen Seegebiet abzustellen und erst dann zeitlich gestaffelt den Marsch nach der Gironde antreten zu lassen, um zu verhindern, daß der Gegner die Schiffe beim Ansteuern der Biskaya abfängt. Hierzu ist es unter Umständen notwendig, die Prisen zusätzlich mit Proviant auszurüsten und zur Brennstoffergänzung zu einem Begleittanker zu entsenden. Das Inmarschsetzen von Prisen ist durch Kurzsignal zu melden.

Prisen dürfen auf keinen Fall in Feindeshand fallen, Vorkehrungen für kurzfristige Selbstversenkung sind daher in jedem Falle sofort nach Anbordkommen des Prisenkommandos sorgfältig zu treffen.

Zur Untersuchung der Dampfer ist ein Untersuchungskommando abzuteilen. Zum Einbringen von Prisen hat jedes Schiff drei Prisenbesatzungen zusätzlich an Bord, zwei weitere sind aus der Besatzung abzuteilen, Ausrüstungen griffbereit zu lagern. Prisenkommandos eingehend über Aufgaben an Bord des Dampfers unterrichten. Alle auf der Brücke, im Kartenhaus, im Funkraum, in den Taschen des Kapitäns und auch sonst vorgefundenen Bücher, Schlüsselunterlagen, Hefte, Tabellen und Zettel sind mitzubringen und an Bord der Schiffe durch sprachkundige Offiziere zu prüfen.

Beim Ansteuern eines Einzelfahrers englische Flagge setzen, Turm auf Null Grad, um kein Mißtrauen zu erregen. Signal zum Stoppen setzen, Verbot des Funkens. Die Abgabe bzw. das Durchbringen einer Funkwarnmeldung muß, soweit irgend möglich, verhindert werden. Hierzu ist folgendermaßen zu verfahren:

a.) Falls der Dampfer schon funkt, bevor das Schiff auf Schußentfernung herangekommen ist, so ist die Abgabe des Funkspruchs durch Absetzen eines vorbereiteten Funkspruches (in englischer Sprache) oder Wetterfunkspruch zu stören. Sobald der Dampfer in sicherer artilleristischer Reichweite ist, Feuer eröffnen. Hierbei möglichst die Brückenaufbauten unter Feuer nehmen. (Der Funkraum liegt auf Dampfern meist hinter oder unter der Brücke.)

b.) Funkt der Dampfer erst innerhalb der »wirksamen Reichweite« der Schweren Flak, sofort mit dieser Feuer eröffnen und Funkbetrieb stören (wie zu a.).

Um Tanker und wertvolle Schiffe möglichst unbeschädigt in die Hand zu bekommen, nicht länger schießen, als zum Verhindern des Funkens nötig.
Gute Verbindung Funkraum-Brücke sicherstellen.
Dampfer so ansteuern, daß eine Seite Lee ist, Schiff schnell zum Stehen bringen, Verkehrsboot beschleunigt zu Wasser bringen.
Untersuchungskommando besetzt zunächst alle wichtige Stationen (Brücke, Kartenhaus, Funkraum, Maschinenraum) und läßt die Besatzung des Dampfers sofort an Oberdeck antreten.

# Einbruch in den Geheimschlüssel?

Ich bin wiederholt gefragt worden, ob der schon zu Beginn des Zweiten Weltkrieges erzielte britische Einbruch in den deutschen Marinegeheimschlüssel bei der Verfolgung und Vernichtung des *Bismarck* eine Rolle gespielt habe. Anlaß zu solcher Vermutung gibt eine neuere Literatur, die diesen noch lange Jahre nach dem Krieg diskret behandelten Vorgang in zum Teil aufsehenerregender Weise beschrieben hat.[1] Den britischen Fachleuten war es seinerzeit gelungen, einen Teil des deutschen operativen Funkverkehrs so rasch zu entschlüsseln, daß die Admiralität in London entsprechende Gegenoperationen rechtzeitig einleiten und mitunter die Absichten der deutschen Seekriegsleitung vereiteln konnte. Im Mai 1941 waren die Briten aber noch nicht in der Lage, den geheimen Funkverkehr zwischen *Bismarck* und den einheimischen Dienststellen mitzulesen. Es trifft zwar zu, daß sie in der zweiten Maiwoche Funkmeldungen der deutschen Luftaufklärung – die allerdings, den beschränkten Schlüsselmitteln eines Flugzeuges entsprechend, nur leicht verschlüsselt worden waren – entziffern und daraus auf einen bevorstehenden Ausbruch deutscher Seestreitkräfte in den Atlantik schließen konnten. Gleichfalls konnten sie während der »Rheinübung« aus wiederum leicht verschlüsselten Funkmeldungen der deutschen Luftwaffe die von Frankreich her beabsichtigte Bereitstellung einer Luftsicherung für *Bismarck* ab dem 26. Mai herauslesen. Aber in der Hauptsache waren es noch die damaligen konventionellen Aufklärungsmethoden, denen die Briten ihre Erfolge gegen die »Rheinübung« verdankten.

# Anmerkungen

## I
## Indienststellung, Ausbildung und Erprobungen

1 Die Quelle für diese Angabe ist die U. S. Naval Technical Mission in Europe. Deren Dokumente umfassen auch Bauberechnungen für *Bismarck* und *Tirpitz*. Eine Unterlage besagt, daß *Bismarck* nach seiner Fertigstellung 1941 bei einem Tiefgang von 10,84 Meter, also bei vollster Zuladung, 53 546 metrische Tonnen verdrängte.
2 »Aufklarer« bezeichnete denjenigen Soldaten, der ständig dazu abgeteilt war, die von einem bestimmten Vorgesetzten bewohnte Kammer täglich zu reinigen und instandzuhalten.
3 Der Rollenoffizier unterstützte den Ersten Offizier in der Verteilung der seemänischen Besatzung auf die einzelnen Gefechtsstationen, wie in der Gefechts- oder Klarschiffrolle festgelegt. Auf deren Grundlage wurden die Einteilung der Divisionen geregelt und die sonstigen Rollenstationen bestimmt. Die Besatzung mußte so auf die Wohndecks und Kammern verteilt sein, daß jedermann seine Gefechtsstation auf möglichst kurzem Weg und unter Vermeiden von Quer- und Gegenverkehr erreichen konnte.
4 »Lee« ist der seemännische Ausdruck für die Richtung, in die der Wind weht. Die vor Wind und See geschützte Seite ist die Leeseite. »Lee geben« bedeutete im vorliegenden Fall, daß der Fischkutter im Windschatten *Bismarcks* lief und damit gleichzeitig in ruhigerem Wasser.

## Kommende Kriegsaufgaben

1 Scapa Flow, große Bucht der Orkney-Inseln, Hauptstützpunkt der britischen Heimatflotte.

## Die Operationsbefehle zur »Rheinübung«

1 »Weisung für weitere Unternehmungen von Überwasserstreitkräften«, SKL.1. SKL I Op 410/41 gKdos Chefsache vom 2. April 1941. Im Originalwortlaut im Anhang wiedergegeben.
2 Also außerdem *Tirpitz*.
3 Bezieht sich auf *Bismarck* und *Prinz Eugen*.
4 Das Schwesterschiff der *Gneisenau*, die *Scharnhorst* war wegen einer damals plötzlich notwendig gewordenen und länger andauernden Maschinenreparatur nicht einsatzbereit.

5 »Operationsbefehl des Flottenchefs für die Atlantikoperation mit *Bismarck* und *Prinz Eugen* (Deckbezeichnung ›Rheinübung‹), Flottenkommando B. Nr. gKdos 100/41 A1 Chefsache« vom 22. April 1941. Dessen Anlage 1 »Allgemeiner Befehl für die Atlantikunternehmung« ist im Anhang auszugsweise wiedergegeben.

## II
## Auslaufen aus Gotenhafen

1 Der hierzu von mir befragte Vizeadmiral a. D. Helmuth Brinkmann, damals Kommandant des Kreuzers *Prinz Eugen* und als solcher bei der Besprechung auf *Bismarck* anwesend, kann sich nicht erinnern, daß Lütjens Näheres hierzu erklärt hat.
2 Die Schiffslautsprecher waren über Ober-, Batterie- und Zwischendeck in ausreichender Anzahl verteilt.
3 »Dümpeln«: sich im Seegang bewegen, mit Bug und Heck abwechselnd in die See ein-, dann wieder austauchen.

### Ein britischer Marineattaché in Stockholm

1 Den Namen dieses Offiziers hat Roscher Lund stets geheimgehalten. Er sprach von ihm nur als von seiner »Quelle«. Deren Identität ergibt sich aber inzwischen zweifelsfrei aus den Büchern von Ludovic Kennedy, *Pursuit,* London, 1974, Seite 19, und Patrick Beesly, *Very Special Intelligence,* London 1977, wo es auf Seite 75 u. a. heißt: »Es gab jedoch gewisse Schweden, die für ihre besiegten Vettern, die Norweger, und für die Briten leidenschaftliche Sympathien hegten. Ein solcher war Major Törnberg, Stabschef des Leiters des schwedischen Geheimdienstes. Er war mit dem norwegischen Militärattaché, Oberst Roscher Lund, und mit dem britischen Marineattaché, Captain Henry Denham, befreundet, der seit seiner Ankunft in Stockholm im Vorjahr hart daran gearbeitet hatte, Freunde zu gewinnen und Menschen zu beeinflussen.«

### Vor Anker in Grimstad Fjord

1 Der Schwere Kreuzer *Admiral Hipper* galt als Typschiff der Klasse, zu der *Prinz Eugen* gehörte.
2 Also wie *Prinz Eugen.*
3 In der Literatur zum Schlachtschiff *Bismarck* ist übrigens auf den »Widerspruch« hingewiesen worden, in dem unser Zwischenaufenthalt in Norwegen zu der am 18. Mai in Gotenhafen von Lütjens erklärten Absicht stehe, direkt ins Nordmeer zur *Weißenburg* durchzulaufen (s. hierzu Jochen Brennecke, *Schlachtschiff Bismarck*, 4. Auflage, Herford 1967, Seiten 66, 278; Kennedy, a.a.O., Seite 40). Einen solchen Widerspruch sehe ich aber nicht als gegeben an. Lütjens hatte laut Kriegstagebuch *Bismarck* bei der Kommandantenbesprechung gesagt, daß er bei »geeigneter Wetterlage« durchlaufen wolle und vermutlich dabei den Begriff »geeignet« auch definiert, falls es einer solchen Definition überhaupt noch bedurfte. Als Nichtanwesender bei dieser Besprechung deute ich Lütjens so, daß er nur im Fall schlechter Sicht ohne Zwischenaufenthalt hatte durchlaufen wollen. Er konnte dann hoffen, beim Passieren der kritischen Shetland Enge von der feindlichen Luftaufklärung nicht bemerkt zu werden. Wenn das zutrifft,

dann wäre unser Einlaufen in die Fjorde bei dem so strahlenden Wetter am 21. Mai nicht nur kein Widerspruch zu seiner ursprünglichen Absicht gewesen. Im Gegenteil, er hätte nichts weiter getan, als diese auszuführen.
Daß dann trotz des für den Ankertag angeforderten und gewährten Jagdfliegerschutzes ein höher fliegender britischer Aufklärer die beiden deutschen Kriegsschiffe mit der Folge ihrer unverzüglichen Identifizierung fotografierte, steht auf einem anderen Blatt. Denn schließlich lagen Bergen und dessen Umgebung im Bereich der britischen Luftnahaufklärung.

4 Hierzu findet sich ein Bleistiftvermerk in MGFA – DZ III M 307/5, »Vorbereitende Weisungen und Operationsbefehle der Seekriegsleitung«, Seite 281: »Diese Augenerkundung muß nach den *späteren* Erkenntnissen sehr stark angezweifelt werden. Die Form der Weitergabe scheint mir nicht. Sollte sie den Flottenchef veranlaßt haben, ohne Absetzen in den Nordraum, sofort den Durchbruch in den Atlantik zu versuchen, kann man sie nur als verhängnisvoll bezeichnen. LNB MNO (Unterschriftszeichen unleserlich).«
Und später, im Oktober 1942, kommentierte das Oberkommando der Kriegsmarine in seiner MDV 601 dieses Ergebnis der Aufklärungsflüge der Luftwaffe, wie folgt: »Nachträgliche Feststellungen lassen mit Sicherheit annehmen, daß die Augenerkundung vom 22. Mai, wonach vier Schlachtschiffe in Scapa Flow gelegen haben sollen, unrichtig war.«

5 Carls vermerkte hierzu im Kriegstagebuch der Gruppe Nord: »Letzteren Hinweis gebe ich an Flotte, da ich mir bei baldigem Auftreten im Atlantik die angedeutete Wirkung verspreche und ferner bei jedem Verzögern die Gefahr für die ohne Schutz durch Dunkelheit im Norden stehenden Schiffe größer wird. Auch will ich den Flottenchef für den Fall, daß er noch die Wahl zwischen Dänemarkstraße und südlicher Passage hat, auf letzteren, mir richtiger erscheinenden Weg, der Raum- und Zeitersparnis bedeutet, hinweisen.«
Praktisch stand Lütjens aber diese Wahl kaum noch offen, da er sich bei dem Empfang des Funkspruches bereits auf der Breite der Dänemarkstraße befand.

## Alarm in Scapa Flow

1 Siehe die irrtümliche Deutung unseres Zusammentreffens mit den Handelsschiffen oben auf Seite 85.

## Das Island-Gefecht

1 Captain S. W. Roskill sagt in seinem *The war at Sea*, Band 1, London 1976, Seite 398: »Admiral Holland muß auch geprüft haben, ob er den Feind besser auf hohe oder niedrige Entfernung bekämpfen solle. Er kannte die Entfernungen nicht, bei denen *Bismarck* durch das Geschützfeuer seiner eigenen Schiffe am verletzlichsten war. Doch wußte er, daß *Prince of Wales* vor gefährlichen Trefferfolgen auf Entfernungen bis herunter zu etwa einhundertzwanzig Hektometer sicher sein und *Hood* Treffern gegenüber zunehmend immuner werden würde, wenn die Entfernungen auf etwa einhundertzehn Hektometer sanken und die Geschoßflugbahnen flacher wurden. Auf hohe Entfernungen würde *Hood,* die keinen schweren Horizontalpanzer hatte, steil einfallendem schwerem Geschützfeuer gegenüber sehr verletzlich sein. Daher sprachen gewichtige Gründe dafür, dicht heranzugehen und *Bismarck* auf vergleichsweise niedrige Entfernungen zu bekämpfen.«

2 Im Jahr 1953 sagte mir der damalige Außenminister Islands, Bjarni Benediktsson, anläßlich eines vom Staatspräsidenten gegebenen Galadiners, zu dem ich als Geschäftsträger der Bundesrepublik ad interim eingeladen war, daß er den Gefechtslärm seinerzeit deutlich in der Hauptstadt gehört habe.

3 Durch Schieberverbesserungen werden die Seitenausschläge von Salven berichtigt.

4 Hierzu Russell Grenfell in *The Bismarck Episode,* London 1948, Seite 85: »Es wurde später bekannt, daß zwischen dem deutschen Admiral und dem Kommandanten des *Bismarck,* Lindemann, heftigere und längere Auseinandersetzungen stattgefunden hatten. Lindemann hätte sich stärkstens für eine Rückkehr nach Deutschland eingesetzt, während der Admiral auf einem Weiterlaufen nach Westen bestanden hätte.« Diese Darstellung halte ich für weit übertrieben. Es ist mir auch nichts davon bekannt, daß Lindemann über die Fortsetzung des Gefechts mit *Prince of Wales* hinaus so eindeutig die Rückkehr nach Deutschland befürwortet haben soll.

5 Die Leckwehr war etwa so aufgebaut: Zur Bekämpfung von Lecks, Feuer, Wasser und Gas gab es sechs Leckabwehrgruppen, und zwar je eine für die Abteilungen I–IV, V–VII, VIII–X, XI–XIII, XIV–XVII und XVIII–XXII. Jede Gruppe war 26 Mann stark und unterstand einem Gruppenführer (meist ein Obermaschinist) und einem Unterführer (Maat). Die Unterführer beaufsichtigten ihre Gruppen, deren Angehörige sie über wichtige Stellen verteilt hatten. Jeder Mann stand an einem Telefon. Außerdem hatte der Unterführer vier bis sechs Mann für Notfälle immer um sich. Im Fall eines Treffers oder einer bloßen Erschütterung kontrollierte jeder auf seiner Station die ihm zugewiesenen Zellen, Bunker oder Räume und meldete das Ergebnis über Telefon an seinen Unterführer, der die gesammelten Meldungen dem Gruppenführer durchgab. Dieser wiederum leitete die von den einzelnen Untergruppen eingegangenen Meldungen in einer Gesamtmeldung an die Kommandozentrale im Oberen Plattformdeck der Abteilung XIV, wo sie vom Ersten Offizier empfangen wurde. So war die Schiffsführung in kürzester Zeit über jede Trefferwirkung orientiert.

### *Nach dem Gefecht*

1 Mein eigener, allerdings recht unbestimmter Eindruck war, daß Reparaturversuche, wenn sie überhaupt begonnen worden waren, bald wieder aufgegeben wurden.

2 Vgl. Seite 107.

### Die Detachierung des Kreuzers *Prinz Eugen*

1 Der Funkspruch von 06.32 Uhr, mit dem das Gefecht gemeldet worden war, war von der Gruppe noch nicht aufgenommen worden; der Ergänzungsfunkspruch von 07.05 Uhr ist überhaupt nicht angekommen, s. Seite 107.

### Die Fühlunghalter hängen weiter an

1 Siehe zu dem Irrtum über die Schiffsidentität Seiten 112/113.

2 Die Vorbereitungen in Brest wurden hilfsweise getroffen, für den Fall, daß aus irgendeinem Grund das Auslaufen von St. Nazaire unmöglich werden sollte.

## Flugzeuge des Trägers *Victorious* greifen an

1 »Daß es gegen Mitternacht noch taghell war, ist auf die von mir durchgehend zugrundegelegte Deutsche Sommerzeit zurückzuführen. Sie entspricht der damals auf den britischen Schiffen geltenden und auch in allen britischen Darstellungen der Operation angewendeten doppelten britischen Sommerzeit. Ihre Benutzung empfiehlt sich mithin aus Gründen der Synchronisation mit der britischen Literatur, wenngleich in Wahrheit die Borduhren auf *Bismarck* am Mittag des 23. Mai um eine Stunde zurück, also auf Mitteleuropäische Zeit, gestellt worden waren und für die weitere Dauer der Unternehmung auch so eingestellt blieben. Die deutsche Sommerzeit ging der wahren Ortszeit auf 35° West, wo etwa wir während der Flugzeugangriffe standen, um mehr als vier Stunden voraus. Dort war es also, wenn die deutsche Sommerzeit Mitternacht anzeigte, noch keine wahre 20 Uhr. Auf der Breite von etwa 57° Nord, auf der wir uns dabei befanden, ging die Sonne erst nach 20 Uhr Ortszeit unter.«

## Die Admiralität in London trifft energische Entscheidungen

1 Liste der britischen Kriegsschiffe, die während der »Rheinübung« an den Operationen gegen *Bismarck* teilgenommen haben.

| Schiffstyp | Name | Ausgangsposition |
|---|---|---|
| Schlachtschiff | *King George V* | Scapa Flow |
| Schlachtschiff | *Rodney* | in See |
| Schlachtkreuzer | *Repulse* | Clyde |
| Schlachtkreuzer | *Hood* | Scapa Flow |
| Schlachtschiff | *Prince of Wales* | Scapa Flow |
| Flugzeugträger | *Victorious* | Scapa Flow |
| Kreuzer | *Norfolk* | Dänemarkstraße |
| Kreuzer | *Suffolk* | Dänemarkstraße |
| Kreuzer | *Galatea* | Scapa Flow |
| Kreuzer | *Aurora* | Scapa Flow |
| Kreuzer | *Kenya* | Scapa Flow |
| Kreuzer | *Neptune* | Scapa Flow |
| Kreuzer | *Arethusa* | in See |
| Kreuzer | *Edinburgh* | in See |
| Kreuzer | *Manchester* | Island-Faroer-Passage |
| Kreuzer | *Birmingham* | Island-Faroer-Passage |
| Zerstörer | *Inglefield* | Scapa Flow |
| Zerstörer | *Active* | Scapa Flow |
| Zerstörer | *Antelope* | Scapa Flow |
| Zerstörer | *Achates* | Scapa Flow |
| Zerstörer | *Anthony* | Scapa Flow |
| Zerstörer | *Electra* | Scapa Flow |
| Zerstörer | *Echo* | Scapa Flow |
| Zerstörer | *Somali* | in See mit *Rodney* |
| Zerstörer | *Tartar* | in See mit *Rodney* |
| Zerstörer | *Mashona* | in See mit *Rodney* |
| Zerstörer | *Eskimo* | in See mit *Rodney* |
| Zerstörer | *Punjabi* | Scapa Flow |

| Schiffstyp | Name | Ausgangsposition |
|---|---|---|
| Zerstörer | *Intrepid* | Scapa Flow |
| Zerstörer | *Icarus* | Scapa Flow |
| Zerstörer | *Nestor* | Scapa Flow |
| Zerstörer | *Jupiter* | Londonderry |
| Western Approaches Command | | |
| Kreuzer | *Hermione* | Scapa Flow |
| Zerstörer | *Lance* | Scapa Flow |
| Zerstörer | *Legion* | Clyde, als Schutz für *Repulse* |
| Zerstörer | *Saguenay* | Clyde, als Schutz für *Repulse* |
| Zerstörer | *Assiniboine* | Clyde, als Schutz für *Repulse* |
| Zerstörer | *Columbia* | Londonderry |
| Plymouth Command | | |
| Zerstörer | *Cossack* | Clyde, als Schutz für Convoy WS.8B |
| Zerstörer | *Sikh* | Clyde, als Schutz für Convoy WS.8B |
| Zerstörer | *Zulu* | Clyde, als Schutz für Convoy WS.8B |
| Zerstörer | *Maori* | Clyde, als Schutz für Convoy WS.8B |
| Zerstörer | *Piorun* | Clyde, als Schutz für Convoy WS.8B |
| Nore Command | | |
| Zerstörer | *Windsor* | Scapa Flow |
| Force »H« | | |
| Schlachtkreuzer | *Renown* | Gibraltar |
| Flugzeugträger | *Ark Royal* | Gibraltar |
| Kreuzer | *Sheffield* | Gibraltar |
| Zerstörer | *Faulknor* | Gibraltar |
| Zerstörer | *Foresight* | Gibraltar |
| Zerstörer | *Forester* | Gibraltar |
| Zerstörer | *Foxhound* | Gibraltar |
| Zerstörer | *Fury* | Gibraltar |
| Zerstörer | *Hesperus* | Gibraltar |
| America and West Indies Command | | |
| Schlachtschiff | *Ramillies* | in See |
| Schlachtschiff | *Revenge* | Halifax, Kanada |
| South Atlantic Command | | |
| Kreuzer | *Dorsetshire* | in See |
| Unterseeboote | | |
| U-Boot | *Minerve* | auf Patrouille vor Südwest-Norwegen |
| U-Boot | *P 31* | Scapa Flow |
| U-Boot | *Sealion* | Ärmelkanal |
| U-Boot | *Seawolf* | Ärmelkanal |
| U-Boot | *Sturgeon* | Ärmelkanal |

| Schiffstyp | Name | Ausgangsposition |
|---|---|---|
| U-Boot | *Pandora* | auf der Fahrt von Gibraltar nach Großbritannien |
| U-Boot | *Tigris* | Clyde |
| U-Boot | *H 44* | Rothesay |

## Die Fühlung reißt ab

1 Siehe oben Seite 112.

2 Es mag verwundern, daß der nach dem Verlust der *Hood* dienstälteste britische Seeoffizier im Operationsgebiet, Rear Admiral Wake-Walker auf *Norfolk*, seine drei Fühlung haltenden Einheiten so einseitig an Backbord achteraus von *Bismarck* hielt. Wake-Walker hatte dort *Prince of Wales* und *Norfolk*, seitlich genügend weit abgesetzt, *Bismarck* folgen lassen, während *Suffolk* mit ihrem besseren Funkmeßgerät näher an *Bismarck* zu operieren, aber auch auf dessen Backbordseite zu verbleiben hatte. Es war dem britischen Admiral darauf angekommen, seine drei Schiffe als eine geschlossene Einheit zu führen. Er hatte dabei zunächst beabsichtigt, *Prince of Wales* gelegentlich zu Artillerieüberfällen an *Bismarck* heranschleichen zu lassen und diesen dann im Zug derart herausgeforderter Abwehr nach Osten und damit der von dort anlaufenden Kampfgruppe Toveys entgegenzulocken. Diese Taktik verfing aber nicht und wurde bald wieder aufgegeben.
Wie hoch Wake-Walker bei seinem Entschluß, die Steuerbordseite *Bismarcks* ungedeckt zu lassen, das Risiko eingeschätzt hatte, daß das deutsche Schlachtschiff vielleicht durch ein Kursmanöver nach dieser Seite hin entkommt, vermag ich nicht zu sagen.

3 Dieser Funkspruch ging um 09.08 Uhr bei der Gruppe ein.

4 Hier überschätzte Lütjens objektiv die Reichweite des Funkmeßgerätes auf *Suffolk* um 110 Hektometer.

5 Dieser Funkspruch ging um 09.42 bei der Gruppe ein.

6 Siehe oben Seite 93.

7 In bezug auf *Prinz Eugen* war diese Meldung irrtümlich. *Bismarck* hatte sich ja schon um 18.14 Uhr von dem Kreuzer getrennt.

## Ein Tag des Schicksals hinter den Kulissen

1 Der rekonstruierte Text der Ansprache des Flottenchefs beruht auf Angaben, die die von *U 74* und *Sachsenwald* in Frankreich gelandeten Überlebenden bei ihren Vernehmungen durch das Marinegruppenkommando West in Paris zu Anfang Juni 1941 gemacht hatten.

2 Hier müssen sich die Überlebenden (s. vorige Anmerkung) geirrt haben. Lütjens hat mit Sicherheit nichts von einem »Befehl« gesagt, einen französischen Hafen anzulaufen. Er hatte St. Nazaire aus eigener Entscheidung heraus angesteuert.

## Zwei Catalinas starten in Nordirland

1 Die USA befanden sich damals noch nicht im Kriegszustand mit Deutschland.

1 Arado 196, 760 PS BMW-Motor, Reisegeschwindigkeit 240 km/h, Höchstgeschwindigkeit 275 km/h, Steiggeschwindigkeit 300 Meter/Minute, Flughöhe max. 5300 Meter, Flugausdauer 3–5 Stunden. Eine 2-cm-Kanone in jedem Flügel. Zwei Maschinengewehre. Unter jedem Flügel Tragevorrichtung für eine 50-Kilo-Bombe.

2 Der von Lütjens gemeldete Standort weicht beträchtlich von dem kurz zuvor von der Catalina gemeldeten ab (siehe Seite 143). Nach späterer Rekonstruktion lag die Angabe der Catalina um 25, die von *Bismarck* um etwa 80 Seemeilen in der Breite falsch. Derartige Abweichungen können nach längerer See- oder Luftreise leicht auftreten (vgl. auch Kennedy, a.a.O., Seiten 154/5).

3 Brennecke, a.a.O., zitiert mich auf Seite 156 mit dem folgenden Auszug aus einer früheren, privaten Aufzeichnung: »Ich weiß nicht, warum zu diesem Zeitpunkt (10.30 Uhr, als wir von der Catalina wiederentdeckt wurden) der zur Irreführung vorbereitete zweite Schornstein noch nicht gesetzt war und warum er auch im Anschluß daran (zwischen dem alsbaldigen Verschwinden der Catalina und dem erstmaligen Auftauchen eines Radflugzeuges der *Ark Royal*) nicht gesetzt wurde. Es wurde im Gegenteil durch das Schießen dem Flugzeug bestätigt, daß man der Feind sei. Es muß dahingestellt bleiben, ob die Flugzeugbesatzung auf diese List hereingefallen wäre. So aber lag der Verzicht auf dieses Hilfsmittel schon bei uns, und ich kann mir nur denken, daß eine gewisse Stimmung, daß all solche Mittelchen wohl doch nicht sehr aussichtsreich seien, diese Unterlassung hervorgerufen hat. «

An diesen Auszug hängt Brennecke die Fußnote 267 an, in der der Konteradmiral a. D. Hans Meyer zum Thema u. a., wie folgt, Stellung nimmt: »Das Ganze mit der Schornsteinattrappe ist meines Erachtens eine Utopie. Man hat zwar zunächst die Anfertigung des zweiten Schornsteins befohlen, wird sich aber sehr bald darüber klar geworden sein, daß in der Lage, wie sie sich entwickelt hatte, die Aufstellung unterbleiben mußte. Die sehr harte Kritik in dem Sinne: ›Nur wer sich selbst aufgibt, ist wirklich verloren‹, halte ich zum mindesten in der Verbindung mit der Schornsteinattrappe für absolut unberechtigt.« (Unterstreichung von mir).

Überrascht über diese negative Bewertung einer in meinen Äußerungen überhaupt nicht enthaltenen solchen »Kritik«, blätterte ich zur ersten Auflage Brenneckes aus dem Jahr 1960 zurück, wo er auf Seite 307, wie folgt, schrieb: »Eines noch macht der irrtümliche Angriff auf die *Sheffield* (durch Flugzeuge der *Ark Royal* am Abend des 26. Mai) klar: Von welch entscheidendem Wert hätte der an Bord des *Bismarck* vorbereitete zweite Schornstein werden können, wenn man ihn aufgestellt hätte. Bei der nach diesem Angriff auf die von dem *Bismarck* völlig verschiedene *Sheffield* eingerissenen Unsicherheit würde kein britischer Flugzeugführer einen Angriff auf ein Zweischornsteinschiff gewagt haben, da ja von britischen Zweischornsteinschiffen *Renown*, *King George V* und *Sheffield* in der Nähe standen. Vielleicht wäre auch der entscheidende Treffer (gemeint ist der Rudertreffer auf *Bismarck* am späteren Abend) dann sogar unterblieben. Auch hier zeigt sich: Nur wer sich selbst aufgibt, ist wirklich verloren.« (Unterstreichung von mir).

Diesen seinen eigenen früheren Passus hat Brennecke dann in der vierten Ausgabe stillschweigend fallen und die dazu gehörende negative Bewertung Meyers einfach als Anhängsel an *meine* Worte erscheinen lassen, die, wie bereits gesagt, dazu ja gar keinen Anlaß boten.

Im übrigen führt Meyer in der genannten Fußnote zum Thema des zweiten Schornsteins noch folgendes aus: »Es kam auch schlechtes Wetter auf. Auch dem Winddruck wäre die Attrappe wohl kaum gewachsen gewesen. Es handelte sich doch um Riesenflächen.

Anders wäre die Lage vielleicht gewesen, wenn das Schiff die Weite des Atlantik erreicht haben würde, wo nur mit einzelnen Flugzeugen und nicht jeden Augenblick mit einer Gefechtsübung zu rechnen war, wo man wohl auch Zeit zum Wegräumen der Attrappe gehabt hätte. Für diese Lage war die Attrappe vermutlich bestimmt.«
Dazu wäre zu sagen: Der Wind blies während des Attrappenbaues am 25. Mai und auch noch den Tag danach fortgesetzt von achtern. Er blies zwar kräftig, doch war auf unserem Kurs der scheinbare Wind sehr schwach, der Winddruck dementsprechend gering, er hätte kaum die von Meyer angenommene Wirkung gehabt. Zweitens, die Attrappe war mit Sicherheit nicht für eine spätere Lage im Atlantik bestimmt. Das Schiff mußte ja St. Nazaire auf schnellstem, das heißt direktem Weg erreichen. Für eine spätere Verwendung im Atlantik hätte es völlig ausgereicht, eine Attrappe nach dem Wiederauslaufen aus Frankreich zu bauen. Es hatte vielmehr ein jedenfalls zunächst als unmittelbar empfundenes Schutzbedürfnis den Befehl zu ihrem Bau ausgelöst. In der kritischen Lage des Schiffes seit dem 24. Mai bestimmten überhaupt nur noch unmittelbare Bedürfnisse das Verhalten von Flottenkommando und Schiffsführung.

## Die »Swordfish« der *Ark Royal* greifen an

1 Meine eigenen Angaben zur Anzahl und Reihenfolge der Torpedotreffer weichen von den hierzu vom Flottenchef abgegebenen Funksprüchen ab, vgl. Seite 169. Es ist aber meine bisher nicht erschütterte Erinnerung, daß zuerst zwei Detonationen vorlich meines Standes auftraten und erst danach die achterliche Detonation folgte. Reihenfolge und Inhalt der angezogenen Funksprüche sind zwar ein gewichtiges Indiz für die Wirklichkeit, aber ein zwingender, unumstößlicher Beweis sind sie auch nicht.

## Der Ruderschaden

1 Brennecke, a.a.O., Anmerkung 454.
2 in MOV-Nachrichten, Jahrgang 17, 1968, Heft 1, Seiten 6/7.
3 Brennecke hat die Frage nach dem noch vorhandenen Siegeswillen möglicherweise in Anknüpfung an die auf die Stimmungslage an Bord nach der Ansprache des Flottenchefs gemünzten Worte Junacks (s. oben Seite 132) gestellt: Diese Worte lauten im Original, wie folgt: »Der hohe Gefechtswert, den das Schlachtschiff am Sonnabend (dem 24. Mai, Tag des Island-Gefechtes) bewiesen hat, ist aber unwiederbringlich verloren.«
4 Brennecke, a.a.O., Anmerkung 299.

## Die 4. Zerstörerflottille wird zur Unterstützung Toveys befohlen

1 Der Zerstörer *Piorun* war im Mai 1940 in Großbritannien vom Stapel gelaufen und später der in London residierenden polnischen Exilregierung übergeben worden. Er fuhr im Verband der britischen Flotte, aber unter polnischer Flagge und mit einer polnischen Besatzung.

## Die letzte Nacht auf *Bismarck*

1 Es ist möglich, daß Grenfell in Wahrheit dieses Vorkommnis behandelte, als er a.a.O. auf Seite 168 schrieb: »Als sich die *Maori* zurückzog, meinte ihre Besatzung, einen Torpedotreffer (auf *Bismarck*) gesehen zu haben. Ein glänzender Feuerschein erleuchtete die Wasserlinie beim Feind, und kurz danach schien ein weiterer solcher eine zweite Detonation anzuzeigen.«

2 In seinem Buch *Loss of the Bismarck* London 1972, vermerkt Vice Admiral B.B. Schofield auf Seite 59, daß *Maori* nachts mit Sicherheit einen Torpedotreffer auf *Bismarck* beobachtet habe. Auf Seite 60 schreibt er: »Die Frage, wie viele Torpedotreffer während dieser Angriffe (Nachtangriffe der Zerstörer) erzielt wurden, wird niemals mit absoluter Gewißheit beantwortet werden können.« Nun, ich kann authentisch versichern, daß *Bismarck* in der Nacht nicht ein einziges Mal von einem Zerstörertorpedo getroffen worden ist.

3 Die *Ermland* war ein Troßschiff.

4 Korvettenkapitän Adalbert Schneider wurde posthum zum Fregattenkapitän befördert.

## Das Kriegstagebuch der Flotte und *U 556*

1 Übrigens findet sich in dem rekonstruierten Kriegstagebuch *Bismarck* für die Zeit des Startversuches der Arado die Eintragung, daß Brecher an Oberdeck des quer zur See liegenden und nur geringe Fahrt laufenden Schiffes geschlagen seien und einen Teil der 10,5 cm Flakbedienungen über Bord gerissen hätten. Auch hätten infolge starker Schlagseite die Backbord-15-cm-Türme unter Wasser gestanden.
Nach meiner persönlichen Erinnerung kann ich diesen Eintrag mit der Wirklichkeit nicht vereinbaren. Da Kampfhandlungen zwischen 05.00 und 06.00 Uhr nicht im Gange waren und dem Anschein nach auch nicht unmittelbar bevorstanden, war ich zur Beobachtung des Flugzeugstarts in die Nähe des Katapultes gegangen. Zu der Zeit hatte *Bismarck* gewiß Schlagseite nach Backbord. Aber keineswegs standen die Backbord-15-cm-Türme um diese Stunde schon unter Wasser. Vielmehr waren alle Waffen noch voll einsatzfähig. Auch waren die Bewegungen des breiten Schiffes im Seegang durchaus maßvoll. Kein Brecher sollte es zu diesem Zeitpunkt vermocht haben, 10,5-cm-Flakbedienungen von dem – auch noch überhöhten – Aufbaudeck zu reißen. Einen dem Eintrag entsprechenden Zustand habe ich erst nach dem Endkampf, etwa zwanzig Minuten vor dem Sinken des Schiffes beobachtet.

2 Um zu klären, warum ausgerechnet das am 27. Mai schon fast volle vier Wochen in See und daher voraussichtlich ohnehin schon in prekärer Brennstofflage befindliche *U 556* mit der Abholung des Kriegstagebuches beauftragt worden sei, schrieb ich im Jahr 1978 an Wohlfarth: »Hatte die U-Booteinsatzleitung nicht damit rechnen müssen, daß Sie am Morgen des 27. Mai allmählich in Brennstoffnot, daher getaucht und nicht funkempfangsfähig sind? Wieso hat sie nicht gemerkt, daß Sie die Funkweisung zum Abholen des Kriegstagebuches nicht sogleich erhalten haben? Oder warum hat sie nicht von vornherein mehrere Boote insoweit angefunkt – dann hätte vielleicht eines von ihnen diese Mission erfüllen können?«
Wohlfarth antwortete: »Die U-Bootseinsatzleitung hatte durch meine Rückmarschmeldung wegen Brennstoffmangel vor Grönland nur ungefähre Ahnung über meinen Brennstoffbestand und wußte nicht, nachdem ich bereits einen Tag Rückmarsch gelaufen war, daß ich einen halben Tag mit großer Fahrt in nordwestlicher Richtung auf einen Geleitzug operiert hatte, was meine letzten Reserven aufbrauchte. Admiral

Dönitz hatte mich zum Abholen vorgesehen, weil ich laufend Fühlunghaltermeldungen die ganze Nacht durchgegeben hatte. *U 74* hätte, da ich an diesem Morgen gegen 06.00 Uhr die Fühlunghalteraufgaben abgegeben hatte, automatisch den Befehl übernehmen müssen. Ich glaube aber, daß der Befehl sowieso erst gegen 10.00 Uhr gefunkt worden ist, so daß auch Kentrat mit *U 74* die Aufgabe nicht mehr hätte durchführen können.
Ich selbst war von 06.00 bis 12.00 Uhr getaucht und habe erst um 12.00 Uhr, zu welchem Zeitpunkt die Funksprüche regelmäßig wiederholt wurden, den Funkspruch erhalten.«

## Ein letzter Besuch auf der Schiffsbrücke

1 Brennecke, a.a.O., Anmerkung 329, zitiert mich zu dieser Begegnung mit Lindemann – wie übrigens auch in anderem Zusammenhang auf Seite 179, vgl. Anmerkung 316 – mit Äußerungen, die ich angeblich im Jahr 1959 der Zürcher *Weltwoche* gegenüber getan habe. Ich habe dieser Zeitung weder mündlich noch schriftlich jemals irgendeine Äußerung zukommen lassen. Auch habe ich Alistair Maclean, der als Autor der dortigen Artikelserie erscheint, niemals ein Interview gegeben. Ich distanziere mich von Inhalt und Diktion der mir dort zugeschriebenen Erklärungen. Mein Eindruck von Lindemann an diesem letzten Morgen und meine Gedanken dazu ergeben sich authentisch aus der Darstellung in diesem Buch.

2 Ein »braunes« Schiff nannte man in der Kriegsmarine ein solches, auf dem kein Verbandsbefehlshaber (vom Rang eines Kommodore an aufwärts) eingeschifft und der Kommandant folglich der ranghöchste Offizier an Bord war.

## Admiral Tovey bestimmt den Zeitpunkt des Endkampfes

1 Britische Marineausdrucksweise in Fällen, in denen Kurse oder Peilungen anderer Schiffe um 180° verkehrt gemeldet werden. Solcher Irrtum kann besonders leicht geschehen, wenn ein Schiff mit Bug oder Heck fast genau auf den Beobachter zuliegt, zumal das Heck oft so scharf geschnitten erscheint wie der Bug. Captain Charles Larcom war der Kommandant der *Sheffield.*

## Der Endkampf

1 Die Geschoßgewichte im einzelnen:

| | |
|---|---|
| eine 40,6-cm-Granate der *Rodney* | 1.116,27 kg |
| eine 35,6-cm-Granate der *King George V* | 721,1 kg |
| eine 15,2-cm-Granate der *Rodney* | 50,8 kg |
| eine 13,3-cm-Granate der *King George V* | 36,29 kg |
| eine 20,3-cm-Granate der *Norfolk* und *Dorsetshire* | 116,12 kg |
| eine 38-cm-Granate des *Bismarck* | 798 kg |
| eine 15-cm-Granate des *Bismarck* | 43,3 kg |

Feuergeschwindigkeit auf *Bismarck*:
Schwere Artillerie: 1 Schuß pro Rohr alle 25 Sekunden
Mittlere Artillerie: 10 Schuß pro Minute und Rohr

2 »Gefechtsschaltung achtern« bedeutete die Herstellung der Leitverbindung vom Achteren Stand über die Achtere Rechenstelle auf die Türme.

3 In der Achteren Rechenstelle waren damals auf Station:
als Befehlsübermittlungsoffiziere:
für die Schwere Artillerie: Leutnant zur See Heinz Aengeneyndt,
für die Mittelartillerie: Stabsoberbootsmann Friedrich Adams;
am Entfernungsmittler: Bootsmaat Paul Rudek;
am Schußwertrechner: Matrosenhauptgefreiter Herbert Langer;
am Richtungsweiser-Höhenweisergeber: Matrosengefreiter Adolf Eich;
am Feuersignalgeber: Matrosengefreiter Hans Halke.

4 Zu den Ankömmlingen von unten zählte auch der Matrosengefreite Adolf Eich von der Achteren Rechenstelle (s. vorige Anmerkung). Oben anlangend, stieß er an die Leiche des Bootsmanns Georg Puttnies. Er sah Schwer- und Leichtverletzte, dann eine Reihe von Männern, die im Stand abwarteten, darunter mich . »Ich frage mich noch heute«, schrieb er mir im Jahr 1978, »wie es möglich war, daß Sie nichts abbekommen hatten.«

5 Fundstellen für britische Äußerungen bei Kennedy, a.a.O., Seiten 206, 207 und 208; Grenfell, a.a.O., Seite 184.

6 Es wurden posthum befördert:
zum Geschwaderarzt der Marineoberstabsarzt Dr. Busch;
zum Marineoberstabsarzt der Marinestabsarzt Dr. Krüger.

## Der Endkampf aus britischer Sicht

1 Diese Angaben über die Lagen der Aufschläge *Bismarcks* während des Einschießens beruhen auf einem Bericht des damals auf *Rodney* eingeschifften Lieutenant-Commander J. M. Wellings, U. S. N. Sie weichen geringfügig von den entsprechenden Einträgen im Protokoll des britischen Gefechtsbeobachters auf Seite 209, von 08.49 bis 08.54 Uhr, ab.

2 Grenfell, a.a.O., Seiten 181/2.

3 Von meinem Achteren Stand aus habe ich diese Salve vorn in dem anhaltenden Gefechtslärm gar nicht mehr identifiziert. Da mir gegen 09.10 Uhr die beiden vorderen Türme als ausgefallen gemeldet worden waren, hatte ich eine schwere Salve vorn auch sowieso nicht mehr erwartet. Vielleicht hatte die zum gemeldeten Ausfall führende Störung in »Anton« oder »Bruno« noch einmal, ein letztes Mal, behoben werden können? Die Version bei Grenfell, a.a.O., Seite 182, daß um 09.27 Uhr unsere beiden vorderen Türme zugleich eine Salve geschossen haben sollen, halte ich für sehr unwahrscheinlich. Es müßte schon ein ganz außerordentlicher Zufall gewesen sein, der es den beiden Türmen ermöglicht hätte, ihre kurz nach 09.00 Uhr erlittenen schweren Trefferschäden so gleichzeitig zu beheben, daß sie noch eine gemeinsame letzte Salve feuern konnten.

4 Laut Lieutenant-Commander Wellings, siehe zu dessen Person und Bericht die Anmerkung 1 zu diesem Kapitel. Gemäß der Eintragung des dort ebenfalls erwähnten britischen Gefechtsbeobachters zu 09.31 Uhr (siehe Seite 211) ist die letzte Salve von *beiden* achteren Türmen *Bismarcks* geschossen worden.

5 Die vom britischen Gefechtsbeobachter bei dieser Eintragung – und auch später noch wiederholt – verwendete Ausdrucksweise: »*Bismarck* dreht...« ist bei dem verkrüppelten Zustand des Schiffes nicht mehr als Ausführung eines frei gewählten Kursmanövers zu verstehen. *Bismarck* führte derartige Drehbewegungen nur noch als Ergebnis der vereinigten Einflüsse von klemmenden Rudern, Seegang und Wind aus.

6 Es handelt sich hier um die vom Verfasser vom Achteren Stand aus geleiteten Salven, vgl. Seite 192.

7 Zur Person vgl. Anmerkung 1 zu diesem Kapitel.
8 Der unter der Uhrzeit 09.51 und auch später noch verwendete Ausdruck »Gefecht« ist nicht mehr im Wortsinn zu verstehen. Da *Bismarck* schon seit 09.31 Uhr nicht mehr feuern konnte, handelte es sich danach nur noch um eine einseitige Beschießung.
9 Ich persönlich möchte bezweifeln, daß *Bismarck* um 09.58 Uhr von einem Torpedo getroffen wurde.
10 Möglicherweise waren diese »Stücke« identisch mit nach dem Rohrkrepierer in Turm »Dora« umherfliegenden Teilen, vgl. Seite 196.

## *Bismarck* sinkt

1 Es handelte sich um die »Swordfish« von *Ark Royal,* die ihre Angriffsabsichten nicht mehr hatte ausführen können, vgl. Seite 209.
2 Das nicht identifizierte Schiff war in Wahrheit die *King George V.* Laut Grenfell, a.a.O., Seite 186, hatten die »Swordfish« das britische Flaggschiff angeflogen, um von diesem eine Unterbrechung des Artillerieschießens zugunsten ihrer eigenen Angriffe zu erwirken. Sie wurden von *King George V* aber nicht entsprechend beachtet und statt dessen von ihr auch noch beschossen! Als der verantwortliche Flakleiter später vom Kommandanten, Captain W. R. Patterson, gefragt wurde, ob er nicht die Flugzeugbesatzungen habe winken sehen, antwortete er, er habe sie für Deutsche gehalten, »die mit der Faust drohen«.
3 Bei dem Kreuzer handelte es sich um die *Norfolk.*

## Kriegsgefangen auf *H. M. S. Dorsetshire* und *H. M. S. Maori*

1 Gemeint sind alle U-Boote, die damals im weiteren Seeraum um *Bismarck* gestanden hatten.
2 In seiner ersten Auflage von *Schlachtschiff Bismarck*, 1960, Seite 392, schreibt Brennecke zu dem vorzeitigen Ablaufen der *Dorsetshire:* »Darüber hinaus ist uns aber bekannt, daß es einer der deutschen Überlebenden war, der den britischen Kreuzerkommandanten aufgrund seiner Kenntnis von den letzten Funksprüchen vor deutschen U-Booten warnte.
Geschah dies aus Nervosität? Aus Angst? Oder aber aus der Absicht heraus, die restliche Rettung der Überlebenden den deutschen U-Booten zu überlassen?«
In seiner vierten, verbesserten Auflage von 1967 hat Brennecke diese Behauptung etwas umformuliert: es hatte nunmehr nicht einer der deutschen »Überlebenden« den Kommandanten der *Dorsetshire* gewarnt, sondern einer von den deutschen »überlebenden Dienstgraden« – daran angehängt findet sich die Anmerkung 361 a: »Der heutige Kapitän zur See a. D. Junack war es nicht!«
Warnung des britischen Kommandanten durch einen deutschen überlebenden Dienstgrad? Eine wahrhaft erstaunliche und auch niemals bewiesene Behauptung des Herrn Brennecke! Falls es aus meiner eigenen Schilderung der Situation nach dem Anbordkommen auf *Dorsetshire* nicht schon zur Genüge hervorgegangen sein sollte, kein Überlebender hatte zu diesem Zeitpunkt die Gelegenheit, den auf der hochgelegenen Schiffsbrücke befindlichen Kommandanten zu »warnen«. Und welche Funksprüche soll der »Betreffende« denn gekannt haben? Von jeder Warte aus dürfte es hier doch schon an den Voraussetzungen für eine »Warnung« fehlen, und das Weiterfragen nach Motiven wie Nervosität oder Angst können wir uns ersparen.

Nein, ich halte die Darstellung Brenneckes für eine freie Erfindung, aber wessen? Beim Anbordkommen hieß es doch für alle Überlebenden erst einmal: Sofort unter Deck! Und ich selbst, für den das ja auch galt, habe Captain Martin erstmalig am Morgen des 28. Mai gesehen, vierundzwanzig Stunden nach dem Rettungsmanöver, als *Dorsetshire* längst in einem entfernten Seeraum stand.
Die Erfüllung meines wiederholt geäußerten Wunsches nach Belegen für die angebliche Warnung ist mir Herr Brennecke bis heute schuldig geblieben! Und die in dem Zusatz »Kapitän Junack war es nicht!« objektiv liegende Insinuierung, daß also ich das als dienstältester Überlebender gewesen sein könnte, weise ich entschieden zurück.

3 Grenfell, a.a.O., erwähnt in einer Fußnote auf Seite 180 die angebliche Behauptung eines Überlebenden Captain Martin gegenüber, daß die Artillerie der *Dorsetshire* den Artillerieleitstand (oder auch die Artillerieleitstände) auf *Bismarck* ausgeschaltet hätte. In Verbindung hiermit vermutet Grenfell, daß der betreffende Überlebende sich bei seinen Gefangennehmern habe einschmeicheln wollen.
Ich persönlich bin gemeint. Es ist mir ein Rätsel, wie und wo diese Darstellung entstanden ist. Während des Endkampfes hatte ich – auch schon wegen meines kurz nach 09.10 Uhr blind geschossenen Standes – die Anwesenheit der *Dorsetshire* auf der Gefechtsszene überhaupt nicht bemerkt und folglich auch nichts dergleichen zu Captain Martin sagen können. Auch die Vermutung Grenfells über das dazu gehörende Motiv wird hiermit gegenstandslos.

4 Zur Mission der *Canarias* vgl. Seite 171.

## Die »Rheinübung« im Rückblick

1 Einzige Ausnahme hierzu bleibt die Granate, mit der *Prince of Wales* am 24. Mai unseren Gürtelpanzer in Abteilung XIV unterschossen hatte und die auf dem Torpedolängsschott detoniert war.

2 Patrick Beesly, a.a.O., sagt in einer Anmerkung auf Seite 85: »Es erscheint wenig zweifelhaft, daß Sprengladungen zur Selbstversenkung gezündet wurden. Zweifelhaft aber ist, ob es wirklich diese waren, die *Bismarck* zum Sinken gebracht haben. Es wäre schon ein sehr auffälliges Zusammentreffen, wenn sie (die Sprengladungen) zu genau demselben Zeitpunkt wirksam geworden sein sollten wie die Torpedos der *Dorsetshire*.«
Von einem solchen – offenbar »punktuell« gesehenen – »Zusammentreffen« kann aber m. E. nicht gesprochen werden, denn die Selbstsprengung wirkt ja nicht »blitzartig«. Als die Torpedos der *Dorsetshire* trafen, war *Bismarck* als Folge der etwa zwanzig Minuten zuvor gezündeten Sprengladungen schon im unaufhaltsamen Sinken begriffen.

3 In Erich Raeder, Mein Leben, Band 2, Seiten 266 ff.

4 Vgl. hierzu Seite 51, wo der frühere Plan der Seekriegsleitung erwähnt ist, eine starke Kampfgruppe mit vier Schlachtschiffen in den Atlantik zu entsenden.

5 Siehe hierzu Seite 51.

6 Siehe hierzu Seiten 65, 66.

7 Brennecke, a.a.O., Seite 15.

8 Grenfell, a.a.O., Seite 196.

9 »Sinking of the German Battleship *Bismarck* on 27th May, 1941«, Despatch by Admiral Sir John Tovey, Supplement to the *London Gazette* of 14 October 1947, Ziffer 3

10 *Prinz Eugen* allerdings nur dem Schiffstyp nach, was für die britischen Aufklärungsbedürfnisse im Moment jedoch ausreichte.

11 Vgl. Seite 79.

12 In der entsprechenden Phase seiner vorherigen Unternehmung mit *Gneisenau* und *Scharnhorst* hatte Lütjens am 28. Januar 1941 beim Auftreffen auf die Vorhut der britischen Heimatflotte im Seeraum zwischen Island und Faroer kehrtgemacht. Er hatte danach die Unternehmung um wenige Tage verschoben und war Anfang Februar durch die Dänemarkstraße ungesehen ausgebrochen. Vermutlich hatte er aufgrund der dort häufigen und auch damals angetroffenen Unsichtigkeit der Passage durch die Dänemarkstraße für die »Rheinübung« von vornherein Vorrang eingeräumt – eben in der Erwartung eines dort in der Regel geringeren Wetterrisikos, entdeckt zu werden. Dazu kam, daß er nicht damit rechnen mußte, in der Dänemarkstraße so unvermittelt mit britischen Schlachtschiffen zusammenzustoßen, wie das in dem Scapa Flow näher gelegenen Seeraum um die Faroer schon eher einmal geschehen konnte.

## Einbruch in den Geheimschlüssel?

1 Unter anderem:
F. W. Winterbotham: *The Ultra Secret.* London 1974;
Cave-Brown: *The Bodyguard of Lies.* London;
D. Kahn: *The Code-Breakers.* London 1974, .
D. McLachlan: *Room 39.* London 1974;
und, besonders empfehlenswert:
Patrick Beesly: *Very Special Intelligence.* London, 1977

# Literaturverzeichnis

## I. Literatur

Beesly, Patrick, *Very Special Intelligence,* London 1977.

Bekker, Cajus, *Verdammte See,* Berlin 1974.

Brennecke, Jochen, *Schlachtschiff Bismarck,* Herford 1960, und dito, 4. verbesserte, erweiterte Auflage, 1967. Das deutsche Standardwerk über Schlachtschiff *Bismarck.* Eine mit sehr großem Fleiß zusammengetragene Arbeit. Untersucht die atlantische Operation des Schiffes von strategischen, operativen, taktischen, technischen und persönlichen Aspekten aus und bringt zu vielen Problemen gültige und anzuerkennende Überlegungen. Ist aber gelegentlich nicht frei von anfechtbaren Sachdarstellungen und Wertungen.

Busch, Fritz Otto, *Das Geheimnis der Bismarck,* Hannover 1950. Nach meiner Kenntnis die erste deutsche Buchveröffentlichung zum Thema Schlachtschiff *Bismarck.* In seiner freien Art der Darstellung vor allem für das breite Publikum bestimmt. Der Autor konnte wesentliche, erst später bekanntgewordene Tatsachen zum Verlauf der Ereignisse auf *Bismarck* noch nicht berücksichtigen.

Churchill, Winston, *The Second World War,* vol. II, London 1967, und vol. III, 1968.

Elfrath, Ulrich und Herzog, Bodo, *Schlachtschiff Bismarck,* Ein Bericht in Bildern und Dokumenten, Friedberg 1975. Ein Band mit einer sehr guten Vielfalt in der Bildauswahl. Der begleitende Text enthält leider einige Irrtümer.

Grenfell, Russell, *The Bismarck Episode,* London 1948. Die umfassende, aus meiner Sicht klassische Darstellung der britischen Abwehroperation gegen die »Rheinübung«. Unerläßlich für jedes ernsthafte Studium der atlantischen Unternehmung von *Bismarck.*

Kennedy, Ludovic, *Pursuit,* London 1974. Im Reportagestil verfaßtes, flott und fesselnd geschriebenes Buch. Umfassend recherchiert. Bringt eine beiden Seiten gegenüber sehr faire Schilderung und legt besonderen Wert auf die menschliche Seite bei den behandelten Ereignissen. Für den Fachmann eine gute Ergänzung zu Grenfell und Schofield.

Raeder, Erich, *Mein Leben,* Band 2, Tübingen 1957.

Roskill, S. W., *The war at Sea,* vol. 1, London, Her Majesty's Stationery Office 1976. Die offizielle britische Seekriegsgeschichte des Zweiten Weltkrieges.

Schmalenbach, Paul, *Die Geschichte der Deutschen Schiffsartillerie.* Herford 1968.

Schmalenbach, Paul, *Kreuzer Prinz Eugen,* ... unter 3 Flaggen, Herford 1978.

Schmalenbach, Paul, *Profile Warship,* 18, *KM Bismarck,* Windsor, Berkshire.

Schofield, B. B., *Loss of the Bismarck,* London 1972. Eine gestraffte Darstellung der Operation gegen *Bismarck,* die, vor allem von britischer Warte aus, die Schilderungen taktischer Überlegungen und operativer Einzelheiten auf den neusten Stand der Forschung bringt. Wesentlich für eine historische Auswertung der »Rheinübung«.

## II. Zeitschriften, Zeitungen

Bidlingmaier, Gerhard, *Exploits and end of the Battleship Bismarck,* United States Naval Institute Proceedings, July, 1958.
Schmalenbach, Paul, *Admiral Günther Lütjens,* Atlantische Welt 1967.
Schulze-Hinrichs, Alfred, *Schlachtschiff Bismarck und Seemannschaft,* MOV Nachrichten, Jg. 17, 1968, Heft 1.
Münchner Illustrierte, 1957: Originalaussagen *Bismarck*-Überlebender.

## III. Dokumente, Aussagen

### A. Akten des Bundesarchivs – Militärarchiv – Freiburg

Kriegstagebuch Schlachtschiff *Bismarck,* original und rekonstruiert.
Kriegstagebuch des Marinegruppenkommandos Nord, Mai 1941.
Kriegstagebuch des Marinegruppenkommandos West, Mai 1941.
Handakte des Oberbefehlshabers der Kriegsmarine, Großadmiral Dr. h. c. Erich Raeder, Januar bis Juni 1941.
Seekriegsleitung, Vorbereitende Weisungen und Operationsbefehle März 1941 bis Mai 1941.
Seekriegsleitung, Lagezimmerberichte, 1941.
Seekriegsleitung, Akte »Rheinübung«: *Bismarck*-Operation, Erfahrungs- und Schlußberichte.
Oberkommando der Kriegsmarine, Die Atlantikunternehmung der Kampfgruppe *Bismarck – Prinz Eugen* Mai 1941 – Marine-Dienst-Vorschrift Nr. 601, Berlin, Oktober 1942.
Vorläufige Vernehmung der Matrosengefreiten Herzog, Höntzsch und Manthey an Bord *U 74.*
Protokolle der Aussagen von *Bismarck*-Geretteten, Paris, Juni 1941, aufgenommen von dem Marinegruppenkommando West:
Matrosengefreiter Georg Herzog
Matrosengefreiter Otto Höntzsch
Matrosengefreiter Herbert Manthey
Matrosengefreiter Otto Maus
Maschinengefreiter Walter Lorenzen.
Kriegstagebuch *U 74,* 26. bis 29. Mai 1941
Kriegstagebuch *U 556,* 24. bis 27. Mai 1941
Bericht über den Einsatz des Schlachtschiff *Bismarck,* Wetterbeobachtungsschiff 7 *(Sachsenwald)* des Leutnants zur See (S) Wilhelm Schütte vom 30. Mai 1941.

### B. Andere Dokumente

Archiv des Auswärtigen Amtes, Bonn, Berichte der Deutschen Botschaft in London 1937–1939, Bericht des Deutschen Konsulats in Glasgow von 1939.
Sinking of the German Battleship Bismarck on 27th May, 1941, Despatch by Admiral Sir John Tovey, published in the Supplement to The London Gazette, 14th October 1947.
Operations and Battle of German Battleship Bismarck 23–27 May, 1941. Narrative and enclosures (A) bis (H), Intelligence Division, U. S. Navy Department.

Kennedy, Ludovic, Script of BBC Television Documentary, »Rheinübung«, March 1971.
Schneider, Otto, Dr., private Aufzeichnung *Letzte Begegnung*

## C. Schriftliche und mündliche Aussagen *Bismarck*-Überlebender.

## IV. Korrespondenz mit

Captain Robert L. Bridges, USN, Ret., Castle Creek, New York.
Herrn Joachim Fensch, Weingarten.
Herrn Franz Hahn, Mürwik.
Mr. Daniel Gibson Harris, Ottawa.
Herrn Dr. Mathias Haupt, Bundesarchiv Koblenz.
Herrn Bodo Herzog, Oberhausen.
Herrn Hans H. Hildebrand, Hamburg.
Herrn Konteradmiral a. D. Günther Horstmann, Basel.
Imperial War Museum, London.
Mr. Esmond Knight, London.
Herrn Oberarchivrat Dr. Hansjoseph Maierhöfer, Bundesarchiv –Militärarchiv– Freiburg.
Mr. Philip Mathias, Toronto.
Mrs. Mary Z. Pain, London.
Fregattenkapitän Dr. Werner Rahn, Mürwik.
Herrn Professor Dr. Jürgen Rohwer, Stuttgart.
Dr. Hans Ulrich Sareyko, Auswärtiges Amt, Bonn.
Herrn Rolf Schindler, Freiburg.
Herrn Fregattenkapitän a. D. Paul Schmalenbach, Altenholz.
Vice Admiral B.B. Schofield, Henley-on-Thames.
Herrn Kapitän zur See a. D. Hans-Henning von Schultz, Ramsau.
Herrn Torsten Spiller, Deutsche Dienststelle (WASt) Berlin.
Mr. Tom Wharam, Cardiff.
Herrn Kapitänleutnant a. D. Herbert Wohlfarth, VS-Villingen.

# Personen- und Schiffsregister

# Quellennachweis der Abbildungen

Marius Bar, Toulon: 26
Blohm & Voß: 1, 6, 16
Bundesarchiv Koblenz: 3, 7, 8, 9, 10, 11, 12, 15, 33, 37
Bodo Herzog, Oberhausen: 44
Hans H. Hildebrand, Hamburg: 13
Marlies Hiltermann: 31
Imperial War Museum, London: 17, 20, 34, 35, 36, 38, 39, 40, 41, 42, 45
Paul Schmalenbach, Altenholz: 22, 23, 24, 25, 27, 28, 29, 30
Ilse Schneider: 21
Ursula Trüdinger: 32
Württembergische Landesbibliothek, Stuttgart: 4, 5, 18, 19
Sammlung des Verfassers: 2, 14, 43

Die Wegeskizzen zeichnete Rolf Schindler, Freiburg, nach Unterlagen von Prof. Dr. Jürgen Rohwer und Vice Admiral B. B. Schofield. Die »Patenschaftsurkunde« stellte Herbert Wohlfarth zur Verfügung. Den Vorsatz zeichnete Siegfried Breyer.

CIP-Kurztitelaufnahme der Deutschen Bibliothek

**Müllenheim-Rechberg, Burkard Frhr. von:**
[Schlachtschiff Bismarck neunzehnhundertvierzig, einundvierzig]
Schlachtschiff Bismarck 1940/41: d. Bericht e. Überlebenden / Burkard Freiherr von Müllenheim-Rechberg. – Berlin, Frankfurt/M, Wien: Ullstein, 1980.
ISBN 3-550-07925-7

## Schlachtschiff BISMARCK, Mittellängsschnitt (Maßstab 1:940) und Querschnitt (Maßstab 1:106(

Querschnitt 1

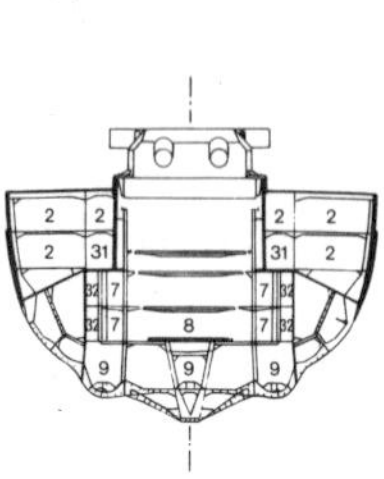

Querschnitt 2

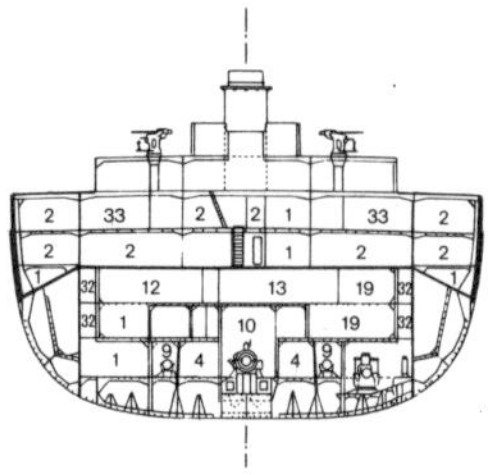

Querschnitt 3

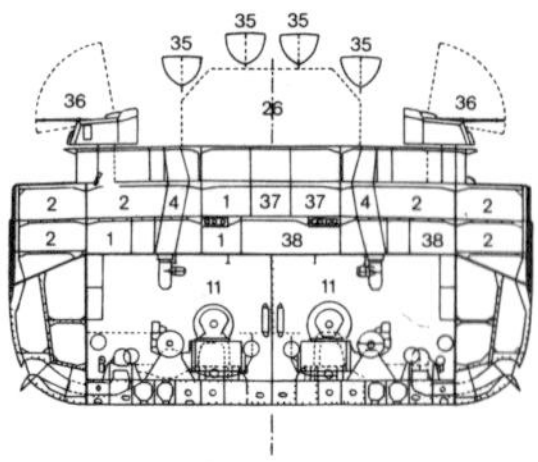

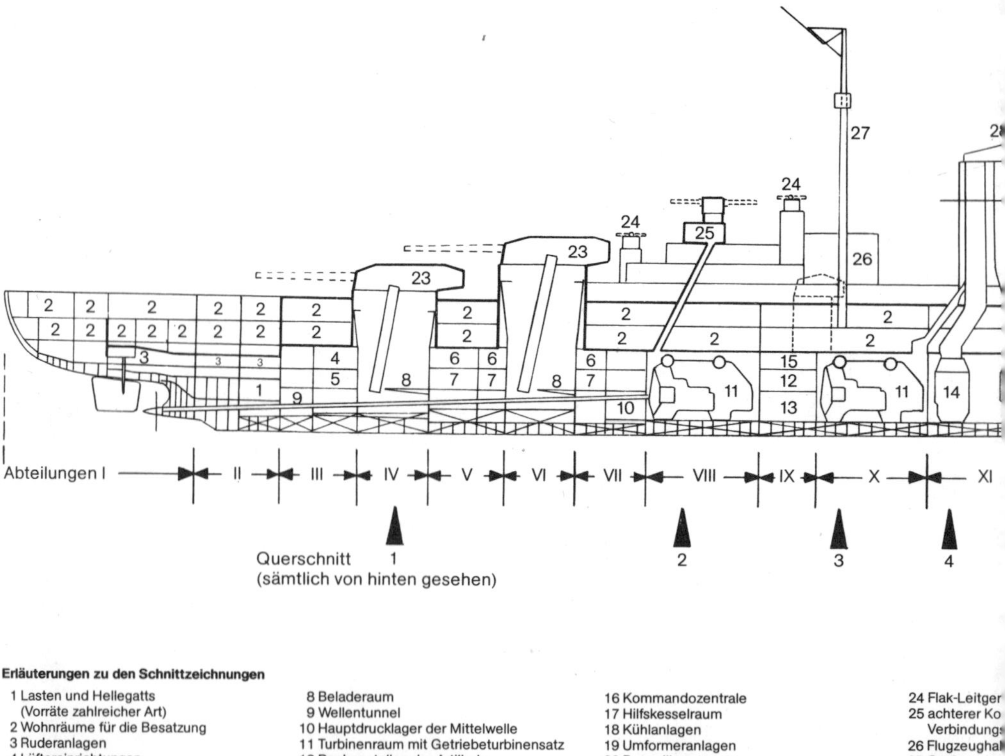


Querschnitt 1 2 3 4
(sämtlich von hinten gesehen)

**Erläuterungen zu den Schnittzeichnungen**

1 Lasten und Hellegatts (Vorräte zahlreicher Art)
2 Wohnräume für die Besatzung
3 Ruderanlagen
4 Lüftereinrichtungen
5 Pumpen
6 38 cm-Pulverkammer
7 38 cm-Granatkammer
8 Beladeraum
9 Wellentunnel
10 Hauptdrucklager der Mittelwelle
11 Turbinenraum mit Getriebeturbinensatz
12 Rechenstellen der Artillerie
13 Schaltstellen der Artillerie
14 Kesselraum mit Kesselgruppen
15 Flak-Patronenkammer
16 Kommandozentrale
17 Hilfskesselraum
18 Kühlanlagen
19 Umformeranlagen
20 Bugspillraum
21 Kettenkasten für die Ankerketten
22 Bugschutzanlage
23 38 cm-Zwillingsturm mit Munitionsaufzug
24 Flak-Leitger
25 achterer Ko Verbindung
26 Flugzeugha
27 Großmast
28 Schornstein
29 Turmmast m und Stenger